Johannes Marböck
Weisheit im Wandel

Walter de Gruyter · Berlin · New York
1749 · 250 · 1999

Beihefte zur Zeitschrift für die alttestamentliche Wissenschaft

Herausgegeben von
Otto Kaiser

Band 272

Walter de Gruyter · Berlin · New York
1999

Johannes Marböck

Weisheit im Wandel

Untersuchungen zur Weisheitstheologie bei Ben Sira

Mit Nachwort und Bibliographie
zur Neuauflage

Walter de Gruyter · Berlin · New York
1999

∞ Gedruckt auf säurefreiem Papier,
das die US-ANSI-Norm über Haltbarkeit erfüllt.

Die Deutsche Bibliothek – *CIP-Einheitsaufnahme*

[Zeitschrift für die alttestamentliche Wissenschaft / Beihefte]
Beihefte zur Zeitschrift für die alttestamentliche Wissenschaft. –
Berlin ; New York : de Gruyter
    Früher Schriftenreihe
    Reihe Beihefte zu: Zeitschrift für die alttestamentliche Wissenschaft
    Bd. 272. Marböck, Johannes: Weisheit im Wandel. – Neuaufl. –
1999
Marböck, Johannes:
Weisheit im Wandel : Untersuchungen zur Weisheitstheologie bei
Ben Sira ; mit Nachwort und Bibliographie / Johannes Marböck. –
Neuaufl. – Berlin ; New York : de Gruyter, 1999
    (Beihefte zur Zeitschrift für die alttestamentliche Wissenschaft ; Bd.
    272)
    ISBN 3-11-016375-6

Printed in Germany
Druck: Werner Hildebrand, Berlin
Buchbinderische Verarbeitung: Lüderitz & Bauer-GmbH, Berlin

Meinen Eltern und Geschwistern

INHALTSVERZEICHNIS

VORWORT

Vorliegende Arbeit wurde im Sommersemester 1970 an der Katholisch-Theologischen Fakultät der Karl-Franzens-Universität in Graz als Habilitationsschrift angenommen. Dies ist mir Anlaß zum Dank gegenüber meinen Lehrern an der Phil. Theol. Lehranstalt Linz, am Bibelinstitut in Rom, an der École Biblique der Dominikaner in Jerusalem sowie Herrn Professor DDr. Franz Sauer, Graz. Besonders danken möchte ich meinen Kollegen DDr. Josef Häupl und Dr. lic. bibl. Max Hollnsteiner für das Mitlesen der Korrekturen, sowie dem Bischöflichen Ordinariat der Diözese Linz für die Bereitstellung eines namhaften Druckkostenzuschusses.

Professor DDr. G. Johannes Botterweck danke ich für die Aufnahme der Arbeit in die Reihe der 'Bonner Biblischen Beiträge'.

Linz, November 1970   Der Verfasser.

QUELLEN- UND LITERATURVERZEICHNIS

I. Textausgaben des Buches Ben Sira

1. Der hebräische Text (H).

Die grundlegenden Editionen für die Arbeit am Sirachtext sind :

FACSIMILES of the Fragments hitherto Recovered of the Book of Ecclesiasticus in Hebrew, Oxford-Cambridge, 1901.

A. COWLEY - A. NEUBAUER, The original Hebrew of a portion of Ecclesiasticus (XXXIX.15 to XLIX.11), Oxford, 1897.

S. SCHECHTER - C. TAYLOR, The Wisdom of Ben Sira, Cambridge, 1899.

I. LÉVI, L'Ecclésiastique ou la Sagesse de Jésus, Fils de Sira, texte original hébreu, édité, traduit et commenté, I, II, Paris, 1898 u. 1901.

—, The hebrew text of the book of Ecclesiasticus, Leiden, 1904, Nachdruck 1951. (Lévi vertauscht die Bezeichnungen für Ms C und D !).

N. PETERS, Der jüngst wiederaufgefundene hebräische Text des Buches Ecclesiasticus, Freiburg, 1902.

H. STRACK, Die Sprüche Jesus', des Sohnes Sirachs, Leipzig, 1903.

R. SMEND, Die Weisheit des Jesus Sirach, hebräisch und deutsch. Mit einem hebräischen Glossar, Berlin, 1906.

M.Z. SEGAL, Sefær Ben Sira' haššalem, Jerusalem, ²1959 (abgekürzt : Segal, Kommentar).

F. VATTIONI, Ecclesiastico. Testo ebraico con apparato critico e versioni greca, latina e siriaca. Pubblicazioni del Seminario di Semitistica, Testi 1, Istituto Orientale di Napoli, 1968. — Diese Ausgabe enthält dankenswerter Weise alle neueren Textfunde sowie die Übersetzungen — freilich ohne kritischen Apparat — in einem Band.

Die wichtigsten Einzelpublikationen der in den letzten vier Jahrzehnten gefundenen Sirachfragmente sind :

J. MARCUS, A fifth Ms of Ben Sira, JQR 21 (1930/31), 223-240.

J. SCHIRMANN, A new leaf from the Hebrew »Ecclesiasticus« (dp ḥdš mtwk spr bn sjr' h'brj), Tarbiz 27 (1958), 440-443.

—, Some additional leaves from Ecclesiasticus in Hebrew (dpjm nwspjm mtwk spr bn sjr'), Tarbiz 29 (1960), 125-134.

A. DI LELLA, The recently identified leaves of Sira in Hebrew, Bb 45 (1964), 153-167 : enthält eine neue Edition der von Schirmann publizierten Fragmente von Ms B.

Y. YADIN, The Ben Sira Scroll from Masada. With Introduction, Emendations and Commentary, Jerusalem, 1965; enthält den Großteil von Sir 39,27-44,17.

Fragmente des Sirachbuches aus Qumran :

BAILLET - MILIK - DE VAUX, Les 'Petites Grottes' de Qumran. Discoveries in the Judaean Desert of Jordan III, Oxford, 1962, 75-77 u. Tafel XV; enthält Bruchstücke von Sir 1,1-19(?) oder 6,14-15(?); 6,20-31.

J. SANDERS, The Psalms Scroll of Qumran Cave 11 (11Q Ps^a), DJD IV, Oxford, 1965, mit Sir 51,13-20.30b.
—, The Dead Sea Psalms Scroll, New York, 1967.

Einen Überblick über alle Einzelpublikationen der hebräischen Sirachfragmente geben die textkritischen Studien von Di Lella und Rüger, sowie Vattioni, Ecclesiastico, XIX-XXIII.

2. Der griechische Text des Buches (G).

A. RAHLFS, Septuaginta, id est Vetus Testamentum iuxta LXX interpretes, vol. II, ⁵1952, Stuttgart.
J. ZIEGLER, Sapientia Jesu Filii Sira, ed. J. Ziegler, Septuaginta... Auctoritate Societatis Litterarum Gottingensis, vol. XII/2, Göttingen, 1965.
Ziegler weicht in der Kapitel- u. Verzählung von Rahlfs ab. Die Umstellung reicht von 30,26 (Rahlfs) bis 36,27 (Rahlfs). In der Arbeit wird die Zählung nach der Handausgabe von Rahlfs angegeben, die Zählung bei Ziegler steht in Klammer, z.B. Sir 30,25(33,13b).

3. Der syrische Text (S).

P.A. DE LAGARDE, Libri Veteris Testamenti Apocryphi Syriace, Leipzig, 1861.
B. WALTON, Biblia Sacra Polyglotta, t. IV u. t. VI mit den Varianten, Nachdruck, Graz, 1964.
Biblia sacra iuxta versionem simplicem quae dicitur Pschitta, Mossul, 1887-1891, t. II.
A.M. CERIANI, Codex syrohexaplaris Ambrosianus photolithographice editus, Milano, 1874.

4. Der lateinische Text.

Sapientia Salomonis. Liber Hiesu Filii Sirach. Biblia sacra iuxta latinam vulgatam versionem... cura et studio monachorum Abbatiae Pontificiae s. Hieronymi, vol. XII, Vaticano, 1964.

II. Die übrigen benützten Quellen und Textausgaben.

1. Altorientalische Texte zum Alten Testament, herausgeg. von Hugo Greßmann, Berlin-Leipzig, 1936, Nachdruck 1965.
2. Altjüdisches Schrifttum außerhalb der Bibel, herausgeg. von P. Rießler, Heidelberg, ²1966.
3. Ancient Near Eastern Texts relating to the Old Testament, ed. by James Pritchard, Princeton, ²1955.
4. Die Apokryphen und Pseudepigraphen des Alten Testaments in Verbindung mit Fachgenossen übersetzt und herausgegeben von Emil Kautzsch, I, II, Tübingen, 1900, Nachdruck 1962, Hildesheim.
5. The Apocrypha and Pseudepigrapha of the Old Testament in English, edited in conjunction with many scholars by R.H. Charles, Vol. I, II, Oxford, 1913, Nachdruck ⁴1968.

6. Biblia Hebraica, ed. R. Kittel, ed. decima tertia, Stuttgart, 1962.
7. Eusebius Caesareensis, Praeparatio evangelica, in : Die griechischen christlichen Schriftsteller der ersten drei Jahrhunderte, Bd. 43,1, Eusebius, Werke VIII/2, herausgeg. v. K. Mras, Berlin, 1954.
8. Josephi Flavii opera, recogn. Benedictus Niese, I-VI, Berlin, 1888-1895.
9. Traktat Aboth (Väter), Texte, Übersetzung und Erklärung nebst einem textkritischen Anhang, von K. Marti und G. Beer, Gießen, 1927.
10. Stoicorum veterum fragmenta, ed. J. von Arnim, I-III, Leipzig, 1903-1905, und IV, 1924.
11. Die Texte aus Qumran. Hebräisch und deutsch. Mit masoretischer Punktation, Übersetzung, Einführung und Anmerkungen, herausgegeben von Eduard Lohse, München, 1964.
12. Die Texte vom Toten Meer, I, II, herausgegeben von Johann Maier, München, 1960.
13. Testamenta XII Patriarcharum, ed. M. De Jonge, Leiden, 1964.

LITERATURVERZEICHNIS

ABEL Felix-Marie, Histoire de la Palestine depuis la conquête d'Alexandre jusqu'à l'invasion arabe, I, Paris, 1952.

ACKROYD Peter R., Criteria for the maccabean dating of Old Testament literature, VT 3 (1953), 113-132.

ALBRIGHT William F., Some canaanite-phoenician sources of Hebrew Wisdom, SVT III (1955), 1-15.

—, The goddess of life and wisdom, American Journal of Semitic Languages and Literatures, 36 (1919/20), 258-294.

AUDET Jean-Paul, Origines comparées de la double tradition de la Sagesse et de la Loi. Akten des internationalen Orientalistenkongresses, I, Moskau, 1962, 352-357.

BARUCQ André, Le Livre des Proverbes, Sources bibliques, Paris, 1964.

BAUCKMANN Ernst Günther, Die Proverbien und die Sprüche des Jesus Sirach, ZAW 72 (1960), 33-63.

BAUER Johann B., Drei Cruces : Sapientia iugulavit filios suos : Sir 4,11 oder Spr 9,2, BZNF 9 (1965), 85-89.

—, Der priesterliche Schöpfungshymnus in Gen 1 (Sir 15,4), ThZ 20 (1964), 1-9.

—, »Kein Leben ohne Wein« (Sir 31,27) : Das Urteil der Hl. Schrift, Bibel und Liturgie 23 (1955/56), 55-59.

—, Sir 15,14 et Gen 1,1, VD 41 (1963), 243-244.

—, »Des Vaters Segen ..., der Fluch der Mutter ...« (Sir 3,9), Bibel und Liturgie 23 (1955/56), 295-296.

BAUER - KAYATZ Chr., Einführung in die alttestamentliche Weisheit, Bibl. Studien 55, Neukirchen-Vluyn, 1969.

BAUMGARTEN J.M., Some notes on the Ben Sira Scroll from Masada, JQR 58 (1968), 323-327.

BAUMGARTNER Walter, Die israelitische Weisheitsliteratur, ThR NF 5 (1933), 259-288.

—, The Wisdom Literature in the Old Testament, The Old Testament and Modern Studies, Oxford, 1951, 210-237.

—, Die literarischen Gattungen in der Weisheit des Jesus Sirach, ZAW 34 (1914), 161-198.

BEAUCAMP Evode, I Saggi d'Israele guide all' esperienza di Dio, Milano, 1964.

BENTZEN Aage, Sirach, der Chronist und Nehemia, Studia theologica, 3 (1950/51), 158-161.

BERGMAN Jan, Ich bin Isis. Studien zum memphitischen Hintergrund der griechischen Isisaretalogien, Acta Universitatis Upsaliensis, Historia religionum 3, Uppsala, 1968.

BERTHOLET A. - STADE B., Die jüdische Religion von der Zeit Esdras bis zum Zeitalter Christi, Tübingen, 1911.

BICKELL G., Ein alphabetisches Lied Jesus Sirach's. ZkTh 6 (1882), 319-333.

BIGOT L., Ecclésiastique, DThC IV, Paris, 1911, 2028-2054.

BIKERMAN Elie, La chaîne de la tradition pharisienne, RB 59 (1952), 44-54.

BOER P.A.H. DE, bbrjtm 'md zr'm (Sir 44, 12a), SVT 16 (1967), 25-29.

BONNARD P.E., La Sagesse en Personne annoncée et venue Jésus Christ, Lectio divina 44, Paris, 1966.

BORN Adrianus, VAN DEN, Wijsheid van Jesus Sirach (Ecclesiasticus) uit de grondtekst vertaald en uitgelegd, De Boeken van het Oude Testament VIII/5, Roermond, 1968.

BOUSSET W. - GREßMANN H., Die Religion des Judentums im späthellenistischen Zeitalter, mit einem Vorwort von E. Lohse, Tübingen, ⁴1966.

BURKILL T.A., Ecclesiasticus, IDB II, New York, 1962, 13-21.

BRIGHT John, Geschichte Israels, Düsseldorf, 1966.

BROCKELMANN Carl, Lexicon Syriacum, Halle/S., ²1928.

BRUYNE, DE, Étude sur le texte latin de l'Ecclésiastique, RBen 40 (1928), 5-48.

CANTORE Enrico, La sapienza biblica, ideale religioso del credente: Aspetti intellettuali della sapienza biblica e loro evoluzione, Riv Bib 8 (1960), 129-143.

CAQUOT André, Ben Sira et le Messianisme, Semitica 16 (1966), 43-68.

CARMICHAEL C.M., Deuteronomic laws, wisdom and historical tradition, JSS 12 (1967), 198-206.

CARMIGNAC Jean, Les rapports entre l'Ecclésiastique et Qumran, RQ 3 (1961), 209-218.

CASPARI Wilhelm, Der Schriftgelehrte besingt seine Stellung, Sir 51,12-17(29), ZNW 28 (1929), 143-148.

CAUSSE Antonin, La sagesse et la propagande juive à l'époque perse et hellénistique, BZAW 66 (1936), 148-154.

CAZELLES Henri, Bible, Sagesse, Science, RScR 48 (1960), 40-54.

—, Le Deutéronome, La Sainte Bible, V, Paris, 1950.

—, L'enfantement de la Sagesse en Prov VIII, Sacra pagina I, Paris/Gembloux, 1959, 511-515.

—, Les débuts de la Sagesse en Israel, SPOA, Paris, 1963, 27-40.

CEUPPENS P.F., De conceptu »sapientiae divinae« in libris didacticis Antiqui Testamenti, Angelicum 12 (1935), 333-345.

CONZELMANN Hans, Die Mutter der Weisheit, in: Zeit und Geschichte. Dankesgabe an Rudolf Bultmann, Tübingen, 1964, 225-234.

COUARD L., Die religiös sittlichen Anschauungen der alttestamentlichen Apokryphen und Pseudepigraphen, Gütersloh, 1909.

COUROYER B., Amenemope XXIV, 13-18, RB 75 (1968), 549-561.

DAHOOD Mitchell, Proverbs 8,22-31, Translation and Commentary, CBQ 30 (1968), 512-521.

DALBERT Paul, Die Theologie der hellenistisch-jüdischen Missionsliteratur unter Ausschluß von Philo und Josephus, Theol. Forschungen 4, Hamburg, 1954.

DALMAN Gustav, Aramäisch-neuhebräisches Handwörterbuch zu Targum, Talmud und Midrasch, Göttingen, 1938.

DEIßLER Alfons, Psalm 119(118) und seine Theologie. Ein Beitrag zur Erforschung der anthologischen Stilgattung im Alten Testament, Münchner theol. Studien, I/11, 1955.

DEIßMANN Adolf, Licht vom Osten, Tübingen, ⁴1923.

DELCOR Matthias, Le texte hébreu du Cantique de Siracide 51,13 et les anciennes versions, Textus. Annual of the Hebrew University Bible Project VI (1968), 27-47, Jerusalem.

DESEČAR A., De conceptu stultitiae in libro graeco Jesu Sira, Dissert., Studium biblicum Franciscanum, Jerusalem, 1963 (= La sabiduña y la necedad en Sirac 21-22, Rom. 1970).

DUBARLE A.M., Où en est l'étude de la littérature sapientielle?, EThL 44 (1968), 407-419.

—, Les sages d'Israel, Lectio divina 1, Paris, 1946.

DUESBERG H. - FRANSEN I., Ecclesiastico, La sacra Bibbia, Torino-Roma, 1966.

—, Les scribes inspirés. Introduction aux livres sapientiaux de la Bible, Maredsous, ²1966.

DUESBERG Hilaire, Le médecin - un sage (Ecclésiastique 38,1-15); Bible et vie chrétienne 38 (1961), 43-48.

—, Il est le Tout, Bible et Vie chrétienne, 54 (1963), 29-32.

DUESBERG H. - AUVRAY P., L'Ecclésiastique, La sainte Bible de l'École biblique de Jérusalem, Paris, ²1958.

EBERHARTER Andreas, Das Buch Jesus Sirach. Die Hl. Schrift des Alten Testamentes VI/5, Bonn, 1925.

—, Der Kanon des Alten Testaments zur Zeit des Een Sira, ATA III, 3, Münster, 1911.

EICHRODT Walter, Theologie des Alten Testamentes, 2/3, Göttingen, ⁴1961.

EIßFELDT Otto, Einleitung in das Alte Testament, Tübingen, ³1964.

FANG CHE-YONG Marcus, De discrepantiis inter textum graecum et hebraicum libri Sirach, Dissert. maschinschr. Pontif. Instit. Biblicum, Rom, 1963.

—, Usus nominis divini in Sirach, VD 42 (1964), 153-168.

FESTUGIÈRE A.J., A propos des Arétalogies d'Isis, HThR 42 (1949), 209-234.

FICHTNER Johannes, Die Weisheit Salomos, HAT, Tübingen, 1938.

—, Glaube und Geschichte in der israelitisch-jüdischen Weisheitsliteratur, ThLZ 76 (1951), 145-150 = J. Fichtner, Gottes Weisheit, Stuttgart, 1964, 9-17.

—, Die altorientalische Weisheit in ihrer israelitisch-jüdischen Ausprägung, BZAW 62 (1933).

FISCHL Johann, Geschichte der Philosophie I, Altertum und Mittelalter, Graz, ²1948.

FOHRER Georg, Das Buch Hiob, KAT XVI, Gütersloh, 1963.

FOHRER G. - SELLIN E., Einleitung in das Alte Testament, Heidelberg, ¹⁰1965.

FOHRER G. - WILCKENS U., Sophia, ThWB VII, 465-527.

FONCK Leopold, Quasi cedrus exaltata sum in Libano (Eccli 24,17), VD 1 (1921). 226-231.

FORSTER Haire A., The date of Ecclesiasticus, Anglican Theological Review 41 (1959), 1-9.

FRAINE J. DE, Het hooglied op de menselijke waardigheid in Eccli. 17,1-14, Bijdragen 11 (1950), 10-23.

FRIEDLÄNDER Moritz, Griechische Philosophie im Alten Testament. Eine Einleitung in die Psalmen- und Weisheitsliteratur, Berlin, 1904.

FRITZSCHE Otto Fr., Die Weisheit Jesus Sirach's erklärt und übersetzt, Kurzgefaßtes exegetisches Handbuch zu den Apokryphen des Alten Testamentes 5, Leipzig, 1859.

FRUHSTORFER Karl, Des Weisen curriculum vitae nach Sir 39,1-15, ThpQ 94 (1941), 140-142.

FUß Werner, Tradition und Komposition im Buch Jesus Sirach, Diss. maschinschr., Tübingen, 1963 (Referat über genannte Dissertation in ThLZ 88 (1963), 948-949).

GALLING Kurt, Der Prediger, in: Die Fünf Megilloth, HAT 18, Tübingen, ²1969.

GEMSER Bernd, The spiritual structure of biblical aphoristic wisdom, in: Adhuc loquitur. Collected essays of Dr. B. Gemser, Leiden, 1968, 138-149.

—, Sprüche Salomos, HAT 16, Tübingen, ²1963.

GERLEMAN Gillis, Ruth. Das Hohelied, BKAT XVIII, Neukirchen, 1965.

GERMANN H., Jesu Ben Siras Dankgebet und die Hodajot, ThZ 19 (1963), 81-87.

GERSTENBERGER Erhard, Wesen und Herkunft des »apodiktischen Rechts«, WMANT 20, Neukirchen, 1965.

—, Zur alttestamentlichen Weisheit, in: Verkündigung und Forschung 14 (1969), 28-44.

GESE Hartmut, Lehre und Wirklichkeit in der alten Weisheit, Tübingen, 1958.

—, Weisheit, RGG³, VI, 1962, 1574-1577; Weisheitsdichtung, RGG³, VI, 1962, 1577-1581.

GÖTTSBERGER Johann, Die göttliche Weisheit als Persönlichkeit im Alten Testament, Münster, 1919.

GONZALO Maeso D., Disquisiciones Filologicas sobre el texto hebreo del Eclesiástico, Miscelanea de Estudios arabes y hebraicos, 8/2 (1959), 3-26, Granada.

GORDIS Robert, The social background of wisdom literature, HUCA 18 (1943/44), 77-118.

GUNKEL H. - BEGRICH, J., Einleitung in die Psalmen, Göttingen, ²1966.

HAAG Herbert, Bibellexikon, Einsiedeln-Köln, ²1968.

HADOT J., Penchant et volonté dans la Sagesse de Ben Sira, Annuaire École prat. des Hautes Études, IV. section 97 (1964), 439-443.

HALEVY A. Meyer, Un aphorisme »médical« de Ben Sira et son importance médico-historique, in: Revue d'Histoire de la Médecine Hébraïque 17 (1964), 99-104.

HAMP Vinzenz, Sirach, Echterbibel, 13, Würzburg, 1954.

—, Weisheit, LThK X, Freiburg, ²1965, 999-1001; HGB II, München, 1963, 800-805.

—, Zukunft und Jenseits im Buche Sirach, BBB 1, Bonn, 1950, 86-97.

—, Der Begriff »Wort« in den aramäischen Bibelübersetzungen. Ein exegetischer Beitrag zur Hypostasenfrage und zur Geschichte der Logos-Spekulationen, München, 1938.

HARTMANN Louis F., Sirach in Hebrew and Greek, CBQ 23 (1961), 443-451.

HASPECKER Josef, Gottesfurcht bei Jesus Sirach, Analecta Biblica 30, Rom, 1967.

HATCH E. - REDPATH H., A Concordance to the Septuagint, I, II-III, Graz, 1954.

HEINISCH Paul, Die persönliche Weisheit des Alten Testamentes in religionsgeschichtlicher Beleuchtung. Biblische Zeitfragen 11. Folge, Münster, 1923.

HEMPEL Johannes, Ich bin der Herr dein Arzt (Ex 15,26), ThLZ 82 (1957), 809-826.

HENGEL Martin, Judentum und Hellenismus. Studien zu ihrer Begegnung unter besonderer Berücksichtigung Palästinas bis zur Mitte des 2. Jh. v.Chr., WUNT 10, Tübingen, 1969.

HERKENNE Henricus, De veteris Latinae Ecclesiastici capitibus I-XLIII, Leipzig, 1899.

HERMISSON Hans-Jürgen, Studien zur israelitischen Spruchweisheit, WMANT 28, Neukirchen-Vluyn, 1968.

HERTZBERG Hans Wilhelm, Prediger, KAT XVII/4-5, Gütersloh, 1963.

HILL R.C., The dimensions of salvation history in the wisdom books, Scripture 19 (1967), 97-106.

HÖLSCHER Gustav, Das Buch Hiob, HAT 17, Tübingen ²1952.

HRUBY Kurt, La Torah identifiée à la Sagesse et l'activité du »Sage« dans la tradition rabbinique, in: Bible et Vie Chrétienne, 76 (1967), 65-78.

—, Gesetz und Gnade in der rabbinischen Überlieferung, in: Judaica 25 (1969), 30-63.

IMSCHOOT Paul, VAN, Théologie de l'Ancien Testament, I, II, Tournai, 1954/1956.

—, Weisheit, in: Haag, Bibellexikon, ²1968, 1877-1880.

—, La sagesse dans l'Ancien Testament, est-elle une hypostase ?, Coll. Gandav. 21 (1934), 3-10; 85-94.

JACOB Edmond, L'histoire d'Israel vue par Ben Sira, Mélanges bibliques rédigés en l'honneur de André Robert, Paris, 1957, 288-294.

JANSEN Ludin K., Die spätjüdische Psalmendichtung. Ihr Entstehungskreis und ihr Sitz im Leben, Oslo, 1937.

KAHANA A., Hassefarîm haḥizonîm : Dibrê Schim'ôn Ben Sira', Tel Aviv, 1937.

KAERST J., Geschichte des Hellenismus, I³, II², Leipzig, 1927, 1926.

KAISER Otto, Die Begründung der Sittlichkeit im Buche Jesus Sirach, ZThK 55 (1958), 51-63.

Mc KANE, Proverbs, London 1970.

KAYATZ Christa, Studien zu Prov 1-9, WMANT 22, Neukirchen, 1966.

KAZMÉR J., Wesen und Entwicklung des Weisheitsbegriffes in den Weisheitsbüchern des Alten Testamentes, Rom, 1950.

KEARNS C., The expanded text of Ecclesiasticus. Its teaching on the future life as a clue to its origin, Diss. maschinschr. bei der päpstlichen Bibelkommission, Rom, 1951.

KEARNS C.J., La vie intérieure à l'école de l'Ecclésiastique, La Vie spirituelle 82 (1950), 137-146.

Mc KENZIE J.L., Reflections on Wisdom, JBL 86 (1967), 1-9.

Mc KENZIE R.A.F., The search for wisdom, in: Faith and history in the Old Testament, London-New York, 1963, 82-86.

KITTEL Rudolf, Geschichte des Volkes Israel, III, 1929, Stuttgart.

KNABENBAUER Josephus, Commentarius in Ecclesiasticum, CSS VI, Paris, 1902.

KNOX W.L., The divine wisdom, JThS 38 (1937), 230-237.

KOCH Klaus, Gibt es ein Vergeltungsdogma im Alten Testament ?, ZThK 52 (1955), 1-42.

KOEHLER Ludwig, Theologie des Alten Testamentes, Tübingen, ⁴1966.

KOEHLER L. - BAUMGARTNER W., Hebräisches und aramäisches Lexikon zum Alten Testament, 1. Lieferung, ³1967, Leiden.

—, Lexicon in Veteris Testamenti Libros, Leiden, 1953.

KÖNIG Eduard, Theologie des Alten Testamentes, kritisch und vergleichend dargestellt, Stuttgart, 1922.

KOOLE J.L., Die Bibel des Ben Sira, OTS XIV, Leiden, 1965, 374-396.

KRAUS Hans Joachim, Psalmen I, II, BKAT XV, Neukirchen, 1960.

—, Zum Gesetzesverständnis der nachprophetischen Zeit, Kairos 11 (1969), 122-133.

—, Die Verkündigung der Weisheit, Biblische Studien 2, Neukirchen, 1951.

KUHN Gottfried, Beiträge zur Erklärung des Buches Jesus Sira, ZAW 47 (1929), 289-296; 48 (1930), 100-121.

KUHN Karl Georg, Konkordanz zu den Qumrantexten, Göttingen, 1960.

KUTSCH Ernst, Gesetz und Gnade. Probleme des alttestamentlichen Bundesbegriffes, ZAW 79 (1967), 18-35.

LANDAU Y.H., A Greek inscription found near Hefzibah, IEJ 16 (1966), 54-70.

LEBRAM Jürgen C.H., Nachbiblische Weisheitstraditionen, VT 15 (1965), 167-237.

—, Die Theologie der späten Chokma und häretisches Judentum, ZAW 77 (1965), 202-211.

—, Aspekte der alttestamentlichen Kanonbildung, VT 18 (1968), 173-189.

LEHMANN Manfred, Ben Sira and the Qumran Literature, RQ 3 (1961), 103-116.

DI LELLA Alexander, Qumran and the Geniza Fragments of Sirach, CBQ 24 (1962), 246-267.

—, Conservative and progressive theology : Sira and Wisdom, CBQ 28 (1966), 139-154.

—, Authenticity of the Geniza Fragments of Sira, Bb 44 (1963), 171-200.

—, The Hebrew Text of Sirach. A textcritical and historical study, London-Paris, 1966.

LIFSHITZ B., L'Hellénisation des Juifs de Palestine, RB 72 (1965), 520-538.

LIPINSKI E., Macarismes et psaumes de congratulation, RB 75 (1968), 321-357.

LISOWSKY Gerhard, Konkordanz zum hebräischen Alten Testament, Stuttgart 1958.

LIVER J., The 'Sons of Zadok the Priest' in the Dead Sea Sect, RQ 6 (1967), 3-30.

LOHFINK Norbert, Höre, Israel. Auslegung von Texten aus dem Buch Deuteronomium, Die Welt der Bibel 18, Düsseldorf, 1965.

LÜHRMANN Dieter, Ein Weisheitspsalm aus Qumran (11Q Ps^a XVIII), ZAW 80 (1968), 87-98.

MAERTENS Th., L'Éloge des Pères (Ecclésiastique XLIV-L), Bruges, 1956.

MAIER Johann, »Gesetz« und »Gnade« im Wandel des Gesetzverständnisses der nachtalmudischen Zeit, Judaica 25 (1969), 64-176.

MALFROY Jean, Sagesse et loi dans le Deutéronome, VT 15 (1965), 49-65.

MANDELKERN Salomon, Veteris Testamenti Concordantiae hebraicae atque chaldaicae, Tel Aviv, ^{7}1967.

MARBÖCK Johann, qw - eine Bezeichnung für das hebräische Metrum?, VT XX (1970), 236-239.

MARCUS R., On biblical hypostases of wisdom, HUCA 23 (1950/51), 157-171.

MERGUET K.H.V., Die Glaubens- und Sittenlehren des Buches Jesus Sirach, Königsberg, I, 1874; II, 1901.

MICHAELIS Dieter, Das Buch Jesus Sirach als typischer Ausdruck für das Gottesverhältnis des nachalttestamentlichen Menschen, ThLZ 83 (1958), 601-608.

MILIK J.T., Un fragment mal placé dans l'édition du Siracide de Masada, Bb 47 (1966), 425 f.

MOORE George Foot, Judaism in the first centuries of the christian era. The age of the Tannaim, I-III, Cambridge, Mass., 1927-1930.

MORENO Antonio, Jesus Ben Sira. Un Judio en un tiempo de crisis, Teologia y Vida, 10 (1969), 24-42.

MOWINCKEL Sigmund, Die Metrik bei Jesus Sirach, Studia Theologica 9 (1955), Lund, 1956, 137-165.

—, Psalms and wisdom, SVT 3 (1955), 205-224.

MÜLLER D., Ägypten und die griechischen Isisaretalogien, Abhandlungen der sächsischen Akademie der Wissenschaften in Leipzig, philol. hist. Kl., 53,1, 1961.

MUNCH P.A., Die jüdischen 'Weisheitspsalmen' und ihr Platz im Leben, Act Or 15 (1937), 112-140.

MURPHY R.E., Assumptions and problems in Old Testament Wisdom Research, CBQ 29 (1967), 407-418.

—, Die Weisheitsliteratur des Alten Testamentes, Conc 1 (1965), 855-862.

—, Form Criticism and Wisdom Literature, CBQ 31 (1969), 475-483.

—, A consideration of the classification »Wisdom Psalms«, SVT 9 (1963), 156-167.

—, Seven Books of Wisdom, Milwaukee, 1960.

NISSEN Andreas, Torah und Geschichte im Spätjudentum : Zu Thesen Dietrich Rösslers, NovT 9 (1967), 241-277.

NÖTSCHER Friedrich, Biblische und babylonische Weisheit. BZ NF 6 (1962), 120-126.

NORDEN Eduard, Agnosthos Theos. Untersuchungen zur Formengeschichte religiöser Rede, Stuttgart, ⁴1956.

NOTH Martin, Die Gesetze im Pentateuch. Ihre Voraussetzungen und ihr Sinn. Schriften der Königsberger Gelehrten Gesellschaft, Geisteswissenschaftliche Klasse 17 (1940), Heft 2, Halle (= M. Noth, Gesammelte Studien zum Alten Testament, ThB. 6, ³1966, München, 9-141).

NOTH M. - THOMAS W., Wisdom in Israel and in the Ancient Near East, SVT 3 (1955).

ÖSTBORN Gunnar, Tora in the Old Testament, A semantic study, Lund, 1945.

OESTERLEY W.O.E., An Introduction to the Books of Apocrypha, London, ³1958.

—, The Wisdom of Jesus the son of Sirach, Cambridge, 1912.

VON DEN OSTEN - SACKEN Peter, Die Apokalyptik in ihrem Verhältnis zu Prophetie und Weisheit, München, 1969.

PAUTREL Raymond, Ben Sira et le Stoïcisme, RScR 51 (1963), 535-549.

PEEK W., Der Isishymnus von Andros und verwandte Texte, Berlin, 1930.

PERLES F., Sur Ecclésiastique XLIV, 2 suiv., Revue des Études Juives 82 (1926), 120-121.

PETERS Norbert, Das Buch Jesus Sirach oder Ecclesiasticus, EHAT 25, Münster, 1913; abgekürzt : Peters, Komm(entar).

—, Die Innerlichkeit der Religionsauffassung des Jesus Sirach, Friedensblätter 13 (1908-1909), 9-14.

PFEIFER Gerhard, Ursprung und Wesen der Hypostasenvorstellungen im Judentum, Arbeiten zur Theologie I/31, Stuttgart, 1967.

PFEIFFER R.H., History of New Testament Times. With an introduction to the Apocrypha, New York, 1949.

—, Introduction to the Old Testament, New York-London, 1958 (repr.).

DE PINTO Basil, The Torah and the Psalms, JBL 86 (1967), 154-174.

POHLENZ Max, Die Stoa. Geschichte einer geistigen Bewegung, Göttingen, I, 1948; II : Erläuterungen, Göttingen, 1955.

POWER A.D., Ecclesiasticus or the wisdom of Jesus the Son of Sira, London, 1939.

PRIEST J., Ben Sira 45,25 in the light of the Qumran Literature, RQ 5 (1964/66), 106-118.

PURVIS James D., Ben Sira and the foolish people of Shechem, JNES 24 (1965), 88-94.

VON RAD Gerhard, Theologie des Alten Testaments, München, I, ⁴1962; II, ⁴1965.

—, Die Weisheit des Jesus Sirach, EvTh 29 (1969), 113-133.

—, Das theologische Problem des alttestamentlichen Schöpfungsglaubens, Gesammelte Studien zum Alten Testament, ThB 8, München, ³1965, 136-147.

—, Weisheit in Israel, Neukirchen-Vluyn, 1970.

—, Aspekte alttestamentlichen Weltverständnisses, Gesammelte Studien z. Alten Testament, ³1965, 311-331.

RANKIN O.S., Israels Wisdom Literature. Its bearing on theology and the history of religion, Edinburgh, 1936; New York, ³1969.

REICKE Bo, Neutestamentliche Zeitgeschichte, Berlin, ²1968.

RENAUD B., La Loi dans les Livres des Maccabées, RB 68 (1961), 39-67.

RICCIOTTI Giuseppe, Geschichte Israels, I, II, Wien, 1953-1955.

RICHTER Wolfgang, Recht und Ethos. Versuch einer Ortung des weisheitlichen Mahnspruches, StANT 15, München, 1966.

RINALDI Giovanni, Onus meum leve - Osservazioni su Ecclesiastico 51 (v 26, Volg. 34) e Matteo 11,25-30, Bibbia e Oriente 9 (1967), 13-23.

RINGGREN Helmer, Sprüche, ATD 16/1, Göttingen, 1962.

—, Word and Wisdom. Studies in the Hypostatization of divine qualities in the Ancient Near East, Lund, 1947.

RIVKIN Ellis, Ben Sira and the Nonexistence of the Synagogue. A study in historical method, in: The Time of Harvest. Essays in Honor of Abba Hillel Silver, New York, 1963, 320-354.

ROBERT A. - FEUILLET A., Einleitung in die Heilige Schrift, I : Allgemeine Einleitungsfragen und Altes Testament, Wien, 1963.

RÖßLER Dieter, Gesetz und Geschichte, Untersuchungen zur Theologie der jüdischen Apokalyptik und der pharisäischen Orthodoxie, WMANT 3, Neukirchen, ²1962.

ROTH Cecil, Ecclesiasticus in the Synagogue Service, JBL 71 (1952), 171-179.

ROWLEY H.H., Apokalyptik. Ihre Form und Bedeutung zur biblischen Zeit, Köln-Einsiedeln, ³1965.

RUDOLPH Wilhelm, Chronikbücher, HAT 21, Tübingen, 1959.

—, Esra und Nehemia samt 3. Esra, HAT 20, Tübingen, 1949.

RÜGER Hans Peter, Text und Textform im hebräischen Sirach. Untersuchungen zur Textgeschichte und Textkritik der hebräischen Sirachfragmente aus der Kairoer Geniza, Habilitationsschrift an der Ev. Theol. Fakultät in Tübingen, xerokop., Tübingen, 1966 (= BZAW 112, Berlin, 1970).

—, Zum Text von Sir 40,10 und Ex 10,21, ZAW 82 (1970), 103-109.

RUSSEL D.S., The Jews from Alexander to Herod, Oxford, 1967.

RYLAARSDAM J. Coert, Revelation in Jewish Wisdom Literature, Chicago, 1946.

SAUER Georg, Die Sprüche Agurs. Untersuchung zur Herkunft, Verbreitung und Bedeutung einer biblischen Stilform unter besonderer Berücksichtigung von Prov c.30, BWANT 84, Stuttgart, 1963.

SAUERMANN Otto, Auch des Job gedachte er! Bemerkungen zu Sir 49,9. — Dienst an der Lehre, Festschrift f. Kard. König, Wiener Theol. Studien, 1965, 119-126.

DE SAVIGNAC Jean, Interpretation de Proverbes VIII, 22-32, SVT 17 (1969), 196-203.

—, La Sagesse en Proverbes 8,22-31, VT 12 (1962), 211-215.

SCHAEDER H., Esra der Schreiber, Tübingen, 1930.

SCHEDL Claus, Geschichte des Alten Testaments, V, Innsbruck, 1964.

—, Talmud, Evangelium, Synagoge, Innsbruck, 1969.

SCHENCKE Wilhelm, Die Chokma (Sophia) in der jüdischen Hypostasenspekulation. Ein Beitrag zur Geschichte der religiösen Ideen im Zeitalter des Hellenismus. Skrifter uitgit av Videnskapsselkapet i. Kristiania, II, Hist.-filos. Klasse, N. 6, 1912.

SCHILLING Othmar, Das Buch Jesus Sirach, Herders Bibelkommentar 7/2, Freiburg, 1956.

SCHMID Hans Heinrich, Wesen und Geschichte der Weisheit. Eine Untersuchung zur altorientalischen und israelitischen Weisheitsliteratur, BZAW 101 (1966), Berlin.

—, Gerechtigkeit als Weltordnung. Beiträge zur historischen Theologie 40, Tübingen, 1968.

SCHMID Herbert, Gesetz und Gnade im Alten Testament, Judaica 25 (1969), 3-29.

SCHMITT E., Leben in den Weisheitsbüchern Job, Sprüche und Jesus Sirach, Freiburger Theol. Studien 66 (1954), Freiburg i.Br.

SCHREINER Josef, Sion-Jerusalem, Jahwes Königssitz. Eine Theologie der heiligen Stadt, StANT 7, München, 1963.

SCHUBERT Kurt, Die Religion des nachbiblischen Judentums, Freiburg i.Br., 1955.

SCHÜRER Emil, Geschichte des jüdischen Volkes im Zeitalter Jesu Christi, II, Leipzig, ²1886.

SCHWARTZ J., Die Rolle Alexandrias bei der Verbreitung orientalischen Gedankengutes, Zeitschrift für Papyrologie u. Epigraphik 1 (1967), 197-217.

SEGAL M., The evolution of the hebrew text of Ben Sira, JQR 25 (1934), 91-149.

—, Ben Sira in Qumran, Tarbiz 33 (1964), 243-246.

—, Ben Sira, in: Enṣiklopediā Miqra'it, Jerusalem, 1965, II, Sp. 162-169 (hebr.).

SIEBENECK R.T., May their bones return to life! Sirach's praise of the fathers, CBQ 21 (1959), 411-428.

SISTI Adalberto, Riflessi dell'epoca premaccabaica nell' Ecclesiastico, Riv Bib 12 (1964), 215-256.

SKEHAN P.W., Sirach 40,11-17, CBQ 30 (1968), 570-572.

—, They shall not be found in Parables (Sir 38,33), CBQ 23 (1961), 40.

SKLADNY Udo, Die ältesten Spruchsammlungen in Israel, Göttingen, 1962.

SMEND Rudolf, Die Weisheit des Jesus Sirach erklärt, Berlin, 1906, abgekürzt Smend, Kommentar.

—, Griechisch-syrisch-hebräischer Index zur Weisheit des Jesus Sirach, Berlin, 1907.

SNAITH John G., Biblical quotations in the Hebrew of Ecclesiasticus, JThS 18 (1967), 1-12.

—, The Importance of Ecclesiasticus. Expository Times 73 (1963/64), 66-69.

SPICQ C., L'Ecclésiastique, La Sainte Bible, VI, Paris, 1946.

—, Le Siracide et la structure littéraire du prologue de Saint Jean, Mémorial Lagrange, Paris, 1940, 183-195.

SPRONDEL G., Untersuchungen zum Selbstverständnis und zur Frömmigkeit der alten Weisheit Israels, Diss. maschinschr. Göttingen, 1962.

STADE B. - HOLTZMANN O., Geschichte des Volkes Israels, II, Berlin, 1888.

STECHER Reinhold, Die persönliche Weisheit in den Proverbien Kap. 8, ZkTh 75 (1953), 411-451.

STÖGER Alois, Der Arzt nach Jesus Sirach, in: Arzt und Christ, 1965, 3-11.

STRUGNELL John, Notes and Queries on 'The Ben Sira Scroll from Masada', Eretz Israel, vol. IX, W.F. Albright volume, Jerusalem, 1969, 109-119.

TAYLOR William R., The Originality of the Hebrew Text of Ben Sira in the light of the vocabulary and the versions, Toronto, 1910.

THOMAS D.W., A note on Ecclus 51,21a, JThS 20 (1969), 225 f.

TOBAC E., Les cinq livres de Salomon, Collection Lovanium 6, Bruxelles, 1926.

TORREY C.C., The Hebrew of the Genizah Sirach, A. Marx Jubilee Volume, New York, 1950, 585-602.

TORREY C., The apocryphical literature, New Haven, 1945.

TOURNAY Raymond, Buch der Sprüche 1-9 : Erste theologische Synthese der Weisheitstradition, Conc 2 (1966), 768-773.

TREVES M., Studi su Gesù ben Sirach, La Rassegna Mensile di Israel 22 (1956), 387-397 u. 464-473.

TRINQUET J., Les liens 'sadocites' de l'Écrit de Damas, des manuscrits de la Mer Morte et de l'Ecclésiastique, VT 1 (1951), 287-292.

TSCHERIKOVER Viktor, Hellenistic Civilization and the Jews, Philadelphia, 1959.

VACCARI Alberto, Quasi plantatio rosae in Jericho (Eccli 24,18), VD 3 (1923), 289-294.

—, Il concetto della sapienza nell' Antico Testamento, Gregorianum 1 (1920), 218-251.

VATTIONI F., Nuovi fogli ebraici dell'Ecclesiastico, Riv Bib 8 (1960), 169-179.

—, S. Girolamo et l'Ecclesiastico, Vetera Christianorum t. 4, 1967, 131-150.

VISCHER W., Der Hymnus der Weisheit in den Sprüchen Salomos 8,22-31, EvTh 22 (1962), 309-326.

VOGT Ernst, 'Mysteria' in textibus Qumran, Bb 37 (1956), 247-257.

—, Die Bankettschüssel und der Rat von Sir 31,14, Bb 48 (1967), 72-74.

—, Novum folium hebraicum Sir 15,1-16, Ms B, Bb 40 (1959), 1065-1068.

—, Novi textus hebraici libri Sira, Bb 41 (1960), 184-190.

VOLTEN Aksel, Der Begriff der Maat in den ägyptischen Weisheitstexten, SPOA, Paris, 1963, 73-101.

—, Das demotische Weisheitsbuch. Studien und Bearbeitung. Analecta Aegyptica II, Kopenhagen, 1941.

VRIEZEN Theodor C., Theologie des Alten Testamentes in Grundzügen, Wageningen, 1956.

WACHOLDER Ben Zion, Pseudo-Eupolemos' two Greek Fragments on the life of Abraham, HUCA 34 (1963), 83-113.

—, Biblical Chronology in the Hellenistic World Chronicles, HThR 61 (1968), 451-481.

WALTER Nikolaus, Zu Pseudo-Eupolemos, Klio, Beiträge zur alten Geschichte, 43-45 (1965), 282-290.

—, Frühe Begegnungen zwischen jüdischem Glauben und hellenistischer Bildung in Alexandrien, Neue Beiträge zur Geschichte der alten Welt I, 1964, Berlin, 367-378.

—, Der Thoraausleger Aristobulos. Untersuchungen zu seinen Fragmenten und zu pseudepigraphischen Resten der jüdisch-hellenistischen Literatur, TU 86, Berlin, 1964.

—, Anfänge alexandrinisch-jüdischer Bibelauslegung bei Aristobulos, Helikon, Rivista di tradizione e cultura classica dell'Università di Messina III, Messina 1963, 353-372.

WARWICK John M., Wisdom as gift, Interpretation 16 (1962), 43-64.

WEINFELD Moshe, Deuteronomy - the present state of inquiry, JBL 86 (1967), 249-262.

WEISER Arthur, Einleitung in das Alte Testament, Göttingen, ⁶1966.

WEIß Hans Friedrich, Untersuchungen zur Kosmologie des hellenistischen und palästinensischen Judentums, TU 97, Berlin, 1966.

WENDEL Adolf, Säkularisierung in Israels Kultur, Gütersloh, 1934.

WESTERMANN Claus, Das Loben Gottes in den Psalmen, Göttingen, ⁴1968.

—, Genesis, BKAT I/2.3, Neukirchen-Vluyn, 1967/68.

—, Das Buch Jesaja Kap. 40-66, ATD, Göttingen 1966.

—, Der Segen in der Bibel und im Handeln der Kirche, München, 1968.

WHYBRAY R.N., Wisdom in Proverbs. The concept of wisdom in Proverbs 1-9, Studies in Biblical Theology 45, London, 1965.

—, Proverbs VIII 22-31 and its supposed prototypes, VT 15 (1965), 504-514.

WILCKENS Ulrich, Weisheit und Torheit. Eine exegetisch-religionsgeschichtliche Untersuchung zu 1 Kor 1 und 2. BhTh 26, Tübingen, 1959.

WINTER P., Ben Sira and the teaching of the two ways, VT 5 (1955), 315-318.

WOOD James, Wisdom Literature. An Introduction, London, 1967.

WÜRTHWEIN Ernst, Der Sinn des Gesetzes im Alten Testament, ZThK 55 (1958), 255-270.

ZEITLIN Solomon, The Ben Sira Scroll from Masada, JQR 56 (1965/66), 185-190.

ZENNER J.K., Ecclesiasticus 38,24-39,10; ZkTh 21 (1897), 567-574.

—, Zwei Weisheitslieder (Sir 24, Bar 3,9-4,4), ZkTh 21 (1897), 551-558.

ZIEGLER Josef, Zwei Beiträge zu Sirach, BZ NF 8 (1964), 277-280.

—, Ursprüngliche Lesarten im griechischen Sirach, Studi e Testi 231, Mélanges E. Tisserant I, Vatikan, 1964, 461-487.

—, Zum Wortschatz des griechischen Sirach, BZAW 77, ²1961, Berlin, 272-287.

ZIENER Georg, Die theologische Begriffssprache im Buche der Weisheit, BBB 11, Bonn, 1956.

—, Weisheit, Bibeltheologisches Wörterbuch II, Graz, ²1962, 1211-1222.

—, Die altorientalische Weisheit als Lebenskunde. Israels neues Verständnis und Kritik der Weisheit; in: Wort und Botschaft, herausgegeben von J. Schreiner, Würzburg, 1967, 258-271.

ZIMMERLI Walter, Das Gesetz im Alten Testament, ThLZ 85 (1960), 481-498 (= Gottes Offenbarung, Gesammelte Studien z. Alten Testament, ThB 19, München, 1963, 249-276).

—, Zur Struktur der alttestamentlichen Weisheit, ZAW 31 (1933), 177-204.

—, Ort und Grenze der Weisheit im Rahmen der alttestamentlichen Theologie, SPOA, Paris, 1963, 121-137 (= Gottes Offenbarung, ThB 19, München, 1963, 300-315).

ZÖCKLER Otto, Die Apokryphen des Alten Testamentes nebst einem Anhang über die Pseudepigraphenliteratur. Kurzgefaßter Kommentar zu den heiligen Schriften des Alten Testamentes, A 9, München, 1891.

ZORELL Franciscus, Lexicon hebraicum et aramaicum Veteris Testamenti, Rom, 1952.

—, Canticum Ecclesiastici (Sir 36), VD 7 (1927), 169-171.

VERZEICHNIS DER ABKÜRZUNGEN

AnchB	Anchor Bible, New York.
ANET	Ancient Near Eastern Texts relating to the Old Testament, Princeton, 1955.
Ant.	Flavius Josephus, Antiquitates Judaicae.
AOT	Altorientalische Texte, Berlin-Leipzig 1936.
ATA	Alttestamentliche Abhandlungen, Münster.
ATD	Altes Testament Deutsch, Göttingen.
Bb	Biblica, Rom.
BB	Bonner Bibel.
BBB	Bonner Biblische Beiträge.
BhTh	Beiträge zur historischen Theologie, Tübingen.
BJ	Bible de Jérusalem.
BKAT	Biblischer Kommentar. Altes Testament, Neukirchen-Vluyn.
BSt	Biblische Studien (Freiburg).
BWANT	Beiträge zur Wissenschaft vom Alten und Neuen Testament, Stuttgart.
BZNF	Biblische Zeitschrift, Neue Folge, Paderborn.
BZAW	Beihefte zur Zeitschrift für alttestamentliche Wissenschaft.
CBQ	Catholic Biblical Quarterly.
Conc	Concilium.
CSS	Cursus Scripturae Sacrae, Paris.
DBS	Supplément au Dictionnaire de la Bible.
DJD	Discoveries in the Judean Desert of Jordan.
DThC	Dictionnaire de Théologie Catholique.
EB	Echterbibel.
EHAT	Exegetisches Handbuch zum Alten Testament, Münster.
EvTh	Evangelische Theologie.
EThL	Ephemerides Theologicae Lovanienses.
FRLANT	Forschungen zur Religion und Literatur des Alten und Neuen Testaments.
GCS	Die griechischen christlichen Schriftsteller der ersten 3 Jh., Berlin.
HAT	Handbuch zum Alten Testament, Tübingen.
HGB	Handbuch theologischer Grundbegriffe.
HThR	Harvard Theological Review.
HUCA	Hebrew Union College Annual.
IDB	The Interpreters Dictionary of the Bible, New York.
IEJ	Israel Exploration Journal.
JBL	Journal of Biblical Literature.
JNES	Journal of Near Eastern Studies.
JQR	Jewish Quarterly Review.
JSS	Journal of Semitic Studies.
JThS	Journal of Theological Studies.
KAT	Kommentar zum Alten Testament, Gütersloh.

LThK	Lexikon für Theologie und Kirche, [2]1957 ff.
NovT	Novum Testamentum.
PEQ	Palestine Exploration Quarterly, London.
RB	Revue Biblique.
RBén	Revue Bénédictine.
RGG	Religion in Geschichte und Gegenwart, [3]1957 ff.
Riv Bib	Rivista biblica.
RQ	Revue de Qumran.
RScR	Recherches de Science religieuse.
SPOA	Les Sagesses du Proche Orient Ancien, Paris, 1963.
StANT	Studien zum Alten und Neuen Testament, München.
SVF	Stoicorum veterum fragmenta.
SVT	Supplements to Vetus Testamentum, Leiden.
ThB	Theologische Bücherei, München.
ThLZ	Theologische Literaturzeitung.
ThpQ	Theologisch praktische Quartalschrift.
ThR	Theologische Revue.
ThRs	Theologische Rundschau.
ThWB	KITTEL, Theologisches Wörterbuch zum Neuen Testament.
ThZ	Theologische Zeitschrift, Basel.
TU	Texte und Untersuchungen zur Geschichte der altchristlichen Literatur, Berlin.
VD	Verbum Domini, Rom.
VT	Vetus Testamentum, Leiden.
WMANT	Wissenschaftliche Monographien zum Alten und Neuen Testament, Neukirchen-Vluyn.
ZAW	Zeitschrift für alttestamentliche Wissenschaft, Berlin.
ZkTh	Zeitschrift für katholische Theologie, Wien.
ZThK	Zeitschrift für Theologie und Kirche, Tübingen.

EINFÜHRUNG

1. *Zum Stand der Forschung am Weisheitsbuch des Jesus Sirach.*

Die Weisheit des Jesus Sirach[1] war lange Zeit ein Stiefkind der biblischen Forschung. Zwischen Arbeiten und Kommentaren, die durch die Entdeckung der hebräischen Fragmente des Buches in der Geniza zu Kairo (1896-1900) angeregt worden waren[2] und den jüngsten Studien klafft eine beträchtliche Lücke. Außerdem fehlt bis jetzt ein den heutigen wissenschaftlichen Anforderungen entsprechender theologischer Kommentar zu Jesus Sirach, nicht zuletzt wohl wegen der großen Schwierigkeiten des Textes; man hat aber auch vielfach seine theologische Bedeutung unterschätzt. Die bisher einzige neuere Monographie zu Lehre und Frömmigkeit des Siraziden ist die Studie von Josef Haspecker über die Gottesfurcht bei Jesus Sirach[3]. Haspecker gibt darin einen Überblick über die bisherige Sirachforschung, der hier nicht wiederholt zu werden braucht. Er geht dabei auch sehr ausführlich auf die äußerst unterschiedliche Beurteilung ein, die Frömmigkeit und Lehre dieses Weisen im Lauf der Forschung bis heute gefunden haben.

Als Beispiel, wie sich hier die Meinungen gegenüberstehen, seien zwei

---

[1] Zur Schreibung des Namens Sirach vgl. Ryssel, in KAUTZSCH, Die Apokryphen und Pseudepigraphen des Alten Testaments I, 1900, 233-234; Cl. SCHEDL, Geschichte des Alten Testaments, V, 1964, 263 : »Das Schluß-chi in der griechischen Schreibweise ist nur eine genauere Wiedergabe des hebräischen Schluß-aleph. Hebr. Sira' wurde zu Sirach ... Wahrscheinlich ist das Chi nur Hinweis darauf, daß das Wort nicht deklinierbar ist«.

[2] Die damals erschienenen Kommentare und Textausgaben von I. LÉVI, L'Ecclésiastique, I-II, 1898 u. 1901, R. SMEND, Die Weisheit des Jesus Sirach erklärt, 1906, N. PETERS, Der jüngst wiederaufgefundene hebräische Text des Buches Ecclesiasticus, 1902, sowie N. PETERS, Jesus Sirach oder Ecclesiasticus, 1913, zählen mit den Ausgaben der Apokryphen und Pseudepigraphen des Alten Testaments von Kautzsch und Charles-Box-Oesterley immer noch zu den unentbehrlichen Instrumenten der Textkritik des Sirachbuches. Die beste neuere deutsche Übersetzung mit zahlreichen textkritischen Anmerkungen bietet V. HAMP, Sirach, EB 13, Würzburg 1954. Der neueste Sirachkommentar von A. VAN DEN BORN, Wijsheid van Jesus Sirach (Ecclesiasticus), De Boeken van het Oude Testament, Roermond 1968, basiert auf dem griechischen Text und geht nur spärlich auf Textprobleme ein. Die bedeutsamste englische Übertragung des Sirachtextes ist diejenige der nun vollständig vorliegenden Confraternity Version, New York 1969 (Sirach bereits 1955).

[3] J. HASPECKER, Gottesfurcht bei Jesus Sirach, Analecta Biblica 30, Rom 1967.

Untersuchungen mit völlig konträren Auffassungen über die Ethik
— außer der Textkritik das Hauptgebiet der bisherigen Sirachforschung —
und die Frömmigkeit des Siraziden erwähnt. So gibt O. Kaiser ein sehr
maßvolles Urteil ab : »Gewiß wird der Mensch an seine Werke gewiesen...
Aber solange die Gottesfurcht derartig lebendig im Hintergrund aller
Einzelaussagen steht, dürfte man kaum befugt sein, von einer 'toten
Werkgerechtigkeit' zu reden«[4]. Beachtenswert ist auch sein Hinweis auf
die weisheitliche Auffassung von der Einheit der Welt, in der sich der
Nutzen einer Handlung mit ihrer inneren Wahrheit deckt, womit er den
Vorwurf des Eudaimonismus entkräftet[5]. — Ganz anders urteilt dagegen
D. Michaelis in seinem polemischen Aufsatz : Das Buch Jesus Sirach
als typischer Ausdruck für das Gottesverhältnis des nachalttestamentlichen Menschen[6], worin er den Humanismus und die Religiosität des
Weisen als »typisch tragisches Mißverständnis des religiösen Menschen«
hinstellt und im Hinblick auf das Lob der Väter Sir 44-49 fragt, ob hier
nicht ein »Ausweichen vor dem lebendigen fordernden Gegenüber Gottes
in die bewundernde aber letzten Endes doch unverbindliche Heldenschau«
vorliege. Und er schließt : »Das Buch Jesus Sirach ist eines der ersten
großen Zeugnisse jenes Abfalls«[7].

Haspecker hat in sorgfältigen literarischen und theologischen Analysen
überzeugend die echte religiöse Dimension Ben Siras aufgezeigt, die in
einem lebendigen und personalen Verhältnis zu Gott besteht, das sich
in Vertrauen und Demut entfaltet[8]. Es ist jedoch immer noch so, daß
die jüngere Weisheitsliteratur, der Ben Siras Werk zuzuordnen ist,
in den Darstellungen der Geschichte der Weisheit Israels unterbewertet
oder fast völlig übergangen wird. Für M. Noth z.B. ist die Weisheit und
das Gesetz der Spätzeit erstarrt zu einer absoluten überzeitlichen Größe.
Er führt als Beispiele die Psalmen 1, 19,8-15 und 119 an und fährt dazu
fort : »Auch in späten Stücken der alttestamentlichen eigentlichen Weisheitsliteratur, die wegen ihrer internationalen Zusammenhänge allerdings
nur langsam und schwer ein Verhältnis zu speziellen Elementen des
alttestamentlichen Glaubens gefunden hat, tritt das Gesetz Jahwes,
soweit es überhaupt als Norm des Handelns genannt wird, als eine feste,

---

[4] O. KAISER, Die Begründung der Sittlichkeit im Buch Jesus Sirach, ZThK 55 (1958)
51-63, S. 63.

[5] Ebd. S. 59.

[6] ThLZ 83 (1958), 601-608.

[7] Alle Zitate aus D. MICHAELIS, Das Buch Jesus Sirach als typischer Ausdruck für das
Gottesverhältnis des nachalttestamentlichen Menschen, ThLZ 83 (1958), 608.

[8] HASPECKER, Gottesfurcht bei Jesus Sirach, 337-339.

selbständige voraussetzungslose Größe in Erscheinung«[9]. Dieses Urteil, das sich auf Feststellungen Fichtners stützt[10], wird von H.H. Schmid übernommen[11]. Schmid, der in seinem Werk sehr viel über die Geschichtlichkeit der Weisheit zu sagen hat, geht nur ganz flüchtig auf den Versuch der jüngeren Weisheit ein, auf ihre sehr schwierige geschichtliche Stunde Antwort zu geben[12]. So spricht er von der restlos durchtheologisierten Weisheitsform Ben Siras, »in der Weisheit und Gesetz eins sind, — eins auch in ihrer Erstarrung«[13].

So scheint der Versuch berechtigt, das Weisheitsdenken des Siraziden von einigen Seiten her aufzugreifen, zumal sich Haspecker in seiner Arbeit unter den großen Themenkreisen des Sirachbuches, Frömmigkeit, Theologie und Ethik, methodisch auf die Frömmigkeit beschränkt hat[14]. Er weist dabei ausdrücklich auf die noch ausstehende Untersuchung der vielen theologischen Probleme dieses Buches hin. Neuerdings haben G. von Rad und M. Hengel den Versuch zu einer Gesamtschau des Werkes Ben Siras unternommen[15]. Hier möchte sich auch die vorliegende Arbeit einreihen, indem sie der Struktur des weisheitlichen Denkens und den Aussagen über die Weisheit bei Jesus Sirach nachgeht. Das Thema wird mit dieser Arbeit noch lange nicht erschöpft sein. Denn eine fortschreitende Erkenntnis der Zeit des Siraziden wird auch immer wieder neues Licht auf sein Denken werfen, das ja für eine bestimmte Stunde Antwort und Weisung geben wollte.

---

[9] M. NOTH, Die Gesetze im Pentateuch, in: Gesammelte Studien zum Alten Testament, ThB 6, ³1966, 117. Vgl. dort den ganzen Abschnitt S. 112-136: Das Gesetz als absolute Größe der Spätzeit; ähnlich O. EISSFELDT, Jahwe und Baal, Kleine Schriften I, Tübingen 1962, 1-12, bes. S. 10.

[10] J. FICHTNER, Die altorientalische Weisheit in ihrer israelitisch-jüdischen Ausprägung, BZAW 62 (1933) 81ff., 113. — Ähnlich behauptete schon L. COUARD, Die religiösen und sittlichen Anschauungen der alttestamentlichen Apokryphen und Pseudepigraphen, 1909, 141, daß bei Ben Sira »die nomistischen Züge der jüdischen Ethik klar und deutlich ausgeprägt« seien.

[11] H.H. SCHMID, Wesen und Geschichte der Weisheit, BZAW 101 (1966), 153; ebenso WÜRTHWEIN, Der Sinn des Gesetzes im Alten Testament, ZThK 55 (1958), 268-269.

[12] Ebd. S. 149-154.

[13] H. SCHMID, Wesen und Geschichte der Weisheit, 195.

[14] HASPECKER, Gottesfurcht, 35-36.

[15] Der Aufsatz von G. VON RAD, Die Weisheit des Jesus Sirach, EvTh 29 (1969), 113-133, findet sich nun in G. VON RAD, Weisheit in Israel, Neukirchen 1970, 309-336. M. HENGEL, Judentum und Hellenismus, 1969, behandelt ebenfalls das Werk Ben Siras ziemlich ausführlich S. 242-275, 284-292, 455; vgl. auch das Kapitel über Ben Sira bei G. Maier, Mensch und freier Wille. Wissenschaftl. Untersuchungen zum Neuen Testament, 12, Tübingen 1971.

2. Die Erforschung des Textes.

Über Geschichte und Diskussion der Textprobleme der Weisheit Ben Siras informieren die in der Bibliographie angeführten Einleitungen, Kommentare und kritischen Textausgaben sowie Übersetzungen. Besonders hervorzuheben ist die kritische Ausgabe des griechischen Sirachtextes in der Göttinger Septuaginta durch Ziegler. Eine Zusammenfassung der bisherigen Forschung am Sirachtext findet sich auch in den neueren Studien von Haspecker und Fuß[16]. Von besonderer Bedeutung für die Beurteilung der Überlieferung des hebräischen Textes wurden die Funde auf der Festung Masada, die von Yadin auf Grund der Paläographie in die erste Hälfte des 1. Jh. v.Chr. datiert werden[17]. Die Zuverlässigkeit, besser gesagt die Authentizität der mittelalterlichen hebräischen Manuskripte aus der Geniza von Kairo wurde dadurch weitgehend bestätigt. Die neuesten Studien zum Sirachtext von grundsätzlicher Bedeutung, die der Forschung neue Impulse geben, sind die Arbeiten von Di Lella und H.P. Rüger[18]. Di Lella bekräftigt mit textkritischen und historischen Argumenten die Authentizität des Genizatextes und versucht, Doppellesarten im hebräischen Text vor allem durch Rückübersetzungen vom Syrischen ins Hebräische zu erklären. In den 'Conclusions' (148-151) gibt Di Lella eine knappe und wertvolle Zusammenfassung über die wahrscheinliche Überlieferungsgeschichte des hebräischen Siratextes bis ins 9. Jh. n.Chr. Was seine Hypothese der Rückübersetzungen aus dem Syrischen anbelangt, scheint es einseitig, damit das Problem der Dubletten des hebräischen Siratextes lösen zu wollen.

---

[16] HASPECKER, Gottesfurcht, XXIII-XXIV, 40. — W. FUSS, Tradition und Komposition im Buch Jesus Sirach, Diss. maschinschr., Tübingen 1963, 1-18; s. auch VATTIONI, Ecclesiastico, XVIII-XXX.

[17] YADIN, The Ben Sira Scroll from Masada, Jerusalem 1965, 4; zur Textausgabe von Yadin vgl. P.W. SKEHAN in JBL 85 (1966), 260-262; J.P. AUDET, in RB 73 (1966), 457-459; J.T. MILIK, Un fragment mal placé dans l'édition du Siracide de Masada, Bb 47 (1966), 425f.; J.M. BAUMGARTEN, Some notes on the Ben Sira Scroll from Masada, JQR 58 (1968), 323-327; J. STRUGNELL, Notes and Queries on 'The Ben Sira Scroll from Masada', Eretz Israel IX (1969), 109-119. S. ZEITLIN möchte gegen den Konsens der Paläographen die Authentitität der Masadafragmente mit einigen philologischen Argumenten bestreiten und sie ins 4.-6. Jh. n.Chr. datieren: S. ZEITLIN, The Ben Sira Scroll from Masada, JQR 56 (1965/66), 185-190.

[18] A. DI LELLA, The Hebrew Text of Sirach. A textcritical and historical study. London-Paris 1966, H.P. RÜGER, Text und Textform im hebräischen Sirach. Untersuchungen zur Textgeschichte und Textkritik der hebräischen Sirachfragmente, Habilitationsschrift, xerokop., Tübingen 1966, erschienen als Band 112 der BZAW, Berlin 1970.

Rüger hat, wie mir scheint mit soliden Argumenten, gegen Di Lella gezeigt, daß »die verschiedenen Fassungen des hebräischen Textes nicht als Original und Rückübersetzung sondern als primäre und sekundäre hebräische Textform« zu betrachten sind[19]. Rüger geht bei seiner textkritischen Arbeit aus von den Parallelüberlieferungen der Manuskripte A und C bzw. A und B sowie ausgewählter Partien der Hs. A. Er kommt dabei zum Ergebnis, daß in diesen Kairoer Genizafragmenten des hebräischen Sirach zwei Textformen vorliegen, deren jüngere das Ergebnis einer »unbewußt-bewußten« Umgestaltung der älteren darstellt« (112), wobei diese Umgestaltung einerseits durch das Jüdisch-Aramäische, andererseits durch die gewandelten ästhetisch-exegetischen Anschauungen verursacht wurde.

Die ältere in spätbiblischem Hebräisch geschriebene Textform entspricht nach Rüger dem in Palästina entstandenen Weisheitsbuch des Jesus Sirach und diente der um 130 v.Chr. in Alexandrien entstandenen griechischen Übersetzung des Enkels (Gr I) als Vorlage. Damit wird also auch für die ältere Textform der Genizafragmente die Authentizität bestätigt. Bei der jüngeren in mischnischem Hebräisch abgefaßten Textform handelt es sich um das hebräische Original der zwischen 130 v.Chr. und 215 n.Chr. aufgekommenen sogenannten zweiten griechischen Übersetzung und der Peschitta. Auf Grund von Entsprechungen zwischen der jüngeren Textform und der ersten Jesajarolle sowie den Hodajot von Qumran und dem masoretischen Text des Proverbienbuches hält Rüger sogar eine Eingrenzung der Entstehungszeit der jüngeren Textform des hebräischen Sirachbuches auf die Periode zwischen 50 und 150 n.Chr. für wahrscheinlich[20]. Rügers Studie stellt gewiß einen sehr fruchtbaren Ansatz für die schwierige Textkritik des hebräischen Sirach dar, auch wenn damit noch nicht alle Schwierigkeiten zu erhellen sind, vor allem dort, wo überhaupt nur die griechische, altlateinische und syrische Version zur Verfügung stehen.

---

[19] H.P. RÜGER, Text und Textform, BZAW 112 (1970), 8. — Zur Kritik an Di Lella's Methode vgl. auch die Rezension von J. STRUGNELL in CBQ 30 (1968), 86-91.

[20] H.P. RÜGER, Text und Textform, BZAW 112 (1970), 115.

Erster Teil

DER KONTEXT FÜR DAS WERK DES SIRAZIDEN

1. *Grundsätzliches zum Verständnis der biblischen Weisheit.*

Weisheit im biblischen Sinn ist lebendige Auseinandersetzung mit der Welt. Dort, wo Weisheit echt und ursprünglich vorkommt, ist sie Hören und Antworten auf Situationen und Ereignisse menschlichen Daseins. Das ist der erste und eigentliche Sinn des Weisheitsspruches, vor allem des Sprichwortes[1]. Zu Unrecht hat man die Weisheitsliteratur vielfach für zeitlos und geschichtslos erklärt, wohl deshalb, weil es in den Weisheitsbüchern nicht um große Welt- und Heilsgeschichte geht sondern um Situationen des alltäglichen menschlichen Lebens. In seiner Studie über Wesen und Geschichte der Weisheit[2] hat H.H. Schmid das Wesen der

---

[1] A. JOLLES, Einfache Formen, ²1958, 155-159.

[2] H.H. SCHMID, Wesen und Geschichte der Weisheit, BZAW 101 (1966) stellt die umfassendste neuere Studie zur Geschichte der biblischen Weisheit im Rahmen der orientalischen Weisheitsliteratur dar, in der der Autor vor allem dem Verhältnis der Weisheit zu Zeit und Geschichte nachgeht, vgl. S. 5-7, 79-84, 199. — Hier sei nur auf einige der wichtigsten Arbeiten und Aufsätze zum Thema der alttestamentlichen Weisheit hingewiesen. Grundlegende und informative A r t i k e l sind : J. FICHTNER, Die altorientalische Weisheit in ihrer israelitisch-jüdischen Ausprägung, BZAW 62 (1933), 3-11; W. BAUMGARTNER, Die israelitische Weisheitsliteratur, ThR 5 (1933), 259-288; W. ZIMMERLI, Zur Struktur der alttestamentlichen Weisheit, ZAW 31 (1933), 177-204; W. ZIMMERLI, Ort und Grenze der Weisheit im Rahmen der alttestamentlichen Theologie, in : Gottes Offenbarung ThB 19, 1963, 300-315; H. GESE, Weisheit, Weisheitsdichtung, in RGG, 3. Aufl., VI, 1962, 1574-1577, 1577-1581; FOHRER-WILCKENS, Sophia, in ThWB VII, 465-527; G. VON RAD, Theologie des Alten Testaments I, ⁴1962, 430-467; R.E. MURPHY, Die Weisheitsliteratur des Alten Testamentes, Conc 1 (1965), 855-862; R.E. MURPHY, Assumptions and Problems in Old Testament Wisdom Research, CBQ 29 (1967), 407-418; A.M. DUBARLE, Où en est l'étude de la littérature sapientielle ?, EThL 44 (1968), 407-419; E. GERSTENBERGER, Zur alttestamentlichen Weisheit, Verkündigung und Forschung 14 (1969), 28-44. — Neuere G e s a m t d a r s t e l l u n g e n und M o n o g r a p h i e n sind : A. DUBARLE, Les sages d'Israël, Lectio divina 1, Paris 1946; J. RYLAARSDAM, Revelation in Jewish Wisdom Literature, Chicago 1946; H. RINGGREN, Word and Wisdom, Lund 1947; O.S. RANKIN, Israels Wisdom Literature, Edinburg ²1954, New York ³1969; J. KAZMÉR, Wesen und Entwicklung des Weisheitsbegriffes in den Weisheitsbüchern des Alten Testamentes, Rom 1950; M. NOTH-W. THOMAS, Wisdom in Israel and in the Ancient Near East, SVT III (1955); H. GESE, Lehre und Wirklichkeit der alten Weisheit, Tübingen 1958; G. SPRONDEL, Untersuchungen zum Selbstverständnis und zur Frömmigkeit der alten Weisheit Israels, Diss. maschinschr.,

Weisheit unter anderem so gekennzeichnet : »Weisheit will dazu behilflich sein, die rechte Handlung zur rechten Zeit zu vollbringen. Sie sucht das der jeweiligen Situation Entsprechende, sei es im Bereich der öffentlichen politischen Geschichte oder in der privaten Geschichte des Einzellebens zu formulieren und zu tun«[3].

Mit Hilfe der Steuermannskunst (*taḥbulôt*, Gr. kybernesis) der Weisheit soll der Mensch sein Leben bewältigen und zugleich die Ordnung in der Welt konstituieren. Wenn aber der Weisheitsschüler vergißt, auf den Anruf der Situation zu hören[4], wenn weisheitliches Reden und weisheitlicher Rat[5] absolut gesetzt wird, zu einem dogmenähnlichen System wird

---

Göttingen 1962; U. SKLADNY, Die ältesten Spruchsammlungen in Israel, Göttingen 1962; Les Sagesses du Proche Orient Ancien (Colloque de Strasbourg), abgekürzt SPOA, Paris 1963; E. BEAUCAMP, I saggi d'Israele guide all'esperienza di Dio, Milano 1964; R.N. WHYBRAY, Wisdom in Proverbs 1-9, London 1965; W. Mc KANE, Prophets and Wise Men, London 1965; E. GERSTENBERGER, Wesen und Herkunft des »apodiktischen Rechts«, WMANT 20, Neukirchen, 1965; Chr. KAYATZ, Studien zu Prov 1-9, WMANT 22, Neukirchen 1966; Chr. KAYATZ, Einführung in die alttestamentliche Weisheit, Neukirchen 1969; H.H. SCHMID, Wesen und Geschichte der Weisheit, BZAW 101 (1966); W. RICHTER, Recht und Ethos, StANT 15, München 1966; H. DUESBERG - I. FRANSEN, Les Scribes inspirés, Maredsous ²1966; P.E. BONNARD, La sagesse en personne, Lectio divina 44, Paris 1966; H.J. HERMISSON, Studien zur israelitischen Spruchweisheit, WMANT 28, Neukirchen 1968; VON RAD, Weisheit in Israel, Neukirchen 1970.

[3] H.H. SCHMID, Wesen und Geschichte, 34. — Cl. WESTERMANN, Der Segen in der Bibel und im Handeln der Kirche, München 1968, macht in einer Überlegung zur Weisheitsliteratur aufmerksam, daß diese weisheitliche Lebensbewältigung und das Gelingen mit dem S e g e n in besonderem Zusammenhang steht. Darum muß zweifellos mit einer gewissen Zurückhaltung von der 'Geschichtlichkeit' der Weisheit gesprochen werden, da der Segen Gottes sich nicht in dokumentierbaren Ereignissen ausweist sondern mit dem stetigen unmerklichen Wirken Gottes im Bereich des Wachsens und Reifens zusammenhängt. — Kritische Anmerkungen zur von H. Schmid betonten Geschichtsbezogenheit der Weisheit bringt auch H.J. HERMISSON in seinen Studien zur israelitischen Spruchweisheit an, vor allem hinsichtlich der weisheitsgeschichtlichen Einordnung der israelitischen Weisheitstexte (S. 190-191), deren chronologische Reihung kaum möglich ist und nicht einfach durch Übertragung des Schemas der außerisraelitischen Weisheitsgeschichte geschehen soll. — Vgl. auch die Auseinandersetzung von E. GERSTENBERGER mit H.H. SCHMID : E. GERSTENBERGER, Zur alttestamentlichen Weisheit, Verkündigung und Forschung 14 (1969), 28-44.

[4] In allen Teilen des Spruchbuches finden sich die Mahnungen zum Hören : 1,8; 4,1; 12,15; 15,31.32; 22,17; 23,19 u.a.

[5] Vgl. die Ausführungen über den weisheitlichen Rat ('eṣah) bei W. ZIMMERLI, Zur Struktur der alttestamentlichen Weisheit, ZAW 31 (1933), 182-183, 187-188. — Zimmerli hat allerdings seine Aussagen über den weisheitlichen Rat revidiert, wie seine Bemerkungen in : Ort und Grenze der Weisheit im Rahmen der alttestamentlichen Theologie, SPOA, 129, A. 3 zeigen. — Auch GEMSER, The spiritual structure of biblical aphoristic wisdom, in : Adhuc loquitur, Collected essays of Dr. B. Gemser, 1968, 138-149, kritisiert die Auffassung eines völlig unverbindlichen und frei diskutierbaren weisheitlichen 'Rates'.

wie etwa die Auffassung vom Tat-Ergehen-Zusammenhang[6], so muß das
zu Erstarrungen weisheitlichen Denkens oder gar zu Krisen führen.

Denn Weisheit ist nur dann lebendig, wenn sie auf den Rat aus der
Erfahrung der Vergangenheit hört, zugleich aber auf die Situation der
Stunde achtet und versucht, ihre eigene Antwort auf die konkrete Herausforderung zu geben. Darum ist bei der Beurteilung und Einordnung der
israelitischen Weisheitsliteratur auch stets zu fragen, wieweit Anliegen
und Fragen der Zeit aufgenommen wurden und in weisheitlicher Form
und Geisteshaltung eine Antwort gefunden haben.

Im Buch der Sprüche finden sich fast alle Formen und Stufen weisheitlichen Denkens, vom »weltlichsten« Abschnitt der israelitischen Weisheitsliteratur in Spr 25-27[7], wo das Gottesverständnis noch weitgehend impli-
ziert ist, bis zur ausdrücklichen Theologisierung in Prov 1-9[8].

Als Beispiel, wie etwa die Herausforderung durch eine neue geschichtliche Stunde angenommen und weisheitlich verkraftet wurde, sei —
außerhalb der Spruchweisheit Israels — hingewiesen auf das, was G. von
Rad den 'salomonischen Humanismus' nennt[9], der zweifellos unter dem
Einfluß der Weisheit Ägyptens und anschließend der Weisheitslehrer
Israels, eine neue Weise des Denkens und Erzählens darstellt, in der ein
ausgeprägter Sinn für die Welt und den Menschen sichtbar wird.

Die Bücher Hiob und Qohelet gelten mit Recht als Ausdruck einer
Krise, in die ein immer mehr ungeschichtliches und allzu systematisieren-
des Weisheitsdenken geraten war — dargestellt etwa an den Positionen
der Freunde Hiobs. — Die Versuche einer Kritik und eines neuen genuin
weisheitlichen Ansatzes sind vielleicht Hiob 38, wo gezeigt werden soll,
daß es auch für das Leid einen Platz in der Ordnung der Welt geben muß,
die freilich der kleine Mensch nicht völlig erfassen kann, ferner die Auf-

---

[6] Zur Frage der 'Vergeltung' in der Weisheitsliteratur vgl. KOCH, Gibt es ein Vergeltungsdogma im Alten Testament?, ZThK 52 (1955), 1-42; GESE, Lehre und Wirklichkeit in der
alten Weisheit, 1959, 42-45; H.H. SCHMID, Gerechtigkeit als Weltordnung, BhTh 40,
1968, 175-176.

[7] VON RAD, Theologie des Alten Testaments I, ⁴1962, 450, Anm. 1.

[8] Zur eingehenderen Behandlung der historischen und theologischen Entwicklung
der Weisheit, die freilich oft nur mit Vorbehalt chronologisch im Sinn eines Nacheinander
verstanden werden darf, vergleiche auch die Kommentare zum Buch der Sprüche, etwa
B. GEMSER, Sprüche Salomos, HAT, ²1963; H. RINGGREN, Sprüche, ATD, 1962; A. BARUCQ,
Le Livre des Proverbes, Sources bibliques, Paris 1964; W. MC KANE, Proverbs, London
1970, sowie die eingangs zitierten Studien zur Weisheitsliteratur, vor allem H. SCHMID,
Wesen u. Geschichte d. Weisheit, 144-173.

[9] VON RAD, Theologie d. AT I, ⁴1962, 68, sowie das ganze Kapitel 62-70; CAZELLES,
Bible, Sagesse, Science, RScR 48 (1960), 41-43.

forderung des Predigers, in einer Welt der Nichtigkeit und Vergänglichkeit seinen bescheidenen »Anteil« (ḥelœq) am Glück zu genießen und tätig zu sein (Pred 2,24-26; 3,12-13.22; 8,15; 9,7-10; 11,9)[10].

In diesen eben skizzierten Zusammenhang des Weisheitsdenkens in Israel ist auch Ben Sira hineinzustellen. Es ist zu fragen, welche Situation ihm vor- und aufgegeben war, und wieweit er als Weiser und auch als Theologe mit Hilfe der Kategorie der Weisheit Antwort zu geben versucht hat.

2. Der zeitgeschichtliche Hintergrund für das Werk Ben Siras.

Die Kommentare zu Ben Sira behandeln alle einleitend auch die geschichtliche Situation in Palästina zur Zeit der Abfassung unseres Weisheitsbuches[11]. In diesem Überblick sei darum nur auf einige Strömungen hingewiesen, in deren Kontext und auf derem Hintergrund das Werk Ben Siras zu lesen und zu verstehen ist.

Es besteht weitgehend Übereinstimmung darüber, daß der Sirazide sein Werk noch vor Ausbruch der Verfolgungszeit unter Antiochus IV. vollendet hat, also vor 175 v.Chr.[12]. Die große geistige Bewegung, die sich

---

[10] H.H. SCHMID, Wesen und Geschichte der Weisheit, 173-176; FOHRER-SELLIN, Einleitung in das Alte Testament, [10]1965, 337. — Der umfassendste und bedeutendste Beitrag zur Qoheletforschung ist von F. Ellermeier zu erwarten: vgl. bereits F. ELLERMEIER, Qohelet, Teil I, Abschnitt I, Herzberg a.H., 1967.

[11] ZÖCKLER, Die Apokryphen des Alten Testamentes, 1891, 255-258; FRITZSCHE, Die Weisheit Jesus Sirach's, 1859, XIII-XVIII; SMEND, Die Weisheit des Jesus Sirach, 1906, XIV-XVIII; LÉVI, L'Ecclésiastique, II, 1901, LX-LXVII; PETERS, Das Buch Jesus Sirach, 1913, XXXI-XXXVII; KAUTZSCH, Die Apokryphen und Pseudepigraphen des Alten Testaments I, 1900, 230-238; Box-Oesterley in: CHARLES, The Apocrypha and Pseudepigrapha of the Old Testament in English, I, repr. 1968, 291-294; SPICQ, L'Ecclésiastique, La Sainte Bible VI, 1946, 550-553; SEGAL, Kommentar, [2]1959, 1-11; DUESBERG-FRANSEN, Ecclesiastico, 1966, 1-90; VAN DEN BORN, Wijsheid van Jesus Sirach (Ecclesiasticus), 1968, 7-8; die umfassendste Darstellung der Zeitgeschichte findet sich nun in M. HENGEL, Judentum und Hellenismus, WUNT 10, Tübingen 1969, 241-252; vgl. auch: A. MORENO, Jesus Ben Sira. Un Judio en un tiempo de crisis, Theologia y Vida 10 (1969), 24-42.

[12] SMEND, Die Weisheit des Jesus Sirach, 1906, xxx, Anm. 1: »vor der Absetzung des Jason (171) aber auch vor der Absetzung des Onia (173)«; EISSFELDT, Einleitung, [4]1964, 809: »um 190«; WEISER, Einleitung, [6]1966, 356-357: »zu Anfang des 2. vorchristlichen Jahrhunderts«; PETERS, Das Buch Jesus Sirach, 1913, XXXIV: »zwischen 174-171« ist wohl etwas zu spät mit seinem Ansatz. — Die Enṣiklopediā Miqra'it II, 162 spricht von 180. — H. FORSTER, The Date of Ecclesiasticus, Anglican Theol. Review 41 (1959), 1-9, nennt ebenfalls 180 v.Chr. als opinio communis für die Datierung des Buches. Er zeigt aber auch die Probleme auf, die sich aus der Erwähnung des 38. Jahres des Euergetes im Prolog und aus der Beschreibung des Hohepriesters Simon Sir 50 ergeben und hält eine frühere Abfassung im 3. Jh. v.Chr. grundsätzlich für möglich; vgl. auch E. RIVKIN, Ben Sira and the

seit dem Siegeszug Alexanders d. Gr. auch in Palästina immer mehr
Bahn brach, war der Hellenismus in seiner vielfältigen Ausstrahlung auf
kulturellem, philosophischem und religiösem Gebiet. Während der über
hundert Jahre dauernden Herrschaft der Ptolemäer über Palästina
bestand eine enge Verbindung zu Ägypten, dessen Kultur ganz vom
Hellenismus bestimmt war. Über keinen anderen Zeitraum sind die
jüdischen Nachrichten so spärlich wie über diese Epoche, ein Zeichen
dafür, daß das Judentum sich dem Einfluß der hellenistischen Kultur
geöffnet hatte, ohne daß es zu größeren Auseinandersetzungen gekommen
war.»In der hellenistischen Tendenz einer allgemeinen Entnationalisierung
der Religion, Vermischung mit fremden Gut und Assimilation anderer
Ideen scheint auch das palästinensische Judentum sich aufzulockern«[13].
Griechische Kultur, griechische Sitten wurden durch den Handel und
durch die Garnisonen, wo sich griechische Soldaten und fremde Söldner
mit der einheimischen Bevölkerung trafen, überall hingetragen[14]. Von der
Mitte des 3. Jahrhunderts v.Chr. an war nach dem Ausweis der Zenopapyri in der jüdischen Aristokratie die griechische Sprache bekannt.
Ab dieser Zeit finden sich in Palästina fast ausschließlich griechische

---

Nonexistence of the Synagogue, in : The Time of Harvest, New York 1963, 320-354. — Eine
frühere Datierung scheint mir noch eher möglich als die von M. TREVES, Studi su Gesù
ben Sirach, La Rassegna Mensile di Israel 22 (1956), 388-391 und 471-473 vorgebrachte Spät-
datierung in die Makkabäerzeit nach 163 v.Chr. Der Gesamttenor des Buches mit seiner
maßvollen Haltung, die nur vereinzelte politische Notlage, die im Gebet Sir 36 vorausgesetzt wird, die Wünsche für Weisheit und Frieden für das sadokitische Priestertum Sir
45,26; 50,23 u.a. lassen immer noch das erste Viertel des 2. Jh. v.Chr. als wahrscheinlichste
Datierung erscheinen; vgl. auch noch T.A. BURKILL, Ecclesiasticus, IDB II, 14.

[13] P. DALBERT, Die Theologie der hellenistisch-jüdischen Missionsliteratur unter Aus-
schluß von Philo und Josephus, 1954, 16. — Zum Hellenismus in Palästina ist jetzt das
umfassendste Werk M. HENGEL, Judentum und Hellenismus, 1969; vgl. ferner V. TSCHERI-
KOVER, Hellenistic Civilization and the Jews, 1959, vor allem 90-116 : The greek towns of
Palestine, und 117-151 : Jerusalem on the eve of the Helleniste Reform; BOUSSET-GRESS-
MANN, Die Religion des Judentums im späthellenistischen Zeitalter, [4]1966; K. SCHUBERT,
Die Religion des nachbiblischen Judentums, 1955, 13-25 : Der jüdische Hellenismus.
Von den Darstellungen der Geschichte Israels vgl. E. SCHÜRER, Geschichte des jüdischen
Volkes im Zeitalter Jesu Christi II, [2]1886, 1-49; ABEL, Histoire de la Palestine I, 1952,
265-285; RICCIOTTI, Geschichte Israels II, 1955, 265-304; NOTH, Geschichte Israels,
[5]1963, 352-359; BRIGHT, Geschichte Israels, 1966, 438-443; D.S. RUSSEL, The Jews
from Alexander to Herod, Oxford 1967, 23-30.

[14] ABEL, Histoire, I, 274-275. — Interessant ist diesbezüglich die auf einer 1960 bei
Bēt-šeʼan entdeckten Stele überlieferte Korrespondenz Antiochus III mit dem Feldherrn
Ptolemaios von Coelesyrien über das Verhalten der Truppen bei der Einquartierung während
des 5. syrisch-ägyptischen Krieges 202/195 v.Chr. : Y.H. LANDAU, A Greek inscription found
near Hefzibah, IEJ 16 (1966), 54-70.

Inschriften wie z.B. die Grabinschriften in Marisa, 40 km von Jerusalem entfernt[15]. Der samaritanische Anonymus (Pseudoeupolemos) benützt in der 1. Hälfte des 2. Jahrhunderts v.Chr. in Palästina bereits die Septuaginta[16]. Antigonus von Socho (vgl. Ab 1,3) ist Träger eines griechischen Namens in der Nähe von Jerusalem in der 1. Hälfte des zweiten Jahrhunderts[17]. Die Stadt erlebte unter dem Tobiaden Joseph als Steuerpächter, der sich selber viel in der Hauptstadt aufhielt, auch einen wirtschaftlichen Aufschwung, der allerdings vor allem der Aristokratie zugute kam. In diesen Kreisen hatte der neue Lebensstil im Laufe des dritten Jahrhunderts v.Chr. bereits Eingang gefunden, wie Prov 1-9, Qohelet und Ben Sira selbst zeigen, sowie Teile des Tobiadenromans bei Josephus Flavius[18]. Ben Sira kannte also auf jeden Fall die griechische Kultur, vielleicht sogar die griechische Sprache.

Über seine persönliche Einstellung gegenüber dem hellenistischem Denken sind allerdings die Kommentatoren sehr geteilter Meinung. Die Urteile reichen von der »Kriegserklärung« gegen den Hellenismus[19] über eine gemäßigte Haltung ohne wirkliche Polemik[20] bis zur Annahme eines direkten und positiven Einflusses griechischer Philosophie auf die Weisheitslehre des Autors[21]. Daß im Gefolge hellenistischer Wissenschaft der alte Väterglaube herausgefordert wurde und sich mit einer Säkularisierung des Denkens[22] auseinanderzusetzen hatte, wird auch bei Ben Sira sichtbar, wie seine mit der Formel »Sage nicht!« eingeleiteten Unter-

---

[15] HENGEL, Judentum und Hellenismus, 13, Anm. 19.

[16] N. WALTER, Zu Pseudo-Eupolemos, Klio, Beiträge zur alten Geschichte, Bd 43-45 (1965), 290.

[17] E. BIKERMAN(N), The Maxims of Antigonus von Socho, HThR 54 (1951), 153-165; SCHEDL, Talmud, Evangelium, Synagoge, 27, setzt Antigonus (Antignas) um 150 v.Chr. an; T.A. BURKILL, Ecclesiasticus, IDB II, 16 um 180.

[18] Antiquitates XII, 186-188; 209-214; 231; ed. Niese, vol. III, 1892; vgl. auch HENGEL, Judentum und Hellenismus, 101-105.

[19] SMEND, Die Weisheit des Jesus Sirach, XXIII; ähnlich ABEL, Histoire I, 282, der von einer »antipathie déclarée pour la civilisation grecque«, sowie von »sentiments hostiles« spricht. TSCHERIKOVER, Hellenistic Civilization and the Jews, 1959, 144, stellt ebenfalls fest : »... Ben Sira fought against the spirit of greek civilization all his life, for he understood the danger, threatening Judaism from Hellenism ...«.

[20] PFEIFFER, History of New Testament Times, 1949, 370-372; SCHEDL, Geschichte des Alten Testaments, V, 1964, 274.

[21] M. FRIEDLÄNDER, Griechische Philosophie im Alten Testament, 13, 79, 165; BIGOT, Ecclésiastique, DThC IV, 2046-2048; LÉVI, L'Ecclésiastique, I, 1898, XXIV; II, 1901, LX-LXVII; HAMP, Echterbibel, zu Sir 37,19-26; SCHUBERT, Die Religion des nachbiblischen Judentums, 15-17.

[22] WENDEL, Säkularisierung in Israels Kultur, 364-365.

weisungen in Sir 5,1.3.6; 7,9; 11,23.24; 15,11; 16,17-22 zeigen. Neben
dieser 'Aufklärung' drangen auch neue religiöse Anschauungen ein, die
mit dem Reiz des Unbekannten und Geheimnisvollen um Anhänger
warben[23].

Auch die Frage nach dem Verhältnis des Siraziden zum Denken der
Gemeinschaft von Qumran wäre im Zusammenhang mit dem geistesgeschichtlichen Kontext seines Werkes zu erörtern[24]. Schließlich ist noch
die Stellung des Weisen in der Geschichte der alttestamentlichen Offenbarung selber zu beachten und zu fragen, welche Aufgabe sich dem
Siraziden am Ende der alttestamentlichen Geschichte stellen konnte in
einer Zeit ohne Herrlichkeit und ohne Namen, für die in etwa auch das
Psalmwort gilt : »Deutende Zeichen sehen wir nicht, Propheten gibt es
nicht mehr, keiner bei uns, der weiß, wie lange noch!« (Ps 74,9; Sir 36
(33),6).

Damit sind Fragenkomplexe angedeutet, von denen manche die Sirachforschung noch beschäftigen werden. Im Rahmen dieser Studie soll vor
allem versucht werden zu zeigen, was der Weise in seiner Situation mit
seiner Lehre von der Weisheit sagen konnte und wollte, wieweit er
Antworten auf seiner Zeitgenossen Fragen gefunden hat. Von der Aus-
wahl der zu behandelnden Texte wird im Folgenden noch die Rede sein.

---

[23] ABEL, Histoire I, 266-270; HENGEL, Judentum und Hellenismus, 381-394.

[24] Zum Problemkreis Ben Sira-Qumran vgl. : J. TRINQUET, Les liens »sadocites« de l'Écrit
de Damas, des Manuscrits de la mer Morte et de l'Ecclésiastique, VT 1 (1951), 287-292;
M. LEHRMANN, Ben Sira and the Qumran Literature, RQ 3 (1961), 103-116; J. CARMIGNAC,
Les rapports entre l'Ecclésiastique et Qumran, RQ 3 (1961), 209-218; H. GERMANN, Jesu
Ben Siras Dankgebet und die Hodajot, ThZ 19 (1963), 81-87; D. LÜHRMANN, Ein Weisheits-
psalm aus Qumran, ZAW 80 (1968), 87-98.

Zweiter Teil

UNTERSUCHUNG VON WEISHEITSTEXTEN
BEI BEN SIRA

Vom oben skizzierten Weisheitsverständnis ausgehend, sind mehrere
Gesichtspunkte zu berücksichtigen, um zu verstehen, welchen Platz und
welche Bedeutung die Weisheit bei Ben Sira einnimmt. Zuerst sind
natürlich die Texte zu hören und zu befragen, in denen unmittelbar
von Weisheit gesprochen wird als einer Größe, einer Wirklichkeit. Entsprechend dem situationsbedingten Charakter weisheitlichen Denkens ist
aber auch zu fragen, auf welche Weise Ben Sira als hörender und lehrender
Weiser im Gespräch mit seiner Zeit steht, wie er versucht, sie zu bewältigen. In diesem folgenden Teil der Arbeit soll vorerst die Bedeutung und
das Verständnis der Weisheit im Werk Ben Siras durch die Untersuchung
zentraler Aussagen über die Weisheit dargestellt werden.

Erstes Kapitel

Die Weisheitstexte bei Ben Sira

1. *Das Vokabular für 'Weisheit' und 'weise'.*

Es ist im Rahmen dieser Studie nicht möglich, alle Stellen der 51
Kapitel des Sirachbuches zu untersuchen, in denen irgendwie von Weisheit gesprochen wird. Eine solche Arbeit, die einfach der Reihe nach alle
Stellen mit weisheitlicher Terminologie zusammenstellt und erklärt,
wäre auch theologisch nicht sehr ergiebig und exegetisch verfehlt. Darum
sei hier nur kurz auf das weisheitliche Vokabular eingegangen, das mit
Hilfe des Index von Smend[1] und der Septuagintakonkordanz einigermaßen
abgelesen werden kann. Beide Konkordanzen gehen allerdings nur vom
griechischen Text aus. Smend berücksichtigt natürlich nur die bis 1907

---

[1] SMEND, Griechisch-syrisch-hebräischer Index zur Weisheit des Jesus Sirach, Berlin
1907. — Unterschiede zwischen dem griechischen und dem hebräischen Vokabular des
Sirachbuches und ihre Bedeutung behandelt die Dissertation von FANG CHE-YONG, De
discrepantiis inter textum graecum et hebraicum libri Sirach, Rom 1963, maschinschr.

bekannten hebräischen Fragmente aus der Geniza von Kairo. Eine auf
den neuesten Stand gebrachte vom hebräischen Text ausgehende Konkordanz zu Ben Sira wäre eine dringende Notwendigkeit für die wissenschaftliche Arbeit an diesem Buch.

An griechischen Termini begegnen für das Wortfeld der Weisheit
in der griechischen Übersetzung vor allem σοφία, σοφός, σύνεσις,
συνετός, διανόημα, διάνοια, διανοεῖσθαι, ἐπιστήμη, ἐπιστήμων, φρόνησις,
φρόνιμος, νόησις, νοήμων, νοεῖν, παιδεία, γνῶσις, εἰδέναι, βουλή,
βουλεύειν. Die häufigsten griechischen Ausdrücke sind 'sophia' und
'synesis'.

Die zugrunde liegenden hebräischen weisheitlichen Termini sind
natürlich nur teilweise erhalten und stammen von der Wurzeln ḥkm,
bjn, śkl, jdʿ, ḥšb, seltener tʿm, jšr, ʿrwm, jʿṣ, tḥbwlwt. Am gebräuchlichsten
sind bei Ben Sira ḥkm und bjn mit ihren Derivaten[2]. Ḥkm begegnet im
erhaltenen hebräischen Text an folgenden Stellen: Sir 3,27 (G 3,29);
4,11.23; 6,36; 8,8; 9,14; (10,1 ist wahrscheinlich mit G Syr gegen H
ebenfalls ursprünglich ḥkm zu lesen); 10,25; 11,1; 14,20; 15,10; 15,18;
20,6; 32,18 (G 35,18); 33,8(11) (G 36,8.11); 33,2 (G 36,2); 37,23; 38,2.24;
41,14; 42,21; 43,33; 44,4. Ḥkm und ḥkmh werden sowohl im profanen
Sinn gebraucht für Spruchweisheit (3,27; 8,8; 44,4), Erfahrungsweisheit
und praktische Urteilsfähigkeit (9,14; 10,1; 10,25; 11,1; 37,23), wie
noch zu zeigen sein wird, als auch im theologischen Sinn, vor allem in
den Weisheitsgedichten. Auch die Weisheit, die Gott besitzt (Sir 15,18;
33,8(11); 42,21) und die er gibt (Sir 6,36), wird damit bezeichnet. —
Ähnlich ist es mit der Wurzel bjn, die häufig parallel zu ḥkm gebraucht
wird. Bjn und Ableitungen, vor allem bjnh, tbwnh, htbwnn, finden sich
im hebräischen Text 3,21 (G 3,22); 4,24; 6,34 (G 6,35); 6,37; 7,25; 10,1;
14,20.21; 15,3; 31,15 (G 34,15); 33,3 (G 36,3); 38,4; 44,3; 42,18; 45,5.
Auch bjnh bezeichnet sowohl menschliche Erkenntnis als auch die Gabe
Gottes (vgl. 6,37; 18,3; 45,5).

Die Verwendung von ḥkmh und bjnh für göttliche und menschliche
Weisheit entspricht ganz dem übrigen alttestamentlichen Befund. Die
anderen Ausdrücke wie śkl, dʿt, mdʿ, mḥšbt, tḥbwlwt, ʿṣh, bezeichnen in
erster Linie menschliche Erkenntnis und menschliche Weisheit. Beachtenswert für Ben Sira ist eine starke Verschiebung vom Adjektiv
zugunsten des Substantivs[3].

---

[2] Das entspricht völlig dem übrigen alttestamentlichen Sprachgebrauch: vgl. FOHRER,
Die Weisheit im Alten Testament, BZAW 115 (1969), 243 (= ThWB VII, 477).

[3] ThWB VII, 888, Anm. 16 zu 'syniemi'.

Am wenigsten Abwechslung in den Ausdrücken für Weisheit kennt der Syrer. Weitaus am öftesten verwendet er die Wurzel *ḥkm*, ferner noch *śkl, jdʻ, jlp, rdʼ, trʼʼ*[4].

Aus dem bloßen Wortschatz, der nur zum Teil im Originaltext zur Verfügung steht, ist noch nicht sehr viel für den Inhalt und die Bedeutungsbreite des Weisheitsbegriffes abzulesen; dennoch zeigt ein kurzer Blick auf das Vokabular, das etwa zweihundertmal auf den Themenkreis Weisheit verweist, wenigstens ganz allgemein die Bedeutung dieser Thematik im Gesamtwerk Ben Siras an.

2. *Weisheitsperikopen.*

Methodisch richtiger und theologisch ergiebiger als eine Untersuchung aller einzelnen Textstellen mit Weisheitsvokabular ist es, einzelne Abschnitte des Buches herauszugreifen, die ausdrücklich dem Thema der Weisheit gewidmet sind. Theologie kann und soll ja nicht aus bloßen Worten erhoben werden, sondern aus sprachlichen Einheiten kleinerer oder größerer Natur[5]. Die Beachtung literarischer Einheiten ist vor allem bei der breit angelegten Kompositionsweise des Siraziden die einzig angemessene Methode.

Als solche literarische Einheiten bieten sich die Weisheitslieder oder Weisheitsgedichte in Sir 1,1-10; 4,11-19; 6,18-37; 14,20-15,10; K. 24; 51,13-30, ferner noch die Abschnitte Sir 19,20-25; 20,27-31; 21,11-26; 32,14-33,6; 38,24-39,11. Der Abschnitt Sir 32,14-33,6, der von Haspecker in seiner Arbeit über die Gottesfurcht sehr ausführlich behandelt wird (S. 176/77.219-227.262-67), und 20,11-26, der für die theologische Struktur der Weisheit nicht allzu ergiebig ist, erfahren keine eingehendere Behandlung.

Schon diese Aufzählung zeigt, daß das ganze Buch vom Thema der Weisheit geprägt ist: der Anfang (1,1-10), die Mitte (K. 24) und das Ende (51,13-30) sind durch Weisheitsgedichte hervorgehoben. Auch die übrigen Weisheitsgedichte verstärken diesen Eindruck, da sie jeweils in der Redaktion des Buches eine besonders hervorgehobene Stelle einnehmen, so 4,11-19 zwischen zwei größeren Einheiten, 3,17-4,10 und 4,20-6,17[6]. Auch das Gedicht 6,18-37 hebt sich als Neuansatz heraus

---

[4] *jlp* bedeutet nach BROCKELMANN, Lexicon syriacum, lernen, erkennen, das Substantiv *jwlpnʼ* Lehre, Zucht; *rdʼ* meint intrans. wandeln, laufen, führen, trans. antreiben, lehren, züchtigen; *trʼʼ* erziehen.

[5] BARR, Bibelexegese und moderne Semantik, München 1965, 262f.; 268f.

[6] HASPECKER, Gottesfurcht, 129.

vor einer großen 7,1 beginnenden Sentenzenreihe mit 'al. — Das Lied
14,20-15,8(10) bildet ebenfalls einen Neuanfang nach 11,9-14,19. Mit
14,20 beginnt eine große bis 18,14 reichende Lehreinheit.

Zu dieser redaktionell hervorgehobenen Stellung der Weisheitsgedichte
kommt als weitere Charakteristik dieser Perikopen stets auch eine
besondere Form, die sich von den übrigen Weisheitssprüchen abhebt,
so z.B. die Verwendung hymnischer Elemente in 1,1-10 und K. 24;
die Selbstempfehlung der Weisheit in 4,11-19,24; der Makarismus in
14,20ff., sowie die Bildersprache dieser Abschnitte und der personhafte
Charakter der Weisheit. Neben dem Vokabular legen es also auch die
Anzahl, die Stellung und die Form der Weisheitsperikopen nahe, dem
Thema der Weisheit im Denken Ben Siras besonderen Wert beizumessen.
Wenn darum Haspecker die Gottesfurcht als 'Grundthema und wichtigstes
Bildungsanliegen Sirachs in seiner pädagogischen Schrift' bezeichnet[7] und
selbst die zitierten Weisheitslieder formell und inhaltlich wieder in der
Gottesfurcht gipfeln läßt[8], ebenso auch die übrigen Abschnitte über die
Weisheit[9], so scheint damit zuviel behauptet. Sosehr das pädagogische
und religiöse Anliegen Ben Siras richtig gesehen ist, müssen doch die
Aussagen über die Weisheit zunächst einmal in ihrer eigenen Bedeutung
gewürdigt werden[10].

Darum werden im folgenden Kapitel die wichtigsten Perikopen über
die Weisheit behandelt. Ein weiterer Abschnitt wird versuchen, an
Beispielen aufzuzeigen, was man die 'Haltung' und Denkweise eines
Weisen nennen könnte.

---

[7] HASPECKER, Gottesfurcht, 198.

[8] HASPECKER, Gottesfurcht, S. 93 zu Sir 50,27-29; S. 98 zu Sir 1,1-10; S. 187 zu 4,16-19;
S. 141 zu 6,18-37.

[9] HASPECKER, Gottesfurcht, S. 158 zu Sir 19,20-20,26; S. 176 zu Sir 32,14-33,19; S. 179
zu Sir 38,24-39,15.

[10] Darauf machen auch die Rezensenten der Arbeit Haspeckers durchgehend aufmerksam. So R. MURPHY in Bb 49 (1968), 121 : »... he overdoes the role of 'fear of God' as the
guideline to the units. Surely Gottesfurcht is o n e central idea of Ben Sira as it was for all
the sages - but as a principle of literary and thought unity ? H.'s evaluation of the 'Unterschrift' in 50,27-29 highlights 'fear of God', but how is this to be separated from wisdom
(vv 27-28) as the basic theme of the book ?«. — Ähnlich urteilt auch G. VON RAD, Die Weisheit des Jesus Sirach, EvTh 29 (1969), 115.

Zweites Kapitel

Zwei programmatische Weisheitstexte:
Sir 1,1-10 und Sir 24

Für den Einstieg in die Weisheitstheologie bieten sich zwei Texte an: Sir 1,1-10 und K. 24, die man geradezu grundsätzliche, programmatische Erklärungen des Autors über die Weisheit nennen könnte. Wenn hier von 'Weisheitstheologie' die Rede ist, so ist damit die Frage gemeint, ob es dem Weisen bloß um eine Pädagogik oder 'Pastoral' der Lebensweisheit und Gottesfurcht geht, oder ob hinter seinem Sprechen von Weisheit und seinen Mahnungen zur Weisheitssuche nicht doch ein strukturiertes theologisches Denken greifbar wird.

§ 1 : Sir 1,1-10.

Es scheint methodisch am günstigsten, die Weisheitstheologie Ben Siras nicht direkt vom großen Gedicht in K. 24 her anzugehen. Damit würden alle Aussagen des Autors über Weisheit sofort zu sehr im Sinn einer Gleichsetzung von Weisheit-Gesetz (24,23) interpretiert, wie es meist bei der Beurteilung dieses Weisheitsbuches geschieht. Damit werden aber viele andere Aspekte und Nuancen von vornherein verdeckt und der Blick eingeengt[1]. Darum sollen im Folgenden einige Linien angedeutet werden, die sich ergeben, ausgehend von Sir 1,1-10, im Zusammenhang von K. 1 und 2. Ebenso verfehlt und unfruchtbar scheint mir als Ausgangspunkt die Frage, ob und wieweit die personifizierte Weisheit bei Sira eine Hypostase sei. — Die einzig textgemäße Methode besteht darin, sich von der Struktur und Aussage der Weisheitstexte leiten zu lassen, die sehr selten direkt über das Wesen der Weisheit sprechen, aber sehr häufig und ausführlich darüber, wie sie zu den Menschen kommt und wo sie in der Welt sichtbar wird. Von daher mag dann auch manches über ihr Wesen und ihre Bedeutung im Werk Ben Siras klarer werden.

---

[1] Vgl. M. Noth, Die Gesetze im Pentateuch, in: Ges. Studien zum Alten Testament, ³1966, 112-117: Das Gesetz als absolute Größe. — H.H. Schmid, Wesen und Geschichte der Weisheit, 1966, 153, über die späte Weisheit: »... die Weisheit ist dabei ebenso wie das Gesetz und wohl auch Gott selbst zu einer absoluten überzeitlichen Größe geworden ...«.

1. *Zum Text von Sir 1,1-10.*

Der Text von Sir K. 1 ist griechisch, syrisch und lateinisch erhalten.
Nur unter dem Qumranmanuskripten befindet sich ein winziges hebräisches Fragment zu Sir 1,19-20[2]. Da noch dazu Syr und Lat manchmal
gegen G übereinstimmen, ist die Erstellung eines sicheren Textes oft fast
unmöglich, und es muß häufig bei Konjekturen bleiben. Will man nicht
von vornherein entweder dem griechischen Text (G) oder dem Zeugnis
des Syrers (S) und Lateiners (Lat) den Vorzug geben, bleibt nur übrig,
jede einzelne Variante abzuwägen und zu fragen, welche am ehesten
der hebräischen Vorlage, dem Sprachgebrauch und Kontext des Buches
entsprechen könnte. Freilich kann auch gesagt werden, daß die vorliegenden Varianten den theologischen Gehalt der unsicheren Stellen oft
kaum berühren. Für Sir 1,10-20 sei auf die ausführliche Diskussion bei
Haspecker hingewiesen[3]. Hier soll der Text von Sir 1,1-10 behandelt
werden.

Für das Verhältnis der Übersetzungen zueinander ergibt sich folgendes
Bild : 6 Hemistichen stimmen in allen drei Versionen überein (V 1a.2.
3a.6a.9b), in 3 Hemistichen stehen S Lat gemeinsam gegen G (V 1.3.8a).
Aber auch Lat und G stimmen sechsmal gegen S überein. In V 8 sind
alle drei Versionen verschieden. Lat ist offenbar aus dem Griechischen
übersetzt worden, aber von einer Vorlage, die des öfteren von unserem
G-Text abweicht und mit S übereinstimmt; es ist wohl anzunehmen, daß
auch manchmal in S und Lat eine ursprüngliche Lesart enthalten sein
kann, wie Smend in seiner Einleitung zu Jesus Sirach feststellt[4] und
neuerdings auch di Lella in seiner Studie über den hebräischen Sirachtext[5].

Übersetzung von 1,1-10 (Die Sperrungen im Text verweisen auf textkritische Anmerkungen) :

1 Jegliche Weisheit kommt vom Herrn
   und ist bei ihm v o n ewig her.

---

[2] BAILLET - MILIK - DE VAUX, Les 'Petites Grottes' de Qumran. Discoveries in the
Judaean Desert III, 1962, Tafel XV, 2 Q 18, 1. und S. 76.

[3] HASPECKER, Gottesfurcht, 51-55.

[4] SMEND, Die Weisheit des Jesus Sirach, CXXIX; zum lateinischen Text siehe vor
allem H. HERKENNE, De Veteris Latinae Ecclesiastici capitibus 1-43, Leipzig 1899.

[5] DI LELLA, The Hebrew Text of Sirach, 17, Anm. 7. — Ob der Syrer immer die jüngere
hebräische und griechische Textform wiedergibt, wie aus H. RÜGER, Text und Textform,
112-115 hervorzugehen scheint, müßte durch eingehende Untersuchungen der nur griechisch,
syrisch und lateinisch erhaltenen Teile des Sirabuches nach den Prinzipien von Rüger
erwiesen werden.

2 Den Sand des Meeres und die Regentropfen
  und die Tage der Ewigkeit, wer kann sie zählen?

3 Die Höhe des Himmels und die Weite der Erde
  und die Tiefe der Flut wer kann sie ergründen?

4 Früher als das All ward die Weisheit erschaffen,
  und tiefe Einsicht von ewig her.

5 Die Wurzel der Weisheit, wem ward sie enthüllt,
  und ihre geheimen Pläne, wer hat sie erkannt?

8 Nur einer ist weise, furchtgebietend gar sehr,
  der auf seinem Throne sitzt, der Herr.

9 Er schuf sie, sah sie und zählte sie
  und goß sie aus über all seine Werke.

10 Bei allem Fleisch ist sie gemäß seiner Gabe,
   und er spendet sie allen, die ihn fürchten.

Anmerkungen zum Text:

> V 1 : von ewig her : G εἰς τὸν αἰῶνα
> S mn 'lmjn
> Lat 'fuit semper et est ante aevum'.

Lat ist offenbar Harmonisierung. Ich entscheide mich für S im Hinblick
auf 1,4 und 24,9, wo ebenfalls von der Existenz der Weisheit vor der
übrigen Schöpfung die Rede ist. Die meisten Übersetzer folgen G (Fritzsche, Ryssel, Peters, Oesterley, Spicq, Hamp, B J, van den Born), ausgenommen Smend[6] und Duesberg[7].

> V 3 : 'die Tiefe der Flut':
> G   καὶ ἄβυσσον καὶ σοφίαν
> S   wthwm' rb'
> Lat 'et profundum abyssi'.

'sophia' in G dürfte spätere Korrektur sein, die V 6 bereits antizipiert.
Lat trägt diesem Wort in einem eigenen Vers Rechnung: Sapientiam
Dei praecedentem omnia quis investigavit … Den zweigliedrigen Ausdrücken in 1,2.3 würde nach Smend im Hebräischen 'mq thwm, βάθος
ἀβύσσου in G entsprechen. Nur Segal übersetzt thwm ḥkmh.

> V 4 : 'tiefe Einsicht':
> G   καὶ σύνεσις φρονήσεως ἐξ αἰῶνος.

---

[6] SMEND, Weisheit, 6 : »Für Syr spricht Vers 4 und die Prägnanz des Ausdrucks …«.
[7] DUESBERG, Ecclesiastico, 92 : »…e da sempre è presso di lui«.

S hat einen völlig anderen Text :

> Mehr als diese ist viel die Weisheit,
> stark ist die Wahrheit von Anbeginn.

Smend vermutet, daß im ersten Stichos *bārā'* und *rabbā* gegenüber-stehen[8], im zweiten vielleicht *'æmûnā* und *tebûnā*. Nicht zu folgen ist ihm darin, daß der Ausdruck σύνεσις φρονήσεως nicht dem Original entsprechen kann. Denn das Zeugnis von G und Lat zur Stelle wird noch durch eine Reihe von Parallelen bestätigt :

$$1,19 \quad γνῶσις συνέσεως$$
$$17,7 \quad ἐπιστήμην συνέσεως$$
$$22,17 \quad διανοίας συνέσεως$$

Ryssel sieht gegen alle Textzeugen V 4 für einen hellenistischen Zusatz an[9].

V 5 fehlt in S und findet sich nur in einem Teil der griechischen Mss und ist zweifellos sekundär : Die Quelle der Weisheit ist Gottes Wort in Himmelshöhe und ihre Wege sind die ewigen Gebote.

V 6 : 'W u r z e l', wird von Smend wohl zu Unrecht als 'das innerste Wesen der Weisheit' wiedergegeben[10]. Die Berufung auf Hiob 19,28 ist nicht stichhältig. Hier geht es um den Ursprung der Weisheit. 'g e h e i m e P l ä n e', πανουργεύματα, verweist auf das hebr. *m'rwmjm* (vgl. Sir 42,18) und ist hier in seiner positiven Bedeutung zu verstehen, wie auch die Übersetzungen zeigen : 'subtle thoughts' (Oesterley) ; 'desseins secrets' (Spicq) ; 'Weisheit in ihrer Tiefe, die verschlossen ist' (Fritzsche) ; 'Rat-schlüsse' (Hamp).

V 7 ist sicher Dublette zu V 6 : 'Die Lehre der Weisheit, wem ward sie kundgetan, und ihre mannigfachen Wege, wer erkannte sie ?'.

V 8 'w e i s e' wird von Smend, Ryssel und Oesterley für unecht ge-halten[11]. Doch das Wort würde im Zusammenhang stark fehlen ; denn es gibt Antwort auf die Fragen von Vv 2.3.6. Freilich bleibt ein Bedenken, weil 'sophos' in S und Lat fehlt ; ebenso fehlt es in der ganz ähnlichen Stelle 43,29. — 'D e r H e r r' κύριος ist zu V. 8 zu ziehen ; die Dublette in G zu V 9, wo κύριος (καὶ κυριεύων) vorangestellt wird, bietet wohl die ursprüngliche Lesart. S zieht 8b-9a zusammen : 'einer ist er und allein furchtbar, Gott, der gewaltig ist über alle ihre Schatzkammern'.

V 9 'e r s c h u f s i e' G : ἔκτισεν αὐτήν und S : *bdkh* 'er erforschte sie'

---

[8] SMEND, Weisheit, 8.

[9] RYSSEL, Die Weisheit des Jesus Sirach, in : KAUTZSCH, Apokryphen, I, 1900, 261.

[10] SMEND, Weisheit, 8.

[11] SMEND, Weisheit, S. 8 : »... vielleicht unecht oder Zutat des Übersetzers«.

hatte wohl Hiob 28,27 vor Augen, wo ḥqrh, ἐξιχνίασεν steht, und über-
setzte bzw. änderte den Text nach Hiob. Als Text des hebräischen Sira
ist mit Peters ḥlqh anzunehmen, das Ben Sira mit Vorliebe in der Bedeutung 'erschaffen' verwendet und das zugleich die Übersetzung von G
erklären würde. Es sei nur verwiesen auf Sir 31,13, wo ḥlq parallel mit
br' verwendet wird; 31,28b steht in einer Dublette zu V 27 statt nwṣr
ebenfalls nḥlq. Auch 38,1 und 44,12 übersetzt G ḥlq mit ἔκτισεν. Sira
selbst hätte demnach für diesen Vers Hiob 28,27 verwendet, aber statt
ḥqr ḥlq gesetzt[12].

V 10 : 'denen, die ihn fürchten' G : τοῖς ἀγαπῶσιν αὐτόν;
nur 1 Ms hat φοβουμένοις; S : lkwl dḥlwhj 'allen, die ihn fürchten'. Durch
den Zusammenhang ist φοβουμένοις gefordert; ἀγαπῶσιν ist vielleicht
unter dem Einfluß der »sekundären Stichen eingedrungen, die soviel von
der ἀγάπη reden«[13]. Haspecker pflichtet Smend in einer ausführlichen
Diskussion der Stelle bei und weist auf die bei Ben Sira sehr beliebten
Stichwortverbindungen hin, sowie auf die Bedeutung von 1,10 als Angel-
punkt für die Thematik des Buches[14]. Es ist nicht einzusehen, warum
Sir hier den Text von Hiob geändert haben soll, der seiner Thematik
völlig entsprach : »Sirach kennt 'Gott lieben' nicht als primäre und
eigenständige Gesamtbezeichnung des von ihm vertretenen religiösen
Ideals, sondern nur als Parallele und Weiterführung von 'Gott fürchten'«[15].
Die einzige Übersetzung, die sich neben Smend ebenfalls für φοβουμένοις
entscheidet, ist der Kommentar von Duesberg[16].

2. Die Struktur von Sir 1,1-10.

Nach Haspecker ist Sir 1,1-10 Einleitung zum großen geschlossenen
Traktat über die Gottesfurcht in 1,1-2,18, die nach ihm das Thema des

---

[12] Die oben zitierten Texten sind :
Hiob 28,27 : 'āz rā'āh wajesāpperāh haekīnāh wegām ḥaqārāh
     G : τότε εἶδεν αὐτὴν καὶ ἐξηγήσατο αὐτὴν ἑτοιμάσας ἐξιχνίασεν
Sir 31,13 H : r' m'jn l' ḥlq 'l
     G : πονερότερον ὀφθαλμοῦ τί ἔκτισται
31,12 II H : l' nbr' (Lévi]
31,27 d H : whw' lgjl nḥlq mr'š
     und : šhj' mr'šjt l(š)m (ḥh nw) ṣr
     G : καὶ αὐτὸς ἔκτισται εἰς εὐφροσύνην
[13] SMEND, Weisheit, 9.
[14] HASPECKER, Gottesfurcht, 51-53.
[15] HASPECKER, Gottesfurcht, 52, gegen Peters.
[16] DUESBERG, Ecclesiastico, 1967, 94 : »... que lo temono«.

ganzen Buches bildet[17]. Die Weisheit hätte hier nach ihm nur den Zweck, das Lob der Gottesfurcht vorzubereiten. »Jede eigentliche laudatio der Weisheit fehlt ebenso wie jede direkte Aufforderung, nach Weisheit zu streben. Vielmehr, sobald die Weisheit ihre Rolle, die Bedeutung der Gottesfurcht zu illustrieren, erfüllt hat, verschwindet sie aus dem Gespräch«[18]. Das einzige konkrete Thema und Anliegen beider Kapitel ist die Gottesfurcht[19]. Haspecker hat damit Recht, insofern er von der pastoralen Zielsetzung des Buches spricht[20]. Es ist jedoch notwendig, auch nach der Theologie des Autors zu fragen, nach dem Thema der Weisheit, das eine ebenso zentrale Bedeutung wie die Gottesfurcht hat, wie bereits ein kurzer Blick auf das Vokabular und die Anlage des Buches ergab[21]. In K. 24, einem unbestreitbaren Höhepunkt der Aussagen Ben Siras, ist von Gottesfurcht überhaupt nicht die Rede.

Ähnlich steht es mit dem Schlußteil in K. 44-50, der redaktionell mit 42,15ff. verbunden ist und den man nicht einordnen kann, wenn man alles unter dem Thema der Gottesfurcht sehen will. Außerdem sind, wie noch zu zeigen sein wird, die Gottesfurchtstellen meist sehr eng mit Aussagen über die Weisheit verbunden, sodaß es einseitig wäre, nur von der Gottesfurcht zu sprechen ohne nachzudenken, was an denselben Stellen mit Weisheit gemeint ist.

So ist das Weisheitsthema auch in K. 1 und 2 nicht nur am Rande zu beobachten. Darum soll diesen Aussagen, vor allem in der Einleitung Sir 1,1-10 nachgegangen werden.

a. Literarische Struktur.

1,1-10 setzt sich rein literarisch bereits als eine erste Einheit im Gesamt von 1,1-2,18 ab. Die knappe und theologisch dichte Formulierung unterscheidet sich von den breiten Variationen über die Gottesfurcht in 1,11-27. Der Aufbau ist sehr durchdacht und ergibt folgendes Schema :

> V 1 : Aussage
>   2 : Frage
>   3 : Frage
> V 4 : Aussage
>   6 : Frage

---

[17] HASPECKER, Gottesfurcht, 93-105.
[18] Ebd., 98.
[19] Ebd., 98.
[20] HASPECKER, Gottesfurcht, 99.
[21] s.o. S. 13-16.

V 8 : Aussage als Antwort
    9 : Entfaltung
  10 : Entfaltung von 9c.

Der grundsätzlichen Aussage in V 1 folgen 2 Fragen, derjenigen in V 4 eine Frage, durch die die Aussagen über die Weisheit und über Gott zugleich als Fragen für den Menschen charakterisiert werden. V 8 ist an Kraft der Aussage V 1 gleichzustellen; mit ihm beginnt die Antwort. Die Fragen beginnen sich zu lösen, und es beginnt das Wirken Gottes zum Menschen hin. Nachdem dieses Ziel erreicht ist, kann die Schönheit der Gabe Gottes in Ruhe betrachtet werden.

b. Thematische Entfaltung.

V 1 ist die große Überschrift, die in Vv 8-10 näher entfaltet wird. Alle Weisheit ist bei Gott zu finden, und zwar von Ewigkeit her. Zugleich wurde durch παρά, 'von, her' schon der Bogen angedeutet, die Brücke, die sich von Gott zu den Menschen spannen wird : Vv 9c.10. Die Weisheit dient als Mittel der Gegenwart und Offenbarung Gottes bei den Menschen; sie, die bei Gott ist (V 1 μετά), soll auch bei den Menschen sein (V 10 : μετὰ πάσης σαρκός). Das ist der Sinn dieser Inklusion mit der Präposition μετά. Die Weisheit, der Herr und seine Schöpfung, die Themen der jüngeren Weisheit[22], klingen hier bereits an und kehren im ganzen Buch des Siraziden wieder.

Die bildhaften Fragen in Vv 2.3.6 beleben und gliedern die Darstellung und sind Bestätigung dafür, daß die Weisheit für den Menschen eine unlösbare Frage ist (τις . . τις . . τις . .), die ihn auf Gott verweist. So wird literarisch und thematisch die Antwort vorbereitet, die in V 9bc weiter entfaltet wird. Auch das Wort von der Schöpfung der Weisheit (V 4) wird nochmals aufgenommen. 9b-10 sprechen vom Ziel der ganzen Bewegung : alle Werke Gottes, alles Fleisch, die Gottesfürchtigen, sollen daran teilhaben. Damit ist zugleich das Stichwort für die Fortsetzung im folgenden Abschnitt gegeben.

Aus Struktur und Thematik dieses kurzen Gedichtes geht hervor, daß die Weisheit mit 1,10 nicht einfach verschwindet sondern im Menschen bleiben will, auf den sie von Gott herabgekommen ist. Die Gottesfurcht, zu der nun gerufen wird, ist demnach nicht das letzte Ziel und eine selbständige Größe sondern nur Mittel, daß die Weisheit ihr Ziel erreichen kann, bei den Menschen zu sein. Worin diese Weisheit besteht,

---

[22] R. TOURNAY, Buch der Sprüche, 1-9 : Erste theologische Synthese der Weisheits-tradition, Concilium 2 (1966), 768-773.

ist allerdings noch nicht klar : erst das Gesamt der Aussagen der Weisheitsgedichte wird darauf Antwort geben.

Grundlegend sind zwei Bewegungen : der Weg des Menschen zur
Weisheit in Weisheitssuche und Gottesfurcht; zuvor und z u e r s t aber
muß die Weisheit von Gott zu den Menschen kommen, wie K. 1 und K. 24
zeigen. Gerade deshalb ist die Stellung von 1,1-10 v o r den Aussagen
über die Gottesfurcht so bedeutungsvoll.

3. *Die literarische Art von 1,1-10.*

W. Baumgartner hat in seiner Studie über die literarischen Gattungen
in der Weisheit des Jesus Sirach[23] in diesem Gedicht hymnische Motive
festgestellt und auf Pss 89,10-13; 93,3-5; 104 verwiesen sowie auf die
Form der rhetorischen Frage, wie sie sich in Jes 40,12-14; Hiob 38,4;
Spr 30,4; Sir 18,4; Bar 3,15 findet. Die Gedanken seien die des Hymnus,
die Form vom Lehrgedicht[24]. Abschließend bezeichnet er die »Vermischung
von Maschal mit fremden Gattungen in hymnischen Stücken« als »nicht
sehr glücklich«[25]. Die Studien zu diesem Thema sind jedoch vom Stand-
punkt heutiger Gattungsforschung neu aufzunehmen; und es ist nicht
bloß nach äußeren literarischen Formen sondern auch nach Sinn und
Funktion der literarischen Art in ihrem näheren Kontext zu fragen[26].
Ähnlich ist es mit Schriftzitaten oder Anklängen daran bei Ben Sira;
es geht nicht um den Nachweis, daß er die Schrift benützt hat, sondern
darum, was er selber mit der Verwendung von Motiven und Themen der
Tradition in seinem Werk Neues sagen wollte. In diesem Sinn ist bei
Ben Sira mehr als sonst im Alten Testament auf eine 'anthologische
Stilgattung' (vgl. Sir 24,30-31; 33(36),16.25.26; 39,1-3; 50,27) Rücksicht
zu nehmen.

a) Weisheitlicher Charakter.

Durch die Themenangabe in V 1 wird der Abschnitt 1,1-10 gewiß
in die Tradition des weisheitlichen Lehrgedichtes gestellt, wie es der

---

[23] W. BAUMGARTNER, Die literarischen Gattungen in der Weisheit des Jesus Sirach,
ZAW 34 (1914), 161-198.

[24] Ebd. 174.

[25] Ebd. 192-193.

[26] Vgl. J. SNAITH, Biblical quotations in the Hebrew of Ecclesiasticus, JThS 18 (1967),
1-12, vor allem 11-12.

späten Weisheitsliteratur eigen ist[27]. Diese Weisheitsgedichte, die, unterschieden von den Weisheitspsalmen[28], von der Weisheit als Hauptthema sprechen, sind ein Spezifikum Ben Siras, der sie in verschiedenen Formen abwandelt und ihnen auch, wie bereits festgestellt, eine redaktionell bedeutsame Rolle in seinem Werk anweist. Ben Sira hat dabei gewiß an das Buch der Sprüche angeknüpft und diese Lieder in seiner Unterweisung in seinem 'Lehrhaus' (51,23) gepflegt, um damit pädagogische und auch theologische Ziele zu verfolgen[29].

b) Hymnischer Charakter.

Der Hauptakzent aber liegt in Sir 1,1-10 von der Form her auf dem hymnischen Charakter. Die scharfe Trennung von Gedanken und Form, wie sie Baumgartner im zitierten Artikel vornimmt[30], ist nicht richtig. Denn Struktur und Form sind mit der Deutung engstens verbunden.

Sir 1,1-10 entspricht in vielem der Gattung des Hymnus, den Eißfeldt charakterisiert als »... das Lied, das Jahwes Herrlichkeit und Größe, wie sie sich in Natur und Geschichte, namentlich in Israels Geschichte, entfaltet, preist ...«[31]. Nach Westermann würde dieses Gedicht am ehesten der Gattung des 'beschreibenden Lobpsalms' entsprechen[32]. Das Charakteristikum dieser Psalmen besteht nach Westermann darin, daß sie in vielen Variationen um das Thema kreisen: Gottes Größe und Majestät und sein Herabkommen zu den Menschen. Sir 1,1-10 würde sich sehr gut in diese Charakterisierung fügen, wie ein Vergleich mit Ps 113 zeigen mag.

Ps 113,1-3 : Ruf zum Lob, der bei Sir 1,1 fehlt; dafür steht hier eine einleitende Zusammenfassung, die sehr oft auf den Lobruf folgt und ihn begründet (vgl. Pss 135,3-5; 33,5; 65,2; 147,2-3.3-4)[33].

4-5 : Schilderung der Hoheit Gottes. Dem entspricht genau Sir 1,2-8, wo von der Erhabenheit und Unbegreiflichkeit der Weisheit Gottes gesprochen wird.

---

[27] EISSFELDT, Einleitung, ³1964, 166.

[28] Zu den Weisheitspsalmen siehe R.E. MURPHY, A consideration of the classification 'Wisdom Psalms', SVT IX (1963), 156-167, wo er an der Wahrscheinlichkeit einer gewissen Verbindung der Weisheitspsalmen mit dem Kult festhält.

[29] Vgl. die Einladungen der Weisheit in Spr 3,13-26; 4,5-18; 8,1-21; 8,32-36; 9,1-18; das Lob des Weisen in Spr 3,12-26, den Hymnus Spr 8,22-31.

[30] W. BAUMGARTNER, Die literarischen Gattungen, ZAW 34 (1914), 174.

[31] EISSFELDT, Einleitung, ³1964, 141-142.

[32] Cl. WESTERMANN, Das Loben Gottes in den Psalmen, ⁴1968, 91-98.

[33] WESTERMANN, ebd. 92.

Ps 113,5b-6a : Gott neigt sich von der Höhe in die Tiefe. Sir 1,9-10 bildet
    mit dem Herabkommen der Weisheit Gottes zu den Men-
    schen das Ziel der ganzen Einleitung.

Mit dem vorliegenden Aufbauprinzip, dem Lob des sich herabneigenden
großen Gottes, hat Ben Sira sein Reden über die Weisheit hineingestellt
in das Lob des Handelns und der Gnade Gottes. Wie in den Psalmen wird
Gott auch hier nicht gelobt als ein 'Wesen mit Eigenschaften', sondern
als Handelnder.

Ein Vergleich von Sir 1,1-10 mit 18,1-7.8-13 bekräftigt diese Auffassung[34]. Man könnte Sir 18,1-7.8-13 geradezu einen Kommentar zu
1,1-10 nennen. Schon das Vokabular der beiden Abschnitte ist vielfach
dasselbe. Die Übereinstimmung wäre vollständig, würde man in K. 18
'eleos' durch 'sophia' ersetzen, was den Sinn nicht allzusehr verändern
würde.

Sir 18,1-4 u. 1,1-6 sprechen von der Unergründlichkeit Gottes, und zwar
    jeweils in Frageform. Das Vokabular ist dasselbe :

    1,3 $\tau i s \ \dot{\epsilon} \xi \iota \chi \nu \iota \acute{\alpha} \sigma \epsilon \iota$ 18,4b $\tau i s \ \dot{\epsilon} \xi \iota \chi \nu \epsilon \acute{\nu} \sigma \epsilon \iota$

    1,2 $\tau i s \ \dot{\epsilon} \xi \alpha \rho \iota \theta \mu \acute{\eta} \sigma \epsilon \iota$ 18,5a $\tau i s \ \dot{\epsilon} \xi \alpha \rho \iota \theta \mu \acute{\eta} \sigma \epsilon \tau \alpha \iota$

                               18,6 $\dot{\epsilon} \xi \iota \chi \nu \iota \acute{\alpha} \sigma \alpha \iota$

Sir 18,8-14 spricht von der Armseligkeit des Menschen mit Motiven aus
    den Klagepsalmen, und vom Erbarmen Gottes mit
    den Menschen, die bereit sind, Zucht anzunehmen.
    Die Ähnlichkeit in der Formulierung und zum Teil
    auch in der Thematik ist auch hier wieder ein Hinweis
    auf K. 1 :

Sir 18,10 $\sigma \tau \alpha \gamma \dot{\omega} \nu \ \ddot{\upsilon} \delta \alpha \tau o s$	1,2 $\sigma \tau \alpha \gamma \acute{o} \nu \alpha s \ \dot{\upsilon} \epsilon \tau o \hat{\upsilon}$
	allerdings in anderem Kontext
18,11 $\dot{\epsilon} \xi \acute{\epsilon} \chi \epsilon \epsilon \nu \ \dot{\epsilon} \pi' \ \alpha \dot{\upsilon} \tau o \grave{\upsilon} s$ $\tau \grave{o} \ \ddot{\epsilon} \lambda \epsilon o s \ \alpha \dot{\upsilon} \tau o \hat{\upsilon}$	1,9 $\dot{\epsilon} \xi \acute{\epsilon} \chi \epsilon \epsilon \nu \ \alpha \dot{\upsilon} \tau \grave{\eta} \nu \ \dot{\epsilon} \pi \grave{\iota} \ \pi \acute{\alpha} \nu \tau \alpha$ $\tau \grave{\alpha} \ \ddot{\epsilon} \rho \gamma \alpha \ \alpha \dot{\upsilon} \tau o \hat{\upsilon}$
18,12 $\epsilon \hat{\iota} \delta \epsilon \nu \ \kappa \alpha \grave{\iota} \ \dot{\epsilon} \pi \acute{\epsilon} \gamma \nu \omega$ $\tau \grave{\eta} \nu \ \kappa \alpha \tau \alpha \sigma \tau \rho o \phi \grave{\eta} \nu \ \alpha \dot{\upsilon} \tau \hat{\omega} \nu$	1,9 $\epsilon \hat{\iota} \delta \epsilon \nu \ \kappa \alpha \grave{\iota} \ \dot{\epsilon} \xi \eta \rho \acute{\iota} \theta \mu \eta \sigma \epsilon \nu$ $\alpha \dot{\upsilon} \tau \acute{\eta} \nu$
Sir 18,13 $\ddot{\epsilon} \lambda \epsilon o s \ \delta \grave{\epsilon} \ \kappa \upsilon \rho \acute{\iota} o \upsilon$ $\dot{\epsilon} \pi \grave{\iota} \ \pi \hat{\alpha} \sigma \alpha \nu \ \sigma \acute{\alpha} \rho \kappa \alpha$	1,10 $\mu \epsilon \tau \grave{\alpha} \ \pi \acute{\alpha} \sigma \eta s \ \sigma \alpha \rho \kappa \grave{o} s$ $\kappa \alpha \tau \grave{\alpha} \ \tau \grave{\eta} \nu \ \delta \acute{o} \sigma \iota \nu \ \alpha \dot{\upsilon} \tau o \hat{\upsilon}$

---

[34] WESTERMANN, Das Loben Gottes, verweist S. 105 auf Sir 18,1-7 als Beispiel für den
Hymnus : »Es gibt in Jesus Sirach Beispiele, die noch die Lebendigkeit jener Polarität
aufweisen ...«. Gemeint ist die Polarität von Majestät und Güte Gottes, die nach ihm für
diese Psalmengattung bezeichnend ist.

18,14 Zucht als Bedingung　　　1,10 Gottesfurcht als
　　　für das Erbarmen　　　　　　　Bedingung für die
　　　Gottes　　　　　　　　　　　　Weisheit
　　　τοὺς ἐκδεχομένους　　　　　καὶ ἐχορήγησεν αὐτὴν
　　　παιδείαν ἐλεᾷ　　　　　　　τοῖς φοβουμένοις αὐτόν
　　　καὶ τοὺς κατασπεύδοντας
　　　ἐπὶ τὰ κρίματα αὐτοῦ

Es ist offenkundig, daß der Autor in 18,1-14 mit inhaltlichen und formellen Varianten den Aufbau und das Vokabular von 1,1-10 bewußt wiederaufgenommen hat. Es ist naheliegend, dieser Perikope über das 'Erbarmen Gottes' bereits einen ersten Hinweis für das Verständnis der Weisheit in K. 1 zu entnehmen.

4. 1,1-10 im Zusammenhang von K. 1 und 2.

Trotz seiner Geschlossenheit ist Sir 1,1-10 im Zusammenhang von Kapitel 1 und 2 zu sehen, da ja Ben Sira sehr breit angelegte Kompositionen liebt.

1,11-30 greift das Stichwort 'Gottesfurcht' auf, das in V 10 gefallen ist.

1,14-20 stellen trotz der literarischen Hervorhebung der Gottesfurcht noch Aussagen über die Weisheit dar. Haspecker nimmt sie zu Unrecht völlig für das Thema der Gottesfurcht in Beschlag. Denn die Weisheit ist nach dem griechischen Text in 1,15 und 1,17 alleiniges Subjekt, in den Vv 14.16.20 jeweils im zweiten Halbvers. Von der Weisheit kommen auch die Segnungen in Vv 15.17.18.20, hinter denen sich eine Personifizierung andeutet (vgl. dazu 24,7.8.16.17.19).

In 1,14.15 wird außerdem das 'Mit-den-Menschen-Sein' der Weisheit (vgl. 1,10) zweimal wiederholt:

μετὰ πιστῶν συνεκτίσθη

μετὰ τοῦ σπέρματος αὐτῶν ἐμπιστευθήσεται,

freilich unter der Sicht der Gottesfurcht, ohne die diese Gabe Gottes im Menschen nicht beginnen und sich nicht vollenden kann (1,14.20).

1,25-27 nimmt nochmals das Thema von 1,1-10 wörtlich auf: es ist der Herr, der Weisheit gibt (vgl. 1,1.9.10.26).

Der Bogen geht aber noch weiter: auch Kapitel 2 ist durch das Thema der Gottesfurcht eng mit K. 1 verbunden. Es geht dem Namen und Begriff nach nicht mehr um die Weisheit, aber die Struktur ist auffallend ähnlich der von 1,1-10; das Erbarmen Gottes, ein bei Sira häufiges

Thema, wird nur dem Gottesfürchtigen zuteil wie die Weisheit. Auch hier erhebt sich dieselbe Frage wie beim Vergleich mit K. 18, ob in diesem Erbarmen Gottes, das dem Menschen entgegenkommt, wenn er Vertrauen hat, und das sich in der Geschichte Israels schon geoffenbart hat (2,10), nicht ebenfalls eine Form, eine Verwirklichung der πᾶσα σοφία, jeglicher Weisheit zu sehen ist, die vom Herrn kommt. Wir werden in einem Exkurs auf dieses Thema zurückkommen.

In 2,16 wird gesagt, daß diejenigen, die Gott lieben, mit seinem Gesetz erfüllt werden. Ob nicht auch hier eine Parallele zu 1,10 vorliegt und damit bereits ein entfernter Hinweis auf die Beziehung zwischen Gesetz und Weisheit, die in 19,20 und vor allem in K. 24 zum Ausdruck kommt ?

Auch die Offenbarung der Weisheit Gottes in seiner Schöpfung klingt an, die später in großen Hymnen gepriesen wird. So läßt die Einleitung 1,1-10 mit ihrem Weiterschwingen in den Kapiteln 1 und 2 bereits vermuten, daß Gottes Weisheit dem Gottesfürchtigen in vielerlei Gestalt zuteil werden kann.

E x k u r s : Das 'Erbarmen Gottes' bei Ben Sira.

Der griechische Sirachtext gibt mit ἔλεος meist die hebräische Wurzel *rḥm*, *ḥsd* oder *rṣwn* wieder, einmal auch *jšw'*. Im syrischen Text finden sich *zebjonō*, *ṭajbūto* und *raḥmō*. Die erste Erwähnung des Erbarmens Gottes geschieht in Sir 2,7.9.18 :

2,7a : 'Die ihr den Herrn fürchtet, harret auf sein Erbarmen ...'.

   9 : 'Die ihr den Herrn fürchtet, hofft auf Gutes, ewige Freude und Erbarmen !'.

  10 : verweist zur Motivierung dieses Aufrufes auf die Treue Gottes zu den früheren Geschlechtern. So ist das erhoffte und verheißene Erbarmen Gottes zweifellos ein geschichtliches Handeln in Gegenwart und Zukunft, was auch in V 11 gesagt wird : 'er rettet zur Zeit der Bedrängnis'.

2,18 : 'Wir wollen lieber in die Hände des Herrn fallen, als in die Hände von Menschen ; denn wie seine Größe, so ist auch seine Barmherzigkeit ...' öffnet mit dem Zitat aus 2 Sam 24,14 nochmals den Ausblick auf das Handeln Gottes, in dem er sich dem Gottesfürchtigen offenbaren wird.

Sir 5,6 ist mit οἰκτιρμός, *rḥmjm* das zuwartende, langmütige Erbarmen Gottes mit dem Sünder gemeint, mit dem der Mensch nicht leichtfertig rechnen darf. Ähnlich steht 16,11-12 das Erbarmen im Gegensatz zum Zorn Gottes, der sich über dem Verstockten entladen kann :

Sir 16,11cd : '... denn Erbarmen und Zorn ist bei ihm, er vergibt und
   verzeiht, aber gießt auch den Zorn aus'.

   12a : 'So groß wie sein Erbarmen ist seine Strafgerechtigkeit ...'.
Beide Verhaltensweisen sind nicht 'Eigenschaften' Gottes sondern meinen
sein Handeln am Menschen, so auch 16,16a : 'Sein Erbarmen ist seiner
ganzen Schöpfung sichtbar'. Vv 15-16 sind allerdings trotz ihrer Be-
zeugung durch den hebräischen und syrischen Text — sie fehlen in den
griechischen Handschriften — formell und auch inhaltlich als Einschub
zu betrachten.

   Auf die Übereinstimmung der Aussagen von Sir 18,5.11.13 über das
Erbarmen Gottes mit den Aussagen von 1,1-10 über die Weisheit wurde
bereits hingewiesen.

Sir 18,5 spricht von 'Hulderweisen', also Taten des Erbarmens Gottes.
   Hamp übersetzt mit nur zwei Hss 'Machterweise'.

Sir 18,11.12 führt die Hinfälligkeit und Schwachheit der Menschen als
   Grund für die aktuelle Zuwendung und Ausgießung von Gottes
   Erbarmen an. Wo aber Gottes Erbarmen ausgegossen ist, ist damit
   auch er selber offenbar geworden.

Sir 18,13 : 'Das Erbarmen des Menschen erstreckt sich auf seinen Nächsten, das Erbarmen des Herrn auf alles Fleisch' meint die universale
   Bereitschaft und Haltung des Herrn, sich 'allem Fleisch' zuzuwenden,
   ist aber auch von der Realisierung dieser Haltung zu verstehen wie
   sie im nächsten Vers (14) in der abschließenden Seligpreisung vorausgesetzt wird.

Sir 35,19f (32,25f) steht in einem Kontext, der unter Erbarmen (V 19
   jšw'tw) ein Eingreifen Gottes zugunsten der unterdrückten Armen
   (35,16-19a) und des bedrängten Volkes (35,19b-20 und K. 36) verstehen
   läßt.

Sir 44,10, wo G 'Männer des Erbarmens' übersetzt, ist mit H sicher
   'fromme Männer', *'nšj ḥsd* zu lesen[35].

Sir 47,22a : 'Doch gab Gott seine Huld nicht auf' (*ḥsd*, ἔλεος), erwähnt
   die Verheißungen Gottes an David, gewiß als Grund der Hoffnung
   für Gegenwart und Zukunft, wenn auch von direkt messianischen
   Erwartungen bei Ben Sira kaum zu reden ist[36].

Sir 51,13 ist die Huld (*ḥsd*, ἔλεος) Gottes die Bereitschaft zum Eingreifen

---

[35] Vgl. RYSSEL, PETERS und HAMP.

[36] Vgl. HAMP, EB zur Stelle, vor allem aber die gründliche Studie von A. CAQUOT, Ben
Sira et le Messianisme, Semitica 16 (1966), 43-68, in der der Verfasser bezüglich des messianischen Gedankens beim Siraziden zu einem negativen Ergebnis kommt.

für den Bedrängten. In V 8 desselben Dankpsalmes ist das Erbarmen
Gottes Gegenstand des lobenden Gedenkens.

Die Stellen, in den denen von Gott das Verbum 'sich erbarmen' ausgesagt
wird (16,9; 36,1.17), meinen ebenfalls je eine Tat Gottes.

Dieser sprachliche Befund — ἔλεος als Übersetzung für ḥsd, rḥm —
und die Auffassung, daß damit vor allem die einem Treueverhältnis
entsprechende hilfreiche Tat zu verstehen ist, stimmt völlig mit dem
übrigen alttestamentlichen Befund überein[37].

Wenn nun für das Erlangen dieses eben beschriebenen Erbarmens
dieselbe Bedingung nötig ist wie zur Erlangung der Weisheit, nämlich
die Gottesfurcht (Vgl. Sir 2,7a.9; 18,13; 1,10; 43,33), und wenn für die
Darstellung der Gewährung des Erbarmens Gottes in 18,1-13 und der
Weisheit in 1,1-10 dieselbe Struktur und dasselbe Vokabular erscheint,
kann man gewiß sagen, daß es beidemale um das Handeln Gottes geht,
nur daß das Erbarmen Gottes vor allem hilfreiches, verzeihendes und
getreues Tun ist, während die Weisheit Gottes sein Kommen zu den
Menschen und seine Mitteilung an die Welt in viel weiterem und um-
fassenderem Sinn bezeichnet.

5. Ansätze zur Weisheitstheologie in Sir 1,1-10.

Hiob, an den Sir 1,1.4.9 anknüpft, ist durchdrungen vom unzugäng-
lichen Geheimnis der Weisheit Gottes, so Hiob 12,13 : 'Bei ihm ist Weisheit und Stärke, bei ihm ist Rat und Einsicht', d.h. bei Gott allein!
Das ist auch der zentrale Gedanke im großen Gedicht Hiob 28, vor
allem Vv 20-28, wo gesagt wird, daß der Herr allein den Zugang zur
Weisheit kennt. Sie ist Gottes Geschöpf, für die Menschen ist sie absolut
unerreichbar. Die einzige dem Menschen zustehende 'Weisheit' besteht
darin, Gott zu fürchten (Hiob 28,28). Die in der Schöpfung sichtbar
werdende Weisheit Gottes läßt den Menschen nur verstummen (Hiob
40,4)[38]. Von diesem Hintergrund hebt Ben Sira seine Aussagen über
die Mitteilung der Weisheit an die Menschen ab.

Die erste nur dem Siraziden eigene Aussage besteht darin, daß er
programmatisch Gott gleich zu Beginn seines Werkes πᾶσα σοφία,
jegliche Weisheit zuspricht. Gewiß ist im Alten Testament sehr oft und
viel von der Weisheit Gottes die Rede. Gott schafft und handelt durch

---

[37] ThWB II, ἔλεος, vor allem 475-478.

[38] Zum Weisheitsgedicht in Hiob 28, das wohl spätere Einfügung ist, vgl. FOHRER,
Das Buch Hiob, KAT XVI, 1963, 389-399, zu 28,20-27 S. 399, sowie G. HÖLSCHER, Das
Buch Hiob, HAT 17, ²1952, 67-70.

seine Weisheit : Jer 10,12 (= Jer 51,15); Jes 10,13; Pss 104,24; 136,5; Spr 3,19[39]. Er lehrt die Menschen Weisheit (Ps 51,8) und teilt sie an die Menschen aus. Aus der Vielfalt der Aussagen zu diesen Thema vgl. Ex 28,3; 31,3; 35,31; 1 Kö 3,12; 5,9.21.26; 2 Chr 1,10; Spr 2,6; Pred 2,26; Gott ist selber weise : Hiob 12,13; Jes 31,2. Und diese Weisheit kennt keine Grenzen : Jes 40,28; Ps 147,5. Niemals aber findet sich im Alten Testament vor Sirach die Behauptung, daß Gott alle Weisheit zukomme. Nur in der Septuaginta zu Hiob 26,3 heißt es : οὐχ ᾧ πᾶσα σοφία; Offenbar war dieser Gedanke zuerst selbstverständlich. Ben Sira fand es aber zu seiner Zeit notwendig, zu betonen, daß alle Weisheit von Gott kommt, da die Juden Palästinas vor allem in den griechischen Städten[40], aber auch in Jerusalem mit der hellenistischen Weisheit in Berührung kamen. Besonders für die stoische Philosophie war ja, wie später noch gezeigt werden wird, 'sophia' ein sehr bedeutsames Wort[41].

Wenn Ben Sira in dieser Situation Gott als den Herrn jeglicher Weisheit hinstellt, war das ein Versuch, die neue Geistesströmung in sein Weisheitdenken aufzunehmen[42]. Daß darin wirklich ein Anliegen Ben Siras liegt, wird noch durch zwei andere Stellen bestätigt, in denen ebenfalls von jeglicher Weisheit Gottes die Rede ist. Es sind dies Sir 42,18c : ἔγνω γὰρ ὁ ὕψιστος πᾶσαν εἴδησιν und 42,20 (l' n)'dr mmnw kl śkl, wobei in der Masadarolle allerdings das Wort kl fehlt. Auch Sir 19,20 spricht von πᾶσα σοφία, allerdings mehr im Sinn der richtigen, echten Weisheit : 'Jegliche Weisheit ist (auch) Gottesfurcht, und in jeglicher Weisheit ist Gesetzeserfüllung (eingeschlossen)'. Der Ton und die Nachdrücklichkeit von 1,8 : 'Nur einer ist weise', weisen ebenfalls auf die Zusammenfassung aller Weisheit in der Weisheit Gottes hin. — Es sei noch bemerkt, daß die bei Ben Sira zuerst auftauchende Formulierung von 'jeglicher Weisheit' in der apokalyptischen und apokryphen Literatur immer wieder

---

[39] Zur 'Weisheit' als Schöpfungsmittler im Alten Testament und im Judentum vgl. H.Fr. WEISS, Untersuchungen zur Kosmologie des hellenistischen und palästinensischen Judentums, Berlin 1966, 187-215.

[40] TSCHERIKOVER, Hellenistic Civilization and the Jews, 1959, 90-116. Vgl. ebd. S. 114 : »... probably philosophers and scholars from Greece or the new centers such as Alexandria of Egypt visited Palestine«.

[41] Die sophia war die Grundtugend der Stoiker : ThWB VII, 473; POHLENZ, Die Stoa I, 1948, 126.

[42] Vielleicht spricht deshalb WENDEL, Säkularisierung in Israels Kultur, Gütersloh 1934, 351, von einem »Kompromiß mit der Weltweisheit« im Prolog Sir 1,1-10. M.E. handelt es sich jedoch nicht um einen Kompromiß, sondern um den sehr beachtenswerten Versuch, die bereits auseinanderstrebenden Bereiche von göttlicher und menschlicher Weisheit noch einmal zusammenzufassen.

auftaucht : Gott verleiht den drei Jünglingen bei Daniel Einsicht in
jegliche Weisheit (Dan 1,17); 4 Makk 1,12; 2,19; 13,19 sprechen vom
'allweisen Gott' und der 'allweisen Vorsehung'.

Die Aussagen über die Ewigkeit der Weisheit in Sir 1,1 und 1,4
sind gewiß auf Spr 8,22-30 zurückzuführen, wo die Weisheit in ihrem
Adelsbrief auf ihr Alter und damit auf ihre Autorität hinweist[43]; sie
werden in K. 24 wieder aufgenommen. Auch hier mag gefragt werden,
ob diese Hervorhebung des Alters der Weisheit Israels nicht aus dem
Bestreben zu verstehen ist, im Zeitalter des Hellenismus den Anspruch
und die Überlegenheit der Weisheit Israels gegenüber der griechischen
Weisheit aufzuzeigen. Die stoische Philosophie beispielsweise legte ebenfalls großen Wert auf ein hohes Alter der Weisheitstraditionen[44].

Ein weiteres im Weisheitsdenken Ben Siras immer wieder begegnendes
Thema ist die Beziehung zwischen Weisheit und Schöpfung. In Sir 1,2.3.6
sind die Geheimnisse der Schöpfung Anlaß, nach dem Ort und Ursprung
der Weisheit zu fragen. V 9b ist die erste Antwort : »Er goß sie aus über
all seine Werke«. Damit ist wiederum die Universalität der Weisheit
Gottes zum Ausdruck gebracht[45].

Die Ausgießung der Weisheit durch Gott ist das Ziel, auf das 1,1-10
zugeht. V 9 erinnert an Hiob 28,17, wo die Erschaffung der Weisheit
beschrieben wird : Gott sieht sie, zählt sie — und behält sie für sich
(Hiob 28,23.28). Ben Sira verkündet aber in seinem Hymnus ihre Mitteilung an alle Werke Gottes und an alles Fleisch. Sehr wahrscheinlich
ist damit auf die Ausgießung des Geistes bei Joel 3,1-2 angespielt, wenn
die griechische Wiedergabe der Stelle richtig ist. Syr spricht statt von
ausgießen, dem im Hebräischen *šfk* entsprechen würde, von zuteilen
(*plg*). Sir 18,11, wo von der Ausgießung des Erbarmens Gottes in enger
Verbindung zu 1,10 die Rede ist, sowie die Wendung 'über alles Fleisch'
legen ebenfalls die Beziehung zu Joel 3,1 nahe. Damit verwendet Ben
Sira einen Ausdruck, der auch bei Ez 39,29 von der messianischen Geist-

---

[43] GEMSER, Sprüche Salomos, HAT 16, ²1963, 48-49.

[44] N. WALTER, Anfänge alexandrinisch-jüdischer Bibelauslegung bei Aristobulos, Helikon
3 (1963), Messina, 355.

[45] Auch W. FUSS, Tradition und Komposition im Buch Jesus Sirach, 296, sieht in
Sir 1,9b.10a die Mitteilung der Weisheit auch an Nichtjuden ausgedrückt und damit eine
Vermittlung zwischen israelitischer Gesetzesweisheit und der allgemein menschlichen
Ḥokma. — H.Fr. WEISS, Untersuchungen zur Kosmologie, 197, sieht in dieser Stelle in
der Weisheit »eine Art Ordnungsprinzip in der Welt«. — Den Ursprung dieser universalistischen Züge beim Siraziden vermutet BURKILL, Ecclesiasticus, IDB II, 16, 20-21, mit Recht
im Einfluß des Hellenismus.

mitteilung in der Zukunft verwendet wird, als Ausdruck dafür, daß
Gott auch schon jetzt durch seine Weisheit in der Schöpfung und im
Menschen gegenwärtig und offenbar ist. Weisheit kommt hier vorerst
als G a b e zum Vorschein, die zugeteilt und ausgegossen wird. Von
einer bevorzugten Stellung Israels ist bemerkenswerterweise hier noch
nicht die Rede[46].

In Verbindung mit der Schöpfung tritt der Ordnungsgedanke zum
ersten Mal hervor, der für Ben Siras Sprechen von der Schöpfung sehr
bezeichnend ist. Gott teilt die Weisheit zu, nachdem er sie gezählt hat,
und auch diese Zuteilung erfolgt κατὰ τὴν δόσιν αὐτοῦ, nach seiner Gabe.

Zum Schluß des Gedichtes 1,10 wird mit dem Hinweis auf die Gottes-
furcht das subjektive Element, die persönliche Aufnahmebereitschaft
des Menschen in Anschlag gebracht. Die dem Menschen verliehene
Weisheit ist also mehr als bloße Ordnung in der Schöpfung, mehr als
Gabe, sie verweist auf eine persönliche Beziehung zwischen Mensch und
Gott, da Gottesfurcht gefordert ist, um sie zu erlangen. Ähnlich sagt
Ben Sira 43,33 am Ende des großen Schöpfungshymnus : »Alles hat
Jahwe gemacht, und den Frommen hat er Weisheit verliehen«. Dieser
Vers ist zugleich die redaktionelle Verbindung des Schöpfungsgedichtes
mit dem 'Lob der Väter', der Darstellung der großen Gestalten der
Geschichte Israels, die 44,2-5 als Weise gerühmt werden. So läßt schon
Sir 1,1-10 v e r s c h i e d e n e F u n k t i o n e n d e r W e i s h e i t erkennen :
in der Schöpfung und im Gottesfürchtigen.

Während vor Ben Sira, vor allem bei Deuterojesaja (vgl. Jes 43,1.15 ;
44,2.21.24 ; 54,5) und in den Psalmen (Pss 95 ; 96 ; 136 ; 147) der handelnde
Herr selber die Verbindung und Einheit zwischen Schöpfung und Geschichte herstellt und ist, scheint er im späteren Judentum etwas zurück-
zutreten. Hier hat die Weisheit eine Aufgabe zu erfüllen : etwas von
dieser Funktion der Gegenwart und des Wirkens Gottes zu übernehmen,
was bei Ben Sira aber durchaus kein Hindernis für eine sehr lebendige
und persönliche Frömmigkeit darstellt[47].

---

[46] Auch VON RAD, Theologie des Alten Testaments, I, ⁴1962, 459, macht darauf aufmerksam : »Jahwe hat auch der Völkerwelt an ihr einen gewissen Anteil gelassen ...«;
ähnlich EICHRODT, Theologie des Alten Testaments, II/III, ⁴1961, 54.

[47] C.J. KEARNS, La vie intérieure à l'école de l'Ecclésiastique, La Vie Spirituelle 82
(1950), 137-146, nennt die Weisheit sehr richtig »le don multiforme qu'il a fait de lui-même,
personnifié pour être rendu compréhensible« (146). — Die Stellung und Bedeutung von
Mittelwesen im späten Judentum wird von BOUSSET-GRESSMANN, Die Religion des Judentums, 319, zweifellos überschätzt. Vgl. dagegen P. IMSCHOOT, Théologie de l'Ancien Testament, I, 1954, 234.

Mit diesen Beobachtungen zu Sir 1,1-10 ist bereits klar geworden, daß die hymnische Einleitung nicht bloß, wie Haspecker meint, die Funktion einer Vorbereitung auf das Gottesfurchtthema zu erfüllen hat, sondern bereits den Grundriß und die wichtigsten Elemente für eine Theologie der Weisheit bei Ben Sira enthält[48], vor allem aber das Lob des allweisen und seine Weisheit über alle Schöpfung und an alle Menschen ausgießenden Gottes.

§ 2 : Das Lob der Weisheit in Sir 24.

Was in Sir 1,1-10 kurz und nüchtern über die Weisheit gesagt wurde, wird in poetischer feierlicher Form in K. 24 weitergeführt. Darum verdient diese ausführlichste Perikope zum Thema Weisheit in der Bibel auch besondere Beachtung.

I. Der Text.

Die Sperrungen in der Übersetzung verweisen wieder auf textkritische Anmerkungen.

24,1 Lob der Weisheit
    Die Weisheit lobt sich selbst
    und inmitten i h r e s V o l k e s rühmt sie sich.

  2 In der Gemeinde des A l l e r h ö c h s t e n öffnet sie ihren Mund
    und vor seinen Heerscharen rühmt sie sich :

  3 Ich ging hervor aus dem Mund des Allerhöchsten
    und wie Nebel bedeckte ich die Erde.

  4 Ich wohnte in den Höhen
    und mein Thron war auf einer W o l k e n s ä u l e.

  5 Den Kreis des Himmels d u r c h z o g ich a l l e i n
    und in der T i e f e des Abgrunds wandelte ich umher.

  6 Über die W o g e n des Meeres und über die g a n z e Erde
    und über alle Völker und Nationen *herrschte* ich.

  7 Bei allen diesen suchte ich Ruhe
    und in w e s s e n Besitz ich w e i l e n könnte.

  8 Da befahl mir der Schöpfer des Weltalls,
    und der mich geschaffen hatte, stellte m e i n Z e l t auf,

---

[48] Auch W. Fuss, Tradition und Komposition, bezeichnet S. 36 und 269 Sir 1,1-10 als »programmatisch«; ähnlich von Rad, Die Weisheit des Jesus Sirach, EvTh 29 (1969), 114.

und er sprach : 'In Jakob schlage dein Zelt auf
und in Israel nimm d e i n E r b e i n B e s i t z !

24,9 Vor aller Zeit, von Anfang an w a r d ich erschaffen
und bis in Ewigkeit vergeh' ich nicht.

10 Im heiligen Zelt tat ich Dienst vor ihm
und d a r a u f wurde ich in Sion eingesetzt.

11 In der Stadt, d i e e r l i e b t w i e m i c h , fand ich Ruhe,
und in Jerusalem war mein Machtbereich.

12 Und ich faßte Wurzel in einem hochgeehrten Volke,
im Anteil des Herrn, i n s e i n e m E r b b e s i t z .

13 Wie eine Zeder wuchs ich empor auf dem Libanon
und wie eine Z y p r e s s e auf dem H e r m o n g e b i r g e .

14 Wie eine Palme wuchs ich in die Höhe in E n g e d i und wie
Rosenpflanzungen in Jericho,
wie ein s t a t t l i c h e r Ölbaum in der Ebene, ich wuchs empor wie
eine Platane a m W a s s e r .

15 Wie Zimt und wohlriechender Asphalat (   )
und wie a u s e r l e s e n e Myrrhe strömte ich Wohlgeruch aus,
wie Galbanum, Onyx und Stakte;
und wie eine W e i h r a u c h w o l k e im Zelt war mein Duft.

16 Ich breitete wie eine T e r e b i n t h e meine Zweige aus,
und meine Zweige waren Zweige von Pracht und Anmut.

17 Wie ein Weinstock trieb ich liebliche Sprossen,
und meine Blüten sind B l ü t e n voll Pracht und Reichtum.

19 K o m m t z u m i r , die ihr nach mir begehrt
und sättigt euch an m e i n e n Früchten!

20 Denn mein A n d e n k e n ist süßer als Honig,
und m e i n E r b e übertrifft Honig aus der Wabe.

21 Die von mir essen, hungern noch,
und die von mir trinken, dürsten noch.

22 Wer auf mich hört, w i r d n i c h t z u s c h a n d e n ,
und die sich um mich m ü h e n , w e r d e n nicht sündigen.

23 Dies alles ist das Bundesbuch des h ö c h s t e n Gottes,
das Gesetz, das uns Moses aufgetragen hat, als Erbe für die G e -
m e i n d e Jakobs.

24 Es ist v o l l v o n Weisheit gleich dem Pischon,
und wie der Tigris in den Tagen des N e u m o n d s .

26 Es ist e r f ü l l t mit Einsicht gleich dem Euphrat,
und wie der Jordan in den Tagen der E r n t e .

27 Es strömt über von Bildung gleich dem N i l ,

und wie der Gihon in den Tagen der Weinlese.

24,28 Der Erste wurde nicht fertig, es zu erforschen,
und ebensowenig wird der Letzte es ergründen.

29 Reicher als das Meer ist sein Sinn
und sein Rat tiefer als der große Abgrund.

30 Und ich ging aus wie ein Graben vom Strom,
und wie eine Wasserleitung in den Garten.

31 Ich sprach : 'Tränken will ich meinen Garten und bewässern will
ich mein Beet' !
Doch siehe — der Graben ward mir zum Strom, und mein Strom
wurde zu einem Meer.

32 Noch weiter will ich gleich dem Frühlicht die Lehre leuchten
lassen
und sie ausstrahlen lassen in die Ferne.

33 Noch weiter will ich meine Belehrung gleich einem Propheten-
wort ausgießen
und sie hinterlassen für zukünftige Geschlechter.

34 Seht, daß ich nicht für mich allein mich mühte,
sondern für alle, die sie suchen.

Anmerkungen zum Text.

Die folgenden Bemerkungen zum Text sind keine erschöpfende kritische Aufarbeitung des Textes und des Verhältnisses der Übersetzungen
zueinander. Sie dienen nur der Information über die verschiedenen
Varianten und einer Begründung der gebotenen Übersetzung. Sehr oft
müssen beim Fehlen des hebräischen Originals und den divergierenden
Versionen mehrere Möglichkeiten offenbleiben, die jedoch theologisch
nicht sehr ins Gewicht fallen.

24,1 : G liest 'inmitten ihres Volkes', S 'inmitten des Volkes Gottes'.
Lat verbindet beide Lesarten : 'et in Deo honorabitur, et in medio populi
sui gloriabitur'. Peters erklärt die syrische und lateinische Version aus
einer hebräischen Vorlage *b'mh*, 'inmitten ihres Volkes', wobei das Suffix
der 3. Person fem. in der syrischen Version als Abkürzung des Gottes-
namens aufgefaßt worden wäre. Smend hält die Lesart für ein Mißverständnis von '*dh* in V 2 und übersetzt : 'in der Versammlung Gottes'.
Fritzsche, Oesterley, Segal und Hamp folgen G, Ryssel nimmt ebenfalls
wie Peters einen abgekürzten Urtext an, den G irrtümlicherweise mit
einem Suffix las. — Es empfiehlt sich, mit G 'inmitten ihres Volkes'
zu lesen, da die anderen Versionen daraus erklärt werden können.

24,2 : 2a haben G Lat den Gottesnamen 'der Allerhöchste', der bei
Sir sehr gebräuchlich ist. V 2b liest Syr wie V 1 'inmitten seiner Heerschar', während G Lat 'vor seiner Heerschar' haben, was mit Smend
und Oesterley unter Berücksichtigung von 42,17 vorzuziehen ist.

24,3 : Hier ist die christologische Interpretation und Auffüllung von
V 3 durch Lat anzumerken : 'primogenita ante omnem creaturam' nach
Kol 1,15, sowie die Hinzufügung von Lat V 6 : ego in caelis feci, ut
oriretur lumen indeficiens. Lat V 3-4 sind Dubletten zu V 1-2 : (3) In
medio populi exaltabitur et in plenitudine sancta admirabitur. (4) In
multitudine electorum habebit laudem et inter benedictos benedicetur
dicens.

24,4 : S ist gegen G Lat ausführlicher : 'in den höchsten Höhen',
ebenso 'ich schlug meine Wohnung auf' gegen G Lat 'ich wohnte'. 4b liest
S den Plural gegen G Lat : 'auf den Säulen der Wolken'. Doch im Hebräischen kommt der Plural 'Wolkensäulen' überhaupt nie vor, nur
einmal werden die 'Säulen der Erde' erwähnt (Ps 75,4). Auch in der LXX
findet sich nur der Sg 'Wolkensäule' in der Exodusformel (Ex 13,21).
Darum ist wohl mit allen Kommentatoren Sg. zu lesen.

24,5 wiederholt S Gedanken aus V 1 und 2 : 'Im Himmel zusammen
mit ihm wohnte ich'. Doch die Parallelismen der Bewegung der Weisheit
am Himmel und in der Tiefe sprechen für G Lat. — 5b hat S 'bei den
Fundamenten (Wurzeln) des Abgrunds' ('qr' : Wurzel, Ursprung), was
etwa Hiob 36,30 zu vergleichen wäre. Doch wird auch hier βάθος ἀβύσσου
zu lesen sein (vgl. zu 1,3).

24,6 : Daß in 6b mit S Lat ἡγησάμην zu lesen ist, wie Ziegler in seiner
LXX bereits korrigiert hat, ist allgemein anerkannt. Bemerkenswert
ist die Nuance der Übersetzung von Hamp : 'ich wollte herrschen'.

24,6a bevorzugen Smend und Duesberg S : 'Über die Quellen des
Meeres und die Fundamente der Welt und über alle Völker und Nationen
herrschte ich'. Eine doppelte Vorlage könnte hier Ursache für die Unterschiede gewesen sein. G lautet 6a : 'Über die Wogen des Meeres und die
ganze Erde ...'. Der Sinn wird davon nicht berührt. Ryssel, Peters,
Spicq und Hamp halten sich an G. Lat erweitert den griechischen Text
und verteilt ihn auf die Verse 8-9 und führt die 'Herrschaft' der Weisheit
in einem eigenen V (11) aus.

24,9 : 9a ist mit S Lat parallel zu 9b das Passiv zu setzen : 'ich ward
erschaffen', die Weisheit spricht ja von hier an nur mehr in der 1. Person.
S hat 9a gekürzt : 'vor den Ewigkeiten'; 9b lautet beim Syrer '... wird
nicht aufhören mein Gedächtnis'. Sir denkt aber wohl nicht nur an ein

unaufhörliches Gedächtnis, sondern an eine fortdauernde Existenz der Weisheit; außerdem ist wieder die Ichform der Rede zu beachten.

24,10 : καὶ οὕτως könnte nach Smend und Peters einem hebräischen *bkn* entsprechen und mit 'darauf' zu übersetzen sein.

24,11 : G hat hier sicher ungenau übersetzt. S hat die bessere Formulierung : 'In der Stadt, die er liebt wie mich, fand ich Ruhe'. (Vgl. Smend, Peters, Segal, Spicq, Hamp und Duesberg). Lat liest statt ἠγαπημένῃ 'in civitate sanctificata'. Ryssel, Oesterley und Fritzsche übersetzen ὁμοίως με κατέπαυσεν nach G mit 'er verlieh mir gleichermaßen Ruhe', was aber den Sinn nicht genau trifft.

24,12 : G Lat verdienen den Vorzug vor S, der hier V 13 antizipiert : 'ich wuchs empor'. Ebenso ist 'Israel' in 12b Erläuterung von S. Allerdings scheint 'in(mitten)' in 12b ausgefallen zu sein, denn Lat sowie 2 griechische Mss lesen statt κληρονομίαν κληρονομίᾳ mit S (Smend, Peters, Hamp und Duesberg). Lat erweitert den Vers um einen Zusatz : 'et in plenitudine sanctorum detentio mea'.

24,13 : S lautet 13b : 'und wie ein Ölbaum auf dem Sanir, dem Schneeberg'. Die syrische Bezeichnung Sanir bezieht sich auf Dt 3,9. Schneeberg ist Umschreibung für Hermon. Lat liest als Ortsbezeichnung Sion, was sicher Verlesung für Sirjon ist (vgl. Dt 4,48 MT). 'Oleaster' (Ölbaum) des S dürfte auf hebr. 'ṣ šmn zurückgehen, das auch 50,10 in G wie hier mit κυπάρισσος wiedergegeben wird. Aber im Hinblick auf 14c ist hier mit 'Zypresse' zu übersetzen.

24,14 : 14a liest Lat fälschlich 'in Cades', aus : Αιγγαδοις, εγγαδδοις. 14b hat S 'Rosenweide' für G Lat 'Rosenpflanzung'. Die Rosen sind zwar an dieser Stelle textlich gut bezeugt, aber auf Grund von Sir 39,13 (S : 'wie Lilien') und 50,8 (H : 'wie eine Lilie') ist die griechische Übersetzung nur mit Vorbehalt zu akzeptieren. 14c ist S : 'ich wuchs empor' auszuscheiden, da es in 14d nochmals wiederholt wird. Lat und G lesen statt dessen εὐπρεπής- speciosa (vgl. auch H 50,10 : ein grünender Olivenbaum). 14d fügen S Lat mit einigen griechischen Mss 248,70,157 ἐφ' (248 ἀφ')ὕδατος hinzu, das dem Parallelismus der Ortsbestimmungen in diesem Vers sehr entspricht und deshalb beizubehalten ist. Lat fügt, vielleicht unter dem Einfluß von πλάτανος 'in plateis' an.

24,15 hat Lat mit einigen griechischen Mss eine Erweiterung, die aber aus 15b stammen wird und den besten Zeugen fehlt. — 15b ist S 'gute Myrrhe' ungenau. — 15c stellt S den 'Weihrauch' von 15d vor 'Galbanum' und Lat fügt an dieser Stelle 'storax' ein. — 15d ist G vielleicht durch S Lat 'mein Duft' zu ergänzen. Der ganze V 15d lautet in S : 'Wie gutes Öl gab ich meinen Geruch', was nach Wiederholung von 15b aussieht. Lat hat $\dot{a}\tau\mu\dot{\iota}s$ mit $\ddot{a}\tau o\mu os$ verwechselt : 'quasi libanus non incisus vaporavi habitationem meam', und fügt hinzu : 'et quasi balsamum non mixtum odor meus'.

24,16 lesen G Lat 'Terebinthe' gegen S 'Oleander' (Ryssel, Smend, Peters und Fritzsche). S 'ich schlug Wurzeln' kann von derselben hebr. Grundlage wie G stammen, da das Verbum *šlḥ* sowohl vom Treiben der Zweige wie der Wurzeln gebraucht wird (vgl. Ez 17,7 ; Jer 17,8). 16b liest S statt 'Anmut' (G) 'Ehre'.

24,17 : 17a ist S eine freie Wiedergabe von G (Lat). Smend schlägt als hebräisches Original vor *prḥtj jpj*. 17b sind G und S wohl aus einer hebräischen Wurzel zu erklären : G weist mit 'Blüten' auf *nṣj*, S mit 'Reis' auf *nṣr*. Die Struktur des Verses dürfte parallel zu 16b in S am besten bewahrt sein : 'meine Blüten sind Blüten voll Pracht und Reichtum'. Fritzsche, Ryssel und Peters folgen G : 'meine Blüten brachten Frucht von Pracht und Reichtum'. — Der Unterschied zwischen G und S im letzten Wort 'Reichtum' bzw. 'Herrlichkeit' hängt wohl davon ab, ob in H *hôd* oder *hôn* gelesen wurde.

(24,18) ist Erweiterung. 18ab findet sich nur in einigen griechischen Hss und in Lat V 24 : 'Ego mater pulchrae dilectionis et timoris et agnitionis et sanctae spei'. 18cd lautet griechisch : $\delta\dot{\iota}\delta\omega\mu\iota$ $\delta\dot{\epsilon}$ $\sigma\dot{\upsilon}\nu$ $\pi\hat{a}\sigma\iota$ $\tauo\hat{\iota}s$ $\tau\dot{\epsilon}\kappa\nuo\iota s$ $\muo\upsilon$ $\dot{a}\epsilon\iota\gamma\epsilon\nu\epsilon\hat{\iota}s$ $\tauo\hat{\iota}s$ $\lambda\epsilon\gammao\mu\dot{\epsilon}\nuo\iota s$ $\dot{\upsilon}\pi'$ $a\dot{\upsilon}\tauo\hat{\upsilon}$. Im Lateinischen entspricht diesem zweiten Stichos ein anderer Text in Lat V 25 : 'In me gratia omnis vitae et veritatis, in me omnis spes vitae et virtutis'.

24,19 : In 19a ergänzen ein griechisches Ms, S und Lat 'alle', das aber nach Ziegler aus Mt 11,28 stammen könnte. 19b lautet in S : 'und erquickt euch an meinen guten Früchten !'.

24,20 ist $\mu\nu\eta\muo\sigma\dot{\upsilon}\nu\eta$ zu lesen, da es auch von Lat in einem harmonisierenden Zusatz bezeugt wird und außerdem dem Parallelismus zu Erbe entspricht. S liest statt dessen Lehre. 20b muß es ursprünglich 'Wabenhonig' heißen nach Ps 19,11 *npt ṣwpjm*. Die Beiordnung durch $\kappa a\dot{\iota}$ in vielen griechischen Mss und Lat stammt aus der LXX von Ps 18,11. S liest statt $\kappa\lambda\eta\rhoo\nuo\mu\dot{\iota}a$ 'und denen, die mich erben'. Im syrischen Text ist auch im zweiten Stichos ein komparativisches 'men' zu lesen mit Ceriani und Walton.

24,21 setzt S in jedem Halbvers zweimal das Pronomen der 1. Person : 'Die von mir essen, hungern nach mir ...'.

24,22 : Für 22a 'zuschanden werden' in G Lat liest S 'zu Fall kommen'. 22b erklärt sich S : 'und alle seine Werke werden nicht vernichtet werden' nach Smend am besten als Mißverständnis des hebräischen Verbs *šḥt* (Hifil : falsch handeln, sündigen), das auch 5,15 und 7,36 in dieser Bedeutung vorkommt. — Lat hat als weitere Entfaltung noch : qui elucidant me, vitam aeternam habebunt.

24,23 : Peters hält den ersten Stichos 23a für sekundär auf Grund der inkonzinnen Länge des Verses, und weil außerdem Lat von ὅν, das den Zusatz anfügt, nichts weiß. Er hält βίβλος διαθήκης θεοῦ ὑψίστου für erläuternde Glosse aus Bar 1,4. Darum übersetzt er : 'Dies alles gilt von dem Gesetz, das uns Moses gab, als Erbe der Gemeinde Jakobs'. Die Berufung auf Lat ist aber kaum stichhaltig, da V 32 lautet : 'Haec omnia liber vitae, testamentum altissimi et agnitio veritatis'. Buch und Bund sind nur mit Zusätzen versehen. Die Inkonzinnitäten können aus der redaktionellen Nachbemerkung und aus dem Neuansatz in diesem Vers erklärt werden. Der Plural Synagogen im Griechischen dürfte Interpretation des Übersetzers sein, der bereits an die Synagogen der Diaspora dachte.

24,24 wird griechisch nur in L bezeugt und fehlt im Syrer völlig. Lat hat statt dessen in V 34 einen christologischen Zusatz : Posuit David puero suo excitare regem ex ipso fortissimum et in throno honoris sedentem in aeternum.

24,25a war ursprünglich wohl intransitiv 'voll von Weisheit'. S bezog 'voll' auf die Synagoge. — 25b lautet in S : 'wie der Tigris in den Tagen seiner Früchte'. S hat die Zeitbestimmungen von V 25/26 vertauscht. Smend denkt bei ἐν ἡμέραις νέων an die ersten Tage des Frühlingsmonats Abib, Ryssel an die Zeit des Monats Nisan, Duesberg übersetzt 'a pasqua', Peters 'in der Zeit des Frühlings'. Fritzsche, Spicq und Hamp geben denselben Ausdruck wieder mit 'in den Tagen der Erstlingsfrüchte'. Smend verweist darauf, daß die LXX νέα nicht nur für bkwrjm (Num 28,26) setzt, sondern auch regelmäßig μὴν τῶν νέων für ḥdš h'bjb. Und 'bjb sei hier Voraussetzung, da es nur einen jwm bkwrjm gebe.

24,26a ist passiv zu verstehen, 'gefüllt von'. 26b steht in umgekehrter Folge der Zeitangaben bei S Nisan statt Ernte in G Lat.

24,27 : Daß G Lat 27a 'Licht' eine Verwechslung von k'wr und kj'wr darstellt und demnach Nil zu lesen ist, wird sowohl durch den Parallelismus von V 26/27 wie durch S 'wie ein Strom' nahegelegt.

24,28a ist immer noch vom Gesetz die Rede. Daher sind G und S 'die Weisheit' zu ändern. Das Beziehungswort ist ja das griechische νόμος. — S hat außerdem den hebräischen Infinitiv mit le substantivisch übersetzt : 'Nicht werden die Ersten die Weisheit vollenden'. Lat liest : 'Qui perficit primus scire ipsam'. — Beide Stichen sind als antithetischer Parallelismus zu lesen. S setzt das Verb beidemale in den Plural.

24,29 soll die Präposition ἀπό sicherlich den hebräischen Komparativ mit 'min' wiedergeben. 'Das große Meer' in S 29a ist von 29b 'der große Abgrund' beeinflußt. — Lat übersetzt ganz wörtlich : 'A mari abundavit'.

24,30 folge ich mit Fritzsche, Peters und Hamp dem griechischen Text, der am klarsten ist. Smend und Duesberg rekonstruieren, ohne den Sinn zu ändern, nach S : 'Und ich war wie ein Wässerungsgraben, wie ein Kanal, der in einen Garten hinabfließt!'. Lat gibt 30a zweifach wieder : 'ego quasi tramis aquae immensae de fluvio, ego quasi fluvius Doryx'. 30b heißt dort : 'et sicut aquaeductus exivi de paradiso'.

24,31 : 31c ist in S gekürzt : 'Und siehe, es wurde mir zum Strom'. διῶρυξ, das nach Smend in V 30 das hebräische mšqh wiedergeben soll, fehlt im S. Lat scheint es vorauszusetzen, folgt aber sonst in 31c dem Syrer. 31d stimmen die 3 Versionen überein.

24,32 : 32a hat S, wahrscheinlich durch Verwechslung von k und b 'am Morgen' gegen G Lat 'wie das Frühlicht'. 'Lehre' ist mit S vielleicht mit dem Pronomen zu lesen. 32b und 33b sind in S vertauscht. Wenn G 32a richtig ist, ist wegen des Parallelismus auch für 32b (S 33b) ein Synonym für leuchten anzunehmen. S liest 32b nur : 'und ihr Ende bis fernhin'. — Statt αὐτά, Neutrum pl., ist αὐτήν zu lesen, die Lehre.

24,33 : 33a verwendet S dieselben Ausdrücke wie 32a : 'Weiter will ich meine Lehre kundtun', während G Lat wechseln. 33b ist S (32b) abgeschwächt : 'für viele Geschlechter'. Lat hat V 46 in doppelter Fassung erweitert : nach V 33b und 34b : '... et relinquam illam quaerentibus sapientiam et non desinam in progenies illorum usque in aevum sanctum'. Auch zu V 32 und 33 findet sich in Lat (V 45) eine interpretatio christiana — von der Weisheit, die in der Erde Auferstehungshoffnung weckt : 'Penetrabo inferiores partes terrae et inspiciam omnes dormientes et illuminabo sperantes in Deo'.

24,34 : Der Vers fehlt S, ist aber in allen griechischen Mss bezeugt. S fehlt er übrigens auch 30,26.

II. Sir 24 in der Redaktion des Buches.

1. *K. 24 als Abschluß des ersten Teiles.*

Eine Reihe inhaltlicher Beziehungen zum vorausgehenden Kontext legen es nahe, Sir 24 einmal als Abschluß des ersten Teiles des Buches zu betrachten.

a) Die literarischen Einheiten vor K. 24.

Nach der sehr gründlichen, wenn auch nicht erschöpfenden Analyse

der vorausgehenden Kapitel durch Haspecker[1] ist der Text von Sir 18,15
an in die Abschnitte 18,15-22,26 und 23,7-27 zu gliedern, dazwischen als
Überleitung, die die beiden Teile sehr eng zusammenrückt, das Gebet
22,27-23,6. 18,15-22,26 kann formal und inhaltlich in die Abschnitte
18,15-20,26(31) und 21,1-22,26(23,6) gegliedert werden[2]. Die Einheit wird
unverkennbar, wenn auch locker, hergestellt durch die Themen Weisheit,
Gottesfurcht und Gesetz, die die kleineren literarischen Gebilde umgreifen
und ihren eigentlichen Sinn offenbaren. Alle drei Themen begegnen im
Zentrum des ersten Teiles 19,20, mit dem Vorhergehenden verbunden
durch 19,17, dann in 21,6.11 und wohl auch wieder am Ende des zweiten
großen Abschnittes in 23,27.

b) Die Verbindung dieser Einheiten mit K. 24.

Das nächste Bindeglied zu K. 24 stellt 23,27 dar, wo gesagt wird,
es gebe nichts Süßeres als die Beobachtung der Gebote. 24,20 spricht vom
süßen Erbe der Weisheit, das 24,23 mit dem Gesetz identifiziert wird.

Es wäre möglich, daß K. 24 in etwa ein positives Gegenstück zu 23,
22-27 darstellen soll, wo von der ehebrecherischen Frau die Rede ist.
Das Vokabular in 23,25-26 spricht jedenfalls alles das der ehebrecherischen
Frau ab (Wurzel treiben, Frucht bringen, gesegnetes Andenken), was
in 24,12.16.20 positiv als Gabe und Segen der Weisheit erscheint[3]. Auch
durch das Thema 'Gesetz' ist K. 24 vielfach mit dem vorausgehenden
Abschnitt verbunden, ausdrücklich ist davon z.B. die Rede 19,17.20.24 ;
21,11, von den Geboten 23,27, selbst wenn 'Gesetz' im näheren Kontext
manchmal weiter gefaßt werden kann als 'Weisung'[4], wenn man die
Vielfalt und Alltäglichkeit der Themen (Beherrschung der Zunge, Freundschaft, Belehrbarkeit und Unbelehrbarkeit, Faulheit, Erfolg) berücksichtigt. Ein Verweis auf das Gesetz, der ganz deutlich an 24,8.23 anspielt
und sonst bei Ben Sira nur noch im Gebet von K. 36 und in K. 44 vorkommt, ist der Ausdruck 'Erbe Jakobs' als Motiv für die Begründung
eines Mahnwortes in 23,12. Im Zusammenhang mit dem Gesetz sei auch
bemerkt, daß es die Weisheit ist, die vor Sünde bewahrt (24,22) : das
Thema Sünde wird 21,1-3 und 22,27-23,6 ausdrücklich behandelt.

---

[1] HASPECKER, Gottesfurcht, 155-168.

[2] Zur näheren Begründung dieser Struktur sowie zum hypothetischen Werden dieses
Abschnittes s. HASPECKER, a. a. O. 163-164.

[3] Es liegt nahe, an die 'fremde Frau' in Prov 1-9 zu denken, die dort ebenfalls der Weisheit gegenüber steht. Auch PETERS, Kommentar, 194, macht darauf aufmerksam.

[4] Ebenso wie Weisheit hier im weiteren Sinn zu verstehen ist als beherrschtes und ge-
bildetes Verhalten ! S. auch HASPECKER, Gottesfurcht, 163.

c) K. 24 als Abschluß des ersten Teiles von Ben Sira.

Wie gezeigt wurde, schließt sich K. 24 inhaltlich eng an den vorausgehenden Kontext an, sodaß man das Weisheitsgedicht mit Recht als
einen feierlichen Abschluß betrachten kann. Wenn man 1,1-10 dazu
stellt, das dieselbe Struktur und Thematik aufweist, kann man geradezu
von einer großen Inklusion reden, die den ersten Teil des Buches zusammenfaßt.

Die literarischen Anklänge an das Vokabular von 1,1-20 sind ja sehr
zahlreich, wie ein Vergleich ergibt: beispielsweise 1,1 u. 24,3; 1,3 u. 24,5;
1,9 u. 24,6; 1,4 u. 24,9; 1,20 u. 24,16; 1,18 u. 24,17; 1,17 u. 24,19; 1,16 u.
24,20. Schließlich zeigen die Verse 24,32-34, daß K. 24 wahrscheinlich
einmal als Abschluß gedacht, aber dann fortgesetzt wurde.

2. K. 24 als Übergang zum zweiten Teil des Buches.

Die eben zitierten Verse 24,32-34 weisen schon auf eine Weiterführung
des Werkes hin. K. 24 hat auch Beziehungen zum nachfolgenden Teil,
vor allem zu 32(35),14-33(36),19[5]. Ferner kann die Überschrift und die
feierliche Form des Gedichtes als Zeichen eines Neuansatzes betrachtet
werden. Es scheint, daß man der Bedeutung und Stellung von K. 24
am besten gerecht wird, wenn man es als Übergang versteht, einerseits
als Abschluß[6], andrerseits als Neubeginn und Fortsetzung. Daß K. 24
zwischen K. 23 und K. 25 in eine bereits bestehende Einheit eingeschoben
wurde, wobei vielleicht der Epilog angefügt wurde, würde erklären,
warum in K. 25 sowohl das Thema von der Ehefrau aus K. 23 wieder
angegriffen wird als auch die literarische Form des Zahlenspruches, die
sich in ganz analoger Form K. 23 und K. 25 finden, und zwar als Anti-
thesen in 23,16 und 25,1. Wenn K. 24 in verschiedenen Etappen entstanden ist, dürfte die Zäsur mit Haspecker[7] bei 24,29 und 24,30 anzunehmen sein. Spicq, der in seinem Kommentar in der Endredaktion des
Sirabuches fünf Abschnitte findet, mit einer fortschreitenden Einengung
des Horizontes von der Schöpfung auf Israel, entsprechend dem Gedankengang des Pentateuchs, läßt mit K. 24 den 3. Teil beginnen:

---

[5] HASPECKER, Gottesfurcht, 176, 181.

[6] LEFÊVRE in: ROBERT-FEUILLET, Einleitung in die Hl. Schrift, I, 758, betrachtet
24,1-27 als abschließendes Lied, dem ein zum Studium aufmunternder Epilog angefügt
wurde. Haspecker bemerkt allerdings in seiner Studie über die Gottesfurcht, S. 167 Anm.
98 richtig, daß statt von Epilog besser von einem Auftakt zu einer nachträglich beschlossenen
Weiterführung zu sprechen wäre.

[7] HASPECKER, Gottesfurcht, 167 Anm. 98.

La sagesse dans la vie de famille et de société[8]. Warum gerade nur K. 24-
32,13 die Weisheit im Leben der Familie und der Gesellschaft behandeln
sollen, ist nicht einsichtig. Mit demselben Recht könnte man das vom
Abschnitt 1,1-14,19 sagen.

III. Aufbau und Struktur von K. 24.

1. *Literarisch.*

Die erste größere Einheit des Gedichtes umfaßt die Verse 1-22. Nach
einer feierlichen, 2 Verse umfassenden Ankündigung und Einführung,
die die Bedeutung der folgenden Rede hervorhebt, folgen die Verse 3-17,
die fast alle, ausgenommen Vv 4.16b.17b einfache Verbalsätze sind, der
Großteil davon in der 1. Person des Präteritums. Auch die wenigen Aussagen in der 3. Person und die Nominalsätze sind auf die sprechende
Person bezogen. Die Parallelismen sind fast durchwegs synonym (V
1.2.4.8cd.11.20-22) oder synthetisch und verstärken dadurch den Charakter des Feierlichen, Getragenen. Auch die ständige Weiterführung des
2. Halbverses durch 'und', sowie die lange Reihe der Bilder und Vergleiche
V 13-17 tragen dazu bei. Zu Beginn und am Schluß des Selbstpreises
(Vv 3.4 und 16.17) steht ausdrücklich das Pronomen der ersten Person,
das gewiß auch im Original gestanden ist, da es G S Lat einhellig bezeugen.
Innerhalb des ersten Teiles 1-22 lassen sich formell kleinere Einheiten
abheben. So sind Vv 3-6 Ortsbestimmungen, 7b ist eine indirekte Frage,
die zum Folgenden überleitet. In V 8, der sich schon durch seine Länge
unterscheidet, wird das Subjekt gewechselt : die bisher sprechende Person
wird zum Objekt des Handelns, zum Empfänger von Befehlen (8cd).
V 8-9 enthalten auch in gewissem Sinn eine Zeitbestimmung. — V 10
werden die berichtenden Aussagen in der ersten Person wieder fortgesetzt, und zwar wieder mit Ortsangaben. Diese ziehen sich fort in der
Reihe der Vergleiche, die mit V 13 beginnt (Vv 13-17). In V 19 markiert
der Imperativ einen Abschluß, zugleich aber den Übergang vom Bericht,
von der Vergangenheit zur Gegenwart. Der Imperativ wird in V 20-22
begründet, und zwar antithetisch, sowohl positiv als auch negativ.
Damit ist die Rede im Ichstil zu Ende. Von Stil und Sprache her ergibt
sich folgende Gliederung : 24,1-2. 3-7. 8-12. 13-17. 19-22.
V 23 stellt offensichtlich einen größeren Neuansatz dar, der nicht in

---

[8] L'Ecclésiastique, La Sainte Bible VI, 554.

einem Zug mit 1-22 geschrieben sein kann. Die hymnische Rede im Ichstil ist zu Ende. V 23 klingt sehr unvermittelt und prosaisch, auch der
Versbau fällt aus dem Rahmen von K. 24 : nirgends sonst findet sich
ein dreizeiliger Vers. — Die neue Einheit umfaßt die Verse 23-29. 25-29
sind nur Entfaltungen von V 23. 25-27 erinnern durch ihre Bilder an
V 13-17. Der Abschluß 28-29 ist wieder eine Antithese wie V 21-22 und
kennzeichnet sich so selbst als Nachtrag zu 1-22.

Mit V 30 beginnt nach unserer Gliederung der dritte Teil von K. 24 :
der Ichstil wird wieder aufgenommen. Diesmal spricht der Autor selber,
der sich auf Grund des Stiles sehr in die Nähe der sprechenden Person
von V 3-22 stellt. Es ergeht eine Ankündigung : die Verba stehen im
Futurum (31-33) und den Abschluß bildet wieder wie V 19 ein Imperativ.

2. Thematisch-inhaltlich.

Der Gedankengang von Kapitel 24 schließt sich an die skizzierte
formell-stilistische Gliederung an, d.h., die kleineren literarischen Einheiten bilden auch jeweils neue inhaltliche Einheiten. So sind die Verse
3-7 durch Verba der Bewegung charakterisiert : 'ich ging hervor' (V 3);
'ich durchzog' (V 5); 'ich wandelte umher' (V 5); 'ich suchte eine Ruhe-
statt' (V 7). Die örtlichen Bestimmungen, die den ganzen Kosmos umfassen, unterstreichen diese Bewegung, die in V 7 abschließend und
zugleich zum Folgenden überleitend, als Suchen gedeutet wird, was
auch in der Frage in V 7b zum Ausdruck kommt.

V 8-12 ist gekennzeichnet durch Verba der Ruhe, des Feststehens.
Das unruhige Wandern der Weisheit kommt an einem konkreten Ort
zum Ziel : in Israel — in Jerusalem — im Tempel. Nur V 9 unterbricht
scheinbar diesen Zusammenhang und greift auf den Ursprung und das
Alter der Weisheit zurück, aber wahrscheinlich mit der Absicht, Alter
und Autorität der Weisheit Israels hervorzuheben.

V 13-17 greifen das Bild vom Wurzelfassen auf und entfalten es in
einer Reihe von Vergleichen, die das Wachstum der Weisheit im ganzen
Gebiet Israels zugleich betrachten lassen. Dieser Teil ist das eigentliche
'Lob der Weisheit'. V 15-17 stellt die Weisheit ihren verströmenden
Duft und ihre Fruchtbarkeit vor, ihre Mitteilung an die Menschen, ihr
Dasein und ihren Segen für sie.

V 19-22 ist ganz folgerichtig die erwartete Aufforderung, der Imperativ
an die Menschen, sich aufzumachen hin zur Weisheit, ihr Angebot anzunehmen.

So schließt sich der Kreis, der mit dem Ausgang vom Mund des Höch-

sten begonnen hat, nach der Suche nach einem Ruheort mit der Einladung an die Menschen. Besonderes Gewicht liegt auf den Hinweisen
auf ein Geschehen in Zeit und Raum, auf der Geschichtlichkeit des
Wirkens der Weisheit im Kosmos und in Israel. Bemerkenswert ist
ferner, daß sich der Bereich des Wandelns der Weisheit vom ganzen
Kosmos, von allen Menschen, schließlich auf Israel — Sion — den Tempel
einengt. Ihr Wachstum geschieht ebenfalls in Israel. Sind aber nur die
Israeliten angesprochen? Oder hat der Ruf an alle, die nach ihr Verlangen haben, etwas von der Weite der Aufforderungen der Weisheitslehrer zur Weisheitssuche? Die Verheißungen in 19-22 schließen diesen
Teil harmonisch ab, sodaß er gewiß einmal für sich gesehen und interpretiert werden darf.

Die angefügte Erläuterung setzt die Weisheit, die sich bisher nur in
Tätigkeiten und Funktionen offenbarte und nichts über ihr Wesen,
über ihr Selbst gesagt hatte, mit dem Gesetz des Moses gleich und zeigt,
daß der Autor und seine Volksgenossen (V 23) die Angesprochenen sind.

Im Schlußteil, in dem der Verfasser in der 1. Person spricht, wird der
Strom und das Licht der Weisheit derart mächtig, daß die Fortsetzung
der Belehrung (V 32-34) angekündigt wird. Sehr zu beachten ist hier der
zeitlich und räumlich weite Horizont und Personenkreis (V 32.33.34),
an den sich der Verfasser wendet.

Von literarischen und inhaltlichen Gesichtspunkten her ist es durchaus
denkbar, daß das Gedicht aus wenigstens 3 Teilen zusammengewachsen
ist (1-22.23-29. 30-34) zu einer redaktionellen Einheit, in der vor allem
die letzten Abschnitte 23-29.30-34 durch die Bilder vom Strom und Meer
und vom Licht sehr eng verbunden sind. V 23 bindet durch die Erwähnung
vom 'Erbe Jakobs' und durch die Überleitung 'das alles' den Nachtrag
eng an das vorausgehende Lob der Weisheit. Auch V 30 und 34 erinnern,
vielleicht nicht zufällig, an Anfang und Ende des Gedichtes :

V 30 an das Ausgehen der Weisheit von Gott (24,3),

V 34 an den Imperativ mit seinen Verheißungen am Schluß des Hymnus
    (24, 19).

Abschließend mag die schematische Gliederung das über den Weisheitshymnus Gesagte nochmals verdeutlichen :

24, 1-2 : Ankündigung des Selbstlobes der Weisheit.

    3-12 :   3-6 : Ursprung d. Weisheit und ihre Tätigkeit im Kosmos.

            7 : Suchen eines Ruheortes.

            8 : Gottes Befehl zur Niederlassung in Israel.

            9 : Ihre Schöpfung vor aller Zeit.

      10-12 : Ihre Stellung in Jerusalem.

13-17 : 13-14 : Wachstum in Israel.
      15-17 : Duft und Früchte.
19-22 : Aufruf zur Annahme der Weisheit.
23-29. : 30-34 : Nachwort des Siraziden.

Der Versuch einer strophischen Gliederung der 36 Distichen dieses Kapitels muß sich auch an diesen literarischen Beobachtungen orientieren. Peters, der in seinem Kommentar (196) für V 1-23 nur zweizeilige Strophen annimmt, berücksichtigt Inhalt und Stil zuwenig. Die Bewegung und der Wechsel in der Größe der Strophen sind Zeichen dafür, daß Sirach Traditionsgut zu einem neuen Ganzen verarbeitet hat. Der Vorschlag von Box-Oesterley mit einem Strophenschema von 2+2+2+3+3+1+3+2+2+2+2+1+3+2+3+3 Distichen entspricht dem besser.

IV. Genus litterarium von Sir 24,1-22.

1. Der ganze Abschnitt wird von den Kommentatoren, sofern sie diese Frage überhaupt berücksichtigen, meist einfachhin als Hymnus oder Weisheitshymnus bezeichnet[9], so auch in der Abhandlung von Baumgartner[10]. Die Struktur hat gewiß vieles vom Hymnus; der hymnischen Aufforderung zum Gotteslob entspricht eine Einführung der sich rühmenden Weisheit in 24,1-2, die aber auch ihre Parallelen in den Ankündigungen der redenden Weisheit in Spr 1-9 hat und bei Sir nur noch 4,11 vorkommt[11]. Der Gedankengang ist sicher auch vom Hymnus irgendwie bestimmt : das Herabsteigen der Weisheit Gottes zu den Menschen (24,1-12) und die Beschreibung des Wachstums und der Früchte der Weisheit (24,13-22) nehmen die Linie der hymnischen Eröffnung von Sir 1,1-10 wieder auf, allerdings hier in strafferer Verbindung beider Teile.

Der Abschluß 24,19-22 ist eine weisheitliche Aufforderung, die die pädagogische Zielsetzung des Hymnus herausstellt, ähnlich wie in Spr 3,32-36 (vgl. auch Spr 1,20-23; 8,32-36; 9,1-6). Baruch stellt diese Aufforderung an Beginn und Schluß der Darstellung des Weges der Weisheit.

---

[9] HAMP, EB, 63 : »gehört zu den Sapientialhymnen«; SPICQ, La Sainte Bible, VI, 684 : »hymne«; PETERS, Das Buch Jesus Sirach oder Ecclesiasticus, 194 : »Die Rede der personifizierten Weisheit«; RYSSEL, Die Sprüche Jesus' des Sohnes Sirachs, 351 : »Begeisterte Schilderung des Wesens der Weisheit«; BOX-OESTERLEY I, 396 : »A fine hymn in praise of Wisdom«.

[10] W. BAUMGARTNER, Die literarischen Gattungen in der Weisheit d. Jesus Sirach, ZAW 34 (1914), 161-198, vor allem S. 172.

[11] Vgl. Spr 1,20-21; 8,1-3; 9,1-3.

L. Jansen[12] denkt an die Verwendung von spät-jüdischen Psalmen in
Zusammenkünften erbaulicher und belehrender Natur in Schule, Tempel,
Synagoge und die Einflechtung von Hymnen in die Unterweisung.
2. Das Besondere von K. 24 aber liegt im Hauptteil des Gedichtes,
in dem die Weisheit sich selber rühmt, indem sie auf ihre Rolle, ihren Weg
und ihr Wirken im Kosmos und bei den Menschen hinweist. Die Gattung
von Sir 24,1-22 ist genauer als Aretalogie zu bestimmen[13], worauf
bereits Deißmann[14], Baumgartner[15], Peters[16], vor allem aber Ringgren[17],
Spicq[18] und neuerdings Conzelmann hingewiesen haben[19]. Van den Born
differenziert ebenfalls in Hymnus (24,3-22) mit Selbstpreis (V 3-18)[20].

Im Alten Testament begegnet diese hymnische Selbstverherrlichung
Gottes, diese Selbstprädikation im Ichstil zuerst bei Deuterojesaja,
wo sie ohne Zweifel von babylonischen Vorbildern angeregt wurde[21].
Es besteht jedoch ein grundlegender Unterschied zwischen den Jahwe-
reden im Ichstil, wo es primär um die Offenbarung Gottes und seine
Heilszusage in der Geschichte geht oder um seine Willenskundgabe,
während in den Selbstprädikationen der Weisheit die werbende Selbstempfehlung im Mittelpunkt steht, zusammen mit zum Teil kosmologischen, ungeschichtlichen Aussagen über die Weisheit (vgl. Spr 8,22-31).
Selbst wenn Ben Sira in K. 24 für den Gesamtrahmen Spr 8 vor Augen

---

[12] L. Jansen, Die spätjüdische Psalmendichtung, ihr Entstehungskreis und ihr Sitz
im Leben, Oslo 1937, 100-105.

[13] 'Aretalogie' ist nach dem Bibl. Hist. HWB I, 126 eine »Lobrede auf die rühmenswerten
Taten eines Gottes«. Ganz zutreffend ist aber auch dieser Ausdruck nicht, da in Sir 24 der
Hauptwesenszug einer Aretalogie fehlt, nämlich die Dokumentation göttlicher Macht im
Wunder. Vgl. D. Müller, Ägypten und die griechischen Isisaretalogien, ASAW, Philol.
hist. Kl. 53,1, 1961, S. 15, Anm. 11.

[14] Deissmann, Licht vom Osten, ⁴1923, 109, A. 3.

[15] Baumgartner, Die literarischen Gattungen, ZAW 34 (1914), 172, verweist auf babylonische Vorbilder für den Ichstil, nämlich die Ischtarhymnen.

[16] Peters zitiert in seinem Kommentar bereits die von Deißmann festgestellten Parallelen
zu den Isisinschriften : Peters, Das Buch Jesus Sirach oder Ecclesiasticus, 1913, 197 :
»Daß Jesus Sirach diese Inschriften gekannt hat, erscheint recht wahrscheinlich«.

[17] H. Ringgren, Word and Wisdom, Lund 1947, 108-110, 144-147 mit reichen Literatur-
angaben und Beispielen. Er sagt z.B. S. 147 : »... there are facts, that support such an
influence ... in Sirach«.

[18] La Sainte Bible, VI, 685.

[19] Conzelmann, Die Mutter der Weisheit, in : Zeit und Geschichte. Dankesgabe an
R. Bultmann, 1964, 228-234.

[20] van den Born, Wijsheid van Jesus Sirach, 133.

[21] Cl. Westermann, Das Buch Jesaja Kap. 40-66, ATD, 1966, 24; zur Frage der alttestamentlichen Gottesreden im Ichstil vgl. Zimmerli : »Ich bin Jahwe«, in W. Zimmerli,
Gottes Offenbarung. Ges. Aufsätze zum AT, 1963, 11-40.

gehabt hat, ist es nicht unmöglich und auch nicht unwahrscheinlich, daß die Anregung für die literarische Form, für einzelne Motive und damit auch überhaupt für die Thematik des Lobes der Weisheit Israels (auch für Spr 8,22-31 ?) aus dem hellenistischen Bereich kam, wo es einen Typ religiöser Propagandarede zu geben schien[22]. Am entschiedensten vertritt H. Conzelmann die These einer direkten Abhängigkeit : »V. 3-6(7) sind nichts anderes als ein praktisch wörtlich aufgenommenes, nur an zwei Stellen leicht retouchiertes Lied auf Isis«[23]. So kann man sagen, daß es heute fast unbestritten ist, daß der Sirazide für seinen Hymnus Vorbilder und Motive vorgeformter, darunter zum Teil auch nicht-jüdischer Traditionen verwendet habe[24]. Selbst wenn man die Behauptungen Conzelmanns vorsichtiger formulieren möchte, ist es jedenfalls höchst beachtenswert, daß neben Spr 8,22-31 (vielleicht auch dafür ?) zeitgeschichtlich und literarisch naheliegende Parallelen vorliegen, die Gestalt und Gehalt von Sir 24 mitbestimmt haben konnten. Sollte diese Hypothese richtig sein — ein Blick auf einige Texte mag ein Urteil erleichtern — dann wäre der Selbstpreis der Weisheit in Sir 24 als — allerdings hauptsächlich für Israeliten in Palästina, aber auch in der Diaspora gedachte — Offenbarungsrede der Weisheit Israels im Stil der griechischen Aretalogien zu verstehen, freilich mit völlig anderem theologischem Gehalt[25].

Exkurs : Motive aus den Isisaretalogien in Sir 24.

Aus der Literatur zum Thema der Isisaretalogien sei auf einige Arbeiten

---

[22] E. NORDEN, Agnostos Theos, Stuttgart [4]1956, 3-5 und 302, wo er auch Sir 24 erwähnt; SPICQ, L'Ecclésiastique, 838; J. WOOD, Wisdom Literature, 1967, 106.

[23] CONZELMANN, Die Mutter der Weisheit, in : Zeit und Geschichte, 228.

[24] G. PFEIFER, Ursprung und Wesen der Hypostasenvorstellungen im Judentum, Stuttgart 1967, 31, spricht auch »vom Hymnus, den der Verfasser ganz oder wenigstens nach seinen Elementen aus der Tradition übernommen haben wird«, wobei er allerdings nur die jüdische Tradition meint. — R. BLOCH in seinem Artikel Midrasch in DBS V, 1957, 1273/74 denkt wohl nur an innerisraelitische Traditionselemente, wenn er K. 24 als Beispiel midraschartiger Exegese im Sirabuch anführt, die zweifellos den Vorrang hat, aber doch in ihrem zeitgeschichtlichen Kontext gesehen werden muß. R. MURPHY, Assumptions and Problems in Old Testament Wisdom Research, CBQ 29 (1967), 407-418 betrachtet ebenfalls die These von Conzelmann als sehr beachtenswert : »If Sir and Prov 8 are not remote from each other in time, Conzelmann's study may be considered relevant to the whole question of personification«, ebd., S. 418; vgl. auch J. WOOD, Wisdom Literature, 1967, 101.

[25] Hauptträger eines Missionsgedankens war nicht das palästinensische Judentum sondern die Diaspora. Vgl. P. DALBERT, Die Theologie der hellenistisch-jüdischen Missionsliteratur, Theologische Forschung 4, 1954, 24.

hingewiesen, die die bisherigen Forschungsergebnisse zusammenfassen
und weiterführen. Das ist vor allem J. Bergmann, Ich bin Isis. Studien
zum memphitischen Hintergrund der griechischen Isisaretalogien. (Acta
Universitatis Upsaliensis. Historia Religionum 3, Uppsala, 1968), ferner :
Dieter Müller, Ägypten und die griechischen Isisaretalogien[26] und der
Aufsatz von A.J. Festugière, A propos des Arétalogies d'Isis[27], die gründliche Studien zu Text und Struktur dieser Hymnen bieten, sowie W. Peek,
Der Isishymnus von Andros und verwandte Texte[28], wo auch die wichtigsten Texte kritisch ediert zu finden sind[29]. Die einzelnen Texte werden
folgendermaßen datiert : das Original des Grundtextes, von dem die
griechischen Texte ausgehen dürften, von Bergman und Müller M genannt
(nach dem Ptahtempel im Memphis), könnte nach Festugière[30] noch ins
3. vorchristliche Jahrhundert zurückgehen[31]. Die einzige vollständige
Fassung bietet der Hymnus von Kyme aus dem 1.-2. nachchristlichen
Jahrhundert[32], noch später dürfte der Text der Inschrift von Ios sein.
Zur Vergleichungsmöglichkeit sei hier die Isisaretalogie von Kyme-
Memphis angeführt nach dem Text bei J. Bergman, Ich bin Isis, S. 301-
303. Die Klammern im Text verweisen auf Lücken bzw. Ergänzungen.

1. Δημήτριος Ἀρτεμιδώρου ὁ καὶ Θρασέας Μάγνη(ς) ἀπὸ Μαιάνδρου
    Ἴσιδι εὐχήν.

2. Τάδε ἐγράφη(ι) ἐκ τῆς στήλης τῆς ἐν Μέμφει ἥτις ἔστηκεν πρὸς
    τῷ(ι) Ἡφαιστιήωι.

3. Εἶσις ἐγώ εἰμι ἡ τύραννος πάσης χώρας καὶ ἐπαιδεύθην ὑπ(ὸ) Ἑρμοῦ
    γράμματα εὗρον μετὰ Ἑρμοῦ τά τε ἱερὰ καὶ τὰ δημόσια (γράμματα),
    ἵνα μὴ ἐν τοῖς αὐτοῖς πάντα γράφηται.

---

[26] In : Abhandlungen der Sächs. Akademie der Wissenschaften in Leipzig, Philol. hist.
Kl., Bd. 53,1, 1961.

[27] HThR 42 (1949), 209-234.

[28] Berlin 1930.

[29] Texte der Isisinschriften finden sich auch bei A. DEISSMANN, Licht vom Osten, [4]1923,
und zwar die Isisinschrift von Nysa S. 111, sowie die Inschrift von Ios S. 111 u. 112 mit
einem Faksimile S. 110; Einen weiteren Text hat H. JUNKER veröffentlicht : Ein Preis der
Isis aus den Tempeln von Philä und Kalâbscha, Anzeiger der philologisch historischen
Klasse der Öst. Ak. d. Wissenschaft Nr. 18, 1957, 268-276.

[30] A.J. FESTUGIÈRE, art. cit. 233 : »... l'original ... paraît bien avoir été composé encore
à l'époque hellénistique, peut-être au début du IIIe siècle ».

[31] In dieselbe Zeit ist auch die von Diodorus Sic. I, 27 überlieferte Inschrift von Nysa,
wahrscheinlich Bubastis, zu datieren. Vgl. DEISSMANN, Licht vom Osten, [4]1923, 111.

[32] Zur Datierung der Quellen s. auch D. MÜLLER, Ägypten und die griechischen Isisaretalogien, 11-14.

4. Ἐγὼ νόμους ἀνθρώποις ἐθέμην καὶ ἐνομοθέτησα ἃ οὐθεὶς δύναται μεταθεῖναι.

5. Ἐγώ εἰμι Κρόνου θυγάτηρ πρεσβυτάτη(ι).

6. Ἐγώ εἰμι γ(υ)νὴ καὶ ἀδελφὴ Ὀσείριδος βασιλέως.

7. Ἐγώ εἰμι ἡ καρπὸν ἀνθρώποις εὑροῦσα.

8. Ἐγώ εἰμι μήτηρ Ὥρου βασιλέως.

9. Ἐγώ εἰμι ἡ ἐν τῶ(ι) τοῦ κυνὸς ἄστρωι ἐπιτέλλουσα.

10. Ἐγώ εἰμι ἡ παρὰ γυναιξὶ θεὸς καλουμένη.

11. Ἐμοὶ Βούβαστος πόλις ὠ(ι)κοδομήθη.

12. Ἐγὼ ἐχώρισα γῆν ἀπ᾿ οὐρανοῦ.

13. Ἐγὼ ἄστρων ὁδοὺς ἔδειξα.

14. Ἐγὼ ἡλίου καὶ σελήνης πορε(ί)αν συνεταξάμην.

15. Ἐγὼ θαλάσσια ἔργα εὗρον.

16. Ἐγὼ τὸ δίκαιον ἰσχυρὸν ἐποίησα.

17. Ἐγὼ γυναῖκα καὶ ἄνδρα συνήγαγον.

18. Ἐγὼ γυναικὶ δεκαμηνιαῖον βρέφος εἰς φῶς ἐξενεγκεῖν ἔταξα.

19. Ἐγὼ ὑπὸ τέκνου γονεῖς ἐνομοθέτησα φιλοστοργεῖσθαι.

20. Ἐγὼ τοῖς ἀστόργοις γονεῦσιν διακειμένοις τειμωρίαν ἐπέθηκα.

21. Ἐγὼ μετὰ τοῦ ἀδελφοῦ Ὀσίριδος τὰς ἀνθρωποφάγιας ἔπαυσα.

22. Ἐγὼ μυήσεις ἀνθρώποις ἐπέδε(ι)ξα.

23. Ἐγὼ ἀγάλματα θεῶν τειμᾶν ἐδίδαξα.

24. Ἐγὼ τεμένη θεῶν ἱδρυσάμην.

25. Ἐγὼ τυράννων ἀρχὰς κατέλυσα.

26. Ἐγὼ φόνους ἔπαυσα.

27. Ἐγὼ στέργεσθαι γυναῖκας ὑπὸ ἀνδρῶν ἠνάγκασα.

28. Ἐγὼ τὸ δίκαιον ἰσχυρότερον χρυσίου καὶ ἀργυρίου ἐποίησα.

29. Ἐγὼ τὸ ἀληθές καλὸν ἐνομο(θέ)τησα νομίζε(σ)θαι.

30. Ἐγὼ συγγραφὰς γαμικὰς εὗρον.

31. Ἐγὼ διαλέκτους Ἕλλησι καὶ βαρβάροις ἔταξα.

32. Ἐγὼ τὸ καλὸν καὶ αἰσχρὸ(ν) διαγεινώσκεσθαι ὑπὸ τῆς φύσεως ἐποίησα.

33. Ἐγὼ ὅρκου φοβερώτερον οὐθὲν ἐποίησα.

34. Ἐγὼ τὸν ἀδίκως ἐπιβουλεύοντα ἄλλοις (ἄλλω) ὑποχείριον τῶ(ι) ἐπιβου(λ)ευομένω(ι) παρέδωκα.

35. Ἐγὼ τοῖς ἄδικα πράσσουσιν τειμωρίαν ἐπιτίθημι.

36. Ἐγὼ ἱκέτας ἐλεᾶν ἐνομοθ(έ)τησα.

37. Ἐγὼ τοὺς δικαίως ἀμυνομένους τειμῶ.

38. Παρ᾿ ἐμοὶ τὸ δίκαιον ἰσχύει.

39. Ἐγὼ ποταμῶν καὶ ἀνέμων καὶ θαλάσσης εἰμὶ κυρία.

40. Οὐθεὶς δοξάζεται ἄνευ τῆς ἐμῆς γνώμης.

41. Ἐγώ εἰμι πολέμου κυρία.

42. Ἐγὼ κεραυνοῦ κυρία εἰμί.

43. Ἐγὼ πραΰνω καὶ κυμαίνω θάλασσαν.

44. Ἐγὼ ἐν ταῖς τοῦ ἡλίου αὐγαῖς εἰμί.

45. Ἐγὼ παρεδρεύω τῆ(ι) τοῦ ἡλίου πορεία(ι).

46. Ὁ ἂν ἐμοὶ δόξη(ι), τοῦτο καὶ τελεῖτα(ι).

47. Ἐμοὶ πάντ᾽ ἐπείκει.

48. Ἐγὼ τοὺς ἐν δεσμοῖς λύω(ι).

49. Ἐγὼ ναυτιλίας εἰμὶ κυρία.

50. Ἐγὼ τὰ πλωτὰ ἄπλωτα ποι(ῶ, ὅ)ταν ἐμοὶ δόξη(ι).

51. Ἐγὼ περιβόλους πόλεων ἔκτισα.

52. Ἐ(γ)ώ εἰμι ἡ θεσμοφόρος καλουμένη.

53. Ἐγὼ νήσσους ἐγ β(υθ)ῶν εἰς φῶς ἀνήγαγον.

54. Ἐγὼ ὄμβρων εἰμὶ κυρία.

55. Ἐγὼ τὸ ἱμαρμένον νικῶ.

56. Ἐμοῦ τὸ εἰμαρμένον ἀκούει.

57.   Χαῖρε Αἴγυπτε θρέψασά με.

Festugière hat versucht, Umrisse einer Struktur dieser Hymnen herauszuarbeiten[33] und stellt fest, daß die Gliederung in drei Abschnitte : φύσις, δύναμις und ἔργα καὶ εὑρήματα der Gottheit genau mit der griechischen Hymnentechnik übereinstimmt[34]. Zu Sir 24 ergeben sich neben der Ichform Ähnlichkeiten, insofern auch hier zuerst von der φύσις der Weisheit die Rede ist (V 3-4), dann ihre δύναμις im Kosmos und in Israel beschrieben wird und schließlich zwar nicht von ἔργα, aber doch (24,12-17) von ihren Früchten gesprochen wird. Es sei nun auf einzelne Motive hingewiesen.

Zum Alter der Weisheit in Sir 24,9 vergleiche :

Inschrift von Nysa : Ἐγώ εἰμι ἡ τοῦ νεωτάτου Κρόνου θυγάτηρ

Inschrift von Ios : Ἐγώ εἰμι Κρόνου θυγάτηρ πρεσβυτάτη

(= M 5; M bezeichnet den memphitischen Grundtext).

Zur kosmologischen Funktion der Weisheit in Sir 24,4-6 vergleiche :

Ios (18-20) : Ἐγὼ ἐχώρισα γῆν ἀπ᾽ οὐρανοῦ (M 12)

           Ἐγὼ ἄστρων ὁδοὺς ἔδειξα (M 15)

           Ἐγὼ ἡλίου καὶ σελήνης πορείαν συνέταξα (M 14).

---

[33] HThR 42, 1949, 221-223.

[34] Belege siehe im eben zitierten Artikel von Festugière, 226-228.

Zum Herrschaftsanspruch der Weisheit in Sir 24,6 :

Nysa : ᾿Εγὼ ῏Ισις εἰμι ἡ βασιλίσσα πάσης χώρας

Ios (4) : Εἶσις ἐγώ εἰμι ἡ τ(υρανν)ος πάσης χώρας (M 3a)

᾿Εγὼ ποταμοῦ καὶ ἀνέμου καὶ θαλάσσης (M 39).

εἰμὶ κυρία.

Zur kultischen Funktion der Weisheit in Jerusalem in Sir 24,10-11 :

Nysa, Ios : ᾿Εμοὶ Βούβαστος πόλις ᾠκοδομήθη (M 11)

Ios 26-28 : ᾿Εγὼ μυήσεις ἀνθρώποις ἀνέδειξα

᾿Εγὼ ἀγάλματα θεῶν τειμᾶν ἐδίδαξα

᾿Εγὼ τεμένη θεῶν εἰδρυσάμην (M 22-24).

Zur Weisheit als Gesetz in Sir 24,23 siehe Isis als Gesetzgeberin :

Ios 9-10 : ᾿Εγὼ νόμους ἀνθρώποις ἐθέμην (M 4)

καὶ ἐνομοθέτησα ἃ οὐδεὶς δύναται μεταθεῖναι

Ios 21 : ᾿Εγὼ τὸ δίκαιον ἰσχυρὸν ἐποίησα (M 16)

31 : ᾿Εγὼ τὸ δίκαιον ἰσχυρότερον χρυσίου

καὶ ἀργυρίου ἐποίησα (M 28)

36 : ᾿Εγὼ τὸ καλὸν καὶ αἰσχρὸν

διαγεινώσκεσθαι ὑπὸ τῆς φύσεως ἐποίησα. (M 32).

Conzelmann verweist noch auf weitere Parallelen aus den Hymnen des Isidoros und den Oxyrhynchos-Papyri, einem Anubishymnus, sowie auf das Werk Plutarchs ʻDe Isi et Osirideʼ[35]. Ob Ben Sira ein Lied auf Isis einfach übernommen und nur retouchiert sowie judaisiert hat, wie Conzelmann behauptet, ist nicht mit Sicherheit zu entscheiden. Kann doch die Herstellung literarischer Abhängigkeitsbeziehungen nie vorsichtig und sorgfältig genug geschehen, vor allem, wenn die historisch-chronologischen Zusammenhänge nicht völlig eindeutig sind wie hier. Daß aber der Sirazide derartige Aretalogien gekannt hat und dadurch zur Abfassung seines Gedichtes von K. 24 mitangeregt wurde, muß auf Grund des Ichstils, des Aufbaus und der werbenden Thematik sowie konkreter paralleler Motive auf beiden Seiten ernstlich erwogen werden. Auch Hengel schließt sich dieser Meinung an und hält die Anklänge an die Selbstprädikationen der Isisaretalogien für eine Übernahme aus einem älteren Weisheitshymnus, da zur Zeit des Siraziden der Isiskult in Jerusalem kaum mehr akut war[36]. G. Pfeifer verneint jede Beziehung dieses

---

[35] CONZELMANN, Die Mutter der Weisheit, Zeit und Geschichte, 1964, S. 228, 230, Anm. 37; 231, Anm. 44; 233, Anm. 53.

[36] M. HENGEL, Judentum und Hellenismus, 287. Hengel führt S. 286 auch eine Reihe von Kultorten der Isis in Palästina und Phönizien an, so z.B. Raphia, Gaza, Askalon und Samaria, vor allem auch die Isisaretalogie von Oxyrhynchos, wo die Verehrung der Isis in Ptolemais Akko bezeugt wird mit dem Beinamen φρονίμη.

Weisheitsgedichtes zu den Isisinschriften[37], scheint aber dabei doch das skizzierte Textmaterial zu leicht zu nehmen. Auch chronologisch ist eine Begegnung des Siraziden mit dieser hellenistischen Literaturgattung wenigstens möglich, wie bereits gezeigt wurde[38]. Mit größerem Recht wird die Hypothese von Wilckens von einem 'zusammenhängenden Weisheitsmythos' als Hintergrund[39] abgelehnt[40]. Wilckens rekonstruiert nämlich aus verschiedenen alttestamentlichen Weisheitstexten mit disparaten Motiven ohne Rücksicht auf ihre chronologische Einordnung einen gnostischen Sophia-Mythos, der auch den jüdischen Texten schon zugrunde liegen soll. Der gnostische Mythos ist aber erst sehr spät greifbar[41]. Conzelmann trifft am ehesten das Richtige, wenn er auf Grund der verschiedenartigen Züge der Weisheit sagt: »Es ist daher methodisch unmöglich, nach einer G ö t t i n 'Weisheit' und nach einem Mythos derselben im Stammbaum zu suchen, vielmehr : nach einer e c h t e n Göttin mit ihren Mythos und weiter nach der mythologischen Bearbeitung desselben im (vorhellenistischen und) hellenistischen Synkretismus. D i e s e Schicht ist uns in den Texten greifbar. Diejenige Göttin, die weiteste Verehrung erwarb und wie keine andere die genannten Aspekte in sich vereinigte, mit anderen Göttinnen identifiziert wurde ... ist Isis ...«[42]. Die Lösung dieser Frage ist jedoch nicht Aufgabe dieser Untersuchung. Für unser Thema genügt es, nochmals festzustellen, daß nach den vorliegenden Parallelen das 'genus litterarium' von Sir 24,1-22 am besten als Aretalogie der Weisheit zu bestimmen ist, die, analog zu den griechischen Isisinschriften, die universale Bedeutung und Geltung der Weisheit Israels werbend rühmen will.

---

[37] G. Pfeifer, Ursprung und Wesen der Hypostasenvorstellungen im Judentum, 84.

[38] s.o. S. 50. — O.S. Rankin, Israel's Wisdom Literature, 1936, 255/56.264 betrachtet Sir 24 in Anlehnung an Reitzenstein als Ausdruck der Begegnung des Judentums mit der chaldäisch-iranisch synkretistischen Religion.

[39] ThWB VII, 508; diese Auffassung wird von van den Born, Wijsheid van Jesus Sirach, 1968, 134 übernommen.

[40] So von Conzelmann, Die Mutter der Weisheit, S. 226; ähnlich R.E. Murphy, Assumptions and Problems in OT Wisdom Research, CBQ 29, 1967, 111; Whybray, Wisdom in Proverbs 1-9, London 1965, 82, 95-104, lehnt — wohl zu Unrecht — überhaupt die Annahme mythischer Züge in der personifizierten Weisheit Israels ab. Eichrodt, Theologie des Alten Testaments, II/III, ⁴1961, 51, Anm. 73 und Hengel, Judentum und Hellenismus, 278, Anm. 293.

[41] Conzelmann, Die Mutter der Weisheit, 226-227.

[42] Conzelmann, ebd., 227. — Der erste beachtenswerte Versuch der Klärung der religionsgeschichtlichen Herkunft der Weisheitsvorstellung im Judentum mit Hilfe der ägyptisch-griechischen Isisreligion stammt von W.L. Knox, The Divine Wisdom, JThS 38 (1937), 230-237.

V. Sir 24 verwandte alttestamentliche Texte.

1. *Sir 24 und Spr 8,22-31.*

Um die Theologie von Sir 24 herauszuheben, ist ein Blick auf Spr 8, 22-31 unumgänglich : nur so wird sichtbar, worin der Sirazide über die Tradition und die literarischen Anregungen hinausgegangen ist. Aus der bereits unübersehbaren Literatur zu Spr 8,22-31 sei in der Anmerkung nur auf die wichtigsten neueren Studien und Aufsätze dazu hingewiesen[43]. In der bedeutendsten neueren Studie zu den Reden der personifizierten Weisheit in Spr 1-9 verweist Kayatz auf Übereinstimmungen mit ägyptischen Götterreden im Aufbauschema und in einzelnen Motiven[44], dürfte aber mit ihrem zeitlichen Ansatz doch zu weit zurückgegriffen haben, ebenso wie N. Whybray, Wisdom in Proverbs 1-9, der an die Perserzeit denkt[45]. Das Selbstlob der Weisheit in Sir 24,3-12 erinnert an Spr 8,22-31 durch die Aussagen über die Weisheit in der Schöpfung, durch den Hinweis auf ihre Erschaffung (24,8.9) vor aller übrigen Schöpfung (24,9). Aber die Unterschiede sind sehr beachtlich. Formell ist der Hymnus in Spr 8 charakterisiert durch die Formel 'bevor', 'noch nicht',

---

[43] Literatur zu Spr 8,22-31 : BAUER J.B., 'Initium viarum suarum' - Primitiae potentiae Dei (Prov 8,22), VD 35 (1957), 222-227; ders., Encore une fois Prov VIII, 22, VT 8 (1958), 91-92; DAHOOD M., Proverbs 8,22-31. Translation and Commentary, CBQ 30 (1968), 512-521; DONNER H., Die religionsgeschichtlichen Ursprünge von Prov Sal 8, ZÄS 82 (1957), 8-18; KAYATZ Chr., Studien zu Prov 1-9, WMANT 22, 1966, 76-119; KRAUS H.J., Die Verkündigung der Weisheit : eine Auslegung des Kapitels Sprüche 8, 1951; SAVIGNAC J., La Sagesse en Proverbes 8,22-31, VT 12 (1962), 211-215; SAVIGNAC J., Interpretation de Proverbes VIII, 22-32, SVT XVII (1969), Congress Volume Rome 1968, 196-203; SCOTT R., Wisdom in Creation : The 'amôn of Proverbs VIII, 30, VT 10 (1960), 213-223; STECHER, Die persönliche Weisheit in den Proverbien K. 8, ZKTh 75 (1953), 411-451; VISCHER, Der Hymnus der Weisheit in den Sprüchen Salomos 8, 22-31, EvTh 22 (1962), 309-326; WHYBRAY N., Wisdom in Proverbs. The Concept of Wisdom in Proverbs 1-9, London 1965; WHYBRAY N., Proverbs VIII, 22-31 and its supposed prototypes, VT 15 (1965), 504-514; IRWIN W., Where shall Wisdom be found ?, JBL 80 (1961), 133-148; CAZELLES H., L'enfantement de la Sagesse en Prov VIII, Sacra Pagina I, Gembloux 1959, 511-515; Von den Kommentaren siehe vor allem : GEMSER B., Sprüche Salomos, HAT, Tübingen ²1963; RINGGREN H., Sprüche, ATD, Göttingen 1962; BARUCQ A., Le livre des Proverbes, Paris 1964; W. Mc KANE, Proverbs, London 1970.

[44] KAYATZ, Studien zu Prov 1-9, 1966, 76-93 : »So stehen die Reden der Weisheit in Prov 8 den ägyptischen Götterreden viel näher als den alttestamentlichen Gottesreden«, ebd., S. 93. — Alter der literat. Form u. Abfassungszeit sind wohl zu unterscheiden.

[45] Vgl. EISSFELDT, Einleitung, ³1964, 640; SELLIN-FOHRER, Einl.¹⁰ 1965, 348. — Zu Spr 1-7 vgl. die demnächst erscheinende Studie von B. LANG, Die weisheitliche Lehrrede. Eine Untersuchung der Kapitel Sprüche 1-7 (Mitteilung von B. Lang, Jerusalem, vom 27.1.1971).

die darauf verweist, daß das Hauptgewicht der Aussage zweifellos in der
Betonung der Autorität der Weisheit auf Grund ihres Alters zu suchen
ist[46]. Ben Sira erwähnt das Alter der Weisheit gleichsam nachträglich
in 24,9 und deutet es höchstens indirekt an, wenn er von ihrem Ausgang
aus dem Munde Gottes und ihrer Funktion in der Schöpfung spricht.
Das Motiv der spielenden Weisheit (Spr 8,30-31), die Weisheit als Liebling
Gottes, fehlt in K. 24 völlig, wo die Weisheit selbständig den ganzen
Kosmos durchwandert[47]. Der Hauptunterschied zwischen beiden Gedichten aber liegt in der Verklammerung der Weisheit in der Schöpfung
mit der heiligen Geschichte Israels bei Ben Sira, während sie in Spr 8,
30-31 ganz allgemein 'bei den Menschen' ist und von einer Eingrenzung
und Nationalisierung keine Rede ist. Nach Dahood wäre allerdings im
Text von einem Aufenthalt der Weisheit bei den Menschen in V 31
überhaupt keine Rede[48]. Damit treten bereits Umrisse der charakteristischen Aussagen des Siraziden zum Vorschein.

2. Sir 24 und Sir 1,1-10. 11-20.

Ben Sira hat selbstverständlich auch auf seine grundsätzliche Einleitung in 1,1ff. zurückgegriffen, vor allem in 24,3-6-9 (vgl. 1,1.3.9), für
die Aussagen über die Erschaffung der Weisheit (vgl. 1,1.4), ihre Gegenwart bei allen Völkern 24,6 (vgl. 1,9-10 : Mitteilung an alle Werke und
an alles Fleisch !).

Während aber, ganz abgesehen von der F o r m der Aretalogie in
K. 24, Sir 1,1-10ff. bestimmt ist von der Mitteilung der unfaßbaren
göttlichen Weisheit an die Menschen, ist in K. 24 die Weisheit von vornherein aktiv in der Schöpfung anwesend. Es geht hier um den Ort, den
Weg der Weisheit im Kosmos und bei den Menschen. Schließlich wird
ihr in 24,8-12 Israel als 'Erbteil' angewiesen. Diese israelitische Prägung
der Weisheit zeigt sich auch als unterscheidendes Merkmal zwischen
1,14-20 und 24,13-17, wo beide Male von den Früchten der Weisheit

---

[46] GEMSER, Sprüche Salomos, HAT, ²1963, 49 : »Was in 22-31 gesagt werden soll, ist dies :
Die Weisheit zeigt ihren Adelsbrief ... Je älter der Adel, desto höher, je älter die Weisheit,
desto maßgebender (cf. Hi 15,7-10)«.

[47] Zum Motiv der spielenden Weisheit vergleiche die ägyptischen Vorstellungen von der
Maat als einem geliebten Götterkind : Ch. KAYATZ, Studien zu Prov 1-9, 95-98, wo das
Verhältnis der Maat zu Atum in ähnlicher Weise beschrieben wird. — H. CAZELLES hat
schon früher den Aspekt einer spielenden Prinzessin mit königlich-messianischen Zügen
hervorgehoben in : L'enfantement de la Sagesse en Prov VIII, Sacra Pagina I, Paris/Gem-
bloux 1959, 511-515.

[48] DAHOOD, Proverbs 8,22-31. Translation and Commentary, CBQ 30(1968), 520 vokalisiert 8,31b *bōnê 'ādōm*, 'the Builder of the Earth' statt MT *beⁿnê 'ādām*.

die Rede ist, die aber in K. 24 zu in Israel wachsenden Früchten werden. Außerdem ist die Einheit von K. 24 viel größer als etwa zwischen Sir 1,1-10 und Sir 1,14-20.

3. *Sir 24 und Bar 3-4.*

Was die Weisheitslehre bei Baruch betrifft, ist anzunehmen, daß der Verfasser der Kapitel 3 und 4, vor allem der Ausführungen über die Weisheit in Bar 3,9-4,4, Sir 1,1-10 und K. 24 gekannt hat[49].

Inhaltlich scheint Bar 3-4 später anzusetzen als Sir 24. Der Horizont ist dort noch enger geworden. Bei Baruch gibt es keine von Gesetz und Israel unabhängige Weisheit mehr (Bar 3,27.31; 4,1.3). Das Wandeln der Weisheit unter den Menschen geschieht in Bar 3,38 erst n a c h der Offenbarung an Israel. Die Anwesenheit der Weisheit bei der Schöpfung sowie ihre eigene Erschaffung durch Gott wird nicht erwähnt. Die Weisheit existiert vor und außerhalb der Welt, nur Gott hat Zugang zu ihr (vgl. Hiob 28 !) und schenkt sie Israel[50]. Bei Baruch ist auch die theologische Weisheit bereits mit dem deuteronomistischen Schema von Sünde, Ruf zur Umkehr, Verstockung und Gericht verbunden, was bei Ben Sira noch nicht der Fall ist[51].

VI. Zum theologischen Gehalt von Sir 24.

Eine in jeder Hinsicht vollständige und zufriedenstellende Exegese von K. 24 würde allein schon eine Untersuchung für sich ergeben. Hier kann nur etwas gedrängt auf alle für die Weisheitstheologie wichtigen Inhalte und Aussagen eingegangen werden.

---

[49] Zur zeitlichen Ansetzung von Bar 3 u. 4 vgl. z.B. EISSFELDT, Einleitung, [3]1964, 804, der die Abfassungszeit in die 1. Hälfte des 1. Jh. v.Chr. verlegt; ROBERT-FEUILLET, Introduction à la Bible I, AT, 1957, 734 spricht von der Divergenz der Datierungen vom 3. vorchristlichen bis zum 2. nachchristlichen Jh. auf Grund der schwierigen Beurteilung der inneren Kriterien des Textes. In CHARLES, Apocrypha I, [4]1968, S. 575, wird ebenfalls die Unsicherheit in der Datierung hervorgehoben und von der Rede über die Weisheit gesagt, daß sie Israel während der Römerherrschaft trösten solle. — LE MOYNE, Baruch, in DBS 44, 1969 hält in vorsichtiger Abwägung der literarischen Beziehungen eine Abhängigkeit von Bar 3,9-4,4 für möglich aber nicht für völlig gesichert. Die Abfassungszeit dieses Abschnittes datiert er noch vor der Erhebung der Makkabäer (col. 731-733).

[50] M. HENGEL, Judentum und Hellenismus, 308.

[51] O.H. STECK, Israel und das gewaltsame Geschick der Propheten, WMANT 23, 1967, 131, 164.

1. Der Schauplatz der Weisheitsrede : Sir 24,1-2.

Der Text von Sir 24,1-2 gibt Anlaß für 2 Deutungen : die einen verlegen die Szene der Weisheitsrede 'vor ihrem Volk', 'der Gemeinde des Höchsten' und 'seiner Heerschar' einfachhin ins Volk Israel, das in dichterischer Sprache angeredet wird[52]. Smend[53] dagegen denkt bei allen drei Ausdrücken an Synonyma für die himmlischen Gefährten der Weisheit. — Ein sorgfältiges Hören auf den Text wird wohl zugeben, daß mit 'dynamis' in V 2b ein Heer Gottes gemeint ist, sei es, daß diese himmlischen Mächte nun personifizierte Gestirne sind[54] oder Engel. Auf jeden Fall steht dahinter die alte Vorstellung von Jahwe, der von himmlischen Mächten oder vom himmlischen Rat umgeben ist. V 2a 'in der Versammlung des Allerhöchsten' läßt sich im Sinn des Parallelismus unter Heranziehung von Ps 82,1 : *b'dt 'l* LXX 81,1 : ἐν συναγωγῇ θεῶν zwanglos in diesem Sinn erklären[55]. Doch für V 1 kann man daraus nicht schlüssig ableiten, daß mit 'ihrem Volk' (S : Volk Gottes) ebenfalls das himmlische Volk gemeint sei. Der syrische Text legt mit seiner Explikation nahe, an Israel zu denken. Außerdem ist im Alten Testament 'laos' nirgends für Engelwesen bezeugt, auch bei Ben Sira nicht, wo dieses Wort entweder ganz allgemein 'Volk' meint, wie z.B. Sir 9,17 ; 10,1-3 ; 33(36),27 ; 37,23 ; 41,18 oder im besonderen das Volk Israel : 35(32),25 ; 36(33),17.22, vor allem aber im Lob der Väter 45,3.9.15.22.23 ; 46,13.20 ; 47,4 mit S, G ; 47,5 ; 48,15 ; 50,4.19. Ferner ist anzunehmen, daß die Weisheit auch ihr Volk Israel anredet wie es z.B. Spr 1,20f. und 8,2 geschieht und auf Grund von Sir 24,19 offenkundig wird. So wendet sich die Weisheit in der Einleitung sowohl an ihr Volk Israel (V 1) als auch an die himmlischen Heerscharen (V 2) und demonstriert damit zum ersten Mal ihre u n i v e r s a l e Bedeutung[56].

2. Der U r s p r u n g der Weisheit : Sir 24,3-4.

Wie Sir 1,1 und Spr 8,21 ist das erste Wort der Weisheit 24,3 ein Wort

---

[52] PETERS, Kommentar 196 ; RYSSEL, 352 ; HAMP, EB, 64 ; P. IMSCHOOT, Théologie de l'Ancien Testament I, 1954, 230.

[53] SMEND, Die Weisheit des Jesus Sirach, 216.

[54] Vgl. auch Sir 17,32 : δύναμις ὕψους οὐρανοῦ sowie Ps 33,6 und Jes 34,4.

[55] BOX-OESTERLEY, I, 396 : »Here it is clear that the heavenly hosts are referred to«.

[56] BOX-OESTERLEY I, 396 : »as to heavenly hosts are referred to in the next verse, it is probable that the Israelites are meant here, the intention of the writer being to indicate that Wisdom is honoured both on earth and in heaven«. — Vgl. auch D.S. RUSSEL, The Jews from Alexander to Herod, 1967, 265.

über ihren Ursprung aus Gott und damit auch über ihre Abhängigkeit von Gott, zugleich aber eine Aussage über ihre Würde, die durch den Schauplatz vor Israel und dem himmlischen Hof bereits angedeutet wurde. Dieser Ursprung bringt nach den hier verwendeten Kategorien Ben Siras die Weisheit in Beziehung zum W o r t   G o t t e s. Schon Spr 2,6 wird gesagt, daß der Mund des Herrn »Wissen und Einsicht verleiht«. Die Formulierung des Siraziden : 'Ich bin hervorgegangen aus dem Mund des Höchsten' (24,3a) verweist deutlich auf das schöpferische Wort Jahwes bei Deuterojesaja (Jes 45,23; 48,3; 55,11), das vom Mund des Herrn ausgeht und in der Geschichte Israels wirksam wird. Dieses Wort bei Deuterojesaja sowie bei den früheren Propheten ist natürlich weit entfernt, eine selbständige Größe zu sein : es bleibt »ein völlig personales Wort, in dem etwas von Person zu Person geschieht«[57]. Auch Ps 147,15.18.19, wo von der Sendung und Rolle des Wortes in Schöpfung und Geschichte die Rede ist, bestätigt diese Deutung von Sir 24,3a vom Wort Jahwes her und legt dadurch eine ähnliche Rolle der Weisheit in Schöpfung und Geschichte nahe[58].

24,3b 'und wie ein Nebel bedeckte ich die Erde' ist für viele Anlaß, die Weisheit hier mit dem Geist Jahwes in Verbindung zu bringen, der bei der Schöpfung über dem Chaos schwebt (Gen 1,2) oder mit dem Nebel, der von der Erde aufsteigt. Doch die Bedeutung von 'ed in Gen 2,6 ist nicht klar. Am ehesten ist ein Wasserstrom gemeint[59]. Nebel, $\delta\mu\iota\chi\lambda\eta$ für hebräische Ausdrücke wie ḥšk, 'jph, 'rp, 'rpl, kann außerdem hochpoetisches Bild für die alles erfüllende und durchdringende Weisheit sein[60]. So begegnet in der Weissagung über Gog Ez 38,9 $\delta\mu\iota\chi\lambda\eta$ als Bild für die überflutende Macht der Feinde. Darum scheint mir die Idee des göttlichen Wortes als Hintergrund des Verses besser begründet als die vermuteten Anspielungen auf den Gottesgeist, wie sie vor allem von Oesterley hervorgehoben werden[61].

---

[57] Cl. WESTERMANN, Jesaja Kap. 40-66, ATD, 1966, 233.

[58] Vgl. PETERS, Kommentar, S. 197; H.J. KRAUS, Die Verkündigung der Weisheit, 1951, 34.

[59] »unterirdischer Süßwasserstrom« nach KÖHLER-BAUMGARTNER, Hebr. und aram. Lexikon zum Alten Testament, ³1967, 11.

[60] HAMP, EB, 64.

[61] Auch Ryssel denkt an eine Kombination von Gen 1,2 u. 2,6. SEGAL, Kommentar, ²1959, 147, bezieht den Hervorgang der Weisheit aus dem Munde Gottes ebenfalls auf den Gottesgeist : hj' rwḥ h'lhjm 'w rwḥ hqdš, hält aber das 'Wort Gottes' für eine Konkretisierung dieses Geistes und erwähnt auch die Möglichkeit eines Einflusses der griechischen Logosidee. — Zur Rolle des Wortes vgl. neben den Artikeln in den Lexika vor allem O. GRETHER, Name und Wort Gottes im AT, Gießen 1934; V. HAMP, Der Begriff 'Wort' in den aramäischen Bibelübersetzungen, München 1938.

Der Sirazide hat mit diesem Vers sicherlich einen Anhaltspukt für die spätere Logosspekulation gegeben. Die Vorstellungen vom Wort Gottes, das in der Natur und in der Geschichte Israels waltet und sich dort in den dem auserwählten Volke mitgeteilten *ḥqjm* und *mšpṭjm* entfaltet, wie es Ps 147,19b darstellt, ist ein interessantes Analogon, das für das Verständnis der Weisheit in K. 24 noch kaum beachtet wurde. Eine Bemerkung bei Eichrodt bestätigt diese Beobachtung[62]. Besonders deutlich tritt die Rolle des Wortes Gottes bei der Schöpfung hervor im großen Hymnus Sir 42,15ff., so 43,5.10.26. — Die vielfältigen und bunten Züge der Weisheitsgestalt in Sir 24 und auch in den übrigen Weisheitsgedichten können jedoch kaum allein innerisraelitisch erklärt werden, sondern verweisen, wie schon im vorhergehenden Kapitel bemerkt, auf Einflüsse mythologischer Motive[63]. Dies dürfte bereits in V 4 zutreffen, wo vom Wohnsitz der Weisheit in der Höhe und von ihrem Thron auf der Wolkensäule die Rede ist. Die Weisheit, die auf dem Thron sitzt, steht dadurch über den Engelwesen, die vor Gott stehen[64]. Diesen Gedanken einer Throngefährtin ($\pi\acute{\alpha}\rho\epsilon\delta\rho\sigma$) Gottes hat die Weisheit Salomos 9,4 klar ausgesprochen : Gib mir die Weisheit, deine Throngenossin! Solche Bilder und Züge wollen aber nicht lokalisiert und personifiziert, sondern in ihrer Bedeutung verstanden werden, daß die Weisheit ganz tief an der Würde des Schöpfers teilnimmt. Nichts anderes ist mit ihrem Wohnen in der Höhe und ihrem Thron auf der Wolkensäule gemeint, die an Ex 13,21; 14,19; 33,9.10 erinnert, wo die Wolke Zeichen der gnadenhaften Gegenwart Gottes in seinem Volk ist. »Apprendre que la Sagesse domine les nuées, c'est donc comprendre qu'elle est divine«[65].

---

[62] EICHRODT, Theologie des Alten Testamentes II/III, ⁴1961, 55, stellt fest, daß bei Sirach die Weisheit »gleichsam aus dem Wort geboren wird«. — J.H. KRAUS, Psalmen II, 1960, 158, spricht bei der Erklärung von Ps 147,19b vom »alle Bereiche durchwaltenden *dabar*, den Israel in der Rechtsbelehrung Jahwes kennen lernte«.

[63] S. die Motive aus den Isisaretalogien; DAHOOD, Proverbs 8,22-31. Translation and Commentary, CBQ 30 (1968), 512-521 tritt im Anschluß an Albright für die Herkunft der Weisheitsgestalt aus der kanaanäisch-phönizischen Mythologie ein. — In Sir 24,3 findet er einen Anklang an die göttliche Emanation der Weisheit. Ungeachtet der Frage des Ursprungs der Weisheitsgestalt überhaupt scheint mir für die Zeit des Siraziden die Anregung durch Isisaretalogien näher zu liegen; ähnlich VON RAD, Weisheit in Israel, 1970, 209 A. 16.

[64] SEGAL, Kommentar, 148.

[65] P. BONNARD, La Sagesse en Personne, 1966, 70, wo er auch die Symbolik der Wolke für Gott charakterisiert als »véhicle qui le désigne et qui le voile, qui évoque sa présence et sa vitalité ...«. — SMEND geht in seinem Kommentar S. 216 zu weit, wenn er schon die Wolkensäule der mosaischen Zeit gemeint sieht; dagegen s. PETERS, Kommentar, 197.

3. Die Funktion der Weisheit in der Schöpfung : Sir 24,5-7.

V 5 beginnt die Weisheit ihren Weg durch die Schöpfung. Sie durch-
schreitet Sphären und Dimensionen, die nur Gott zugänglich sind. Denn
Gott hat die Himmel geschaffen (Gen 1,1) und durchwandert ihren Kreis
(Hiob 22,14). Wenn die Weisheit diesen Umkreis allein durchmißt,
wie Gott die Himmel allein ausgespannt hat (vgl. Jes 44,24; Hiob 9,8),
dann ist der Bereich Gottes auch der ihre[66]. Auch der Abgrund ist ein
Raum, der dem machtvollen Wirken Gottes allein untersteht (Hiob 38,16;
Sir 1,3; Pss 36,7; 104,6; 135,6; 148,7)[67]. Nach den göttlichen Bezirken
von 'Oben' und 'Unten', Himmel und Abgrund gehört ihr auch das Meer,
das nach der biblischen und gemeinorientalischen Vorstellung ebenfalls
zur Kategorie der Sphären gehört, über die allein Gott verfügt[68].

Obwohl die Weisheit in Sir 24 nicht direkt an der Schöpfung beteiligt
ist, offenbart sich im Bereich der Schöpfung ihre gottähnliche Herrschaft[69]. Es muß für den Autor schwerwiegende Gründe gegeben haben,
der von Gott ausgegangenen Weisheit solche Macht zuzuschreiben, noch
mehr als in Spr 8,22-31, wo sie nach dem Text nur Zuschauerin, Zeugin
des Schöpfungswerkes Gottes ist und von einem selbständigen Wandeln
in der Welt keine Rede ist. Die hellenistischen Isisaretalogien, in denen
sich die Göttin dieselben kosmischen Prädikate zuspricht, sind als Anregung für diese Aussagen nicht von der Hand zu weisen[70]. Die Universalität des Wirkens der Weisheit wird Sir 24,6 nochmals unterstrichen
durch die Betonung ihrer Herrschaft auf der ganzen Erde, unter jedem

---

[66] Auf μόνη als Motiv der Isisaretalogien sowie auf dessen gnostische Transformation
in die Hybris der Sophia, die allein schöpferisch tätig sein will, verweist H. Conzelmann,
Die Mutter der Weisheit, in : Zeit und Geschichte, 1964, 230, Anm. 36.

[67] Bei Charles, Apocrypha I, 397 wird auf die babylonische Gottheit Ea verwiesen,
deren Weisheit von Apsu, der Tiefe der Erde kommt, die auch Haus der Weisheit heißt.

[68] Gott als Herr über die Wellen des Meeres : Ex 15,8; Ps 89,10; Ps 10,29; Hiob 38,11;
Jes 51,15. Auf dieses Motiv in den Isisaretalogien wurde bereits hingewiesen.

[69] Segal gibt in seinem Kommentar, 145, das griechische ἡγησάμην mit mšltj wieder.

[70] S.o. S. 53. — Ein sehr interessanter Text zur Struktur des Weisheitsgedichtes Sir 24
ist auch ein Passus aus dem Geburtshaus in Edfu : »Ich bin Toth, ältester Sohn des Re,
den Atum gebildet hat, aus Chepre entstanden, indem ich aus seinem Mund hervorging und
von seiner Hand entstand. Ich bin aus dem Himmel gekommen und auf die Erde mit den
Geheimnissen des Horizontischen hinabgestiegen. Ich bin heute in Pe angelangt und habe
Nechen erreicht, seitdem ich meinen Lauf vollendet habe. Ich bin im Triumphe angelangt,
indem ich das Auge mit seinem fehlenden Teil(?) ausgefüllt habe« (Nach Bergmann, Ich bin
Isis, 1968, 223). — Eine derart frappante Ähnlichkeit zur Bewegung und zum Ursprung
der Weisheit ist wohl sonst kaum zu finden.

Volk und in jeder Nation[71]. Das Wirken der Weisheit offenbart hier
einen Aspekt, der keine nationalen Schranken kennt, alle Räume und
Völker, auch die Heiden einbezieht und damit bereits ahnen läßt, daß
dieses Herrschen der Weisheit nur Ausdruck ihrer göttlichen F u n k t i o n
sein kann, d.h. im Wirken und Walten der Gestalt der Weisheit waltet
Gott selber[72]. Darum scheint mir, daß die soviel verhandelte Frage nach
dem Wesen der Weisheitsgestalt, ob Person oder Hypostase, an der
eigentlichen Aussage der Texte vorbeigeht.

V 7 schließt die erste literarische Einheit von K. 24 ab und bildet den
Ü b e r g a n g von der Stellung der Weisheit im Kosmos zu ihrer Rolle
in der Geschichte, was durch V 6, wo von ihrem Herrschen unter den
Nationen die Rede war, schon angekündigt wurde. — Die Bewegung,
das Wandern der Weisheit, ursprünglich Symbole ihrer Macht, werden
nun neu interpretiert als Suchen nach Ruhe, ἀνάπαυσις. Dieses Aus-
schauhalten nach einem Ruheort geschieht aus ihrem Bestreben heraus,
sich mitzuteilen und endgültig zu offenbaren. In den Weisheitsgedichten
6,28; 14,25-27 und 51,27a ist es die Weisheit selber, die den nach ihr
Suchenden Ruhe und Rast gewährt oder sich enthüllt (4,19). Die Verbindung der für das Deuteronomium sehr bedeutsamen Begriffe der
Ruhe (mᵉnûḥā) und des Erbes (naḥᵃlā) läßt trotz des als Frage formulierten
Verses 7b bereits erkennen, daß Israel der O r t der Weisheit sein wird[73].

Damit ist bei Ben Sira und im Weisheitsdenken Israels überhaupt
zum ersten Mal der Schritt auf eine Lokalisierung und Eingrenzung der
eben noch universal waltenden Weisheit hin getan. Was immer an mythologischen Elementen hinter dem Abschnitt Sir 24,3-7 stecken mag, das
Suchen nach 'Ruhe' und 'Erbteil' gibt eine erste interpretatio israelitica[74].

---

[71] PETERS bemerkt in seinem Kommentar, 197, nicht ganz zu Unrecht : »St. II bringt
klar die Idee vom logos spermatikos zum Ausdruck«. — Gegen HAMP, EB 24, »Ich wollte
herrschen« ist wohl von einer tatsächlichen Ausübung der weisheitlichen Herrschaft die
Rede. — Ähnlich sprechen auch 1,14.15 vom Wohnen der Weisheit bei den Menschen ohne
nationale Einschränkung.

[72] Nur von Gott werden sonst im AT Aussagen so umfassenden Herrschens gemacht :
vgl. die Herrschaft Gottes über die Völker in Dt 15,6; 26,19; Ps 22,29; 47,9; 82,8; 113,4
und vor allem die Botschaft der Propheten.

[73] Beide Ausdrücke finden sich zusammen in Dt 12,9f. und 25,19. Zum Begriff der Ruhe
als dem Israel zugedachten Heilsgut vgl. VON RAD, Theologie I, ⁴1962, 237; ders. : Es ist
noch eine Ruhe vorhanden dem Volke Gottes, in : Gesammelte Studien zum Alten Testament, ³1965, 101-108. Für Ben Sira war hier zweifellos noch das israelitisch-alttestamentliche
Verständnis von Ruhe maßgebend; das gnostische Verständnis von ἀνάπαυσις darf hier
noch nicht vorausgesetzt werden. — Zum Begriff des Erbes s. VON RAD, Theologie I, 237,
und : Ges. Studien zum Alten Testament, 87-107.

[74] Für CONZELMANN, Die Mutter der Weisheit, in : Zeit und Geschichte, 1964, 231,

In der nicht kanonischen jüdischen Literatur begegnet des öfteren die Vorstellung von der Weisheit, die unter den Menschen eine Wohnstatt sucht aber keine findet und darum wieder von der Erde zurückkehrt bzw. sich verbirgt. Am deutlichsten ist das im äthiopischen Henochbuch ausgesprochen Hen 42,1-2 : »Die Weisheit fand keinen Platz, wo sie wohnen könnte; da ward ihr im Himmel eine Wohnstätte zuteil. Da ging die Weisheit fort, unter den Menschenkindern zu wohnen; sie fand aber keine Wohnstätte. So kehrte die Weisheit zu ihrem Ort zurück und nahm unter den Engeln ihren Sitz«[75].

Andere Hinweise auf die sich verbergende Weisheit sind etwa äth Hen 94,5; syr BarAp 48,33-36; 4 Esr 5,9. Daß Ben Sira hier in V 7 die Flucht der Weisheit zugunsten ihres Wohnens in Israel weggebrochen hätte, wie Wilckens[76] meint, ist nicht unbedingt anzunehmen, da die Rekonstruktion eines zusammenhängenden Weisheitsmythos aus chronologisch kaum einzuordnenden spärlichen Fragmenten, die hiefür in Frage kommen, sehr anfechtbar bleibt[77].

4. Die Weisheit in Israel und Jerusalem : Sir 24,8-12.

Mit V 8, der bereits literarisch als Ansatz einer neuen Kompositions- und Sinneinheit (8-12) charakterisiert wurde, geschieht der kühne Schritt, der die 'kosmologische' Weisheit des ersten Abschnittes in die Heilsgeschichte, d.h. in die Geschichte Israels einweist. Die Weisheit offenbart zum ersten Mal ihren Doppelcharakter, einerseits als kosmologische Größe, andererseits als heilsgeschichtlicher Besitz des auserwählten Volkes[78].

Τότε verweist auf ein Ereignis in der Zeit. Der Raum der Weisheit liegt nach den bisher genannten kosmischen Räumen von nun an endgültig 'in Jakob' und 'in Israel'. Diese Eingrenzung ist positiver Auftrag dessen, der das All und auch die Weisheit geschaffen hat. Darum wird an dieser Wende dreimal der Schöpfer genannt, der die den Kosmos

---

ist mit V 6 »der sicher zu rekonstruierende Isistext zu Ende«. Er hält es aber für möglich, daß man ihm auch noch »bei diesen allen suchte ich Ruhe« zuweisen kann.

[75] Text nach P. RIESSLER, Altjüdisches Schrifttum außerhalb der Bibel, ²1966, 380. — CHARLES sagt in seiner Ausgabe der Apokryphen des AT, II, 213 über diesen Abschnitt : »A fragment out of connexion with its present context. Where it should come I do not know«.

[76] U. WILCKENS, Weisheit und Torheit. Beitr. z. hist. Theologie 26, 1959, 166.

[77] H. CONZELMANN, Die Mutter der Weisheit, in : Zeit und Geschichte, 231 Anm. 47 : »Die Flucht gehört nur einer von verschiedenen Varianten an«.

[78] H.Fr. WEISS, Untersuchungen zur Kosmologie des hellenistischen und palästinensischen Judentums, 1966, 197; ebd. S. 289 : »Diese kosmologische Funktion wird aber bei Sir bald an die Tora abgegeben«.

durchherrschende Weisheit nun geschichtlich greifbar und auffindbar
macht, indem er ihr Zelt und Erbe zuspricht in seinem auserwählten
Volk, dem dadurch ein neuer Erweis der erwählenden Huld Gottes zuteil
geworden ist. Dieses Ereignis steht nach dem Denken des Siraziden dem
Wohnungnehmen der Herrlichkeit Jahwes im Bundeszelt (Ex 40,34-38)
und später im Tempel (1 Kö 8,10-13; 2 Chr 5,13-14; 6,1-2; Ez 43,1-9)
sehr nahe. Dieselben Themen, Volk Gottes, Anteil des Herrn und Erbe,
werden als Inklusion in V 12 nochmals aufgegriffen. Die Betonung der
Geschöpflichkeit der Weisheit (1,4; 24,9) will diese nicht in erster Linie
als eine eigene 'Persönlichkeit' hinstellen, sondern vielmehr den Eindruck
fernhalten, als handle es sich bei ihr um eine neben Gott stehende gleich-
berechtigte Göttin. Vielleicht darf man auch einfach an die geschaffene
Ordnung der Schöpfung denken.

Die Aussage über das hohe Alter der Weisheit in V 9, die man eher
zu Beginn des Gedichtes erwarten würde wie in Spr 8,22, scheint hier
mitten in der Darstellung der Weisheit Israel vorerst nicht ganz am
Platz, ist aber gewiß wohl überlegt hierhergestellt. Die von Beginn der
Schöpfung an (Sir 1,1.4) vorerst außerhalb Israels existierende Weisheit
(Sir 24,6) wird durch die Einfügung zwischen V 8 und 10 nocheinmal,
und zwar auf immer (Sir 24,9b), mit Israel verklammert. Man kann es
auf Grund der Struktur des Gedichtes auch anders sagen : Israel selber
ist durch die Niederlassung der Weisheit in seiner Mitte hineingenommen
in das Walten der universalen göttlichen Weisheit, das alle Zeiten über-
dauert. Mit dem Attribut 'bis in alle Ewigkeit' stellt sich die Weisheit
wieder sehr in die Nähe Gottes selber (vgl. Ps 90,2; 103,17). — Es ist
interessant, daß vor allem im jüdisch-hellenistischen Raum Alexandriens
ungefähr zur selben Zeit die Tendenz bestand, aus apologetischen Gründen
das hohe Alter der Torah aufzuzeigen, um ihre Überlegenheit zu erweisen
und damit den Glauben der unsicher gewordenen Juden zu stärken[79].

Wie bereits Fritzsche in seinem Kommentar zu K. 24 feststellt, ist es
methodisch richtig, zuerst alle Aussagen einfachhin von der in Israel
wohnenden Weisheit zu verstehen. Die explizite Interpretation auf das

---

[79] Dazu s. N. WALTER, Der Toraausleger Aristobulos. Untersuchungen zu seinen
Fragmenten und zu pseudepigraphischen Resten der jüdisch-hellenistischen Literatur.
Texte u. Untersuchungen z. Gesch. d. altchristl. Literatur 86, 1964, 44-48, wo zahlreiche
Beispiele angeführt werden, so der älteste bekannte jüdisch-hellenistische Schriftsteller
Demetrios um 200 v.Chr., der ebenfalls versuchte, das höhere Alter d. jüdischen Volkes und
der jüdischen Kultur nachzuweisen, ebd. 48.

Gesetz ist beim Siraziden selbst ein redaktionell späteres Stadium, von
dem im Zusammenhang mit 24,23 zu handeln sein wird[80].

V 10 führt die Enthüllung und Konkretisierung von Ort und Funktion
der Weisheit weiter. Das ihr zugewiesene Zelt (24,8b) ist das heilige Zelt,
in dem Gott seine Herrlichkeit wohnen ließ. Das AT spricht allerdings
außer Sir 24,10 und Weish 9,8 nie von einem heiligen Zelt, sondern nur
von 'ohœl mô'ed, dem Zelt der Begegnung und von 'ohœl ha'edut, dem
Zelt des Zeugnisses (Num 17,22-23; 18,2; 2 Chr 24,6), auch von 'ohœl
jahwǣ (1 Kö 2,28-30) sowie von miškan, miškan ha'edut (Num 1,50-53;
10,11) oder von miqdaš, das allerdings im Pentateuch selten ist[81]. In
diesem Zelt, also während der Zeit der Wanderungen des Volkes, vor dem
Bau des Tempels, verrichtete die Weisheit ihren Dienst: λειτουργεῖν
gibt verschiedene hebräische Verba wieder (khn pi'el, 'bd, šrt, ṣb') und
ist in den Büchern Exodus und Numeri sehr häufig, wo ja der Dienst
im Heiligtum geregelt wird. Diese priesterliche Funktion der Weisheit
im Angesicht Gottes im heiligen Zelt setzt sich fort im Tempel auf dem
Sion (10b: und darauf wurde ich in Sion eingesetzt). Auf eine priesterliche Stellung der Weisheit in der Nähe Gottes verweist auch Sir 4,11-19,
vor allem 13-14: »Wer sie ergreift, findet Ehre bei Jahwe und wohnt im
Segen Jahwes. Wer ihr dient, dient dem Heiligtum und wer sie liebt,
den liebt Jahwe«.

Wenn also Ben Sira die Sophia in 24,10 als Liturgin darstellt, wird
damit der Kult Israels als ein Höhepunkt der Weisheit bezeichnet,
die im Dienst vor Gott zu ihrer Vollendung kommt[82]. Daß Ben Sira
selber für den Kult im Tempel eine besondere Vorliebe hatte, zeigen
seine Schilderung Aarons 45,6-22, dem er im Lob der Väter sogar mehr
Raum widmet als Moses, sowie die Darstellung des Hohenpriesters
Simon 50,1-21. Die enge Verbindung der Weisheit mit dem Kult im Bundeszelt darf wohl auch bereits als Vorbereitung der in 24,23 vollzogenen
Identifizierung von Weisheit und Gesetz betrachtet werden. Denn es
ist ja das Gesetz, das den Kult regelt[83].

Dieser völlig neue Aspekt der Weisheit ist wieder Hinweis darauf,
daß es nicht Ziel des Selbstpreises sein kann, eine klar umrissene Person

---

[80] FRITZSCHE, Die Weisheit Jesus Sirach's, 1859, 126-127.

[81] Zu den alttestamentlichen Zelt- und Ladetraditionen vgl. J. MAIER, Das altisraelitische
Ladeheiligtum, BZAW 93, 1965 und M. GÖRG, Das Zelt der Begegnung, BBB 27, 1967.

[82] D. MICHAELIS, Das Buch Jesus Sirach als typischer Ausdruck für das Gottesverhältnis
des nachalttestamentlichen Menschen, ThLZ 83 (1958), 601-608, vor allem Sp. 604.

[83] Daß sich auch Isis in den Aretalogien als Begründerin des Kultes rühmt, wurde bereits
erwähnt.

oder Hypostase zu zeichnen, sondern durch die Darstellung des W i r k e n s und der A t t r i b u t e der Weisheit zu zeigen, w o und w i e G o t t e s N ä h e, seine Gegenwart und sein Wirken sich erfahren läßt. N u r s o scheint die K u m u l a t i o n der verschiedensten Prädika - t i o n e n vom kosmischen Wirken bis zum K u l t, zur Ge - l i e b t e n, G a t t i n und M u t t e r (Vgl. 4,11-19; 14,20-15,10) ver - s t ä n d l i c h und sinnvoll[84].

Den Kern des Abschnittes 24,8-12 bilden literarisch und inhaltlich die Verse 10-11 mit ihrer Aussage vom Ruhen und vom Dienst der Weisheit zu Jerusalem. Wir haben früher festgestellt, daß Gottes Weisheit dort ist, wo sein Erbarmen ist[85]. Sie ist auch dort, wo seine Liebe ist : und das ist Israel nach der Botschaft des Deuteronomiums, Hoseas, Ezechiels und Deuterojesajas. Der Augapfel dieser Zuneigung Gottes aber ist seine heilige Stadt. Gott liebt den Berg Sion (Ps 78,68), die Tore Sions (Ps 87,2); er hat diese Stadt auserwählt und zu seinem Ruheort bestimmt (Ps 132,13.14). Wie mit der Liebe Gottes hält die Weisheit auch Schritt mit der Macht Gottes (exousia 11b). Der eigentliche Macht - bereich der Weisheit innerhalb der Welt (vgl. 24,3-6) ist Jerusalem[86]. Das ist eine der selbstbewußtesten und stolzesten Aussagen in dieser ganzen Reihe. Ben Sira, der als Weiser Alexandrien, die geistige Kapitale des Hellenismus kannte, stellt das kleine, politisch und auch kulturell bedeutungslose Jerusalem als Machtbereich der Weisheit hin. Hier wird in sehr zeitgemäßer Sprache die Erwählungstradition Israels und Jerusa - lems[87] wieder aufgegriffen, um den Glauben an die Erwählung der

---

[84] Ähnlich urteilt auch V. Hamp über die personifizierte Weisheit in einer Rezension zu H.H. Schmid, Wesen und Geschichte der Weisheit, BZ NF 12 (1968), 293 : »... Dann wird die Annahme einer poetisch-schriftstellerischen Personifikation (nicht Personalisierung) genügen, freilich mit der theologischen Absicht, die Weisheit (Gottes) in die Heilsgeschichte einzugliedern und die 'Einheit der Wirklichkeit' herzustellen. Es handelt sich nicht darum, die Weisheit von Gott zu differenzieren sondern sie mit ihm zu identifizieren«. Vgl. auch P. Imschoot, Théologie de l'Ancien Testament I, 1954, 232-236; ähnlich bereits V. Hamp, Der Begriff 'Wort' in den aramäischen Bibelübersetzungen, 119, 132; vgl. ders. in BZ NF 13 (1969), 295-297 (Rezension zu G. Pfeifer, Hypostasenvorstellung).

[85] s.o. 28-30.

[86] 'Machtbereich' gibt den Sinn am besten wieder, ThWB II, 561. Im hebräischen Text dürfte wohl *mmšlh* zugrundeliegen, wie die Rückübersetzungen von Fritzsche und Segal annehmen.

[87] J. Schreiner, Sion-Jerusalem, Jahwes Königssitz, StANT 7, 1963, wo die Erwählungs - traditionen Israels über Sion-Jerusalem behandelt werden, ist allerdings von dieser Neu - formulierung in weisheitlicher Sprache nicht die Rede. Wenn irgendwo in der Welt von einem Wohnen Gottes an einem Ort gesprochen werden kann, dann ist das im AT Jerusalem (Schreiner, Sion-Jerusalem 296). Sirach formuliert unverkennbar ähnlich dasselbe für die

heiligen Stadt neu zu wecken und herauszufordern. Diese Erwählungstradition spielt übrigens auch in der jüdisch-hellenistischen Literatur
der Diaspora eine große Rolle[88].

Vom Zentrum aus weitet sich der Wirkungsbereich der Weisheit
wieder auf ganz Israel (V 12) wie in V 8. Auch die folgenden Bilder,
die durch das 'Wurzelfassen' der Weisheit schon angekündigt wurden,
zeigen, daß sich der Auftrag Gottes (V 8) tatsächlich erfüllt hat. Die
Weisheit hat Wurzel gefaßt in einem Volk voll von Herrlichkeit : so
scheint der Gehalt von 'dedoxasmenos' richtig wiedergegeben[89]. Daß
dieser 'Ruhm' des Volkes von der Gegenwart Jahwes und seiner Herrlichkeit herkommt, legt der Parallelismus ἐν μερίδι κυρίου (12b) nahe. Auch
im Lob der Väter ist immer wieder von herrlichen oder ruhmreichen
Männern die Rede, wenn auch das 'doxazein' der griechischen Übersetzung für verschiedene hebräische Ausdrücke steht[90]. In Sir 17,13 ist
ganz Israel am Sinai Zeuge der Herrlichkeit Gottes. Die Linie geht also
weiter : die Weisheit ist dort, wo Gottes Erwählung, seine Liebe, Macht
und Herrlichkeit und sein Besitz und Anteil ist. Alles das ist in Israel.
1,6 : 'Die Wurzel der Weisheit, wem ward sie enthüllt ?' — findet damit
eine Antwort.

Diese Vers für Vers (8.10.11.12) begegnende starke Betonung der
Erwählung Israels und Jerusalems sowie des Heiligtums als Wohnsitz
der bisher universal verstandenen Weisheit läßt es angebracht erscheinen,
anschließend das Verhältnis der Weisheit zur Geschichte Israels näher

---

Weisheit. — Nicht ausgeschlossen wäre eine antisamaritanische Spitze (vgl. Sir 50,25-26
mit der Apostrophierung des törichten Stammes von Sichem !). Es war ja wohl die Zeit
Ben Siras, in der der Anonymus Samaritanus den Garizim als Berg des Allerhöchsten
erwähnt mit dem damals noch bestehenden Heiligtum. Vgl. dazu B. WACHOLDER, Pseudo-
'Eupolemos' two Greek Fragments on Abraham, HUCA 34 (1963), 104; den Text s. bei
EUSEBIUS, Praep. Evang. IX, 17,5, sowie deutsch bei RIESSLER, Altjüdisches Schrifttum
außerhalb der Bibel, ²1966, S. 10. — J.D. PURVIS, Ben Sira and the foolish people of Shechem, JNES 24 (1965), 88-94 verweist auf Feindseligkeiten zwischen Juden und Samaritanern
zur Zeit des Hohenpriesters Simon II., wodurch Ben Sira am Ende seines Lobpreises auf
Simon zur polemischen Äußerung in Sir 50,25-26 veranlaßt worden sei. — Auffallend ist
die Parallele zu Sir 50,26 in Test Lev VII,2, wo Sichem ebenfalls »Stadt der Unverständigen«
genannt wird.

[88] P. DALBERT, Die Theologie der hellenistisch-jüdischen Missionsliteratur, Theologische
Forschung, 4, 1954, 137-143.

[89] BONNARD, La Sagesse en Personne, 1966, 73.

[90] Sir 44,7; 46,2; 48,4; 49,5; 50,5.

zu betrachten. Denn die folgenden Verse 13-17.19-21 sind ja nur mehr
Entfaltung der in Israel eingewurzelten Weisheit.

Exkurs : Die Weisheit in der Geschichte Israels nach dem Siraziden.

Diese Thematik spricht ein zentrales Anliegen Ben Siras aus[91]. Und
man darf sagen : Ben Sira ist der erste uns bekannte alttestamentliche
Autor, bei dem diese Beziehung zwischen Weisheit und Israel ausdrücklich
und systematisch zu Wort kommt. Bereits Sir 1,1-10 war davon die
Rede[92], und bei Behandlung des weisheitlichen Schöpfungsdenkens Ben
Siras werden wir nocheinmal darauf zurückkommen.

Es geht hier nicht um die eingangs genannte Geschichtlichkeit der
Weisheit im weiteren Sinn, die besagt, daß genuin weisheitliches Denken
immer Hören und Antworten auf eine Situation, rechtes Verhalten, und
damit bereits in gewissem Sinn konkret geschichtlich ist[93]. Uns beschäftigt
jetzt vielmehr die Frage, wie und warum diese Weisheit bei Ben Sira
mit der Geschichte Israels verbunden ist.

So verschiedenartig die Züge der Weisheit in den Aussagen Ben Siras
auch sind : an einigen Stellen tritt klar hervor, daß es eigentlich nur
e i n e Weisheit gibt, die von Gott kommt (Sir 1,1 ; 24,3), in der ganzen
Schöpfung waltet (24,3-6) bzw. in ihr ausgegossen ist (1,9) und sich
dort in der Ordnung manifestiert (z.B. 15,26-28 ; 39,16-33 ; 42,18-25).
Diese eine Weisheit Gottes wirkt zugleich in der Geschichte und stellt
so die Einheit zwischen beiden Bereichen her (1,9-10 ; 24,6-12 ; 17,6-9 ;
43,33 als Überleitung vom Schöpfungshymnus zum Lob der Väter).
Van den Born und Hamp bringen diese Auffassung in der Zusammenfassung bzw. Gliederung von Sir 42,15-43,33 und 44,1-50,24 unter dem
Titel Weisheit (Offenbarung) in Natur und Geschichte zum Ausdruck[94].

---

[91] Vgl. EICHRODT, Theologie des Alten Testamentes, II/III, [4]1961, 54; G. VON RAD,
Theologie des Alten Testaments, I, [4]1962, 459 zur 'theologischen Weisheit' Israels.

[92] S. 31-33.

[93] S. 6-9.

[94] VAN DEN BORN, Wijsheid, 206-207; HAMP, Sirach, EB 114, 119. Von der einheitsstiftenden Funktion der Weisheit in der Spätzeit spricht auch H.H. SCHMID, Wesen und
Geschichte der Weisheit, 1966, 152-153. Vgl. auch J. FICHTNER, Glaube und Geschichte
in der israelitisch-jüdischen Weisheitsliteratur, in : Gottes Weisheit, Ges. Stud. z. Alten
Testament, 1965, 9-17. — Wenn WESTERMANN, Der Segen in der Bibel und im Handeln
der Kirche, 1968, 20, sagt, daß im Alten Testament ein Allgemeinbegriff Offenbarung,
der die beiden Möglichkeiten einer Heilsoffenbarung und einer Schöpfungsoffenbarung
umfaßt, nicht gefunden werden kann, ist das insofern zutreffend, als der Terminus Offenbarung als solcher natürlich nicht in diesem Sinn gebraucht wird. Was aber Ben Sira mit
der Weisheit in 1,1-10 und vor allem K. 24 meint, dürfte der erste große Versuch eines
solchen einheitsstiftenden Begriffes sein.

Ursprünglich ist es der Herr selber, der in der Geschichte dieses Volkes waltet und von dort her auch als Schöpfer der Welt begriffen wird, wie es der Vorbau der biblischen Urgeschichte mit dem Schöpfungsbericht vor die Geschichte des auserwählten Volkes zeigt. In den Psalmen (z.B. 95; 96; 136) und vor allem bei Deuterojesaja (Jes 43,1.15; 44,2.21.24) ist der geschichtsmächtige Gott auch der Herr der Schöpfung bzw. umgekehrt. Es gibt aber bereits Ansätze einer anderen Denkweise: Gottes Wort fungiert als wirkendes Prinzip — allerdings nicht als personhafte selbständige Größe — in Schöpfung und Geschichte. Von diesem Wort Gottes in der Schöpfung sprechen Ps 33,6.9; 104,7; 147,15ff.; 148,5; Jes 48,13; 50,2. Seine Macht in der Geschichte erhellt aus Ps 147, 19.20; Jes 44,25-28; 55,11[95]. Daß hier vom Denken Israels her die Funktion der Weisheit in Schöpfung und Geschichte, wie sie bei Ben Sira entgegentritt, vorbereitet wurde, ist sehr naheliegend, auch wenn die Weisheitsgestalt als solche in vielen ihrer Züge auch aus anderen Quellen geformt wurde.

In die Geschichte eingetreten, wird die Weisheit bei Ben Sira auf verschiedenen Ebenen offenbar: als 'universale Weisheit' bei allen Völkern, als Weisheit, die dem Einzelnen zuteil wird, vor allem aber als Weisheit des Volkes Israel. Das ist die für das Denken des Siraziden höchste Erscheinungsform der Weisheit. Diese Aussagen über die Erwählung Israels und Jerusalems als Heimstätte der Weisheit in 24,8-12ff. sind zu ergänzen durch einen Blick auf die Darstellung der Geschichte Israels in Sir 44-50, wo ebenfalls die Weisheit eine beachtliche Rolle spielt[96]. Das Lob der großen Gestalten Israels, für das Ben Sira bereits vorgeformte Traditionen verwendet hat, ist mit einer sehr ungewöhnlichen Einleitung versehen, die die Heroen der Vergangenheit, Führer, Könige und Propheten samt und sonders als Weise erscheinen läßt[97].

---

[95] Zur Funktion des Wortes Gottes in Israel vgl. EICHRODT, Theologie des Alten Testamentes II/III, [4]1961, 41-46.

[96] Zum Lob der Väter vgl. Th. MAERTENS, L'Éloge des Pères, Bruges 1956; E. JACOB, L'histoire d'Israël, vue par Ben Sira, Mélanges Bibliques ... en honneur de André Robert, 1957, 288-294; A. CAQUOT, Ben Sira et le Messianisme, Semitica 16 (1966), 43-68; R.T. SIEBENECK, 'May their bones return to life' — Sirach's praise of the Fathers, CBQ 21 (1959), 411-428.

[97] E. JACOB, L'histoire d'Israël vue par Ben Sira, 290. — R.T. SIEBENECK, 'May their bones return to life', CBQ 21 (1959), 416f. spricht in Anknüpfung an L. BIGOT in DThC IV, 2047, vom hellenistischen Einfluß als Anregung für diese Heldenschau; s. auch HENGEL, Judentum und Hellenismus, 249. — N. PETERS, Komm. 372 und R. BLOCH in DBS V, 1274 sehen im Lob der Väter einen haggadischen Midrasch, wobei sich die hellenistische Anregung u. die haggadische Form durchaus nicht ausschließen müssen.

»Viel Ehre teilte der Höchste aus
und seine Größe ist von den Tagen der Vorzeit.
Herrscher der Erde in ihrer Königswürde
und Männer in ihrer Macht,
Ratgeber in ihrer Einsicht
und Seher aller Dinge in ihrer Weissagung,
Herrscher des Volkes in ihren klugen Plänen
und Fürsten in ihrem Scharfsinn,
weise Redner mit ihren Schriften,
Verkünder von Sprüchen bei ihren Fest(en),
Dichter von Liedern nach dem Versmaß
und Verfasser von schriftlicher Spruchweisheit ...«.

(Sir 44,2-5b ; Masada).

Die mitgeteilte und zugeteilte (ḥlq) Herrlichkeit Gottes zeigt sich also
bereits seit den Tagen der Vorzeit in vielfältigen Formen der Weisheit.
Und wie die sehr allgemein gehaltene Ausdrucksweise nahelegt, die
durchaus nicht nur für Israel zutrifft, sind dabei auch die Weisen außerhalb Israels mitgemeint[98].

Das Ende der Einleitung (44,15) hebt nochmals den Nachruhm der
Weisheit dieser Männer hervor. Zweimal, nach der Darstellung der
hohepriesterlichen Sukzession Aarons (45,25f.) und am Ende der Geschichtsschau, nach dem Lob des Hohenpriesters Simon (50,23) wird
in einer Aufforderung zum Gotteslob der Wunsch angefügt, Gott möge
den Priestern bzw. der ganzen angesprochenen Leserschaft Weisheit des
Herzens verleihen. Aus 50,23 geht hervor, daß diese von Gott erflehte
Weisheit als Fortsetzung und Folge der Wundertaten Gottes zu betrachten
ist, der einen Menschen erhöht vom Mutterschoß an und an ihm handelt
nach seinem Wohlgefallen (50,22). — Daß Salomos Weisheit besonders
gerühmt wird, ist nach dem Gesagten selbstverständlich (47,12.14.17 ;
vgl. auch 47,23, wo der Nachfolger Salomos Rehabeam als »reich an
Torheit und arm an Verstand« bezeichnet wird). Worin diese sehr vielfältige Weisheit gipfelt, sagt Ben Sira bei der Schilderung Moses', der
Gottes Herrlichkeit schauen durfte, und dem das Gesetz in seine Hände
gegeben wurde, die 'Lehre des Lebens und der Einsicht' (45,5 ; vgl. 17,11) !
Dieses Weisheitsschema, in das die Heroen Israels vom Siraziden hinein-

---

[98] Lévi, L'Ecclésiastique I, 1889, 83 ; Ryssel, Die Sprüche Jesus' des Sohnes Sirachs,
in Kautzsch, Apokryphen I, 449 und im Anschluß daran F. Perles, Sur Ecclésiastique
XLIV,2 suiv., Revue des Études Juives 82 (1926), 120-121, verstehen Sir 44,2-9 überhaupt
nur von nichtjüdischen Persönlichkeiten, was jedoch in dieser Ausschließlichkeit nicht aus
dem Text hervorgeht.

gestellt wurden, verbindet, wenn auch redaktionell etwas gewaltsam
(43,33) das Lob der Werke Gottes im großen Hymnus 42,15-43,33 mit
seinem Wirken in der Geschichte Israels. — Was in K. 24 harmonisch
entwickelt wird, der Übergang der Weisheit von der Schöpfung zur
Geschichte und die dadurch bewirkte Einheit beider Bereiche, wird in
diesen beiden ursprünglich voneinander unabhängigen Stücken einfach
durch die nebeneinandergestellten Schilderungen der Macht des Herrn
in Natur und Geschichte ausgedrückt. Die Deutung als Einheit geschieht
nachträglich durch die Redaktion, die die Weisheit als Bindeglied hervorhebt.

Jedenfalls ist Israel auch nach K. 44-50 die bevorzugte Heimstätte
der Weisheit. Der Erwählungsgedanke, hier dargestellt in einzelnen
Personen, tritt auch durch die im ganzen Alten Testament einzig da-
stehende Erwähnung Adams hervor, dessen Ruhm alle Menschen übertrifft (49,16). Adam erscheint hier eher als Vorfahre Israels denn als
Ahnherr der Menschheit[99]. Unsere Interpretation der Weisheit als
erwählendes Handeln Gottes an Israel wird bestätigt durch die ganz
ähnliche Funktion des Erbarmens Gottes[100] und der Herrlichkeit, die
diesem Volk geschenkt ist[101]. Selbst wenn die Frage des Messianismus
bei Ben Sira, der hier nicht nachgegangen werden kann, nach der Untersuchung von Caquot[102] negativ zu beantworten wäre, ist die Gegenwart
der Weisheit in Jerusalem, die dort festgewurzelt ist (24,12) und nicht
aufhört in alle Ewigkeit (24,9), Zeichen und Pfand der Treue Gottes in
der Gegenwart, wie die weitere Auslegung von K. 24 noch zeigen wird.
An diese Erwählung appelliert denn auch der Sirazide im leidenschaftlichen Gebet 36(33),1-22. Vv 13-19 enthalten fast aufs Wort dieselben
Themen wie 24,8-12 : Jakob, Israel, das Erbe, das Volk, die heilige Stadt,
Sion, Jerusalem, der Tempel. Alle hier genannten Stätten sind in K. 24
der Bereich, der der Weisheit zugewiesen ist. Interessant ist, daß in
einem Weisheitspsalm aus Qumran (11 Q Ps[a] XVIII) dieselben Themen
begegnen : Jakob, das Volk Israel, Sion, Jerusalem, ja, wenn die Text-

---

[99] A. CAQUOT, Ben Sira et le Messianisme, Semitica, 16 (1966), 66, macht dazu auf den
ähnlich fließenden Übergang zwischen der Mitteilung d. Weisheit an alle Menschen und der
Offenbarung des Gesetzes an Israel in Sir 17,1-12 aufmerksam.

[100] Über 'eleos' s. S. 28-30.

[101] Die Ansicht BAUCKMANNS, Die Proverbien und die Sprüche des Jesus Sirach ZAW 72
(1960), 33-63, vor allem S. 53-55, daß in der Weisheitslehre bei Ben Sira von einer Erwählung
Israels im eigentlichen Sinn keine Rede sei, ist demnach nicht zu halten. Vgl. vor allem
Sir 17,17; ähnlich 33(36),10-12.

[102] A. CAQUOT, art. cit., 63-68.

konjektur von Lührmann richtig wäre, das alles in Verbindung mit
der Weisheit[103]. Auf jeden Fall wird durch diesen Psalm, der nach Lührmann nicht vom Qumranhintergrund her zu interpretieren ist, das
Denken der Weisheitsschule näher beleuchtet, die sich um Ben Sira
gebildet hatte und in der die geschichtliche Tradition stark in das Weisheitsdenken einbezogen worden war.

Diese Bindung der Weisheit an die Geschichte Israels darf aber nicht
als Partikularismus und Nationalismus abgetan werden, der dem welt-
offenen Siraziden fremd ist. Sein leidenschaftlicher Ausbruch in K. 36
ist einer momentanen Notlage seines Volkes zuzuschreiben, so daß der
sonst sehr maßvolle Weise nach dem Gericht über die Gegner seines
Volkes verlangt[104]. Auch die polemischen Sprüche über Samaria und die
Philister in 50,25-26 reichen nicht aus, Ben Sira als verstockten Chauvi-
nisten zu bezeichnen[105]. Die 'interpretatio israelitica' der Weisheit stellt
eine völlige Entmythologisierung der Weisheitsgestalt dar. Mit ihrer
Gegenwart im Volk Israel, im geoffenbarten Gottesdienst, vollends aber
erst 24,23, werden alle mythologisch schillernden Elemente und Motive
klar dem geschichtlichen Handeln Gottes untergeordnet und dienen als
dessen Symbol. In Spr 8,22-31 und Hiob 28,20-28 ist Weisheit noch
weitaus unbestimmter. — Das Faßbar- und Greifbarwerden der Weisheit
in Israel ist der Horizont, in dem ihr universales Wirken und Walten zum
Vorschein kommt. Erst in ihrer geschichtlichen Konkretheit im auserwählten Volk tritt auch ihre die ganze Welt und alle Völker umfassende
Vorgeschichte (24,3-6) in ein neues Licht. Nur von Israel aus wird das
Wirken der einen Weisheit auch außerhalb der Nation erkannt[106]. So
kann ihr Wohnungnehmen in diesem Volk keine Einschränkung und
Verkürzung ihrer universalen Wirksamkeit, auch keine Ablehnung und
Feindseligkeit gegenüber der Weisheit anderer Völker bedeuten, wie sich

---

[103] D. LÜHRMANN, Ein Weisheitspsalm aus Qumran (11Q Ps^a XVIII), ZAW 80 (1968),
87-98. Den Text s. außer im zitierten Artikel in der Edition von SANDERS in DJD IV, 64-70
und Pl. XII.

[104] A. CAQUOT, art. cit., 48, verweist auf die Kämpfe der Lagiden mit Antiochus III um
die Vorherrschaft in Palästina als Anlaß der bedrängten Lage.

[105] Gegen VAN DEN BORN, Wijsheid van Jesus Sirach, 240.

[106] H.J. KRAUS, Die Verkündigung der Weisheit, 1951, 44, sagt von der Weisheit in
Sir 24,12.13 : »Ihre Uroffenbarungen waren demnach Wirkungen ihres präexistenten Wesens, die erst im Augenblick der geschichtlichen Existenz ans Licht rücken und erfüllt
werden«. Vgl. auch BONNARD, La Sagesse en Personne, 1966, 79.

bereits aus Sir 1,8-10 ergeben hat[107]. Es ist sogar naheliegend, daß die
Stellung Israels innerhalb der hellenistischen Völkerwelt bei den Juden
das Bedürfnis hervorrief, ihr Selbstverständnis in neuer Form darzulegen :
als das von Gottes allumfassender Weisheit erwählte Volk, wie es Ben
Sira als Erster klar ausgesprochen hat[108]. Die damalige Literatur der
Juden in der Diaspora, die dem Siraziden nicht unbekannt sein konnte,
scheint das zu bestätigen, wie schon zur Aussage über das Alter der
Weisheit festgestellt wurde (24,9). In eine ähnliche Richtung weisen die
formalen und z.T. auch inhaltlichen Parallelen der Isisaretalogien. Die
Herausforderung durch die zeitgenössische Philosophie wird noch zur
Sprache kommen[109]. Das Lob der Weisheit Israels, wie es sich im ganzen
Buch, vor allem aber in K. 24 darstellt, ist die Annahme dieser Herausforderung und der Versuch einer Antwort, die viel Kraft und Weite für
eine neue Synthese offenbart, zugleich aber auch der Gefahr einer gewissen 'theologischen Abstraktion' nicht ganz entgehen kann[110]. Eine
ähnliche Herausforderung wird als Hintergrund von Dt 4,6-8 zu denken
sein, das gegen Ende des Exils anzusetzen ist. Israels Bundesordnung ist
danach Israels Weisheit, die es vor der Welt auszeichnet.»Salomon macht
Israel zur Mitte der Völker durch seine Weisheit (3 Kö 3,8; 5,9-11; 10,1-
20.23f.) und durch den Tempelbau, der die Nähe Gottes gewährt (3 Kö
8,41-43). Dt 4,6-8 sagt nun — die deuteronomistische Darstellung der
Königsbücher interpretierend, — daß der wahre Grund der Weisheit
und Gottesnähe Israels in seinen gerechten Bundessatzungen liegt«[111].
Sirach hat in einer analogen Situation in K. 24 in noch größerer Konzentration und Abstraktion in der Weisheit Gottes Nähe, wie sie im Kult
und in der Torah gegeben war, zusammengefaßt. Die deuteronomistisch-
weisheitliche Gesetzesfrömmigkeit hat ihn dabei, neben der Anregung von
außen, inspiriert und geleitet.

---

[107] Vgl. Sir 17,17:»Jedem Volk bestellte er einen Herrscher, aber das Erbteil des Herrn
ist Israel«, ähnlich 33(36),10-12. Auch 1,14-15 ist wohl von einer allen Menschen verliehenen
Weisheit zu verstehen.

[108] VON RAD, Theologie d. AT, I, ⁴1962, 459.

[109] Außer dem in der Einführung S. 9-11 Gesagten sei hier nur auf eine Feststellung
von J.C.H. LEBRAM, Aspekte der alttestamentlichen Kanonbildung VT 18 (1968), 173-189
zum Denken Ben Siras hingewiesen, S. 186 : »Die Affinität zu hellenistischen Theorien im
Rahmen der Denkart des Jerusalemer Weisheitslehrers legt eine geistige Verbindung zur
philosophischen Bewegung des Westens nahe«.

[110] Insofern gilt dieses Urteil v. Rad's über die theologische Weisheit in Spr 1-9 auch für
Ben Sira, da ja bei ihm der Versuch einer Synthese am weitesten fortgeschritten ist : VON
RAD, Theologie des AT, I, ⁴1962, 459.

[111] N. LOHFINK, Höre, Israel, Die Welt d. Bibel 18, 1965, 95, 100.

Daß diese Weisheit, die im Volke und in der Stadt Gottes wohnt, hinzielt auf die Begegnung mit dem Einzelnen und so zu ihrer letzten Konkretheit gelangt, die auch am Anfang jedes Weisheitsdenkens stand, wird sich in den Weisheitsgedichten von K. 4 und 14/15 zeigen sowie in der weiteren Auslegung von K. 24, die nun fortzusetzen ist.

5. *Wachstum und Früchte der Weisheit und abschließende Einladung :* *Sir 24,13-17.19-22.*

Anknüpfend an ihre Einwurzelung im Volk (V 12) entfaltet die Weisheit in einer eindrucksvollen Reihe von Bildern den Segen ihrer Gegenwart — die Bilder haben nur Sinn, wenn sie von der Gegenwart gelten — im Bereich ihres Erbes, ja darüber hinaus. Interessanterweise begegnet eine derart lange Reihe von 12 Vergleichen nur noch Sir 50,6-10 bei der Schilderung des Hohenpriesters Simon : dort sind die Motive allerdings nicht nur dem Bereich der Natur entnommen[112]. Uns beschäftigt der Sinn der Bilder im Zusammenhang des Gedichtes. Eine Reihe von Bildern wie die Größe der Zedern, die Fruchtbarkeit von Ölbaum und Weinstock sind gebräuchliche alttestamentliche Topoi, die sich aber auf das Motiv vom Lebensbaum zurückführen lassen. Die Weisheit stellt sich als etwas Lebendiges, im ganzen Land Wachsendes und Blühendes dar, von den äußersten Grenzen des Libanon und Hermon angefangen bis nach Jericho und Engeddi am Toten Meer und hinaus in die Ebene. So erweist sie sich wieder als in Israels Raum wirksame Größe.

V 15 wird ihre Wirkung in der sublimen Form des Duftes spürbar : sie schafft die Atmosphäre des Heiligen und erinnert unverkennbar an ihre priesterliche Funktion im heiligen Zelt (V 10.15b), die auch mit diesem Bild — literarisch ist V 15 durch seine Stellung und außergewöhnliche Länge ebenfalls Mittelpunkt dieser Einheit — wie in V 10 als ihre vornehmste Aufgabe gezeichnet wird. Zimt und Myrrhe sind nach Ex 30,23 Ingredienzien des Salböls (vgl. Ps 45,8); Galbanum, Onyx und Stakte gehören zu den Duftstoffen des Weihrauchs. Der Gottesdienst Israels ist demnach kostbare Weisheit, die auszustrahlen und zu locken vermag, was durch 50,6-10 bestätigt wird.

Es scheint aber, daß hinter diesen blühenden und duftenden Wirklich-

---

[112] Zu den verschiedenen bei Ben Sira genannten Pflanzen und Gewächsen vgl. die Kommentare, vor allem S. Löw, Die Flora der Juden, 1-4, 1924/34; ders., Die aramäischen Pflanzennamen, 1881; F.M. Abel, Géographie de la Palestine I, 1933. — Vgl. auch die Aufsätze von L. Fonck, Quasi cedrus exaltata sum in Libano (Eccli 24,17), VD 1 (1921), 226-231, und A. Vaccari, Quasi plantatio rosae in Jericho (Eccli 24,18), VD 3 (1923), 289-294.

keiten noch die Umrisse eines anderen Bildes erkennbar sind, auf die noch kein Kommentar aufmerksam gemacht hat[113].

In Hos 14,6-8 verwandelt die Liebe Gottes, die sich Israel zuwendet, das Land in einen blühenden Garten mit dem Duft des Libanon, der Pracht der Ölbäume und dem Sprossen der Weinstöcke. Der Prophet verwendet hier Topoi der Liebeslieder und gibt auch die Stimmung des Liebesliedes wieder[114]. Ganz ähnlich schildert das Hohelied die Braut als Garten (Hl 4,12-16) mit dem Duft kostbarer Pflanzen wie Zimt, Myrrhe und Weihrauchholz (4,6.14; 5,1). Auch Palme, Weinstock und Zeder begegnen dort als Motive des Liebesliedes (Hl 5,15; 6,10; 7,8.13)[115]. Ein Blick auf Sir 14,26.27, wo die Weisheit als Braut mit deutlichen Anklängen an das Hohelied im ganzen Gedicht, ihrem Jünger in ihren Zweigen Ruhe und Schatten spendet, bestärkt die Vermutung, daß sich in Sir 24,13-16 die Weisheit auch unter dem Aspekt der liebenswerten Braut offenbart, die durch ihre Atmosphäre, ihr Blühen und ihre Früchte persönlich locken und werben will, wie aus der Fortsetzung 24,19f. klar hervorgeht. In dieselbe Richtung weist unsere frühere Beobachtung, daß der Abschluß von 23,25-27 über die ungetreue Ehefrau als negatives Bild der Weisheit erscheint, wie das Vokabular dieser Verse im Vergleich mit 24,16-22 zeigt. Sinn und Zweck der Bildersprache kann auch hier nur das Aufzeigen der Funktion der Weisheit sein, nicht aber irgendwelche Angaben über ihr Sein als Hypostase.

Indirekt hat die Weisheit bereits V 13-17 für sich geworben durch das Ansprechen der Sinne für Schönheit, Geruch, Geschmack sowie überhaupt durch die Form der Lobrede. Nun tut sie es direkt: V 19 eröffnet den Abschluß des Gedichtes mit dem Imperativ an die Menschen, die Zuhörer ihrer Rede. Es sind die, die nach ihr Verlangen haben, vielleicht darf man sogar sagen alle, auch die außerhalb Israels (vgl. 24,32.34). — Die Formulierung der Einladung erinnert an das Ende des Hymnus in Spr 8,32f., noch mehr aber an die Einladung der Frau Weisheit zu ihrem Gastmahl in Spr 9,4-5; auch hier geht es um Speise und Trank (vgl. Sir 15,3). Die Weisheit zeigt somit, daß es ihr am Ziel ihres Weges durch die Welt, bei ihrem Ruhen und Wachsen in Israel, um die Begegnung und Gemeinschaft mit den Menschen geht. Sie ruft — und sie ist Anruf: der Mensch muß sich aufmachen zu ihr hin, nachdem sie in seine Nähe gekommen ist. Verlangen — kommen — sich sättigen heißt der dreifache

---

[113] Vgl. aber P. BONNARD, La sagesse en Personne, 1966, 76.

[114] H.W. WOLFF, Dodekapropheton, Hosea, BKAT XIV/1, 302, 306.

[115] GERLEMAN, Ruth. Das Hohelied, BKAT XVIII, 159, erwähnt ebenfalls den Duft als literarischen Topos im Hohenlied und in der ägyptischen Liebeslyrik.

Schritt, der in verschiedenen Variationen immer wiederkehrt[116]. Motiv
sind drei Verheißungen im Stil der Weisheitstradition (vgl. Spr 2,5.9-11;
3,22-26; 4,6-9), die, der Einladung entsprechend, den Geschmack der
Weisheit hervorheben. Μνημόσυνον V 20, ist nicht sosehr 'Gedächtnis'
als vielmehr 'Denken an die Weisheit'. Sir 41,1 ist das Gegenbeispiel
dazu[117]. Auch nach dem Masadatext[118] ist mit B marg, G und S zu lesen :
O Tod, wie bitter ist es, an dich zu denken ! — Weil die Weisheit hin-
gegen Leben ist, ist der Gedanke an sie süßer als Honig[119]. Noch süßer
aber ist der B e s i t z der Weisheit. Ps 19,11 und 119,103 sprechen von
der Süßigkeit des Gesetzes Gottes. Vielleicht hat Ben Sira in diesem Vers
bereits das Gesetz mitgemeint, wie die Kommentare voraussetzen.
Jedenfalls wirkt die Weisheit nun im Innern des Menschen.

V 21 ist ein poetisches Paradoxon zu V 19 (vgl. auch 15,3), wo von der
Sättigung mit den Früchten der Weisheit die Rede ist; nun verheißt
sie ihren Jüngern ständig neues unstillbares Verlangen. Nicht mehr bloß
ihre Früchte, sie selber ist jetzt Speise und Trank, deren Reichtum und
Geschmack nicht auszuschöpfen ist und die Menschen nicht mehr losläßt,
die einmal von ihr gekostet haben. V 22 formuliert die Verheißung negativ
und markiert einen letzten Höhepunkt : mit dem Appell zum Hören und
Gehorchen wird zur persönlichen Entscheidung gerufen, ebenso mit dem
Wort vom Sich-Mühen um die Weisheit, das in K. 24 noch nie erwähnt
wurde (vgl. aber 6,18-21; 51,19). Die vom Menschen zu vollziehende
Entscheidung bringt ihn in das rechte Verhältnis zu Gott und macht
sichtbar, wer eigentlich hinter diesem Rufen steht. Diese Aussage rückt
die Weisheit bereits in die Nähe von Gesetz und Gottesfurcht. Zugleich
ist jeglicher Rest von Mythologie aber auch von Poesie verschwunden :
die Weisheit, die von Gott ausgegangen ist (V 3), ist nun völlig eingegangen in den Menschen und zu seiner persönlichen Weisheit geworden,
die sich nicht anders offenbart als im alltäglichen Tun und Lassen.
Damit ist ihr Kreislauf geschlossen, ihre Sendung erfüllt, Gottes Wirken
in der Welt, in Israel und seinen Anspruch an die Menschen darzustellen.
Nichts anderes kann der von Vers zu Vers wechselnde Gehalt der Bilder
sagen wollen[120].

---

[116] Vgl. 4,16 : Vertrauen, erlangen, besitzen; 6,27-28 : Suchen, finden, Ruhe und Wonne;
ähnlich 14,20-27; 50,15-16.

[117] SEGAL, Kommentar, 149.

[118] YADIN, The Ben Sira Scroll, 17.

[119] Spr 24,8-13 ist Honig Bild für den Geschmack der Weisheit.

[120] Auch SPICQ vertritt diese Auffassung : Ecclésiastique, 692 : »Il ne s'agit donc que de
la personnification poétique«. Er verweist dabei ebenfalls auf das Gesamt der literarischen
Ausdrucksformen.

6. Nachwort des Siraziden : Sir 24,23-29.30-34.

a) V 23-29 : Interpretation der Weisheit als Gesetz.

In dem mit V 23 beginnenden persönlichen Nachwort des Autors zum poetischen Lobpreis der Weisheit Israels[121] gibt Ben Sira eine letzte Interpretation der Weisheit als Gesetz des Moses, wie es zwar schon öfter angedeutet aber noch nie so eindeutig ausgesprochen wurde. Die Weisheit Israels erfährt damit ihre letztmögliche Konkretisierung und Einordnung in eine Gesamtschau, sodaß die Gestalt der Weisheit in dieser Sicht nur mehr als dichterische Personifizierung verständlich werden kann, mögen ihre Wurzeln ursprünglich wo immer liegen.

$T\alpha\hat{v}\tau\alpha$ $\pi\acute{\alpha}\nu\tau\alpha$ umgreift alles Vorausgehende als 'Buch des Bundes des höchsten Gottes' und als 'Gesetz, das uns Moses auftrug'. Vor jeder eingehenderen Erörterung dieser Gleichung sei bemerkt, daß durch das in 24,1-22 über die Funktion der Weisheit in Schöpfung und Geschichte Gesagte der Begriff des Gesetzes bei Ben Sira ebenfalls eine gewisse Erweiterung und Auffüllung erfahren muß. Beide Bereiche deuten sich gegenseitig. V 24,23 muß außerdem als das genommen werden, was es ist : als Reinterpretation, die den ursprünglichen Gehalt der Weisheit nicht völlig verdecken kann und darf. Wir erörtern anschließend in Kürze die wichtigsten Aussagen des Epilogs für sich.

Die Formulierung von 23b ist Dt 33,4 entnommen :

TM :   *tôrā ṣiwwā lanū mošǣ - môrašā qᵉhillat ja'ᵃkob.*

LXX : $\nu\acute{o}\mu o\nu$ $\grave{o}\nu$ $\grave{\epsilon}\nu\epsilon\tau\epsilon\acute{\iota}\lambda\alpha\tau o$ $\dot{\eta}\mu\hat{\iota}\nu$ $M\omega\upsilon\sigma\hat{\eta}s$

       $\kappa\lambda\eta\rho o\nu o\mu\acute{\iota}\alpha\nu$ $\sigma\upsilon\nu\alpha\gamma\omega\gamma\alpha\hat{\iota}s$ $I\alpha\kappa\acute{\omega}\beta$ (24,23).

Der Sirazide offenbart damit die Wurzeln der Gesetzestheologie, die unter den schriftgelehrten Weisen Jerusalems gepflegt wurde und sich vor allem aus dem Deuteronomium speiste. Auch $\beta\acute{\iota}\beta\lambda os$ $\delta\iota\alpha\theta\acute{\eta}\kappa\eta s$ in 23a ist parallel zu verstehen als Buch der Weisung, des Gesetzes. Das ist, wie E. Kutsch gezeigt hat, der eigentliche Sinn dieses Ausdrucks im Alten Testament. Er übersetzt so Ex 24,7 mit 'Buch der Verpflichtung, der Gebote' und findet die Bestätigung dafür in 2 Kö 22ff., wo das 'Buch der *bᵉrît*' völlig gleichbedeutend ist mit dem 'Buch der *tôrā* (der Weisung Jahwes)' (2 Kö 22,8.11 und 23,2.21). Im deuteronomischen Bereich werden *bᵉrît* und *tôrā* geradezu als Wechselbegriffe gebraucht[122]. Sir

---

[121] Das S. 45-46 über die Struktur von 24,23-34 Gesagte braucht hier nicht wiederholt zu werden.

[122] E. Kutsch, Gesetz und Gnade, ZAW 79 (1967), 18-35; zu unserem Ausdruck vor allem S. 30. Dort führt er in Anm. 49 auch noch Hos 8,1; Ps 78,10 als Beispiele für den parallelen Gebrauch beider Termini an.

selbst rechtfertigt diese Interpretation in 17,12 : 'Einen ewigen Bund hat er mit ihnen errichtet und seine Gesetze hat er ihnen mitgeteilt.' und 28,7 : 'Denk an die Gebote und grolle dem Nächsten nicht, und an den Bund des Allerhöchsten und vergib die Schuld'. — Auch 1 Makk 1,56.57 stehen beide Ausdrücke τὰ βιβλία τοῦ νόμου und βιβλίον διαθήκης parallel[123].

Die wahre und letzte Stufe der Weisheit liegt also für Ben Sira in der durch Moses vermittelten Offenbarung, die das dauernde und eigentliche Erbe des Volkes ist.

In neuen Bildern zeigt sich 24,25-29 die lebensspendende Kraft des Gesetzes : es fließt über von Weisheit wie die vier Paradiesesströme, von denen Pischon und Gihon außer Gen 2,11.13 — von einem Irrtum in LXX Jer 2,18 abgesehen — im Alten Testament nur noch bei Sir genannt werden. Israel, das vor allem im Deuteronomium und in den prophetischen Schilderungen der Zukunft in paradiesischen Farben gezeichnet wird, besitzt durch das Gesetz tatsächlich s c h o n j e t z t paradiesischen Reichtum an Weisheit[124], der, wie überhaupt die Paradiesesmythologie, auf die Nähe Gottes zurückzuführen ist, die sich auf solche Weise kundtut. Israel kann dadurch auch mit der Weisheit fremder Völker Schritt halten. Darum mag neben Euphrat und Tigris auch noch der Nil genannt worden sein. Das Wasser (vgl. Sir 15,3 ; 21,13) ist außerdem seit den Babyloniern im Orient Symbol der Weisheit, wodurch nochmals die universale Geltung israelitischer Gesetzesweisheit transparent wird.

V 28-29 wird das Gesetz zur Quelle der Weisheit für die forschenden Schriftgelehrten (vgl. bereits 27a), die damit nie an ein Ende kommen. Ob-

---

[123] F.M. ABEL, Les Livres des Maccabées, 1949, 26, denkt dabei allerdings an Torarollen (βιβλία νόμου) und an ein kürzeres 'Bundesbuch' (βιβλίον διαθήκης), indem entweder Ex 20-23 oder ein Teil des Deuteronomiums enthalten war und das sich auch weniger Begüterte besorgen konnten. — Zur Terminologie von βίβλος διαθήκης vgl. auch N. LOHFINK, Die Bundesurkunde des Königs Josias, Bb 44 (1963), 261-288, 461-498, vor allem S. 285 und 288, wonach die Ausdrücke sefär hättôrā und sefär hābberît vom Deuteronomium des Königs Josias zu verstehen sind.

[124] Vgl. die Bedeutung der Paradiesesquellen und des Paradiesesstromes in Ez 47 ; Joel 4,18 ; Zach 14,8 ; Ps 46,5 ; 36,9 sowie überhaupt die Darstellung der Heilszeit unter dem Bild des Wassers : Jes 12,3 ; 41,18 ; Jer 31,12. — Interessant ist der Hinweis von Albright, der zum Wachstum der Weisheit als Weinstock und zu den 4 Strömen auf eine Stelle in Homers Odyssee V 68-71 aufmerksam macht, wo die Insel der Kalypso beschrieben wird mit ihren Weingärten und vier Strömen, die in vier Richtungen gehen, in : W. ALBRIGHT, The Goddess of Life and Wisdom, American Journal of Semitic Languages and Literatures, 36 (1919/20), 258-294.

wohl Bilder nicht zu pressen sind, scheint die Interpretation Ben Siras das
Gesetz hier beinahe als eine Art e n d g ü l t i g e r G r ö ß e u n d O f f e n -
b a r u n g G o t t e s hinzustellen, ohne jedoch für sein Denken alle Konse-
quenzen daraus zu ziehen, da er zweifellos einen Fortgang der Geschichte
erwartet, wie K. 36 und das Lob der Väter zeigen. Alttestamentliches
Denken scheint hier an ein Ende gekommen zu sein, das nur von außen
her wieder in eine neue Richtung gebracht werden konnte.

b) 24,30-34 : Ben Sira über sich selbst.

Der Schriftgelehrte, der ursprünglich nur sich selbst bereichern wollte,
wie sich ein kleiner Graben vom Strom speist (V 30-31a.b), muß die ganz
unerwartet angewachsenen Wasser der Weisheit weitergeben. Sie sind
zuviel für seinen Garten, und drängen hinaus über alle Grenzen[125].
Nach dem Neuansatz in der Ichform in V 30 und der in V 30/31 dar-
gestellten Dimension der Fülle wechselt das Bild V 32 hinüber in die
Dimension des Raumes : der Weise will seine Lehre wie ein Licht (vgl.
Spr 6,23) weithin leuchten lassen. *Ἕως εἰς μακράν* deutet den weiten
Horizont an, an den sich Ben Sira wenden will, und der gewiß auch
außerhalb Israels liegt, wie der absolute Gebrauch dieser Formel im AT
zeigt[126], die fast immer heidnische, fremde Völker und Länder meint.
So ist die Deutung auf die jüdische Gemeinde in der Diaspora auf jeden
Fall berechtigt[127]. Vielleicht sind aber sogar Nichtjuden mitgemeint,
die von der lichtvollen Lehre angezogen werden sollen[128]. Das Lob der
Weisheit Israels, des Gesetzes, darf also durchaus nicht nationalistisch
und eng verstanden werden ; es kann also ohneweiteres — der literarischen
Gattung entsprechend — zur Präsentation und Bestätigung der Weisheit
Israels in der ägyptischen Diasporagemeinde gedient haben[129]. V 33

---

125 Ein ähnliches Bild vgl. in Jes 58,11 : »Du wirst sein wie ein frischer Garten und wie
ein Quell, dessen Wasser nie versiegen«.

126 Meist in der Verbindung von 'ferne und nah' : z.B. 1 Kö 8,46; 2 Chr 6,36; Jes 5,26;
57,19; Jl 4,8; Zach 6,15; 10,9.

127 HAMP, SPICQ, BOX-OESTERLEY. SEGAL hält auch eine temporale Auffassung im
Zusammenhang mit V 33 für möglich, Kommentar, 151.

128 PETERS, Kommentar 205, spricht von einer 'universalistischen Tendenz'.

129 Vgl. die Bitte um Verherrlichung Sions und die Offenbarung Gottes vor den Völkern
in 36,19-22, hier allerdings durch geschichtliches Handeln Gottes. — Ähnliche Züge begegnen
auch in den Testamenten der 12 Patriarchen, deren älteste Schicht vielleicht auf die Zeit
Ben Siras zurückgeht; vgl. Test Jud XXV,5; Nepht VII,4; Benj IX,2, wonach alle Völker
Gott verherrlichen bzw. Gott sich durch Israel vor ihnen verherrlicht. Zum Universalismus
dieser Schrift s. F.M. BRAUN, Les Testaments de XII Patriarches, RB 67 (1960), 516-549,
vor allem S. 546-547.

verkündet Ben Sira die Unvergänglichkeit seiner Lehre, ähnlich wie
39,9; 44,13.15; sie hat ja teil an der Unvergänglichkeit der Weisheit
(24,9). Noch wichtiger ist aber der Vergleich seiner Lehre mit der Pro-
phetenrede : »Noch weiter will ich Belehrung gleich Prophetenworten
ausgießen«. Der griechische Ausdruck προφητεία gibt bei Sira zwei
hebräische Termini wieder : nbw'h und ḥzwn. Der Sirazide beansprucht
für sich die prophetische Schau nicht; darum ist im hebräischen Text
sicher nbw'h vorauszusetzen[130], das übrigens im Alten Testament sehr
spät und selten begegnet (2 Chr 9,29; 15,8; Neh 6,12). Die Vergleichs-
partikel ὡς zeigt auch, daß sich der Weise nicht einfach in die Reihe
der geistbegabten prophetischen Sprecher stellen will, die in seiner
Geschichtsschau eine große Rolle spielen[131], und die er als Schriftgelehrter
interpretiert (39,1). Aber er stellt sich in ihre Nähe, indem er als erster
Weisheitslehrer sein weisheitliches Sprechen mit einer göttlichen Inspira-
tion in Verbindung bringt. So wird auch der Weisheitslehrer zum Zeugen
göttlichen Wirkens unter den Menschen seiner Zeit. Das Wort von der
Ausgießung der Weisheit Sir 1,9 in Anlehnung an Joel 3,1-2, und Sir 24,33,
wo der Weise selber seine Lehre 'ausgießt', und schließlich die Erfüllung
mit dem Geist der Einsicht (39,6), bereiten die Verbindung zwischen
Geist und Weisheit vor, wie sie im Buch der Weisheit K. 7 vollzogen
wird[132].

Ben Sira schließt die Reflexion über sein eigenes Werk mit einem
Imperativ an die Hörer und Leser, wie die Weisheit in V 19. 'Seht, daß
ich nicht für mich allein mich mühte …', darf gewiß als Hinweis auf einen
bereits bestehenden respektablen Schüler- und Hörerkreis des Weisen
verstanden werden (vgl. 33,(36(30)),26; 39,10; 51,23.29) und ist zugleich
lebendiger Beweis dafür, daß Gottes Weisheit tatsächlich in Israel
weiterwirkt, hier in der Unterweisung des Einzelnen, in K. 44-50 sowie
in 24,8-17 im großen Horizont der Geschichte Israels[133].

---

[130] Dem προφητεία entspricht nach H in 36,20 ḥzwn; 44,3; 46,1.20 nbw'h, sicher auch
in 39,1.

[131] Moses und Josua 46,1; Samuel 46,13-15; Natan 47,1; Elias 48,1-12a; Elisäus 48,12b-
14; Jesaja 48,22-25; Ezechiel 49,8; die zwölf Propheten 49,10.

[132] Vgl. P. IMSCHOOT, Sagesse et esprit dans l'Ancien Testament, RB 47 (1938), 34-36,
zu unserer Stelle : »Le sage n'est ni un voyant ni un thaumaturge, mais par l'esprit d'intelli-
gence que Dieu lui confère, il est un inspiré et, sous ce rapport, un prophète«, art. cit., 35.
Ähnlich VAN DEN BORN, Wijsheid van Jesus Sirach, 193.

[133] SEGAL, Kommentar, in der Einleitung zu K. 24, 147.

Exkurs: Gesetz und Weisheit bei Ben Sira.

Das Interpretament Sir 24,23 soll hier in der geschichtlichen Entwicklung gesehen werden, die zur letzten Stufe der Theologisierung der
Weisheit als Gesetz des Moses geführt hat, sowie im Kontext der Weisheitstheologie des Sirachbuches. Eine vollständige Darstellung zum
Gesetzesverständnis des Siraziden, die auch die gesamte Ethik des
Buches berücksichtigen müßte, ist nicht beabsichtigt und ginge über den
Rahmen der Arbeit weit hinaus.

I. Gesetz und Weisheit im Alten Orient[134].

Für die Einordnung der Entwicklung in Israel sind einige Linien aus
dem Zusammenhang von Gesetz und Weisheit in der Umwelt Israels
nicht uninteressant.

Der Kodex Hammurapi ist eines der ältesten Zeugnisse für die Beziehung zwischen Weisheit und Gesetz. In der Gesetzgebung wird die
Weisheit des Königs offenbar, wie es im Epilog zum Ausdruck kommt:
'Hammurapi, der König der Gerechtigkeit, dem Schamasch das Gesetz
übergab, bin ich. Meine Worte sind köstlich. Meine Worte haben nicht
ihresgleichen. Nur dem Toren sagen sie nichts, den Weisen aber bereiten
sie Staunen'[135]. Jeder König hatte auch seinen oder seine Weisen. In
vielen Texten wird dies daraus ersichtlich, daß der Name des Königs
mit dem Namen eines Weisen verbunden ist[136]. — Ein Beispiel für die
Verbindung von Gesetzgebung und Weisheit, vor allem in der Person
des Hofbeamten und Schreibers, ist die Weisheit Achikars, die ebenfalls
auf ein akkadisches Original zurückgehen dürfte. Achikar heißt dort
'weiser und gebildeter Schreiber, der seinen Sohn unterwies' und 'der
weise Schreiber, der Berater von Assyrien'[137]. Auch die ältere Weisheit
Ägyptens bis zum mittleren Reich stammt aus der Umgebung des Königs,
so Kagemmi, Hordjedef. Die Instruktionen für Merikare sind politische

[134] J.-P. AUDET, Origines comparées de la double tradition de la Sagesse et de la Loi.
Akten des internationalen Orientalistenkongresses, Bd. I, Moskau 1962, 352-357. Für
Audet liegen die Ursprünge von Gesetz und Weisheit in der Erziehung und in der Autorität
der Familie und haben sich erst später differenziert.
[135] Übersetzung nach ANET, 1955, 178; in AOT, 1926, 408 ist die Stelle unvollständig.
[136] J. NOUGAYROL, Les sagesses babyloniennes, SPOA, 1963, 44, 54.
[137] ANET, 1955, 427; AOT, 1926, 454.

Texte[138]. Für Ägypten gibt es außerdem noch eine viel tiefere grundsätzliche Beziehung zwischen der Weltordnung und der Weisheit durch
den Begriff der Maat.

Spuren und Zeugnisse von Weisen im Sinn von Schreibern und Beamten
werden in Israel auf jeden Fall am Hof Salomons feststellbar[139].

II. Gesetz und Weisheit in Israel.

Eine sehr alte und ursprüngliche Beziehung zwischen dem israelitischen
'Gesetz' und der Weisheit ergibt sich für E. Gerstenberger, der das apodik-
tische Recht des alten Testaments, auch die Mahnworte des Proverbienbuches auf die 'Sippenweisheit', d.h. auf die Situation des Unterrichts
durch den Vater, das Familienoberhaupt zurückführt[140]. Weisheit müßte
nach Gerstenberger dann allerdings in dem sehr weiten Sinn von Erziehung verstanden werden. W. Richter dagegen sucht den Sitz im Leben
der Mahnsprüche in den weisheitlichen Schulen für die oberen Stände[141].
Das ist auch das Ergebnis der Arbeit von H.J. Hermisson, der sich ausführlich mit Gerstenberger auseinandersetzt, und, wenn auch auf anderem
Weg und mit mancher Kritik an Richters Methodik zum Ergebnis
kommt : »Die israelitische Weisheit hat ihr Zentrum, ihren Ursprung
und ihre Pflegestätte in der israelitischen Schule«[142]. Wie immer es auch
um den noch diskutierten Ursprung und den Sitz im Leben israelitischer
Weisheitsformen stehen mag, ein erster a u s d r ü c k l i c h e r Zusammen-

---

[138] J. Leclant, Sagesses de l'Égypte ancienne, SPOA, 14/15 ; H.H. Schmid, Wesen und
Geschichte der Weisheit, 42f.

[139] R. de Vaux, Titres et fonctionnaires égyptiens à la cour de David et Salomon,
RB 1939, 394-405 (= Bible et Orient, Paris 1967, 189-201) ; M. Noth, Könige 1, BKAT
IX/1, 1964, 63f.

[140] E. Gerstenberger, Wesen und Herkunft des »apodiktischen Rechts«, WMANT 20,
1965, 117ff. : Prohibitive und weisheitliches Mahn- und Warnwort ; Fohrer, Einleitung,
[10]1965, 343-344 ; Audet, Origines comparées de la double tradition de la Sagesse et de la
Loi, 1962, 352-357 denkt auch an den Ursprung der Weisheit in der Familie, s. S. 356-357.

[141] W. Richter, Recht und Ethos, Versuch einer Ortung des weisheitlichen Mahnspruches, StANT 15, 1966 ; zur Auseinanderzetzung mit Richter vgl. E. Gerstenberger,
Zur alttestamentlichen Weisheit, Verkündigung und Forschung 14 (1969), 36-40.

[142] H.J. Hermisson, Studien zur israelitischen Spruchweisheit, WMANT 28, 1968, 192 ;
zur Auseinandersetzung mit Gerstenberger ebd. S. 81-96. Gerstenberger, Zur alttestamentlichen Weisheit, Verkündigung und Forschung, hält seine Thesen auch gegen die Kritik
Hermissons mit beachtlichen Argumenten aufrecht : S. 40-44. — Einen Ursprung der
Weisheit in den oberen Gesellschaftsschichten vertritt auch R. Gordis, The social background of Wisdom Literature, HUCA XVIII (1944), 77-118.

hang zwischen W e i s h e i t und G e s e t z im Sinn der Torah[143] wird
erst im Deuteronomium greifbar[144].

Das darin durch weisheitliches Vokabular und weisheitlichen Stil
bereits indirekt als Weisheit gekennzeichnete Gesetz des Moses wird
im gegen Ende des Exils abgefaßten K. 4,6-8 ausdrücklich als Weisheit
Israels hervorgehoben. — Auf das 7. Jh. verweist Jer 8,8 : »Wie könnt
ihr sagen : 'Weise sind wir und das Gesetz Jahwes ist bei uns'. — Fürwahr! Zur Lüge hat es gemacht der Lügengriffel der Schreiber!«. Lindblom sieht bereits in dieser Zeit einen Stand von Gesetzeskundigen
aufkommen, die das Volk über das Gesetz informieren und sich 'Weise'
nennen[145]. Am Ende des Exils wird neben der Beziehung zwischen
Weisheit und Gesetz auch der Übergang vom Schreiber, der auf allen
möglichen Gebieten weltlichen Wissens beschlagen sein mußte, zum
'Schriftgelehrten' greifbar, wie im Buch und an der Gestalt Esras deutlich
wird. In Esr 7,6 heißt Esra 'ein Gelehrter, bewandert im Gesetz des
Moses, das Jahwe, der Gott Israels gegeben hatte'. Esr 7,10 zeigt die
Aufgabe des Schriftgelehrten, 'das Gesetz Jahwes zu erforschen und zu
tun und Israel Satzung und Recht zu lehren'. Esr 7,25 ist die ḥokmā,
die Esra in Händen hat, vom Gesetzbuch zu verstehen[146]. Die spärlichen
Nachrichten über Israel im vierten und dritten Jahrhundert v.Chr. geben
keine Auskunft darüber, wieweit diese Beschäftigung der Weisen mit
dem Gesetz, wie sie in den Weisheits- und Gesetzespsalmen zum Ausdruck

---

[143] Zur Bedeutung und Entwicklung des Begriffes der Torah vgl. neben ThWB IV,
1016-1050 vor allem NOTH, Die Gesetze im Pentateuch, Ges. Studien zum AT, ThB 6,
³1966, 9-141; W. ZIMMERLI, Das Gesetz im Alten Testament, Gottes Offenbarung, ThB 19,
1963, 249-276; G. ÖSTBORN, Tora in the Old Testament. A semantic study, Lund 1945.

[144] Zum Thema Deuteronomium-Weisheit vgl. neben den Kommentatoren vor allem
M. WEINFELD, Deuteronomy - the present state of inquiry, JBL 86 (1967), 256-257, 262;
J. MALFROY, Sagesse et loi dans le Deutéronome, VT 15 (1965), 49-65; »Cette identification
serait née au VIIe siècle à l'époque deutéronomique« (53); vgl. auch C.M. CARMICHAEL,
Deuteronomic laws, wisdom and historical tradition, JSS 12 (1967), 198-206.

[145] J. LINDBLOM, Wisdom in the Old Testament Prophets, SVT III, 1955, 195. W. RU-
DOLPH, Jeremia, HAT 12, 1958, 57 sieht dagegen in Jer 8,8 die Priester gemeint, die zugleich
den Titel 'Weise' für sich in Anspruch nehmen.

[146] W. RUDOLPH, Esra-Nehemia, HAT 20, 1949, 67, 72, übernimmt im wesentlichen die
Ergebnisse von H. SCHAEDER, Esra, der Schreiber, Tübingen, 1930. — Die Gestalt Esras,
des persischen Staatsbeamten, der als der ideale Schriftgelehrte gezeichnet wird, ist freilich
das Werk des Chronisten, vgl. RUDOLPH, Esra-Nehemia, 171. — Am besten ist die Funktion
Esras zum Ausdruck gebracht durch »Sekretär für das Gesetz vom Himmelsgott«, wie
R. MEYER in ThWB IX/1, 22 den aramäischen Ausdruck *safar data' di 'älah šᵉmajja'* wiedergibt (Esr 7,21).

kommt, sich in Verbindung mit dem Tempel und einer Tempelschule vollzog[147], oder auch in Kreisen von Weisen, die unabhängig vom Tempel Schüler um sich versammelten. Wahrscheinlich müssen beide Möglichkeiten weisheitlicher Schriftgelehrsamkeit in Betracht gezogen werden. Tatsache ist, daß im ausgehenden 3. Jahrhundert neben der — wohl etwas älteren — eindringlichen Empfehlung der Weisheit und Weisheitssuche in Spr 1-9[148] eine ebenso intensive Empfehlung der Betrachtung und Erforschung des göttlichen Gesetzes, der Torah steht, wie sie z.B. Ps 1; 19B; und 119 am ausgeprägtesten erkennbar ist. Und wie die göttliche Weisheit Spr 8,22ff.; 3,19; Hiob 28,23f. sowohl in der Schöpfung waltet als auch im Leben des Einzelnen, den sie anruft, ist auch das Gesetz oder das Wort Gottes (vor allem Ps 119) in dieser Frömmigkeit eine sehr umfassende Kategorie, wie es Deißler für Ps 119 aufgezeigt hat. Die *tôrā* ist darin nicht bloß der Dekalog oder die Gesetzeskorpora des Pentateuchs oder auch die Weisungen des Weisheitslehrers und der Priester, sondern sie begegnet dem Psalmisten zugleich in der geistgewirkten Geschichte und damit allenthalben in der Schrift überhaupt[149].

---

[147] L. Jansen, Die spätjüdische Psalmendichtung, 95 u. 100, betont die Bedeutung der Tempelschule in der nachexilischen Zeit nicht bloß für die Priester, sondern auch für die allgemeine Ausbildung. R. Kittel, Geschichte des Volkes Israel III/4, 1929, 718 hebt die Bedeutung der nichtpriesterlichen Weisheitslehrer hervor. — Durch die immer engere Verbindung von Gesetz und Weisheit gingen die Funktionen des Chakam, des Vertreters der Bildung und des Sofer, des Tempelschreibers, immer mehr ineinander über : vgl. R. Meyer, Pharisaios, ThWB IX/1, 1969, 23.

[148] Wieweit in Spr 1-9 mit der Stimme der Frau Weisheit schon das Gesetz gemeint ist, ist wohl kaum genau zu sagen. Auf jeden Fall ist die Weisheit in diesem Teil des Spruchbuches persönlicher Anruf Gottes in all seinen Formen : durch den Weisheitslehrer, durch die Propheten und wohl auch durch das Gesetz. G. Östborn, Tora in the Old Testament, 1945, 117-121 findet im Buch der Sprüche bereits eine Beziehung zwischen der Unterweisung der Weisen und dem Gesetz angedeutet. — Von Rad, Theologie I, ⁴1962, 458, sieht in der Weisheit in Spr 1-9 die Gestalt, in der sich Jahwe vergegenwärtigen will und in der er vom Menschen gesucht sein will. — Ein Verständnis von Torah als dem in Gesetz und Propheten niedergelegten Offenbarungswort könnte vielleicht schon in Spr 29,18 angedeutet sein, wo es parallel zu *ḥzwn*, der prophetischen Schauung steht; vgl. Vaccari, Il concetto della Sapienza nell'Antico Testamento, Gregorianum 1 (1920), 231; Ringgren, Sprüche, ATD 16, 1962, 112; Gemser, Sprüche, HAT, ²1963, denkt dabei an die Torah der Priester (101).

[149] A. Deissler, Psalm 119(118) und seine Theologie. Ein Beitrag zur Erforschung der anthologischen Stilgattung im Alten Testament. Münchner Theol. Studien I/11, 1955, 296-297; vgl. auch 303-309 : Das göttliche Wort als wesenhafte Gnade. — Der Interpretation Deißlers schließt sich im wesentlichen H.J. Kraus in seinem Psalmenkommentar an : Psalmen II, 1960, 822 u. 829. Er hält allerdings den Entstehungskreis des Psalmes weiter

Diese 'Freude am Gesetz' ist also mißverstanden, wenn man das Gesetz, um das diese Frömmigkeit kreist, als absolute Größe bezeichnet, mit einem Eigenwert, der ihm von Haus aus der Sache nach nicht zukommt[150].

Wir sind damit chronologisch dem Siraziden schon sehr nahe gekommen und haben zugleich den innerisraelitischen Standort des Weisen bereits etwas bestimmt, der auch für sein Verständnis vom Gesetz und seine Identifizierung von Gesetz und Weisheit in 24,23 mitbestimmend war. Moore ist der Meinung, daß diese Gleichsetzung zur Zeit des Siraziden bereits ein Gemeinplatz gewesen sei[151], was jedoch nicht erwiesen ist.

III. Gesetz und Weisheit bei Ben Sira.

Beachtenswert ist im Gegensatz zur Weisheit und Gottesfurcht, daß das Gesetz, die Torah bei Ben Sira schon rein literarisch nie direkter Gegenstand einer Abhandlung eines Gedichtes oder einer großen Perikope ist, vom Abschnitt 32(35),14-24 abgesehen. Ein erster Blick läßt ferner die Torah etwa als Zusammenfassung eines Weisheitsgedichtes (15,1; 24,23), als Teil umfassender weisheitlicher Betätigung (19,20; 39,1-11) oder als ein Teil der weisen Weltordnung (17,11-12) erscheinen.

---

offen als Deißler, der ihn ganz der Weisheitsschule zuordnet. Kraus denkt auch an den Einfluß der deuteronomistischen Theologie, der kultischen Torahunterweisung des Einzelnen und der Kreise der Weisheitslehrer (823); vgl. auch H.J. Kraus, Zum Gesetzesverständnis der nachprophetischen Zeit, Kairos 11 (1969), 122-133. B. de Pinto, The Torah and the Psalms, JBL 86 (1967), 154-174, charakterisiert Torah in diesen Psalmen ähnlich, z.B. S. 155: 'Torah is here taken first of all in its widest and deepest sense of that guidance and instruction, that over-all plan of god, by which he leads man along the path of salvation ...'. Auch E. Kutsch bemerkt in seinem Aufsatz 'Gesetz und Gnade', ZAW 79 (1967), 34, Anm. 55, daß das Gesetz in Ps 119 im frühen Judentum als Gottes heilvolle Hilfe verstanden wurde. Vgl. ferner H. Schmid, Gesetz und Gnade im Alten Testament, Judaica 25 (1969), 3-29 sowie K. Hruby, Gesetz und Gnade in der rabbinischen Überlieferung, Judaica 25 (1969), 30-63.

[150] So M. Noth, Die Gesetze im Pentateuch. Ihre Voraussetzungen und ihr Sinn. Schriften d. Königsberger Gelehrten Gesellschaft, Halle 1940, 121, mit Bezug auf Pss 1; 19B; 119. — Vgl. das ganze Kapitel: Das Gesetz als absolute Größe der Spätzeit, 118-134 (= Ges. Studien z. AT 6, ³1966, 112-136). — Das Urteil von Noth übernimmt auch Schmid, Wesen und Geschichte d. Weisheit, 153, über die späte Weisheit. Eine eingehende Auseinandersetzung mit ähnlichen Thesen von D. Rössler, Gesetz und Geschichte, WMANT, 3, ²1962, über die Theologie der pharisäischen Orthodoxie und der jüdischen Apokalyptik führt A. Nissen, Tora und Geschichte im Spätjudentum, NT 9 (1967), 241-277, der Rösslers Thesen widerlegt.

[151] G.F. Moore, Judaism, I, 1927, 265.

1. *Ben Siras Reden vom Gesetz*.

Auf dem angedeuteten israelitischen Hintergrund des Verständnisses von Weisheit und Gesetz in der nachexilischen Zeit[152] sollen nun die Aussagen Ben Siras zu diesem Thema in einem Überblick vorgestellt werden. Als Ausdrücke für das Gesetz im griechischen Sirabuch kommen vor allem νόμος   H : *dbr, ḥq, twrh, mšpṭ, mṣwh*

    ἐντολή   *mṣwh*

    κρίμα   *ḥq, mšpṭ*

    πρόσταγμα

in Frage. Am häufigsten ist natürlich νόμος, das allerdings verschiedene hebräische Äquivalente wiedergibt ebenso wie umgekehrt *tôrā* im Griechischen, wie ein Blick in den Index von Smend zeigt. Die Wiedergabe von *tôrā* mit νόμος ist jedoch vorherrschend. — Inhalt und Funktion des 'Gesetzes' sind nicht etwas Starres und Enges, sondern zeigen ähnlich dem Weisheitsbegriff ebenfalls noch eine gewisse Breite je nach dem Kontext[153]. Unsere Gliederung der Stellen ist deshalb keine Trennung völlig verschiedener Bedeutungsinhalte von Gesetz, sondern will nur die wichtigsten Aspekte und Akzente hervorheben.

a) Gesetz und Gebote sind einmal N o r m und M o t i v e des sittlichen Handelns, so 28,6b-7 : »Denk an die Gebote (ἐντολῶν) und grolle dem Nächsten nicht, und des Bundes des Allerhöchsten (διαθήκην) und vergib die Schuld«. Der Parallelismus von Bund und Gebot zeigt auch bei Ben Sira noch die ursprüngliche Bedeutung von Bund als Verpflichtung[154].

29,9a.11a mahnt der Weise im Zusammenhang vom Borgen und Helfen (1-11) : 'Um der Gebote willen (χάριν ἐντολῆς) nimm dich der Armen an …' und 'Lege deinen Schatz nach den Geboten des Allerhöchsten an (κατ' ἐντολὰς ὑψίστου)'. Ähnlich heißt es 19,17 am Schluß des Abschnittes über die Zurechtweisung und als Überleitung zu 19,20ff. : 'Stelle deinen Nächsten zur Rede, eh' du ihm grollst und bring das Gesetz des Allerhöchsten zur Anwendung (δὸς τόπον νόμῳ ὑψίστου).

Die Sünde besteht im Ungehorsam und im Verlassen des göttlichen Gesetzes, so bei der ehebrecherischen Frau 23,23 : 'Sie war ungehorsam dem Gesetz des Allerhöchsten' und im Wehruf über die Gottlosen 41,8, die '*zbj twrt 'ljwn* heißen, sowie alle Könige Judas außer David, Hisqia

---

[152] Neben unserem voranstehenden Überblick vgl. ThWB IV, 1040-1050.

[153] Auf die mögliche Doppelbedeutung von Torah als Unterweisung und auch als Gesetz im Spruchbuch macht G. Östborn aufmerksam : Tora in the Old Testament, 1945, 117-121; 168-170.

[154] Zum Bundesbegriff s. E. Kutsch, Gesetz und Gnade, ZAW 79 (1967), 18-35.

und Josia (49,9). An den letzgenannten Stellen ist das Gesetz des Allerhöchsten sicher die gesamte Wort- und Willensoffenbarung Gottes, sodaß
der Ausdruck 'zbj twrt 'ljwn am besten mit Ungläubige oder Gottlose zu
übersetzen ist. Das Kultgesetz spielt bei Sira trotz seiner persönlichen
Vorliebe für Zeremonien im Tempel eine sehr untergeordnete Rolle;
erst nachdem er das Halten des Gesetzes und der Gebote als der großen
umfassenden Ordnung und als das wahre Opfer betont hat (35,1.2),
wagt er es, auch zur Erfüllung kultischer Verpflichtungen zu mahnen,
die zweifellos nur einen beschränkten Bereich des Willens Gottes darstellen und in 17,11ff. überhaupt nicht genannt werden. Das weisheitlich-
prophetische Erbe von Vorbehalten gegenüber dem Kult kommt hier
etwas zum Tragen, so daß man angesichts von 24,8-11; 45,6-22; 50,1-21
fast von einer Diskrepanz, von zwei Haltungen sprechen möchte, die in
seinem Werk sichtbar werden. Die positive Empfehlung der Abgaben
für die Priester in 7,29-31 wird nicht als kultische, sondern als soziale
Pflicht betont im Zusammenhang des Verhaltens gegen verschiedene
Menschengruppen.

b) Gesetz und Gebote stehen bei Ben Sira in einem noch umfassenderen
Zusammenhang der O r d n u n g G o t t e s und in Zuordnung zu Gesetz
und Weisheit. Das Gebot (mṣwh) ist nur Konkretisierung des umfassenden
göttlichen Wohlgefallens in 15,15, was durch das auf Jahwe bezogene
Suffix von rṣwnw angedeutet wird (denselben Unterschied in den Nuancen
siehe 2,15.16). Auch nach 42,15c (Ms B, Mas) wird sowohl in den Schöp-
fungswerken Gottes (m'ṣjw) als auch in seiner Unterweisung (lqḥ), die
wohl der Torah nahesteht, Gottes umfassender Wille und sein Wohlgefallen (rṣwnw) sichtbar. Noch deutlicher ist die mosaische Gottesoffenbarung am Sinai in 17,11-14 nur als Teil der die ganze Schöpfung
umfassenden Ordnung Gottes dargestellt (16,24-17,17)[155]. Das zeigt sich
darin, daß das Reden von der Offenbarung des Willens Gottes an alle
Menschen bruchlos und fast unmerklich übergeht zur Sinaioffenbarung
in V 11; sicherlich ist darum mit Absicht auch Moses als Gesetzesmittler
gar nicht erwähnt. Der Inhalt des Gesetzes an dieser Stelle ist nach dem
Hauptgebot des Deuteronomiums formuliert, vor allem das Gebot der
Nächstenliebe in 14b, in 14a ist vielleicht der griechischen Version:

---

[155] HASPECKER, Gottesfurcht, 154-155: »Sie ist das Stück der universalen Weisheit
Gottes, das der Mensch realisieren darf und soll. Sie ist der Weg, auf dem der Mensch sein
gottgegebenes Schöpfungsziel konkret verwirklicht; sie ist ein notwendiger aber nicht der
einzige Weg«.

'Hütet euch vor jeglichem Unrecht' Syr vorzuziehen : 'Hütet euch und
werdet nicht abtrünnig'[156], was dem ersten Teil des Hauptgebotes bzw.
des Dekalogs entspräche. Eine ähnlich starke Hervorhebung des Hauptgebotes der Gottes und Nächstenliebe, ohne speziell auf jüdische Gesetze
einzugehen, findet sich auch in den Testamenten der 12 Patriarchen,
z.B. Test Sebul V,1; Benj II,1; X,3 u.a. Auffallend ist jedenfalls das
völlige Zurücktreten spezifisch israelitischer Gesetze, vor allem nach
G. Dieser weisheitliche Zug sowie die Bezeichnung des Gesetzes als
$\epsilon\pi\iota\sigma\tau\eta\mu\eta$ (17,11) konnte selbst einen Leserkreis außerhalb Israels ansprechen. *twrh* in 41,4 (parallel mit *ḥlq*) als das von Gott verhängte Gesetz
des Todes zeigt, daß 'Gesetz' hier mit der mosaischen Gesetzgebung gar
nichts zu tun hat wohl aber mit der viel umfassenderen Ordnung Gottes
für die Welt.

Daß auch Gottesfurcht mehr ist als Gesetzeserfüllung und nicht in ihr
aufgeht, hat Haspecker sehr deutlich herausgearbeitet[157]. Ähnliches gilt
auch von den Stellen, wo die Gesetzeserfüllung Bedingung zur Erlangung
der Weisheit ist wie z.B. 1,26; 15,1, wie nach G zum Erlangen des Erbarmens Gottes (G 18,14).

c) Schließlich begegnet die Torah als die an Moses ergangene O f f e n -
b a r u n g, wie sie im Pentateuch niedergelegt ist. Eine schriftliche
Fixierung ist dabei schon vorausgesetzt[158]. Dieser geoffenbarte Gottes-
wille ist Gegenstand des Suchens, Forschens und Lehrens in 32(35),14-
33(36),6 und im Lob des Schriftgelehrten 39,1-11.

In der ersten Perikope 32(35),14-33,6 wird der Weise dadurch charakterisiert, daß er das Gesetz sucht (15a), womit, parallel zum Gottsuchen,
nicht bloß Studium, sondern ein »ganzheitliches Bemühen um das Gesetz
gemeint ist, das volles Verstehen und Verwirklichen einschließt«[159].

---

[156] HAMP, DUESBERG folgen S; FRITZSCHE, PETERS, Komm., SPICQ fassen G $\dot{a}\pi\dot{o}\ \pi a\nu\tau\dot{o}s$
$\dot{a}\delta\iota\kappa o\nu$ ganz allgemein; auch SEGAL übersetzt nach G : *hšmrw mkl šqr*. BOX-OESTERLEY
übersetzt zwar nach G, deutet aber $\dot{a}\delta\iota\kappa o\nu$ auf den Götzendienst.

[157] HASPECKER, Gottesfurcht bei Jesus Sirach, 328-332. VON RAD, Die Weisheit des
Jesus Sirach, EvTh 29 (1969), 118.

[158] ThWB IV, 1040, zum Gesetz in den Pseudepigraphen und Apokryphen; K. HRUBY,
Gesetz und Gnade in der rabbinischen Überlieferung, Judaica 25 (1969), 32-33.

[159] HASPECKER, Gottesfurcht, 224, wo er *daraš* und *šaḥer 'el* ausführlich analysiert.
Zusammenfassend stellt er fest, daß sich Ben Sira wenigstens implizit von einem ausschließ-
lichen Vertrauen auf das eigene Werk distanziert und die Notwendigkeit einer offenen
vertrauenden Auslieferung des eigenen Ich an Gott danebenstellt (267).

Auch 39,1ff. wird Gottesfurcht[160] und Gesetzesstudium zum Kennzeichen des 'Sofer'. Als grundlegende Haltung steht die Gottesfurcht
voran (vgl. 39,5 über das Gebet!). Das Gesetz des Allerhöchsten (39,1)
und das Bundesgesetz des Herrn (39,8) ist aber nur ein T e i l der weisheitlichen Forschung und Meditation, die genau so die 'Weisheit der Vorfahren' und die Prophetensprüche umfaßt[161]; darüber hinaus kennt
Sira auch die Weisheits- und Spruchtradition fremder Völker (V 2.4).
Diese grundsätzliche Weite und Offenheit über das Gesetz des Moses
hinaus findet reiche Bestätigung in zahlreichen Texten Ben Siras mit
allgemein menschlicher profaner Spruchweisheit, wie noch zu zeigen
sein wird. Sein Programm ist Humanismus im besten Sinn, eine Synthese
von Weltoffenheit, Wissenschaft und Frömmigkeit[162]. Von einer »nomistischen Weisheit« (Fichtner) bei Ben Sira zu sprechen, muß endlich
aufgegeben werden[163]. Weisheit ist auch insofern umfassender als die
Torah, da sie persönliche Gabe und Gegenwart des Herrn ist, verliehen
nach seinem Wohlgefallen (39,6; vgl. 1,10; 1,26).

An einigen Stellen bringt der Sirazide in einer Interpretation zu vorausgehenden oder nachfolgenden Aussagen über die Weisheit diese mit der
Torah zur Deckung. Das erste Beispiel ist 15,1, wo die Suche des Weisheitsjüngers nach Frau Weisheit zusammengefaßt wird : »Wer Jahwe
fürchtet, tut dies alles, und wer das Gesetz einhält, erlangt sie«. Damit
sind andere Weisen der Weisheitssuche nicht ausgeschlossen, das Gesetz
ist aber als sicherer Weg zu ihr herausgestellt. Auch 19,20-30 mit einer

---

[160] 39,1a ist zweifellos mit Box-Oesterley, Smend, Hamp, Duesberg nach Syr Gottesfurcht zu ergänzen.

[161] Ben Sira hat hier schon eine Dreiteilung der biblischen Bücher vor Augen, vgl. Box-
Oesterley I, 458; Spicq 767; Peters, Komm. 325; Lebram, Aspekte der alttestamentlichen Kanonbildung, VT 18 (1968), 173-189, vor allem 182-183. Zum Kanon bei Ben Sira vgl.
außerdem O. Koole, Die Bibel des Ben Sira, OTS XIV (1965), 374-396 und A. Eberharter,
Der Kanon des Alten Testamentes zur Zeit des Ben Sira, ATA III,3, Münster 1911.

[162] R.H. Pfeiffer, History of New Testament Times. With an introduction to the
Apocrypha., 1949, 368 u. 384. R. Meyer, Pharisaios, ThWB IX/1, 21f., Spicq meint sogar
in seinem Kommentar S. 769, daß der Weise dieses 'idéal de large culture humaine du scribe
cosmopolite', das durch Reisen entwickelt wurde, hellenistischen Wanderphilosophen
entlehnt haben könnte.

[163] Auch von Rad, Die Weisheit des Jesus Sirach, EvTh 29 (1969), 116-117 und 118-119
betont zu Kapitel 24 des Siraziden mit Nachdruck das Vorherrschen echt weisheitlichen
Denkens vor jedem Nomismus. Schon O. Holtzmann vermerkt in Stade-Holtzmann,
Geschichte des Volkes Israel, II, 1888, 302, daß die Gesetzesauffassung des Siraziden durchaus noch nicht dem Buchstaben verhaftet war.

religiösen Sicht der Weisheit dürfte K. 20 vorangestellt worden sein,
das von profaner Weisheit handelt[164].

19,20 Πᾶσα σοφία φόβος κυρίου
     καὶ ἐν πάσῃ σοφίᾳ ποίησις νόμου.

ist am besten wiederzugeben :

  Jegliche Weisheit ist (auch) Gottesfurcht,
  und in jeglicher Weisheit ist Gesetzeserfüllung (eingeschlossen).

Weisheit gibt es nicht losgelöst von Gott und seinem Gesetz[165]. 21,11
enthält diese drei Termini in einem ganz ähnlichen Zusammenhang :
»Wer das Gesetz (νόμον) beobachtet, beherrscht seine Gedanken, und
Vollendung der Furcht des Herrn ist Weisheit«. Es scheint eine Klimax
vom Gesetz zur Gottesfurcht und zur Weisheit vorzuliegen. Das Gesetz
wird hier wie auch Sir 15,14 durchaus als eine vom Menschen erfüllbare
Möglichkeit verstanden. Der von H.J. Kraus als Hinweis auf das Zusammentreffen verschiedener Einstellungen zur Torah bei Ben Sira
zitierte Vers 17,16 : »Jeder Mensch neigt von Jugend auf zum Bösen.
Und sie vermögen es nicht, ihre Herzen aus steinernen zu fleischernen
zu machen«[166], ist eindeutig Glosse.

Das klarste Beispiel der Interpretation der Weisheit als Gesetz ist
24,23, wo die bereits 24,8 'historisierte' Weisheit Israels als 'Gesetz des
Moses' und als der schriftlich fixierte Anspruch Gottes im 'Buch der
Verpflichtung (der Gebote)' deklariert wird. Neben einer letztmöglichen
Reinigung von möglichen mythologischen Zügen einer Weisheitsgestalt
durch diese Identifikation sind aber noch andere Gesichtspunkte zu 24,23
hervorzuheben :

Da ist zunächst das durch den Parallelismus : 'Gesetz, das Moses uns
befohlen hat' und 'Buch der Verpflichtung' ausgedrückte Bestehen auf
dem durch M o s e s vermittelten Gesetz, das auch 17,11 und 45,5 als
Weisheit bezeichnet wird. Lebram vermutet in dieser Konzentration
auf das Mosesgesetz eine Reaktion des Siraziden gegen die 'Chasidäer',

---

[164] Zur möglichen Redaktionsgeschichte des Abschnittes s. HASPECKER, Gottesfurcht,
157-158.

[165] Diese Deutung, wie sie sich nach der Übersetzung von Hamp nahelegt, entspricht
dem Torahverständnis bei Ben Sira besser als die Ansicht von W. FUSS, Tradition und
Komposition im Buch Jesus Sirach, 294, daß der Sirazide in 19,20-24 die Unvereinbarkeit
von Weltweisheit und Offenbarungstheologie beweise durch die Betrachtung der Torah als
Ausgangspunkt der Ḥokmah. — Der Spruch in Abot 3,17a : 'Ohne Torah keine Bildung,
ohne Bildung keine Torah. Ohne Weisheit keine Furcht, ohne Furcht keine Weisheit ...'
klingt wie ein Kommentar zur Stelle und entspricht völlig unserer Deutung.

[166] H.-J. KRAUS, Zum Gesetzesverständnis der nachprophetischen Zeit, Kairos 11 (1969),
131-132.

die einen Zaun um das Gesetz bauten, der nicht einer direkten Anwendung und Auslegung der Torah selber entsprang[167]. Möglich wäre auch, daß damit eine Ablehnung von Schwärmereien und apokalyptischen Spekulationen gemeint ist. Die Zeit des Siraziden ist ja die der beginnenden Apokalyptik. Gegenüber Geheimlehren und Offenbarungen (vgl. 3,18-24) konnte die Torah des Moses als wahre Weisheit hingestellt werden, die für alle offen und zugänglich ist.

Die Deutung der vorausgehenden Aretalogie gibt einerseits dem Gesetz durch die Verbindung mit der Weisheit in der Schöpfung und in der Geschichte Israels eine höhere Würde, da es damit selber bis in die Schöpfung zurückprojiziert wird (vgl. auch 44,20, wo bereits von Abraham gesagt wird, daß er das Gesetz beobachtet habe : H : *mṣwt 'ljwn*, G : *νόμος ὑψίστου*, wohl im Anschluß an Gen 26,5 !)[168], andererseits bekommt die Torah Israels durch diese Schau als universale Schöpfungsweisheit unweigerlich auch einen Zug in Richtung eines umfassenden Weltgesetzes, das Schöpfung und Geschichte durchwaltet[169]. Die theologische

---

[167] C.H. LEBRAM, Aspekte der alttestamentlichen Kanonbildung, VT 18 (1968«, 189, erklärt auch die Unterdrückung Esras im Lob der Väter durch die Annahme, Esra sei vielleicht die Leitgestalt der Chasidäer gewesen, weil er um der Reinheit Israels willen Gesetze erlassen hat, die nicht in der Torah standen (gemeint ist vor allem das Verbot der Ehen mit Fremden). Sollte diese allerdings schwer nachweisbare Absicht dahintergestanden sein, würde das das seltsame Fehlen des großen Schriftgelehrten erklären. — Diese Vermutung äußert auch M. HENGEL, Judentum und Hellenismus, 275, Anm. 281. — A. BENTZEN, Sirach, der Chronist und Nehemia, Stud. Theologica III, Lund 1950/51, 158-161 erwägt eine andere Möglichkeit : daß Sir wie 2 Makk 1-2 Zeugen einer Ausgestaltung des Chronikwerkes gewesen seien, die nicht mit dem jetzigen Esra-Nehemiabuch abgeschlossen wurde. — Der Hauptakzent von 24,23 liegt wohl nicht auf einer Polemik, sondern auf der Absicht, den Glauben an die Israel geschenkte Weisheit im Lande und auch in der Diaspora zu stärken, was sich aus der Form der Aretalogie schon ergeben hat.

[168] Jub 24,11 wird die Segensverheißung an Jakob mit dem Hinweis auf den Gesetzesgehorsam Abrahams gegeben. — In der rabbinischen Literatur wird die Lehre von der Präexistenz der Torah und der Torah als Mittel der Weltschöpfung voll ausgebaut. Dabei spielen vor allem das Buch der Sprüche (Spr 8,22f.; 3,19) und Dt 4,6-8 eine große Rolle. Zahlreiche Belege bietet H.Fr. WEISS, Untersuchungen zur Kosmologie des hellenistischen und palästinensischen Judentums, TU 97, 1966, 283-304 : Die Torah als kosmisches Prinzip im palästinensischen Judentum. — Ben Sira ist der e r s t e uns bekannte Autor, in dessen Interpretation 24,23 dieser Gedanke ausgesprochen wird.

[169] DUESBERG, Les scribes inspirés, ²1966, 694; G. VON RAD hat das ebenfalls gesehen : »Nicht die Weisheit gerät in den Schatten der Großmacht der Tora, sondern umgekehrt sehen wir Sirach damit beschäftigt, die Tora von dem Verstehenshorizont der Weisheit her zu legitimieren und zu interpretieren«. EvTh 29 (1969), 118.

Leistung, die kühn die großen Traditionen über Schöpfung, Geschichte, Gesetz und Weisheit zusammenbindet, ist dabei nicht zu übersehen[170].

Für ein differenzierteres Verständnis von Gesetz beim Siraziden sollten auch die bis jetzt nicht allzusehr beachteten Unterschiede über die Vermittlung des Gesetzes in 17,11-14; 45,5 und 45,17 einmal untersucht werden. 45,5 handelt von der Übergabe des Gesetzes in die Hände des Mittlers Moses, der es in Israel lehren soll (vgl. 24,23) wie Aaron, dem in 45,17 ebenfalls die Satzungen geoffenbart werden[171]. Die Aufgabe der Schriftgelehrten und Priester in der Lehre und Übermittlung der Offenbarung Gottes wird dadurch auch für die Zeit Ben Siras unterstrichen. Eine umfassendere Schau scheint in 17,11 vorzuliegen, wo das ganze Volk unmittelbar, ohne jeden Mittler, von Gott über das Gesetz belehrt wird. Gemeinsam ist 17,11 und 45,5 die Formulierung vom Gesetz des Lebens und der Einsicht.

Eine letzte Aussage in Sir 34(31),8 zeigt die Torah als zuverlässige Verheißung, die im Gegensatz zu nichtigen Träumen in Erfüllung geht und demonstriert so nochmals die Weite im Torahverständnis des Weisen, das außerdem auf dem Hintergrund seiner Frömmigkeit zu sehen ist. Neben der Weite in der Torahauffassung des Siraziden sei nochmals bemerkt, daß der Autor im Gesamt seines Werkes nur sehr selten vom Gesetz spricht, was nach dem überschwenglichen Lob in 24,23 umsomehr ins Gewicht fällt. Auch ein Blick auf 1 Makk läßt das Torahverständnis bei Ben Sira noch klarer hervortreten. Im 1. Makkabäerbuch beginnt tatsächlich die Bewertung der Torah als einer absoluten Größe; sie wird Objekt der religiösen Verehrung. Man kann fast sagen, daß sie an die Stelle Gottes tritt, was daraus hervorgeht, daß in 1 Makk der Gottesname (kyrios, theos) überhaupt nicht vorkommt, dagegen sehr oft absolut und ohne nähere Bestimmung vom Gesetz die Rede ist. Die geänderte Situation macht freilich diesen Umschwung z.T. verständlich[172].

---

[170] Daß die durch Jahwe als den Herrn und letzten Grund aller Weisheit (1,1.8) gegebene Einheit von Gesetzeswiesheit und Weltweisheit (24,23) auf die Behauptung einer doppelten Offenbarung und eines zwiespältigen Willens in Gott hinauslaufe (W. Fuss, Tradition und Komposition im Buch Jesus Sirach, 296), ist nicht zu erweisen.

[171] Die Hervorhebung des sadokitischen Priestertums war ein Hauptgrund für die Hochschätzung des Siraziden in Qumran. — Zur Bedeutung der priesterlichen Tradition des Gesetzes vgl. E. BIKERMAN, La chaîne de la tradition pharisienne, RB 59 (1952), 44-54. — Die Bedeutung Levis für die Unterweisung im Gesetz tritt auch in Test Lev IV,2; IX,6; XIII,1-4ff.; XVIII,1-3 sehr stark hervor.

[172] B. RENAUD, La Loi dans les Livres des Maccabées, RB 68 (1961), 39-67; zu 1 Makk vor allem S. 41-51.

2. Anlaß für die Verbindung von Gesetz und Weisheit bei Ben Sira.

Sosehr der Weise und Schriftgelehrte in der Tradition Israels wurzelt und die Identifikation von Weisheit und Gesetz innerisraelitisch vorbereitet war, so ist doch zu fragen, wodurch das Aufnehmen dieser Tradition und ihre ausdrückliche Formulierung näherhin veranlaßt wurde. Schon für Dt 4,6-8 ist der Blick auf die Weisheit der Völker außerhalb Israels mitbestimmend gewesen[173]. Ebenso, wenn nicht noch mehr, war in der Zeit des Hellenismus die Frage nach einem Zeichen des Vorzugs und der Erwählung Israels unter den Nationen aktuell.

Die Beobachtungen zu Sir 24,32, die universale Sicht der Torah von 24,23 im Licht von 24,3-6, von 17,11-12 in seinem vorausgehenden Kontext 16,24ff. über die Schöpfungsordnung, die sehr allgemeine Formulierung des Gesetzesinhaltes in 17,14 (vor allem in G), das Schweigen über typisch jüdische Gebote wie Beschneidung und Sabbat im ganzen Sirachbuch, ferner die literarische Gattung der Aretalogie, ließen schon einen weiteren Kontext als den bloß israelitischen in Erwägung ziehen. Daß die Torah des Moses gerade zur Zeit des Siraziden als Weisheit bezeichnet wird und als Teil einer universalen Schöpfungsordnung verstanden wird, bestärkt diese Annahme und läßt den Versuch Ben Siras als eine weisheitliche Antwort auf den Hellenismus erscheinen[174]. Beide Themen, W e i s h e i t und G e s e t z, waren auch zentrale Fragen der s t o i s c h e n Philosophie von damals, wie schon ein erster Blick in die stoische Literatur zeigt[175].

Das Sprechen von S o p h i a konnte sowohl in Israel als auch außerhalb in der Diaspora der Botschaft des Weisen Gehör verschaffen. Der Weise war das Ideal der Stoa[176]. Dieselbe Bedeutung hatte für das Denken der Stoa das göttliche Vernunftgesetz, der 'Nomos', mit dem sich Chry-

---

[173] N. Lohfink, Höre, Israel, 1965, 100. — Zum Einfluß der Weisheitsspekulation auf Dt 4,6ff. s. auch H. Cazelles, Deutéronome, DBS VII, 815, 819-820; DBS VI : Loi, 523. — Cazelles verbindet die Abfassungszeit von Dt 4 mit der zweiten Edition des Buches während des Exils : Le Deutéronome, BJ, ³1966, 15.

[174] J. Fichtner, Die altorientalische Weisheit, BZAW 62 (1933), 127-128; von einer Universalisierung der Weisheit, allerdings ohne Eingehen auf den Hintergrund dieser Tatsache, spricht auch J.C. Rylaarsdam, Revelation in Jewish Wisdom Literature, Chicago 1946, 39.

[175] Siehe von Arnim, Stoicorum Veterum Fragmenta, III, Kap. IX, Nr. 544-684 : De sapiente et insipiente und die Indices zu 'sophos' in SVF IV, S. 128-133 !

[176] M. Pohlenz, Die Stoa. Geschichte einer geistigen Bewegung I, 1948, 155-158; ThWB VII, 472-474 über das stoische Weisheitsideal. Weisheit war die ἐπιστήμη θείων τε καὶ ἀνθρωπίνων πραγμάτων (SVF II, 35). Zur Verherrlichung des Weisen s. auch J. Kaerst, Geschichte des Hellenismus, II, ²1926, Leipzig.

sippos, zum Teil noch ein Zeitgenosse Ben Siras, ausführlich beschäf-
tigte[177]. Darum scheint es mir sicher, daß Ben Sira seine Zusammenschau
von *torā* und *ḥokmā* im Horizont hellenistischer Denkkategorien vollzogen hat, worauf K. Schubert schon nachdrücklich hingewiesen hat[178].
Freilich ist bezüglich des Inhaltes der Torah zu beachten, daß diese im
Gegensatz zum stoischen Weltgesetz als von Gott gegebene Größe und
als Ausdruck seines persönlichen Willens der Welt und dem Menschen
gegenübersteht[179]. Ben Sira wollte mit seiner Schau der Torah als letzter
Konkretisierung der in Schöpfung und Geschichte wirksamen Gegenwart
Gottes — das ist ja Weisheit — nicht antihellenistische Polemik treiben
sondern als echter Weiser durch die Aufnahme neuer Vorstellungen den
Glauben an die Erwählung Israels in einer sich wandelnden Welt mit
ihrer Weisheit für seine Hörer und wohl auch mit dem Blick auf die
Diaspora positiv präsentieren[180]. Vielleicht darf man so formulieren :
für Israel ist die Weisheit, mit allem, was darunter verstanden werden
kann (24,23 ταῦτα πάντα) am sichersten und besten greifbar in der
Torah; vor den Völkern der Welt ist die Torah Israels Weisheit. Beide
aber kommen vom Herrn, sind Weisen seines Wirkens und seiner Gegen-

---

[177] J. FISCHL, Geschichte der Philosophie I, ²1948, 139. — POHLENZ, Die Stoa I, 1948,
132-133 : 'Für das stoische Denken tritt an Stelle der einzelnen begrenzten Polis die all-
umfassende Kosmopolis, die ebenso wie jene eines Nomos bedarf, der sie zusammenhält ...'
(133). Texte zum stoischen Nomos s. SVF III, 308-376 : De jure et lege. Vgl. den Beginn von
Περὶ νόμου des Chrysipp, SVF III, 314 : Ὁ νόμος πάντων ἐστὶ βασιλεὺς θείων τε καὶ
ἀνθρωπίνων πραγμάτων. δεῖ δὲ αὐτὸν προστάτην τε εἶναι τῶν καλῶν καὶ τῶν αἰσχρῶν καὶ ἄρ-
χοντα καὶ ἡγεμόνα καὶ κατὰ τοῦτο κανόνα τε εἶναι δικαίων καὶ ἀδίκων καὶ τῶν φύσει πολιτικῶν
ζῴων προστακτικὸν μὲν ὧν ποιητέον, ἀπαγορευτικὸν δὲ ὧν οὐ ποιητέον. Interessant ist der
Beginn der Definition, der derjenigen der Weisheit völlig gleichlautet (s.o.) ! — Siehe
ferner Zeno, SVF I, 162 ; Philo SVF III, 323, 335 u. 360, sowie die Indices zu νόμος in
SVF IV, S. 100-101.

[178] K. SCHUBERT, Die Religion des nachbiblischen Judentums, 1955, 16-17 : »Durch
die Weisheits- und Torahauffassung im Buch Jesus Sirach ist die Begegnung des palästinensischen Judentums mit der stoischen Philosophie in der 1. Hälfte des 2. Jahrhunderts
v.Chr. erwiesen, denn sie entspricht im wesentlichen der stoischen Konzeption vom Weltgesetz ...« (17). — Ähnlich C.H. LEBRAM, Aspekte der alttestamentlichen Kanonbildung,
VT 18 (1968), 187 und M. HENGEL, Judentum und Hellenismus 265 ; 288-289, 291. Bereits A.
VACCARI, Il concetto della Sapienza nell'Antico Testamento, Gregorianum 1 (1920), 244-245
verwies auf einige interessante Parallelen aus dem stoischen Denken.

[179] Mit dieser Nuancierung anerkennt auch H.Fr. WEISS, Untersuchungen zur Kosmologie des hellenistisch-palästinensischen Judentums, 1966, 283, den Beitrag des hellenistischen Denkens zum Torahverständnis des Judentums in Palästina.

[180] H. DUESBERG, Les scribes inspirés, ²1966, 694 ; ThWB IV, 1042. VON RAD, Theologie
I, ⁴1962, 459 formuliert sehr treffend, daß es den Weisen um »eine Ätiologie Israels und
seine Stellung unter den Völkern« ging.

wart in der Welt[181]. Dieses Denken stellt Ben Sira in die erste Reihe der
für die Entwicklung und Geschichte des Judentums maßgebenden
Gestalten[182]. Nach R. Meyer ist es sogar diese neue Form der Weisheit
mit ihrer Verschmelzung der Weltweisheit mit den Traditionen des
Jahweglaubens, die »erst eigentlich das Prädikat Theologie verdient«[183].
    Noch einige Bemerkungen zur theologischen Tradition der
Weisheitsschule Ben Siras. Seine Beziehung zum alten Spruchgut sowie
zu Hiob und Qohelet bedarf keiner besonderen Hervorhebung. Hier
soll nur auf eine Tradition hingewiesen werden, die gerade in charakteristischen Aussagen von Sir 24, aber auch sonst zum Vorschein kommt.
Es ist die Tradition des Deuteronomiums, das ja, wie bereits
bemerkt, in Form und Inhalt stark weisheitlichen Einfluß aufweist[184].
— So betont Ben Sira in seiner Fortsetzung des ursprünglichen Weisheitshymnus ab 24,8 die Auserwählung Israels (24,8.12ff.), den Erbbesitz
(24,8.12.23 u.a.) und die Ruhe (24,11), die paradiesische Fruchtbarkeit
Israels (24,13-17) : alles zentrale Themen des Deuteronomiums[185], die hier
alle zugleich aufgegriffen werden. Auch die Identifizierung zwischen
Torah und Weisheit 24,23 wird in den Worten von Dt 33,4 ausgedrückt
und ist in Dt 4,6-8 schon grundgelegt. Das 'Gesetz des Lebens' in Sir
17,11 ; 45,5d kann auch von Dt 33,15.19 her erklärt werden. Zweimal
klingt das Hauptgebot Dt 6,5 an : in der Zusammenfassung der Gottesoffenbarung in Sir 17,14 und in Sir 6,26, wo die Weisheitsliebe durch
diese Formulierung als Gottesliebe hingestellt wird. Sir 17,17 verweist
auf die außer bei Daniel vorher sonst nur Dt 32,9 bezeugte Tradition
von Engeln als 'Statthalter' über die Völker[186]. Die Darstellung der

---

[181] A. Nissen, Tora und Geschichte im Spätjudentum. Zu Thesen Dietrich Rösslers,
NT 9 (1967), 241-277, der zwar nicht von Ben Sira spricht, sagt S. 253 von der Torah im
späten Judentum : »Sie ist die dem Menschen zugewandte und enthüllte Seite Gottes,
welcher der Jude Liebe und Gehorsam entgegenzubringen hat und die ihm Kraft und
Verheißung gibt«. Vgl. auch K. Schubert, Das Selbstverständnis des Judentums in der
rabbinischen Theologie, Judaica 12 (1956), 233.

[182] G.F. Moore, Judaism in the first centuries of the christian era, I, 1927, bezeichnet
das Buch Ben Sira als »landmark in the history of the Jewish religious literature« (S. 37).
Vgl. auch G. Snaith, The Importance of Ecclesiasticus, Expository Times, LXXIII (1963/
1964), 66-69.

[183] R. Meyer, Pharisaios, in ThWB IX/1, 1969, 20.

[184] s.o. S. 82 f.

[185] von Rad, Theologie des Alten Testaments I, ⁴1962, 232-244.

[186] Zu der nun aus einem Fragment von 4Q bekannten Lesart von Dt 32,9, von der
Sir 17,17 abhängig ist, und die bereits in der LXX zu Dt 32,8f. bezeugt war, vgl. R. Meyer,
Die Bedeutung von Deuteronomium 32,8f. (4Q) für die Auslegung des Moseliedes, in :
Verbannung und Heimkehr, Festschrift f. W. Rudolph, Tübingen 1961, 197-210. — Es

Übergabe des Gesetzes an Moses und Aaron ist nach Ex und Dt formuliert.

Ben Sira steht mit seiner Weisheitstheologie offensichtlich noch viel stärker in der Tradition des Deuteronomiums als etwa der Gesetzespsalm 119. Als O r t oder Sitz im Leben dieser gegenseitigen Durchdringung von Weisheit und Gesetz ist die nachexilische Weisheitsschule anzunehmen, die zwar bei Ben Sira selbst zum ersten Mal ausdrücklich bezeugt wird, wenn er von seinem 'Lehrhaus' (51,23 : *bjt mdrsch*) und seinem 'Lehrstuhl' (51,29 : *jschjbh*) spricht, aber doch viel weiter zurückreicht. Schon Esra wird ja als Erforscher und Lehrer der Torah Jahwes dargestellt (Esr 7,10). Auch die zur Zeit des Siraziden im Dekret Antiochus III (um 197) erwähnten Tempelschreiber (γραμματεῖς τοῦ ἱεροῦ)[187] waren wohl an dieser Entwicklung beteiligt. Eine direkte Beziehung zwischen der Weisheitsschule des Siraziden und diesen Tempelschreibern ist zwar nicht eindeutig nachzuweisen. Da aber die Bildung und die Funktion dieser Leute damals sicher über bloß technische Schreibarbeiten hinausging, ist eine Verbindung dieser Kreise mit dem Lehrhaus Ben Siras durchaus möglich, ja wahrscheinlich[188].

3. Kapitel

Die Begegnung des Menschen mit der Weisheit.

Die grundlegende literarische und theologische Struktur der programmatischen Gedichte Sir 1,1-10 und Kap. 24 zeigte das Kommen der Weisheit v o n G o t t als ihrem Ursprung in die Welt und z u d e n M e n s c h e n sowie ihre umfassende Funktion, Einheit zu stiften zwischen Schöpfung und Geschichte Israels, sowie Gottes Nähe und Gegenwart in zeitgemäßer Form zum Ausdruck zu bringen. Alle übrigen Weisheitsgedichte weisen die umgekehrte Struktur auf : es geht in ihnen um die B e w e g u n g d e s M e n s c h e n hin z u r W e i s h e i t, die ihm angeboten ist und ihn einlädt, sie zu suchen (vgl. 24,19 am E n d e des Gedichtes !),

---

scheint, daß auch in Test Lev V,7 diese Tradition bewahrt ist, wo vom Engel Gottes die Rede ist, der für das Geschlecht Israel und alle Frommen Fürbitte leistet.

[187] Josephus FLAVIUS, Antiquitates, XII, 142, überliefert den Erlaß Antiochus III, nach dem u.a. auch die Tempelschreiber von der Kopfsteuer sowie der Salz- und Kranzsteuer befreit waren.

[188] Zur Entwicklung der Schule im Judentum vgl. M. HENGEL, Judentum und Hellenismus, 143-152.

und die die persönliche Gemeinschaft mit ihr als Verheißung und Ziel vorstellt. Die wichtigsten Aussagen über das Weisheitsverständnis Ben Siras in diesen Gedichten 4,11-19; 6,18-37; 14,20-15,10; 51,13-30 sollen im Folgenden dargestellt werden. Es ist dabei freilich zu erwarten, daß manche Aussagen sich wiederholen und variieren.

§ 1 : Sir 4,11-19.

1. *Text (Die Sperrungen verweisen auf Anmerkungen zur Übersetzung).*

4,11 Die Weisheit b e l e h r t ihre Söhne
   und mahnt alle, die auf sie a c h t e n.
 12 Die sie lieben, lieben das Leben,
   und die sie s u c h e n, erlangen Wohlgefallen (bei Jahwe).
 13 Die sie ergreifen, finden Ehre (bei Jahwe)
   und wohnen im Segen Jahwes.
 14 Die ihr dienen, dienen dem Heiligtum,
   u n d   d i e   s i e   l i e b e n,   d i e   l i e b t   J a h w e.
 15 Wer auf m i c h hört, richtet wahrhaftig,
   und wer auf mich horcht, wohnt in meinen innersten Kammern.
 16 Wenn e r mir vertraut, erlangt er mich
   und wird mich besitzen für alle Geschlechter.
 17 Denn unerkannt wandle ich mit ihm,
   F u r c h t   u n d   Z a g e n   b r i n g e   i c h   ü b e r   i h n
   und erprobe ihn zuerst durch m e i n e Versuchungen,
   bis sein Herz vor mir erfüllt ist.
 18 Dann s t ä r k e ich ihn w i e d e r
   und enthülle ihm meine Geheimnisse.
 19 Wenn er a b w e i c h t von mir, v e r w e r f e ich ihn
   und übergebe ihn den Verwüstern.

4,11 liest G 'erhöht' (ἀνύψωσεν) statt 'belehrt' (H : *lmdh* pi., Syr : *'lpt*). Ziegler hat in einer scharfsinnigen textkritischen Analyse die griechische Lesart von Clem ἐνεφυσίωσεν (vgl. Lat : vitam inspiravit) als ursprüngliche Lesart von Gr II erwiesen, die ziemlich dasselbe besagt wie das blassere ἀνύψωσεν von Gr I. Beide Lesarten gehen aber nach Ziegler, der auf 3 Esr 9,48.55 verweist, nicht auf das hebräische *lmdh* sondern eher auf *hbjn* oder *rwm* zurück[1]. *Hbjn* bedeutet hier in eine tiefere Er-

---

[1] J. ZIEGLER, Zwei Beiträge zu Sirach, BZ NF 8 (1964), 277-280, zu Sir 4,11(12); vgl. auch J.B. BAUER, Drei Cruces, BZ NF 9 (1965), 85-89.

kenntnis einführen, während *lmd pi.* den Elementarunterricht bezeichnet (vgl. Ps 119,124.125). G τῶν ζητούντων αὐτήν ist aus V 12 *mbqšjh* zu erklären.

4,12 läßt Duesberg in seinem Kommentar die Rede der Weisheit bereits in der 1. Person beginnen, was allerdings durch keinen einzigen Text bezeugt ist. Er folgt hierin Smend, der zu V 11 bemerkt, daß im Hebräischen auch schon V 12-14 die 1. Person herzustellen sei. G ὀρθρί-ζοντες ist aus der hebräischen Wurzel *šḥr* zu erklären, die ursprünglich ist. Die Substitution durch *bqš* ist Zeichen der jüngeren hebräischen Textform[2]. 'Von Jahwe' in Ms A wird nach G Lat ursprünglich gefehlt haben und kann aus Spr 8,35; 18,22 stammen. Auch für 4,13a ist auf Grund von G Lat dasselbe zu vermuten (Segal, Smend, Hamp, Rüger).

4,13b liest G : καὶ οὗ εἰσπορεύεται, εὐλογεῖται κύριος.

4,14b ist H unverständlich ‏ואלהו במא ויהא‎.

S übersetzt : 'und Gott liebt ihre Wohnstätte'. Fast alle Erklärer folgen G (Fritzsche, Ryssel, Lévi, Segal, Spicq, Hamp, Duesberg). Nur Peters versucht in seinem Kommentar im Gegensatz zu seiner Ausgabe des hebräischen Sirach (1902) den hebräischen Text als Abkürzung auf-zufassen und mit Ginzberg zu lesen : *w'lhjm bjt m'wh 'whb*, was auf den syrischen Text hinauskäme. Diese Erklärung ist zweifellos interessant aber schwer beweisbar.

4,15 : Von V 15 an folgt in H und S die angekündigte Rede der persön-lichen Weisheit in der 1. Person. G liest überall die 3. Person, vielleicht auf Grund einer zweiten hebräischen Vorlage. G folgen Fritzsche, Ryssel, Segal, BJ. Die Entscheidung für die 1. Person basiert vor allem auf dem Zeugnis von H und S sowie der Ankündigung von V 11. Van den Born (43/45) übersetzt einfach nach G und geht auf das Textproblem nicht ein.

4,15a liest G Lat 'Völker' auf Grund geänderter Vokalisation von *'mt*. Rüger scheint hier die Lesart von G als die ursprüngliche anzusehen[3].

4,16 ist in H ausgefallen und nur durch G und S Lat bezeugt. Die 2. Person von B (Vaticanus) ist durch den Zusammenhang und die übrigen Textzeugen ausgeschlossen.

4,17 ist im Hebräischen unvollständig : es fehlt 17b. 17c ist mit G S 'meine' Versuchungen zu lesen. 17e in G ist Dublette zu 17c.

4,18 hat die Übersetzung von Smend und Box-Oesterley viel für sich, die das Verb *'šr* mit stärken, unterstützen wiedergeben. Smend beruft

---

[2] H.P. RÜGER, Text und Textform, BZAW 112 (1970), 100f. verweist auf Belege aus Raschi, Ibn Esra und David Kimchi.

[3] RÜGER, Text und Textform, 97.

sich zu Recht auf eine ähnliche Verwendung dieses Wortes in Sir 25,23
und 45,7, wo jeweils durch den Parallelismus diese im Neuhebräischen
und Aramäischen bezeugte Bedeutung gefordert scheint. Peters, Hamp
übersetzen 4,18a : 'Dann wende ich mich, lasse ihn geradeaus schreiten',
ähnlich Lévi.

4,19 liegt in doppelter hebräischer Fassung vor. Der ursprüngliche
Text scheint 19a und d zu sein, der mit G übereinstimmt (Lévi, Peters,
Hamp). 19a ist mit Smend, Peters und Rüger nach Sir 9,10 ; 47,22 *wnṭštjhw*
statt *wnṭwtjhw* zu lesen, wobei *nṭš* ausreißen bedeutet. G Lat geben also
die ältere Textform wieder.

Daß in 4,15-19 mit Ms A und Syr die erste Person festzuhalten ist,
scheint auch Rüger anzunehmen, der zwar in 4,11-19 Ms A und Syr als
Zeugen der jüngeren hebräischen Textform betrachtet, aber zu 4,19
feststellt : »Gr (La) überträgt die ältere Textform ..., wobei er die erste
Person H^A (Syr) wie überall in 4,15-19 in die dritte u m s e t z t«[4]. Sir
4,11-19 verweist also deutlich auf zwei hebräische Textformen.

2. Aufbau und Aussage.

a. Literarische Bemerkungen.

Nach K. 24 ist dieses Weisheitsgedicht das einzige bei Ben Sira, in dem
die Weisheit im Ichstil von sich selber spricht. Es stellt in der Komposition einen neuen Ansatz dar und weist sowohl Verbindungen zum vorausgehenden wie zum folgenden Text auf. Die Einfügung des Weisheits-
liedes, wie wahrscheinlich auch die der übrigen, dürfte eine eigene Stufe
in der Redaktion des Buches darstellen. — Der Vers 4,17 verweist sowohl
auf 2,1-5 (von den Prüfungen des Gottesfürchtigen) als auch auf 6,18-22
(über die Schwierigkeiten zu Beginn der Weisheitssuche). Eine Stichwort-
anknüpfung liegt zwischen 4,10.11 vor (Sohn Gottes - Söhne der Weisheit).
Die Gliederung stellt sich folgendermaßen dar :

4,11 : Einleitung und Ankündigung einer Rede der Weisheit an ihre
Söhne.

12-14 : Unterbrechung durch 4 Partizipialkonstruktionen (pt. pl.) mit
Aussagen über den Segen der Weisheitssuche.

15-19 : Beginn der Weisheitsrede an den Weisheitsjünger (sg.) im Ichstil.

V 15/16 Verheißung
17 Prüfung

---

[4] H.P. RÜGER, Text und Textform, 12f. ; (Sperrung von mir).

18 Offenbarung

19 Mahnung und Warnung.

Die einzelnen Elemente : Einleitung, Verheißung, Drohung, finden sich auch in den Weisheitsreden von Spr 1-9. — Die Gliederung, die sich ganz ungezwungen aus Form und Inhalt ergibt, zeigt, daß Mowinckel zu sehr schematisiert, wenn er auch für dieses Weisheitsgedicht, sowie allenthalben im Werk Ben Siras, die Tendenz zur zweiperiodigen Strophenbildung (»Zweizeiler«) finden will. Das gilt auch für seine Feststellung, daß das übliche Maschalmetrum auch bei Sirach nicht der Doppeldreier sondern eine 4+4-füßige »Periode« (Vers, bicolon) sei[5].

b. Zur Aussage von 4,11-19.

Die Einleitung 4,11 wendet sich, wohl nicht ohne Absicht, mit Anknüpfung an die Verheißung für den Hilfreichen, daß Gott ihn Sohn nennen wird, an die Söhne der Weisheit (*ḥokmôt* im Plural wie Spr 1,20; 9,1; 24,7 und auch Sir 32(35),16?). Man erwartet nun eine Weisheitsrede wie Spr 1,20ff.; 8,1ff.; 9,1ff. Die Ankündigung einer 'Lehre' verweist deutlich auf die Weisheitsschule, während im Spruchbuch auch der rufende, prophetische Charakter dieser Reden sehr betont wird (vgl. Spr 1,20.21; 8,1.3.4; 9,3). *lmd* (Pi'el) als Rede des Lehrers findet sich im Spruchbuch nur 5,13, sehr häufig jedoch im Deuteronomium, wo Moses der große Lehrer der Gebote und Satzungen Gottes für Israel ist (Dt 4,5.10.14; 5,31; 6,1) und Ps 119, wo Gott selbst den Frommen im Gesetz unterweist (Ps 119,12.26.64.68.108.124.135.171). Diese Lehre wird noch betont durch '*wd*, eindringlich mahnen.

V 12-14 : Der Segen der Weisheitssuche. — Diese Verse stellen sich nicht nur literarisch, sondern auch inhaltlich als ein Einschub statt der erwarteten und angekündigten Weisheitsrede dar. — Die vier Partizipien : lieben - suchen - ergreifen - dienen, kennzeichnen die Haltung der Weisheitssuche. Die Komposition ist sehr durchdacht : die Liebe zur Weisheit als Beginn (V 12) und die Liebe Jahwes als Antwort (V 14) umklammern diese kleine Einheit, die im Innern mit 'suchen - ergreifen - dienen' noch eine Klimax aufweist, ebenso in den Verheißungen : Leben (12a) - Wohlgefallen (Jahwes) (12b) - Herrlichkeit - Segen Jahwes (13) - Dienst am Heiligtum (14a) - Liebe Jahwes (14b). Anregung zur Herausstellung dieses persönlichen Charakters des Segens Jahwes waren wohl die Worte der Weisheit in Spr 8,17.35. Die Weisheit finden heißt also in diesem Zu-

---

[5] S. Mowinckel, Die Metrik bei Jesus Sirach, Studia Theologica IX (1955), Lund 1956, 137-165.

sammenhang Gott selbst begegnen, der in allen drei Versen der Endpunkt
der Bewegung ist.

Von besonderem Interesse ist V 14 : 'Wer ihr dient, dient dem Heiligtum'. Das Partizip *mšrtjh* vom Verb *šrt* meint hier wie an allen Stellen,
an denen es im hebräischen Text vorkommt, den liturgischen priesterlichen Dienst (4,14; 7,30; wohl auch 24,10 λειτουργεῖν; 45,15; 50,14).
Die Beziehung zu 24,10 legt sich von selbst nahe, wo die Weisheit im
Tempel vor Gott Dienst tut. Die Weisheit steht also in Beziehung zur
Religion Israels. Aber diese Religion und diese Weisheit verwirklicht sich
zuerst (V 12) und zuletzt (V 14) in der Liebe des Menschen zu Gott und
umgekehrt.

V 15-19 : Der zweimalige Aufruf zum Hören (15a.b) ist der erwartete
ursprüngliche Beginn der Rede der Weisheit selber an ihren Jünger.
Nicht nur der Wechsel in den Personen — die Weisheit wurde in den
vorausgehenden Versen nur in der 3. Person erwähnt, die Weisheitssuchenden im Plural, — auch der durchaus nicht so 'religiös' gehaltene
Ton ab V 15 legt es nahe, V 12-14 als nachträgliche Interpretation und
Einschaltung des Weisen anzusehen.

Frau Weisheit verheißt Richten nach Recht (Spr 8,15.16), vor allem
aber : Wohnen in ihren Kammern, das heißt Gemeinschaft mit ihr.
Gott selbst wird nicht erwähnt wie vorher. Das in 14,20ff. beherrschende
Motiv der Braut und Gefährtin klingt bereits an. Auch in diesem Abschnitt bilden V 15.16 und 17d.18 mit ihren Verheißungen eine Klammer,
in deren Mitte diesmal die Prüfung des Jüngers steht. Darum verlangt
V 16 Vertrauen als Vorgabe an die noch nicht näher bestimmte Weisheit,
die sich als dauernden Besitz verheißt. Auf jeden Fall ist sie personal
zu verstehen, da nur vorausgehende persönliche Hingabe zu ihrer Erkenntnis führt. In einer für die Sapientialliteratur einmaligen Weise
spricht V 17 von der Verstellung der Weisheit und der Versuchung ihrer
Jünger. *htnkr* bedeutet sich verstellen, sich als fremd ausgeben (Gen 42,7
vom ägyptischen Josef). Dadurch prüft und erprobt die Weisheit den
Menschen, was im Alten Testament, 1 Chr 21,1 ausgenommen, nur Gott
tut (Gen 22,1; Ex 16,4; 20,20; Ri 2,22; 3,4), entweder selbst oder durch
seine Zulassung (Hiob K. 1-2). Ein Vergleich mit der ganz ähnlichen
Stelle Sir 2,1-5 über die Versuchung des Gottesfürchtigen zeigt, daß
auch die Zucht der Weisheit Zucht Gottes ist[6], der zuerst Furcht und

---

[6] HASPECKER, Gottesfurcht, 217, Anm. 9.

Zagen über den Menschen bringt[7]. Nur über diesen rauhen Weg (vgl. 6,18-22) führt der Weg zur Weisheit, die das Herz erfüllt (V 17; vgl. Sir 17,7; 39,6) und damit nicht mehr fremdes unerkanntes Gegenüber sondern Nähe und Innerlichkeit ist (24,19.21; 14,24-27; 15,2), Zuwendung und Stütze[8].

V 18 ist Gegenstück zu 17a: das Wort von der Offenbarung der Geheimnisse der Weisheit *gljtj lw mstrj*, ist ein Höhepunkt, der seiner Ausdrucksweise wegen Beachtung verdient. *mstr* hat hier im Gegensatz zum ganzen Alten Testament, wo es Schlupfwinkel, Zufluchtsort bedeutet, die neuhebräische Bedeutung Geheimnis, was nur das Lexikon von Zorell vermerkt[9] und durch H: *gljtj*, G: ἀποκαλύψει bestätigt wird, das bei Sira stets im Zusammenhang der Enthüllung von Geheimnissen (1,6; 19,8; 27,16.17.21; 42,19) verwendet wird. — Man denkt unwillkürlich an die Sprechweise der Apokalyptik, deren erstes großes Werk, das Danielbuch, zeitlich knapp nach Ben Sira anzusetzen ist (vgl. etwa Dan 2,19.22.27.28 über die Offenbarung und Deutung von Geheimnissen durch Daniel)[10]. In vielen dieser Apokalypsen wird die himmlische Weisheit als geheime Offenbarung den Auserwählten mitgeteilt (äth Hen 82,1; vor allem 4 Esr 14,5-8.45-47). Auch in der Qumrangemeinde gab es ähnliche der Apokalyptik nahestehende Vorstellungen über den Einblick der Auserwählten, d.h. der Glieder der Sekte, in die göttlichen Geheimnisse[11]. Eine unserer Stelle ähnliche Formulierung findet sich in der Damaskusschrift 3,14; *lglwt lhm nstrwt*. Diese Offenbarung des Verborgenen, worin ganz Israel irregegangen war, bezieht sich aber dort auf die 'heiligen Sabbate und die Festzeiten seiner Herrlichkeit, die Zeugnisse seiner Gerechtigkeit und die Wege seiner Wahrheit'[12]. Damit wird aber auch schon klar, daß trotz einer ähnlichen Formulierung der Sirazide

---

[7] Der hebr. Text *jbhrnw* denkt sogar an Gott als Subjekt, obwohl sicher von der Weisheit die Rede ist. Außerdem ist mit Syr aufgrund des Zusammenhang 1. pers. sg. zu lesen.

[8] *'šr* in V 18a, das im Neuhebräischen 'stärken, stützen' bedeutet, und auch von SEGAL, Komm., 26, so verstanden wird, würde damit gegen HASPECKER, Gottesfurcht, 251, Anm. 17 besagen, daß Weisheit auch stärkende Gnade ist, nicht nur weisende Führung.

[9] ZORELL, Lexicon hebraicum, 1952, 454. — SEGAL, Komm., 26.

[10] Zur Apokalyptik s. BOUSSET-GRESSMANN, Die Religion des Judentums im späthellenistischen Zeitalter, [4]1966, 242-289. RGG I, [3]1957, 464-465; H. ROWLEY, Apokalyptik, Köln [3]1965. Der von G. VON RAD, Theologie des AT II, [4]1965, 315-322 vertretene Ursprung der Apokalyptik aus der Weisheit wird widerlegt von P. VON D. OSTEN-SACKEN, Die Apokalyptik in ihrem Verhältnis zu Prophetie und Weisheit, 1969, 10-12; 59-62.

[11] ThWB VII, Sophia 504-505. — Vgl. 1Q S 2,3; 4,3-6; 11,5; 1Q H 7,27; 10.4.

[12] J. MAIER, Die Texte vom Toten Meer, II, 1960, 46, z.St. Von der Erkenntnis des Verborgenen sprechen auch 1Q S 5,11 *ld't nstrwt*, ähnlich 1Q S 8,11.12.

vom apokalyptischen Denken weit entfernt war. Als Weisheitslehrer bot
er seine Lehre allen an (24,32-34; 33(36(30)),26; 51,23; 39,4), ja er nimmt
sogar deutlich gegen esoterische Spekulationen Stellung in der Mahnung
zur Demut in der Erkenntnis 3,18-24, die nicht gegen die hellenistische
Philosophie sondern vielmehr gegen Geheimlehren und Schwärmereien
gerichtet zu sein scheint. Daß in 3,20f. mit den Wundern (*pl'wt*) und
Geheimnissen (*nstrwt*) nicht hellenistisches Denken gemeint sein dürfte,
wird durch den Schluß des Schöpfungshymnus in 43,25-32 bestätigt,
wo die Wunderwerke (*npl'wt*) und Geheimnisse (*nstrwt*), die der Mensch
nicht ergründen kann (43,28.30), ja nicht einmal die 'Heiligen Gottes'
(42,17), die Schöpfungswerke Gottes sind. Der Mensch soll verzichten auf
die Erkenntnisse verborgener, wunderbarer Dinge, die über seine Kräfte
gehen (3,21-23)[13]. Denn nach 3,20 offenbart Gott dem Demütigen 'sein
Geheimnis': *kj rbjm rḥmj 'lhjm wl'nwjm jglh swdw*. Diese Stelle klärt
wohl auch 4,18. *sôd*, Geheimnis, steht 3,20 parallel zum Erbarmen Gottes
und bedeutet eine Weise der Vertrautheit und Nähe Gottes (vgl. *sôd* in
Ps 25,24; Spr 3,32). Das Geheimnis der Weisheit in 4,18 besteht demnach
in der Offenbarung und Erfahrung ihrer Nähe und Freundschaft[14].
— Jedes Mißverständnis und jede apokalyptische Offenbarungsspekula-
tion wird aber erst ausgeschlossen durch den Einschub der Verse 12-14,
die ausdrücklich von Jahwe und seiner Liebe sprechen[15].

Denen, die diese Freundschaft zurückweisen, droht die Weisheit in
V 19 Verwerfung und Übergabe an die Verwüster, also ein Strafgericht an.
swr m'ḥrj wird 1 Sam 12,20 und 2 Kö 18,6; 2 Chr 25,27; 34,33 vom
Abweichen von Jahwe verwendet, was unserem Kontext entspricht.
Der ernste Ton unterstreicht nochmals die personale Struktur der Weis-

---

[13] Peters, Komm., 34 und Hamp, EB, 13, sprechen von Warnungen vor kosmogonischen
und theosophischen Spekulationen, was vor allem bezüglich der kabbalistischen Deutung
des Schöpfungswerkes Gen 1 sehr naheliegend scheint. Spicq, L'Ecclésiastique, 1946, 581
weist hin auf die Merkabahmystik. Vgl. auch Segal, Komm., 17-18. Auch H.F. Weiss,
Untersuchungen zur Kosmologie des hellenistischen und palästinensischen Judentums
weist S. 80-82 darauf hin, daß das rabbinische Judentums Sir 3,21-23 als Warnung vor der
Beschäftigung mit den *ma'aśe bereśit* verstanden hat, ebenso Duesberg-Fransen, Les
scribes inspirés, ²1966, 635 A. 2.

[14] In 42,19: 'Kund tut er das Vergangene und Zukünftige und enthüllt die Erforschung
des Verborgenen' liegt der Akzent dem Zusammenhang nach (42,18-21) darauf, daß Gott
a l l e i n alles weiß und es darum mitteilen kann. Auch 19b *mglh ḥqr nstrwt* ist nicht so sehr
als tatsächliche inhaltliche Offenbarung des göttlichen Planes zu verstehen, sondern zuerst
von der alleinigen Macht und Zuständigkeit Gottes zu solcher Kundgabe.

[15] In diese Sicht fügt sich auch die dreimalige ausdrückliche Betonung der Torah des
Moses (17,11f.; 24,23; 45,5) als konkrete geoffenbarte Weisheit sehr gut ein, die der wahre
Maßstab und die Norm des Forschens ist.

heit, in der Jahwes Ruf und auch seine liebende Antwort für den hörenden und suchenden Jünger Gestalt annimmt.

Nach dem Weisheitsgedicht folgt eine längere Reihe von Verboten mit 'al (4,20-5,9). Die unmittelbar auf 4,19 folgenden Verse enthalten ganz alltägliche Mahnungen und eine sehr profane, traditionelle Auffassung von Weisheit (4,23.24), die z.B. dort in der weisen Rede zur rechten Zeit besteht. Wenn nun der Autor bei der Redaktion seines Buches hier und auch an anderen Stellen und größeren Abschnitten mit profaner Spruchweisheit theologische, religiöse Interpretationen der Weisheit und des Weisheitsstrebens vorangestellt und eingeschaltet hat (z.B. 19,20-25; 21,11; das ganze K. 24), so scheint damit ein Doppeltes gesagt und ausgedrückt zu sein: Weisheit im theologischen Sinn als Gegenwart Gottes, Nähe und Gemeinschaft mit Gott, steht nicht außerhalb der Welt, sondern mitten im Alltag mit seinen Kleinigkeiten und Gewöhnlichkeiten; zugleich bekommt diese Welt, die mit ihrer eigenen Klugheit und Weisheit durchaus angenommen wird, eine Mitte, ein geheimes Zentrum: die Weisheit der Religion Israels.

§ 2 : Sir 14,20-15,10.

1. *Text.*

14,20 Selig der Mensch, der über die Weisheit nachsinnt
     und sich um Einsicht kümmert,
  21 der auf ihre Wege achtet
     und auf ihre Pfade merkt,
  22 indem er hinter ihr hergeht wie ein S p ä h e r
     und an ihren Zugängen lauert,
  23 der durch ihre Fenster blickt
     und an ihren Türen lauscht,
  24 der im Umkreis ihres Hauses sich lagert
     und an ihrer Mauer seinen Z e l t p f l o c k anbringt,
  25 der sein Zelt an ihrer Seite aufschlägt
     und in guter Wohnung wohnt,
  26 der sein Nest in ihr Laub baut
     und in ihren Zweigen weilt,
  27 der sich in ihrem Schatten vor der Hitze birgt
     und in ihrem S c h u t z e wohnt.
15,1 Wohlan, wer Jahwe fürchtet, tut dies,
     und wer das Gesetz einhält, erlangt sie.

2 Und sie kommt ihm entgegen wie eine Mutter
   und wie die Frau der Jugendzeit nimmt sie ihn auf.
3 Sie speist ihn mit dem Brot der Klugheit
   und mit dem Wasser der Einsicht tränkt sie ihn.
4 Er stützt sich auf sie und kommt nicht ins Wanken,
   er vertraut auf sie und wird nicht enttäuscht.
5 Und sie erhöht ihn über seine Gefährten
   und inmitten der Versammlung öffnet sie ihm den Mund.
6 Jubel und Freude findet er,
   und ewigen Ruhm gibt sie ihm zu eigen.
7 Falsche Menschen erlangen sie nicht.
   und Übermütige schauen sie nicht.
8 Fern ist sie von den Spöttern
   und Lügner denken nicht an sie.
9 Unziemlich ist das Loblied im Mund des Frevlers,
   denn es ist ihm von Gott nicht zugeteilt.
10 Im Mund des Weisen soll das Loblied erklingen,
   und wer seiner kundig ist, lehre es.

Anmerkungen zum Text.

14,21b ist *btbwntjh*, wie schon das Suffix zeigt, falsch und es ist nach S in *bntjbwth* zu korrigieren (Schechter, Lévi, Smend, Hamp, Duesberg). Nur Peters hält an H fest. G Lat 'in ihren Geheimnissen' dürfte Erklärung sein.

14,22a ist H nach G S zu korrigieren in *khqr* 'wie ein Späher', ebenso ist 22b *w'l* anstatt *wkl* zu lesen. — G setzt in V 22 rhetorisch Imperative, während H S diesen und die folgenden Verse dem V 20 unterordnen.

14,24 ist für das griechische πάσσαλον *jtrw* von H in *jtjdw* (Zeltpflock) zu ändern (Fritzsche, Ryssel, Lévi, Smend, Peters und Hamp).

14,25: Von V 25-27 ist der erste Halbvers jeweils nach G besser ohne die Kopula 'und' zu lesen. — Das Urteil Smends über 25b, *twb* sei falsch, weil es das Bild zerstöre und dem Folgenden unerträglich vorgreife, ist nicht einsichtig; außerdem wird *twb* von allen drei Versionen bezeugt.

14,26: G 'Er stellte seine Kinder unter ihren Schutz' muß Ausdeutung sein. Denn es geht nirgends um die Kinder, sondern um den Weisheitssuchenden selbst. Ryssel übersetzt nach S: 'Er greift mit seinen Händen nach ihren Ästen'.

14,27: Peters hält G 'in ihrer Pracht' für das ursprüngliche Bild, obwohl er nach H übersetzt. Ursprünglich wäre nach ihm *hdr*, Pracht

gestanden, das dann zu *ḥdr*, Gemach und zu dessen Synonym *m'nwtjw*
im jetzigen Text geworden sei (Peters, Komm. 128). Ryssel übersetzt
nach G. Man kann jedoch mit Lévi, Smend, Hamp und Duesberg an H
festhalten und das Wort mit Schutz, Zuflucht übersetzen, was dem
Parallelismus zu 27a sehr gut entspräche.

15,2-5 haben H S zu Beginn des ersten Stichos jeweils die Kopula,
G nur in 15,2.5.

15,6 übersetzt Lat im letzten seiner drei Glieder von V 6 statt H *jmṣ'*,
G εὑρήσει und S : sie erfüllt ihn, mit thesaurizabit. Smend vermutet,
daß dahinter ein griechisches θησαυρίζει stand, das ebenfalls auf εὑρήσει
hinweise. Für Syr vermutet er einen griechischen Text ἐμπλήσει. Nach
Rüger wäre in 6a mit Ms B als der in diesem Fall älteren Textform die
3. Person fem. *tmṣ'* zu lesen, was durch εὑρήσει zu 6a in manchen griechischen Hss nahegelegt wird[1].

15,8 setzt G das Abstractum ὑπερηφανίας für Spötter.

15,10b übersetzen Fritzsche, Ryssel, Lévi nach G : καὶ ὁ κύριος ἐνοδ-
ώσει αὐτόν. H und S beziehen aber *mšl bh* nicht auf Gott, sondern auf den
Weisen : und der, der es beherrscht — gemeint ist das Loblied, — soll
es lehren!

Abschließend sei bemerkt, daß der von Schirman aufgefundene Text
von Sir 15,1-16,7 keine nennenswerten neuen Lesarten bietet[2]. Auch die
Untersuchung der Beziehungen zwischen den Varianten der verschiedenen
Versionen durch Rüger ergibt keine neuen Gesichtspunkte zur Text-
gestalt[3].

2. Struktur und literarische Gattung des Gedichtes.

a. Abgrenzung der Einheit.

Das Weisheitslied Sir 14,20ff. ist ein Neuansatz in der Komposition :
die Klage über die Vergänglichkeit alles Irdischen und des Menschen nach
dem Aufruf zur Lebensfreude (14,11-19) ist ein deutlicher Abschluß.
Der Makarismus 14,20 über den Weisheitsuchenden ist dazu ein sehr
wirkungsvoller Gegensatz, der stichwortartig vielleicht die Seligpreisung
des Sorglosen und Ruhigen in 14,1.2 aufgreift. — Der Schluß des Weisheitsgedichtes ist nicht so eindeutig festzulegen wie der Beginn. 15,1-8
wäre zwar ein völlig symmetrischer zweiter Teil zu 14,20-27 mit ebenfalls
8 Versen und stellt auch thematisch einen Abschluß dar. Aber auch die

---

[1] Rüger, Text und Textform, 72-73.

[2] E. Vogt, Novum folium hebr. Sir 15,1-16,7 Ms B, Bb 40 (1959), 1060-1062.

[3] Rüger, Text und Textform, 71-75.

Verse 15,7 und 9 weisen ein formales und inhaltliches Band auf: beide
beginnen mit einer Negation und beide handeln vom Gottlosen, von dem
die Weisheit bzw. das Loblied fern ist. Das Gotteslob ist außerdem bei
Ben Sira eine wichtige Aufgabe des Weisen (17,10.27-28). Man darf also
auch 15,9-10 miteinbeziehen[4], das sich sowohl auf das Lob des Weisen
als auch auf das Lob Gottes beziehen kann.

b. Zur Gliederung des Gedichtes.

14,20 ist der einleitende Makarismus, von dem die folgenden Verse
(20-27) abhängen. In allen 8 sehr regelmäßig gebauten Versen mit syno-
nymen Parallelismen ist der Weisheitsjünger Subjekt. Sein Suchen und
Verfolgen der Weisheit (20-23) und sein Wohnen in ihrer Nähe (24-27)
wird zum Teil durch das Verbum finitum, zum Teil durch Partizipia
(21.23.24.25.27) und einmal durch den Infinitiv (V 22) ausgedrückt;
der zweite Halbvers schließt jedesmal mit w^e an.

15,1 hebt sich literarisch als Beginn des zweiten Teiles des Gedichtes
hervor durch das vorgestellte *kî*, das am besten als Emphase zu übersetzen ist: 'Fürwahr, wer den Herrn fürchtet, tut dies alles'. Die Aussage
bezieht sich zusammenfassend auf 14,20-27 und stellt literarisch und auch
inhaltlich die Mitte der Aussage des Siraziden dar, die bewußt zwischen
die bildhafte Darstellung der Weisheitssuche und des darauf folgenden
Segens hineingestellt ist.

15,2-5 schildern das persönliche Entgegenkommen der Weisheit.
15,6 ist wieder der Jünger der Weisheit Subjekt und greift mit der Verheißung zurück auf 14,20.

15,7-8(9-10) bilden das negative Gegenstück zu 15,1. — Strophisch
könnte man diesen Abschnitt in 9 Zweizeiler zerlegen; die Frage ist
allerdings, ob nicht 15,1 in der Mitte des Gedichtes als Einzelvers herausgehoben werden soll.

c) Zur literarischen Gattung von 14,20-15,8(10).

Der durch 14,20; 15,1 und 15,6-8 markierte Rahmen verweist deutlich
auf die Gratulationspsalmen weisheitlich-religiöser Prägung wie etwa
Ps 32; 112; 119 als ganze und viele andere Psalmen mit Elementen des
Makarismus[5]. Besonders nahe scheint unser Weisheitsgedicht dem

---

[4] HASPECKER, Gottesfurcht 141, Anm. 41.

[5] H.J. KRAUS, Psalmen I, 1960, LIV-LV; E. LIPINSKY, Macarismes et Psaumes de
Congratulation, RB 75 (1968), 321-367; vgl. zuletzt W. KÄSER, Beobachtungen zum alttestamentlichen Makarismus, ZAW 82 (1970) 225-250.

Psalm 1 zu stehen. Denn *'šrj 'nwš* ist hier nicht die volkstümliche Glück-
wunschformel wie etwa noch Sir 25,8-9; 26,1; 28,19, auch nicht eine
vereinzelte Gratulationsformel religiösen Inhaltes wie Sir 14,1.2; 34(31),17
und 31(34),8. Unser Weisheitsgedicht Sir 14,20ff. ist wie Ps 1 als ganzes
vom Makarismus geprägt. Die Ähnlichkeiten bestehen einmal in der
Ausdrucksweise : es geht um die Torah (Sir 15,1; Ps 1, 2) und das Nachsinnen (*hgh*) über sie bzw. über die Weisheit (Sir 14,20; Ps 1, 2b), das
mit Freude verbunden ist (Sir 15,6; Ps 1, 2a). Gemeinsam ist auch die
Erwähnung der Spötter (Sir 15,8; Ps 1,1), der Gottlosen (Sir 15,9; Ps
1,1.4.5.6), ferner die Formel *kî 'im* (Sir 15,1; Ps 1,2.4). Noch entscheiden-
der aber ist die Struktur : beide Gedichte beginnen mit dem Makarismus
(Sir 14,20; Ps 1,1). Sir 15,2-6 und Ps 1,3 formulieren in je verschiedenen
Bildern Verheißung und Segen für den Weisheitsjünger oder den Gerechten. Den Abschluß bildet sowohl Sir 15,7-8 als auch Ps 1,4 die mit *lõ'*
einsetzende Umkehrung der Seligpreisung im Wort über den Frevler;
wenn wir auch Sir 15,9-10 noch einbeziehen, ergibt sich hier wie Ps 1,6
noch eine antithetische Zusammenfassung mit einem Wort über den
Weisen bzw. Gerechten sowie über den Frevler. In diesen mit Ps 1 ge-
meinsamen und deutlich erkennbaren Rahmen 14,20-15,1-15,7.8(9.10)
hat Ben Sira die Motive von der Frau Weisheit als Braut (14,21-27) und
Mutter (15,2-5) hineingefügt und sie dadurch auch schon gedeutet.
Aus traditionellen Formen und Motiven ist eine neue Form- und Sinneinheit entstanden[6], die man als Beispiel midraschartiger Exegese ansehen könnte[7].

3. Zur Aussage.

a. Die Weisheit als geliebte Braut und Mutter.

Im ersten Teil 14,20-27 liegt der Akzent zweifellos auf der Suche des
Jüngers nach der Weisheit, die ihn völlig in Beschlag nimmt. Die Grup-
pierung der Verben veranschaulicht das in einer sehr schönen Steigerung.
20-21 : nachsinnen - sich kümmern - den Sinn richten - achten (*hgh,
       š'h, śjm lb, htbwnn*);
22-23 : als Späher nachgehen - lauern - durchs Fenster sehen - an der
       Tür lauschen (vgl. die hebr. Wurzeln *ḥqr, šqp, rṣd, ṣwt*);

---

[6] BAUMGARTNER, Die literarischen Gattungen in der Weisheit des Jesus Sirach, ZAW 34
(1914), 189 spricht nur vom ersten Teil 14,20-27 als einer allegorischen Liebesgeschichte,
womit aber die Gesamtkomposition nicht berücksichtigt ist.

[7] Zur Charakteristik des Midrasch s. die vorzüglichen Ausführungen von R. BLOCH,
Midrash, in DBS V, 1957, vor allem 1265-1267.

24-27 : lagern - den Zeltpflock einschlagen - das Zelt aufschlagen - wohnen
- Nest bauen - weilen - sich bergen - wohnen (ḥnh, ḥbj' jtd, nṭh 'hl,
škn, śjm qn, jtlwnn, ḥsh, škn).

Der sehr kunstvolle Bogen führt vom Anspannen des Geistes und dem
Einsatz der Sinne zum dauernden Wohnungsnehmen und Verweilen im
Bereich der Weisheit. 15,2-6 kommt in umgekehrter Bewegung die
Weisheit ihrem Jünger entgegen mit ihren Segnungen.

Die Gestalt der Weisheit trägt bei Ben Sira noch stärker als im Spruchbuch (Spr 4,6-9; 7,4; 9,1-5) die Züge der Braut, der der Jünger nachgeht
wie der Bräutigam im Hohenlied (Hl 2,9) und dabei selbst auf die Regeln
von Herkommen und Anstand vergißt (vgl. den Toren in Sir 21,22-24)[8].
Die wechselnden Attribute wie Mutter (vgl. Schwester in Spr 7,4), Frau
der Jugendzeit (Spr 5,18; Jes 54,6; Jer 3,4), das Bild der Geliebten als
schützender Baum (in Hl 2,3 vom Bräutigam) müssen offenbar poetisch
verstanden werden[9] und wollen die Kraft und alles Interesse der Jugend
auf die Weisheit lenken. Wie in Spr 1-9 wird auch in diesen Bildern kein
Wert darauf gelegt zu sagen, wer diese Frau Weisheit eigentlich ist.
Hier wie dort läßt aber die Sprache manchmal erkennen, wessen Stelle
sie vertritt, so Sir 15,4-6, wenn es heißt, daß sie ihren Schüler stützt,
daß er nicht wankt und nicht zuschanden wird, wenn er auf sie vertraut
(vgl. auch Sir 24,22). In der Sprache der Psalmen tut das einzig und allein
Jahwe, der den Gerechten stützt (Ps 18,19), ihn nicht wanken läßt (Ps
55,23; 66,9; 121,3; 15,5; 16,8; 21,8; 112,6) und diejenigen nicht zuschanden werden läßt, die auf ihn vertrauen (Ps 22,6; 25,2; Sir 2,10). Das
Ruhen des Weisheitsjüngers in den Segnungen der Weisheit 14,25-27
ist ähnlich mit Ps 25,13, wo es vom Gottesfürchtigen heißt, daß er im
Heil (bṭwb) ruhen darf (tljn).

Ein anderes in der Weisheitstradition beliebtes Motiv zum Ausdruck
der Gemeinschaft zwischen der Weisheit und ihren Jüngern ist das Mahl,
das außer Sir 15,3; 24,19-21 und Spr 9,1-6 auch in einem Psalm aus
Qumran erwähnt wird, wo von der Weisheit die Rede ist:

'Aus den Toren der Gerechten hört man ihre Stimme und aus der

---

[8] Vom Warten an den Toren und Eingängen zum Haus der Weisheit ist neben Spr 8,34
auch in 11Q Ps ªXVIII, 8-12 die Rede.

[9] H. RINGGREN, Word and Wisdom, 1947, 111. — Wenn U. WILCKENS, Weisheit und
Torheit, 1959, 176-177 im Anschluß an Boströms Proverbiastudien vor allem in den Weisheitsgedichten Sir 14,20f. und 51,13f. das Motiv der Synousie mit seinem sexuellen Hintergrund gegeben sieht, mag das bezüglich der Herkunft solcher Züge diskutabel sein, im
Text- und Sinnzusammenhang ist jedenfalls diese Auffassung völlig verschwunden.

Versammlung der Frommen ihren Gesang. Wenn sie reichlich essen, wird sie genannt, und ebenso, wenn sie trinken miteinander'[10].

b) Die Interpretation der Weisheit.

Erst in den Versen des interpretierenden Rahmens, vor allem in 15,1 und 15,7.8 wird gesagt, wie Weisheit zu verstehen ist, ähnlich 4,12-14 und 24,23.15,1 : 'Wer den Herrn fürchtet, tut das alles...' erinnert sehr stark an 24,23, wo ebenfalls der vorhergehende Weisheitshymnus zusammengefaßt wird : 'Das alles ist das Bundesbuch des höchsten Gottes, das Gesetz...'. Der Gottesfürchtige ist der wahrhafte Weisheitsjünger; und wer das Gesetz hält (*tpš* hat im Alten Testament sonst gewöhnlich einen kriegerischen und gewaltsamen Klang : ergreifen, festhalten, einnehmen), erlangt die Weisheit, die also selbst an dieser Stelle nicht einfach aus dem Halten des Gesetzes folgt, sondern ihren personalen geschenkhaften Charakter bewahrt : sie kommt dem Weisheitssuchenden entgegen (15,2). Die Formulierung 15,1b scheint eine Umkehrung von Jer 2,8 zu sein, wo Gott den Priestern vorwirft : 'Die das Gesetz handhaben, kannten mich nicht!'. Bei Sir 15,1-2 bekommt die Formulierung *tpš twrh* einen positiven Sinn : das Gesetz wird ein Weg zur Begegnung mit der Weisheit und damit mit Gott selber. Derselbe Gedanke wird 15,7-8 negativ abgewandelt. Auch der apokryphe Psalm 11Q Ps[a] XVIII,14 ist dazu eine auffallende Parallele, wenn dort von der Weisheit gesagt wird :

'Wie fern von den Sündern ist ihr Wort,
von allen, die übermütig sind, sie zu erkennen'.

kmh rḥqh mrš'jm
mkwl zdjm ld'th

Die Antithese in 15,9-10 über das Loblied (*thlh*), das seltsamerweise absolut gebraucht wird ohne Erwähnung, worauf es sich bezieht, ist am besten in die religiöse Interpretation der Weisheit einzuordnen : das Loblied, das nur dem Weisen zugeteilt ist, ist eben seine Antwort auf das Geschenk und die Gegenwart der Weisheit. Der Makarismus auf den

---

[10] 11Q Ps[a] col. XVIII, 12-13. Den hebr. Text mit englischer Übersetzung siehe bei J.A. SANDERS, The Dead Sea Psalms Scroll, New York 1967, 104 u. 107. Sanders bemerkt ebd. 107 zu V 13-14, daß diese Stelle des Psalmes sehr sektenhaft klingt und verweist auf 1Q S VI,4-7 und 1Q Sa II,11-22, wo vom rituellen Mahl der Qumranleute die Rede ist. Doch bemerkt er selber S. 109, daß der Psalm keine ausschließlich essenischen Merkmale aufweist. — Auch LÜHRMANN, Ein Weisheitspsalm aus Qumran, ZAW 80 (1968), 97, ist der Ansicht, daß die Frage des Verhältnisses dieses Psalmes zu den Interessen der Qumrangemeinschaft schwer zu beantworten sei.

Weisen von 14,20 mündet in den Lobpreis Gottes[11]. Ein derartiges
Gedicht hat wohl seinen Sitz im Leben zu Beginn oder am Schluß des
weisheitlichen Unterrichtes gehabt.

4. Sir 14,20ff. und der Kreis um Ben Sira.

Der in Qumran gefundene Weisheitspsalm, der bisher nur in syrischer
Sprache bekannt war, wirft wegen seiner unbestreitbaren Ähnlichkeit
zu Sir 14,20ff. einiges Licht auf die Weisheitsschule zur Zeit Ben Siras.
Für eine Datierung des Psalmes gibt es zwar wenig Anhaltspunkte;
sprachlich und sachlich ist er jedoch am besten gleichzeitig mit Ben Sira
anzusetzen[12]. Damit besitzen wir ein weiteres Dokument der Synthese
aus der Gesetzesfrömmigkeit der Spätzeit (Ps 1,19B, 119) mit der weisheitlichen Tradition, als deren Hauptvertreter ich Ben Sira bezeichnen
möchte. Es ist nicht ausgeschlossen, daß dieser Psalm aus seinem Schüler-
kreis hervorgegangen ist oder auch von Ben Sira selber stammt; bekannt-
lich wurde in derselben Psalmenrolle auch das Schlußgedicht Sir 51,13-20
als Psalm Davids überliefert! Die Erwähnung der Erwählung Jerusalems
und Sions in V 19.20 des Qumranpsalmes scheint die Nähe zum Kreis
Ben Siras zu bestätigen (vgl. Sir 24,8-12 !)[13]. Der Eintritt des einen oder
anderen aus dieser Weisheitsschule — (Sir 51,23.29 spricht ausdrücklich
vom Lehrhaus und vom Lehrstuhl) — in die Qumrangemeinde wäre
eine mögliche Erklärung für die Hochschätzung und Aufbewahrung der
Schriften Ben Siras in Qumran[14]; die Betonung und Hervorhebung des
Priestertums Sadoks und das Lob des Hohenpriesters Simon waren dafür
gewiß nicht der einzige, wenn auch sehr ausschlaggebende Grund[15].

---

[11] SEGAL, Kommentar, 94.

[12] D. LÜHRMANN, Ein Weisheitspsalm aus Qumran, ZAW 80 (1968), 97, will ihn »mindes-
tens gleichzeitig mit Sirach, wenn nicht etwas früher« ansetzen. — J.A. SANDERS, The
Dead Sea Psalms Scroll, 109, vermutet das zweite Viertel des zweiten Jh. v.Chr.

[13] Das umsomehr, wenn nach der Textkonjektur von Lührmann ZAW 80 (1968), 96-97,
V. 20 des Weisheitspsalmes von der Wohnung der Weisheit auf dem Sion zu verstehen
wäre.

[14] SANDERS nimmt für 11Q Ps[a] XVIII an, daß dieser 'proto-essenische' Psalm in Kreisen
entstand, die später ein Teil der Qumrangemeinde wurden, s. J.A. SANDERS, The Dead Sea
Psalms Scroll, 1967, 109. Rein chronologisch ist eine Beziehung zwischen Leuten aus der
Schule des Siraziden und den Anfängen der Qumranbewegung durchaus möglich. Vgl.
z.B. die Hypothese von H. Seidel, nach der der geistige Ursprung der ersten Qumrangemeinde in einer Erweckungsbewegung in Jerusalem im ersten Viertel des zweiten Jh.
v.Chr. zu suchen wäre: H. SEIDEL, Erwägungen zur Frage des geistigen Ursprungsortes
der Erweckungsbewegung von Qumran, in: Bibel und Qumran, Berlin 1968, 188-197.

[15] Daß in Qumran Leute mit einer Vorliebe für weisheitliche Denk- und Ausdrucksformen
waren, zeigt auch ein von John M. ALLEGRO in PEQ 96 (1964) erstmalig veröffentlichtes

Neben dieser Hervorhebung des Priestertums ist noch die betonte redaktionelle Zusammenstellung von Davidsbund und Aaronsbund in Sir 45,15ff. und 45,25 sehr bedeutsam, weil durch diese Verklammerung sogar die chronologische Reihenfolge im Lob der Väter unterbrochen wird. Denn von David und den Verheißungen für sein Haus ist in der historischen Abfolge erst 47,1-11 die Rede. Dem Siraziden mußte also sehr daran gelegen sein, an der Stelle, an der vom Bund mit Aaron und Pinchas die Rede war, auch den Davidsbund einzufügen. Die Inklusion 45,24d-45,25d bringt das deutlich zum Ausdruck[16]. Der Sirazide vertrat damit gewiß noch nicht die Lehre von einem aaronitischen und einem davidischen Messias wie die Gemeinde von Qumran, aber er bezeugt klar das Ethos, aus dem heraus eine solche Lehre formuliert werden konnte[17]. Daß Ben Sira selber zum Kreis der Qumranleute gehört hätte, ist höchst unwahrscheinlich. Seine Ausgeglichenheit, Offenheit und Lebensfreude stehen zu sehr im Gegensatz zum strengen esoterischen Zug der Sekte[18]. Trotz mancher gemeinsamer Ausdrücke und Vorstellungen sind die theologischen Differenzen nicht zu übersehen, wie etwa das völlige Fehlen der Angelologie, des Messianismus und die starke Betonung der menschlichen Freiheit beim Siraziden[19]. Der Weise ist also selber kein Vertreter der Qumrangemeinde, aber ein sehr bedeutender Zeuge für die Zeit und das Milieu, aus dem diese Bewegung herausgewachsen ist.

Vielleicht darf man auch die schon des öfteren zitierten Testamente der 12 Patriarchen, die im Stil weisheitlicher Mahnrede eine fromme

---

weisheitliches Werk aus 4Q : »The Wiles of the wicked Woman« A sapiential work from Qumran, S. 53-54 und pl. XIII. Im Anschluß an Spr 7 wird in 17 Zeilen die Verführungskunst des bösen Weibes geschildert; Zeile 13 erinnert sehr an Sir 26,9 : beide Verse beschreiben wohl auch mit denselben Termini, soweit sich das nach dem nur griechisch erhaltenen Vers Sir 26,9 beurteilen läßt, den frechen Blick und das Wimpernspiel der Dirne. Vgl. auch : GAZOR-GINZBERG, Double meaning in a Qumran work (The wiles of the wicked woman), RQ 6 (1967/68), 279-285. Von der kanonischen Weisheitsliteratur finden sich in den bis jetzt edierten Qumranfragmenten Texte von Prov, Hiob und Qohelet; siehe den Überblick bei FOHRER, Einleitung, [10]1965, 546-547.

[16] Die verschiedenen Versionen von Sir 45,25c tun dieser Tatsache keinen Eintrag. Ich übersetze nach dem hebräischen Text von Ms B mit Smend, Hamp, Duesberg den Vers : »(So bestand) ja auch sein Bund mit David, dem Sohne Isais aus dem Stamme Juda, in der Erbnachfolge eines Herrschers vor seiner Herrlichkeit; also gehört das Erbe Aarons ihm (d.h. Pinchas, der Verf.) und seinem ganzen Geschlecht«.

[17] J. PRIEST, Ben Sira 45,25 in the light of the Qumran Literature RQ 5 (1964/65), 111-118, vor allem 117-118.

[18] J. LIVER, The 'Sons of Zadok the Priest' in the Dead Sea Sect, RQ 6 (1967), 3-30, bes. 23-24.

[19] J. CARMIGNAC, Les rapports entre l'Ecclésiastique et Qumran, RQ 3 (1961), 209-218.

aber durchaus unlegalistische Haltung offenbaren, dieser Epoche Ben
Siras zuordnen, wie es ja vielfach erwogen wird[20] und worauf manche
Ähnlichkeiten in Form und Inhalt hinweisen könnten.

§ 3 : Sir 6,18-37.

1. *Text.*

6,18 Mein Sohn, von deiner Jugend auf nimm Zucht an,
      und bis ins Greisenalter mögest du Weisheit ernten!
 19 Wie der Pflüger und wie der S c h n i t t e r nahe ihr und harre auf
      ihren g r o ß e n Ertrag!
      Denn in ihrem Dienst brauchst du dich nur kurz mühen und schon
      m o r g e n kannst du ihre Früchte genießen.
 20 Schwierig ist sie für den Toren (   ),
      und der Unverständige erträgt sie nicht.
 21 Wie ein schwerer Stein liegt sie auf ihm,
      und er zögert nicht, sie abzuwerfen.
 22 Denn die Z u c h t ist wie i h r Name,
      nicht vielen ist sie b e q u e m.
 23 Höre, mein Sohn und nimm meine Lehre an
      und verschmäde meinen Rat nicht!
 24 Bringe deine Füße in ihre F e s s e l n
      und deinen Hals in ihr J o c h !
 25 Beuge deinen Nacken und trage sie
      und werde ihrer Bande nicht überdrüssig!
 26 Mit deinem ganzen Herzen tritt an sie heran
      und mit deiner ganzen Kraft halte ihre Wege ein!
 27 Frage und forsche, suche und du wirst finden.
      Und hast du sie ergriffen, laß sie nicht mehr los!
 28 Denn schließlich findest du Ruhe bei ihr,
      und sie wandelt sich dir in Freude.
 29 Ihre F e s s e l wird dir zur starken Festung,
      und ihre Bande zu goldenen Gewändern.
 30 Ein S c h m u c k s t ü c k aus Gold ist ihr Joch,
      und ihre Stricke ein Purpurband.

---

[20] J. MURPHY-O'CONNOR, in: Haag, Bibellexikon, ²1968, 1733-1735; EISSFELDT, Einleitung, ³1964, 861, hält ebenfalls die Abfassung des Grundbestandes der Test XII patr zur
Zeit Ben Siras für möglich. J. BECKER, Untersuchungen zur Entstehungsgeschichte der
Testamente der zwölf Patriarchen, Arbeiten zur Geschichte des antiken Judentums und
des Urchristentums, Bd VIII, Leiden 1970, konnte nicht mehr berücksichtigt werden.

31 Als Prachtgewand kannst du sie anziehen
und als herrliche Krone sie aufsetzen.

32 Wenn du willig bist, mein Sohn, kannst du weise werden,
und wenn du aufmerksam bist, kannst du klug werden.

33 Wenn du zuhören willst (   ),
so neige dein Ohr und du wirst gebildet.

34 Unter die Schar der Alten stelle dich
und wer weise ist, dem schließ dich an!

35 Jede weise Rede höre gern,
und kein Weisheitsspruch soll dir entgehen!

36 Sieh zu, wer verständig ist und suche ihn auf
und dein Fuß trete s e i n e Türschwelle aus!

37 Lerne Einsicht in die Furcht des Allerhöchsten
und über seine Gebote s i n n e allezeit nach!

38 Dann wird er dein Herz einsichtig machen
und dich Weisheit lehren soviel du willst.

Anmerkungen zur Übersetzung.

6,19 haben G S statt Schnitter (H) in 19a Sämann. G 'die guten Früchte'
in 19b setzt in H *ltwb* statt *lrb* voraus. 19c ist vielleicht mit G und S an
hebr. *'ml* statt *'bd* zu denken; auch die falsche Lesart Sir 51,27 *'mdtj*
statt *'mltj* legt das nahe (Smend, Peters, Hamp). 19d ist die Lesart 'schnell'
in G Verwechslung von *lmhr* und *lmhr*.

6,20 haben S Lat den Zusatz 'die Weisheit'. Ryssel hält σφόδρα für
Verschreibung von σοφία.

6,22 ist entweder *ḥkmh* (fem.) statt *mwsr* (masc.) zu lesen wie Smend
vorschlägt und dementsprechend das Pronomen *hî'* statt *hû'*, oder es
ist *kšmw* zu schreiben und in 22c *hû'* für *hî'* zu setzen. Peters entscheidet
sich für die Lesart *mûsar* und dementsprechend für die Änderung des
Pronomens gegen Smend. Er verweist auf das Wortspiel von *mûsar* und
môser, in dem der Ausdruck Zucht schon auf die Bindung hinweist. Die
Erwähnung der Fesseln in V 24/25 macht seine Ansicht sehr beachtenswert. V 22b liest Ms A der Genizafragmente ebenfalls ein Adjektiv fem.:
nkwḥh, gerade, eben. In dem aus der 2. Hälfte des 1. Jh. v.Chr. stammenden Fragment aus 2Q, Nr 18/2 ist das Wortende erhalten: *(n)kḥ*, das
sowohl Adjektiv masc. sein kann als auch die Präposition *nokaḥ*, gegenüber, wie z.B. Jos 15,7. Die Edition bevorzugt die Deutung als Präposition, weil dadurch der unmittelbare Kontext von 22b: *wl' lrbjm hj'*

nkḥ nicht geändert zu werden braucht[1]. — Van den Born hält in seinem Kommentar (55) — schwerlich zu Recht — daran fest, daß im hebräischen Wort *ḥokmā* die Unzugänglichkeit der Weisheit ausgedrückt war.

6,23-24 fehlt in H.

6,24b kann mit Hamp nicht 'Garne' übersetzt werden : κλοιός ist ein Joch oder Halseisen (Ryssel, Eberharter, Peters und Duesberg).

6,26 fehlt in H.

6,29 ist wie in V 24 'Fessel' (Smend, Ryssel) besser als Netz (Lévi, Hamp).

6,28 ist fem. *nhpkh* zu lesen.

6,30 ist H : *'lj* = Stößel (nicht Brett, wie Peters übersetzt) nach G zu korrigieren und *'dj* = Schmuck zu lesen (Fritzsche, Ryssel, Smend, Hamp und Duesberg).

6,33 ergänzen G und S den ersten Halbvers, so daß zwei vollständige Stichen entstehen. Ich folge mit Peters und Hamp dem hebräischen Text, der allerdings tatsächlich uneben und unvollständig scheint.

6,34 fehlt in H. Der Schreiber ist versehentlich von *lšm'* in 33b auf dasselbe Wort in V 35 geglitten.

6,36 ist mit G und S 'seine' Schwelle zu lesen.

6,37 lies entweder *hgh* (Imperativ) oder *thgh* (Jussiv) mit G und S[2].

2. Zum Aufbau des Gedichtes.

Sir 6,17 schließt die Komposition 4,20-6,17 ab, die durch das Weisheitsgedicht 4,11-19 eröffnet wurde. Die Weisheitsperikope 6,18-37 ist durch die dreimalige Anrede 'mein Sohn' deutlich in drei Abschnitte gegliedert und präsentiert sich als direkte Aufforderung des Weisheitslehrers an seinen Schüler zur Weisheitssuche, was in den vielen Imperativen zum Ausdruck kommt.

6,18-22 spricht von den Verheißungen (18-19) und Mühen der Weisheitssuche (20-22).

6,23-31 führt das Thema von der Last der Weisheit zunächst imperativisch
weiter (23-27) und schildert dann ihre Umwandlung in Segen
und Kostbarkeit.

6,32-37 fordert auf zum Umgang mit Weisen (32-36). 6,37 stellt eine nicht
unmittelbar aus dem Kontext erwachsene abschließende religiöse

---

[1] BAILLET - MILIK - DE VAUX, Les 'Petites Grottes' de Qumran, DJD III, 1962, 77; das Fragment s. Pl. XV, Nr. 18/2.

[2] Zu einzelnen Varianten dieses Weisheitsgedichtes vgl. auch H.P. RÜGER, Text und Textform, 41.

Interpretation der Weisheitssuche und der Weisheit selber dar. Strophisch ist in $2 \times 3 + 3 \times 3 + 3 \times 2$ Distichen zu gliedern.

3. *Aussage.*

a. Vokabular.

Die Termini für Weisheit in diesem Gedicht ergeben bereits einige Anhaltspunkte. Die Wurzel *ḥkm* begegnet nur zu Beginn des ersten Abschnittes 6,18 und am Anfang und Schluß des dritten Teiles in 6,32.37, sodaß man dort die Hauptabsicht des Autors vermuten kann. 6,18-22 ist umrahmt vom Stichwort *mwsr*, Zucht[3]. Außerdem begegnen noch Lehre und Rat (6,23 G Syr), klug sein *ʿrm* (6,32), *bjnh* und *śjḥh* (6,35), und das Verbum *bjn* 6,36.37. Der Erwerb der Weisheit durch die Unterweisung des Lehrers spielt hier offensichtlich eine wichtige Rolle, vor allem 6,32-36. Die Mahnungen dieses Gedichtes verweisen somit sehr deutlich auf die Situation und den Gebrauch in einer Schule.

b. Bildersprache.

Das Hauptgewicht der Bildaussagen liegt in 6,23-31, wo in Umkehrung der Reihenfolge von 6,18-22 zuerst zur harten Mühe der Weisheitssuche gerufen wird. Nirgends in der biblischen Weisheitsliteratur wird diese anfängliche M ü h s a l so stark betont wie in dieser Perikope bei Ben Sira (vgl. noch Sir 4,17 und 51,22-30)! Fesseln, Bande und Joch für Füße und Nacken sind der harte Beginn in der Schule der Weisheit, die den ganzen Menschen bindet, der sich mit ihr einläßt. Der Tor, der keine Geduld hat, wirft sie darum sofort ab (6,20-22), ohne auf Ertrag zu warten (6,19), der bei kurzer Mühe (6,19c; 51,27) alle Erwartungen übertreffen würde (vgl. 24,31; 33(36),16.25).

Die Weisheit bleibt zwar immer dieselbe, aber die Erfahrung des Menschen mit ihr wandelt sich (6,28 *hpk*; vgl. auch die Offenbarung und Enthüllung der Weisheit 4,18). Wer aushält, erfährt Schutz und Kostbarkeit der Weisheit. Der Bereich der Bilder von 6,24.26 (Fesseln, Joch) wird kunstvoll auf eine analoge höhere Ebene transponiert: was als häßliche und schwere Bürde erschien, die eigentlich nur dem arbeitenden Ochsen angemessen ist (Jer 27,2), offenbart sich nun als Ruhe und Wonne (6,28), als den ganzen Menschen umhüllende Schönheit, als Prachtgewand, Schmuck und Kranz (6,29-31). Sorgfältig gewählte seltene Worte unterstreichen diese Atmosphäre, so *ktm* (Gold), *ʿdj* (Brautschmuck; vgl.

---

[3] HASPECKER, Gottesfurcht, 130, Anm. 20.

Jes 61,10; Jer 4,30; Ez 16,1.13; Hos 2,15)[4]. *ptjl tklt* (Purpurband) in
6,30 bezeichnet die violetten Purpurschnüre für den Brustschild der
Priester (Ex 28,28.37; 39,21; Num 15,38). Die Weisheit verweist damit
auf den Dienst am Heiligtum und auf die Nähe Gottes (vgl. 4,14; 24,10f.)[5].
Auch das Prachtgewand (6,31) mag auf priesterliche Gewandung gedeutet
werden (vgl. 50,11), kann aber auch ganz allgemein die von der Weisheit
verliehene Schönheit meinen (vgl. 27,8). Die K r o n e oder der Kranz
der Weisheit ist letztes und kostbarstes Stück des Schmuckes, das dem
Menschen Würde verleiht[6]. Dieses Motiv, das auch in den Sprüchen
begegnet, ist sehr alt[7].

Das schon von 4,15 und 14,24-27 bekannte Wohnen bei der Weisheit
in R u h e und Sicherheit ist ein zentraler Topos aller dieser Gedichte,
so auch 6,28.29. Ort der Ruhe ist nicht mehr das Land wie im Deuteronomium sondern die Person der Weisheit bzw. Gott selber. In der Sprache
der Psalmen findet ja der Gerechte in Gott Zuflucht und Sicherheit.
Eine ausdrückliche Bestätigung für dieses im Text selber nur verhalten
angedeutete Verständnis gibt V 26, der nur griechisch und syrisch erhalten
ist. Dieser Vers ist ein Midrasch zu Dt 6,5, dem Hauptgebot der Gottesliebe[8]. Wenn der Weisheit gegenüber kühn dieselbe Hingabe wie gegen
Gott verlangt wird, 'mit ganzem Herzen' und 'mit ganzer Kraft', dann
besteht kein Zweifel, daß eben Gott selbst hinter dem Anspruch der
Weisheit steht. Das menschliche Mühen um Zucht und Weisheit wird
damit auf die persönliche Beziehung zu Gott hingeordnet und von ihr
umgriffen.

Das wird nochmals deutlich in 6,37. 6,32-36 sind für sich genommen,
rein profane Mahnungen an den Schüler zum Umgang mit Weisen, zum
Besuch seines Lehrers (6,36). Die unerwartete abschließende Mahnung
zur Gottesfurcht scheint eine bei der Redaktion des Werkes angefügte
Interpretation zu sein. Die Gottesfurcht wird allerdings dadurch nicht

---

[4] Im Anschluß an Spr 1,9; 3,3.22; 6,21 spricht Chr. Kayatz von der Bedeutung des
Schmuckes in der ägyptischen Literatur : die Richter trugen dort die Maatfigur als Zeichen
rechten Urteils um den Hals; diese sicherte auch den Toten Geleit und Schutz, Chr. KAYATZ,
Studien zu Prov 1-9, WMANT 22, 1966, 108-111.

[5] DUESBERG, Ecclesiastico, 118-119, beachtet als einziger Kommentator diesen Zug,
deutet ihn jedoch etwas zu konkret auf das Gesetz.

[6] Vgl. 1,18 : Kranz der Gottesfurcht; 25,6 : Erfahrung als Krone des Weisen; 45,12 :
das goldene Diadem Aarons; 50,12 : der Kranz der Söhne des Hohepriesters.

[7] Chr. KAYATZ, Studien zu Prov 1-9, 111-117 erwähnt die ägyptischen Vorstellungen
vom Lebens- und Rechtfertigungskranz, die allerdings für Spr 1,9; 4,9 und für Ben Sira
nicht direkt relevant waren.

[8] N. PETERS, Komm., 64.

'Zielpunkt des Ganzen'[9] sondern sie ist, wie das Nachsinnen über die
Gebote (vgl. 14,20; 15,1) nur Voraussetzung für die Weisheit, die von
Gott selber ins Herz gegeben und gelehrt wird (1,10; 39,6; 43,33)[10].

Sosehr die praktische Zielsetzung der Mahnungen Ben Siras zum Erwerb
der Weisheit auf eine Empfehlung der Gottesfurcht hinauskommt, so
steht doch in der dahinter verborgenen theologischen Struktur die von
Gott ausgehende und dem Gottesfürchtigen mitgeteilte Weisheit und
Nähe Gottes am Anfang und Ende seines Denkens. Gottesfurcht ist
Bewegung von unten, die Weisheit das Ziel, das von oben kommt.

§ 4 : Das Bild des Weisen in Sir 38,24-39,11.

Obwohl kein Weisheitslied im eigentlichen Sinn, ist dieser Abschnitt
über den 'Sofer' für das Weisheitsverständnis des Autors sehr bedeutungsvoll. Da von dieser Perikope z.T. schon die Rede war (S. 80, 88), werden
nur die Grundlinien der inhaltlichen Struktur herausgestellt.

1. *Zum Text.*

Vom hebräischen Text ist nur Sir 38,24-27 (fragm.) erhalten. Der
Abschnitt über die Handwerker enthält keine theologisch relevanten
textlichen Probleme. 39,1a(38,34c) ist mit Syr sicher Gottesfurcht zu
ergänzen[1]. — 39,2b ist vielleicht mit Syr statt 'Wendungen der Sinnsprüche' (G) 'Tiefen der Sinnsprüche' zu lesen (Box-Oesterley, Hamp,
Segal). — 39,5 hat G das hebräische *šḥr 'l* ausgedeutet zu 'sich früh aufmachen zu Gott' und die Erwähnung des Schöpfers angefügt, die in Syr
fehlt. Gott der Große in 39,6 ist wohl Gott der Höchste (vgl. 46,5). 39,7a
erklärt sich der Unterschied zwischen Syr und G durch die Verwechslung
von *jbjn* und *jkjn* im Urtext. V 7 fehlt Syr wohl zu Recht in beiden Vers-
hälften das Pronomen 'sein'. Zur Verszählung ist zu bemerken, daß
Rahlfs, nach dem wir zählen, das Lob des Schriftgelehrten in 39,1 beginnen läßt (= 38,34cd bei Ziegler).

---

[9] HASPECKER, Gottesfurcht, 130.

[10] Auch HASPECKER, 131, vermerkt diese betonte Absetzung der Weisheit von Gottesfurcht und Gesetz in 6,37. Das hat übrigens bereits MERGUET, Die Glaubens- und Sittenlehren des Buches Jesus Sirach, 1874, festgestellt, wenn er sagt, daß bei Ben Sira die Weisheit
und ihr Besitz als Ziel gedacht sind, zu dem der Mensch kommen soll; »aber als ein Weg
zu diesem Ziel erscheint die Gottesfurcht und die Gesetzeserfüllung ...« (S. 19).

[11] HASPECKER, Gottesfurcht, 71-72.

2. Inhaltliche Struktur.

Sir 38,24-39,11 ist ein kunstvoll angelegtes Diptychon mit zwei großen kontrastierenden Bildern. Der erste Teil 38,24-34 schildert in deutlicher Anlehnung an ägyptische Vorbilder[2] die Handwerker, die keine Muße haben um Weisheit zu sammeln. 39,1-11 dagegen zeichnet das Ideal des schriftgelehrten Weisen. Dieser *Sofer* steht auch als Thema an der Spitze des ganzen Abschnittes in 38,24. Beide Hälften sind durch eine Reihe von wiederkehrenden Motiven als E i n h e i t gekennzeichnet.

a. Das zentrale Wort, das äußerlich beide Teile eint, sie aber inhaltlich einander gegenüberstellt, ist die H i n w e n d u n g d e s H e r z e n s, die Aufmerksamkeit ($\dot{\epsilon}\pi\iota\delta\iota\delta\acute{o}\nu\alpha\iota$ $\kappa\alpha\rho\delta\acute{\iota}\alpha\nu$), so 38,26.27.28.30 und 39,1.5; damit verbunden ist in der ersten Hälfte die rastlose Sorge ($\dot{\alpha}\gamma\rho\upsilon\pi\nu\acute{\iota}\alpha$), die völlig auf die Arbeit der Hände gerichtet ist, während sich der Weise im 2. Teil ganz auf Gott einstellt und auf sein Gesetz (39,1.5).

b. Einen ähnlichen inhaltlichen Kontrast bei Betonung derselben Motive ergibt auch die Gegenüberstellung der Position des Handwerkers (38,33-34) und des Weisen (39,4.7.9-11) in der Ö f f e n t l i c h k e i t. Wesentliche Auszeichnungen des Weisen fehlen dem Handwerker : der Rat (38,33a/39,4.7), das Ansehen in der Versammlung (38,33b/39,10), die Lehre von Zucht und Bildung (38,34a/39,8a), die richterliche Aufgabe (38,33cd) und die führende Stellung (38,34b/39,4)[3].

c. Neben diesem Spiel von Einheit und Kontrast der Motive in den zwei Teilen dieser Perikope, das die Einheit der Komposition anzeigt, bringt aber der spezielle A u f b a u jeder Hälfte auch wesentlich verschiedene Geisteshaltungen des Handwerkers und Weisen zum Ausdruck.

Die Schilderung des Handwerkers ist sehr einheitlich und strophisch. Jede Strophe beschreibt einen Arbeitsvorgang und schließt mit einem Refrain : 'wer seine Sinne auf ... richtet, und dessen ganzes Sorgen auf die Vollendung des Werkes geht'. $o\ddot{\upsilon}\tau\omega\varsigma$ in V 38,27.28.29 sowie die Zusammenfassung in 38,31.34 unterstreichen jeweils denselben Endeffekt.

Diese Eintönigkeit und Eingrenzung des Menschen auf die Arbeit der Hände und die Fertigstellung seines Werkes, die keine Zeit zum Erwerb der Weisheit läßt — jeder ist nur in s e i n e m Geschäft weise (38,31), — wird durchbrochen beim schriftgelehrten Weisen 39,1. $\Pi\lambda\acute{\eta}\nu$ —

---

[2] Sprüche des Duauf, ANET, [2]1955, 432-434 und das Lob des Schreibers, ANET, 431-432.

[3] P.W. SKEHAN, They shall not be found in Parables (Sir 38,33), CBQ 23 (1961), 40, dürfte recht haben, wenn er für V. 34b (= 33e nach Ziegler) das vorauszusetzende hebräische *mšljm* *môš^elîm*-Herrscher vokalisiert statt *m^ešalîm*-Sprüche.

anders, läßt eine vielfältige geistige Bewegung beginnen, die schwer zu gliedern ist, am besten vielleicht in 39,1-4 (die Weite der Tätigkeit des Schriftgelehrten und Weisen); 39,5-8 (das persönliche Gottesverhältnis des Weisen); 39,9-11 (Ruhm und Ruf des Weisen in der Öffentlichkeit). 39,1.5.6 stellen klar die Gottesfurcht, das persönliche Gottesverhältnis des Weisen in den Vordergrund, das im Gebet den höchsten Ausdruck findet (39,5bcd.6d). Diese persönliche Struktur wird noch betont durch die Antwort Gottes, der den Geist der Einsicht mitteilt (39,6). Die persönliche Gottesbeziehung des Weisen steht an Nachdruck noch über der Torah, sie läßt aber zugleich die Hinwendung zu sehr vielfältigen weisheitlichen Interessen und Aufgaben offen (39,1-5.7.8). Das in der Einleitung aufgezeigte Ziel der Tätigkeit des Sofer ist es ja, die Weisheit zu vermehren und selber immer weiser zu werden (38,24). Der gebildete Weise in seiner Funktion in Erziehung und öffentlichem Leben und der Torahgelehrte mit seiner Frömmigkeit sind bei Ben Sira eine untrennbare, sehr harmonische Synthese eingegangen[4].

Es ist anzunehmen, daß Ben Sira dieses 'Selbstporträt', wie auch seine übrigen weisheitlichen Perikopen als bestimmende Linien in der Endredaktion seines Werkes eingefügt hat. Die Stellung von 38,24ff. zeigt, daß nach der Schilderung verschiedener Gruppen von Menschen, der Frau 36,23-31; des Freundes in 37,1-6, des Ratgebers 37,7-18, der Gelehrten 37,19-26, des Arztes 38,1-15, das Bild des Schriftgelehrten in Ben Siras Auffassung den Höhenpunkt darstellt, in dem sich die vielfältige Weisheit der Welt sammelt, zugleich aber durchdrungen ist vom lebendigen Wissen um Gott und vom Studium des Gesetzes. — Der großen theologischen Zusammenfassung über die Funktion der Weisheit in Sir 24 muß dieser Abschnitt über die Praxis des Weisen zur Seite gestellt werden.

Eine ganz ähnliche Geisteshaltung spricht aus Test Levi XIII, wo eindringlich zur Gottesfurcht gemahnt wird, zum Wandel nach dem Gesetz und zum Studium der Schrift, die Weisheit und Einsicht vermittelt und dadurch auch Ehre und Ansehen verschafft, so daß Charles das Kapitel mit Verweis auf Sir 39,9-11 'a poem in praise of the wise' nennt[5].

---

[4] SEGAL, Komm., 253; R. MEYER, Art. Pharisaios in ThWB IX/1,23.

[5] CHARLES, The Apocrypha and Pseudepigrapha II, 310. — Vgl. etwa Test Lev XIII, 1-4: »Nun meine Kinder, ich befehle euch, von ganzem Herzen unsern Herrn und Gott zu fürchten. So wandelt in der Einfalt nach seinem Gesetz! Doch lehrt auch eure Kinder in den Wissenschaften, daß sie Verstand in ihrem ganzen Leben haben und unablässig im Gesetze Gottes lesen! Denn jeder Kenner des Gesetzes Gottes wird geehrt und ist nicht

§ 5 : Sir 51,13-30.

Dieser Abschluß des Weisheitsbuches, der nach der Buchunterschrift
50,27-29 und dem Dankpsalm 51,1-12 nochmals das Thema der Weisheitssuche aufgreift, bringt keine wesentlich neuen Aussagen mehr, ist aber
als Zusammenfassung der Erfahrungen des Weisen und als letzte Auf-
munterung an seine Schüler doch in verschiedener Hinsicht beachtenswert.

1. *Text*.

Der Text, der zwar nicht Hauptanliegen unserer Studie ist, stellt
zweifellos das interessanteste Problem dieser Perikope dar, da aus Höhle
11 von Qumran eine vom Genizatext in Ms B sehr abweichende Version
von Sir 51,13-20 vorliegt. Das Gedicht ist ein Akrostichon, das allerdings
in Ms B in der ersten Hälfte ziemlich verderbt ist, aber ab V 21 verhältnismäßig unversehrt erhalten ist. Das Qumranfragment der Psalmenrolle
11Q Ps^a XXI bietet nun die erste Hälfte des Akrostichons in seiner
alphabetischen Ordnung. Darum sei hier eine Übersetzung dieses Frag-
mentes nach Sanders wiedergegeben, der vor allem bemüht war, in seiner
Übertragung den doppeldeutigen Charakter vieler hebräischer Ausdrücke
stehen zu lassen, wo die Liebe zur Weisheit geschildert wird. Da die
griechische Version dem Qumrantext am nächsten steht, seien die Ab-
weichungen dieser beiden Textformen durch Sperrung angedeutet.

11Q Ps^a col XXI, Z. 11-17 (Sir 51,13-19.30) :

51,13 Als ich noch jung und nicht auf Abwegen war,
    suchte ich nach ihr.

  14 Sie kam zu mir in ihrer Schönheit,
    als ich sie schließlich aufspürte.

  15 Wie eine Blüte kleine Kugeln formt bei der Reife der Trauben,
    die das Herz erfreuen,
    (so) ging mein Fuß auf geradem Weg;
    denn von meiner Manneszeit an erkannte ich sie.

  16 Ich neigte mein Ohr nur ein wenig,
    und groß war die Überredung, die ich fand.

  17 Und sie wurde für mich zur Amme ;
    meinem Lehrer schenke ich meinen brennenden Eifer.

---

fremd, wohin er geht, gewinnt viel Freunde, über seine Eltern noch hinaus, und viele Menschen wünschen ihm zu dienen und das Gesetz aus seinem Mund zu hören«. (Nach RIESSLER,
Altjüdisches Schrifttum, ²1966, 1167).

18 Ich gedachte zu spielen,
ich war aus auf Freunde ohne Rast.
19 Ich entzündete mein Begehren nach ihr ohne Unterlaß.
Ich mühte mich in meinem Verlangen nach ihr und auf ihren
Höhen wanke ich nicht.
20 Ich breitete meine Hände aus
und nahm wahr, was man nicht sieht an ihr.
Ich reinigte meine Hände ...
30 ... deinen Lohn zu seiner Zeit[1].

Für die Fortsetzung 51,22-30 kann auf die Übersetzungen verwiesen
werden bzw. auf den griechischen und hebräischen Text (Ms B), die sich
nicht wesentlich unterscheiden.

Aus mehreren Gründen dürfte der Qumrantext für 51,13-19 vorzuziehen sein: er hat die akrostichische alphabetische Anordnung der
Verse bewahrt und wird außerdem durch die griechische Übersetzung
— von einigen Erweiterungen bzw. Umdeutungen abgesehen — gestützt
und ist die älteste uns nun verfügbare hebräische Tradition dieses Stückes.
Der Text ist auch in seiner Bildersprache sehr einheitlich, selbst wenn
viele Ausdrücke doppeldeutig zu verstehen sind, wie es nach Sanders
und Delcor naheliegt[2]. Das ist etwa zu beachten bei der Wiedergabe von
lqḥ (Ms B *d'h*, G παιδείαν) durch 'persuasion', von *hwdj* (G δόξαν) durch
'ardor' und von *(w)m'rmjh 'tbwnn* (G καὶ τὰ ἀγνοήματα αὐτῆς ἐπενόησα)
durch 'perceive her unseen parts'. Eine interessante Bestätigung für die
griechische Übersetzung ist nun in V 13 gegeben: *bṭrm t'jtj* (G πρὶν ἤ
πλανηθῆναι με), wahrscheinlich auch in V 17: *w'lh hjth lj*, wobei *'lh*,
Amme von *'wl* — säugen abgeleitet wird; diese Lesart läßt G: προκοπή
(Fortschritt, Wachstum) ἐγένετό μοι ἐν αὐτῇ am besten verstehen,
während Ms B *'lh* offenbar als Joch versteht (nach 6,25.30)[3]. Daß im

---

[1] SANDERS, The Dead Sea Psalms Scroll, 114-115, wo der Qumrantext, die griechische
Version und die englische Übersetzung zum Vergleich gegenübergestellt sind. — Für eine
weitere Diskussion von Textproblemen vgl. Discoveries in the Judaean Desert of Jordan,
IV, 1965, 81ff., sowie DELCOR, Le texte hébreu du Cantique de Siracide 51,13 et ss. et les
anciennes versions, Textus VI, 1968, Jerusalem, 27-47. — Vgl. auch die französische Übersetzung der Fragmente durch R. TOURNAY in RB 73 (1966), 262.

[2] SANDERS, Psalms Scroll, 116; vgl. auch die Anm. bei seiner Übersetzung S. 114-115;
DELCOR, Le texte hébreu, Textus VI, 1968, 31-38.

[3] HAMP, EB, hat mit der Übersetzung 'ihre Üppigkeit' eines vermuteten hebräischen
'zollah' diese Richtung in etwa getroffen.

übrigen die griechische Übersetzung oft abschwächt und vergeistigt,
wird auch hier wieder deutlich[4].

Die Entstehung des Genizatextes (Ms B) von 51,13ff. ist schwierig
zu erklären. Bickell, der als erster noch vor der Auffindung des hebräischen
Textes die akrostichische Form erschlossen hatte[5], Lévi, Strack, neuestens
auch Spicq und Sanders halten die Textform von Ms B für eine Rückübersetzung aus dem Syrischen; Peters, Segal und Smend vertreten die
entgegensetzte Meinung[6]. Die ausführliche textkritische Studie von
M. Delcor zu Sir 51,13ff. in 11Q Ps[a] kommt ebenfalls zum Ergebnis
von Sanders, daß die Version aus Qumran dem hebräischen Original des
Siraziden am nächsten kommt und der Genizatext eine Rückübersetzung
aus dem Syrischen darstellt[7]. Hamp meldet jedoch Bedenken an[8].

Auch die Frage der Echtheit dieses Abschnittes soll hier nicht auf-
gerollt werden. Zweifellos ist 50,27-29 ein erster Abschluß des Werkes;
aber auch das Akrostichon kann eine weitere später erfolgte Zusammenfassung sein[9]. Die Aufnahme dieses Liedes in eine Sammlung von David-
psalmen in 11Q Ps[a] läßt allerdings vermuten, daß der Sammler Ben Sira
wohl nicht als Autor dieses Stückes angesehen hat.

2. *Aussage des Gedichtes.*

Die Gliederung in zwei Teile ist leicht erkenntlich: 51,13-21
schildert die Erfahrungen des Weisen mit Motiven des Liebesliedes
(vgl. 14,20-27); 51,22-30 ist der abschließende Aufruf an die Weisheitsjünger mit den Motiven vom Wert der Weisheit (vgl. 6,18-37). Die F o r m

---

[4] SANDERS, Psalms Scroll, 113; ob vielleicht ein vermittelnder hebräischer Text für G
vorlag, ist nicht mehr festzustellen, ebd. 116.

[5] ZKTh 6 (1882), 326-330.

[6] PETERS, Der jüngst wiedergefundene Text, 310; Kommentar 447; SEGAL, Komm.,
359; SMEND, Komm., 503.

[7] M. DELCOR, Le texte hébreu du Cantique de Siracide 51,13ss et les anciennes versions,
in: Textus, Annual of the Hebrew University Bible Project, VI (1968), 24-47.

[8] Herrn Professor Hamp, München, danke ich für seine freundliche Kritik, betreffend
die Übersetzung nach Sanders (Schreiben vom 23.3.1970). Hamp bezweifelt, daß der Qumran-
Text durchgehend dem Original näherstehe und bevorzugt z.B. zu 51,19 LXX und Geniza
»und fand sie in ihrer Reinheit«, ebenso zu V. 20: »ich sah und erblickte sie« gegenüber der
Doppeldeutigkeit von 11 Q.

[9] SPICQ, L'Ecclésiastique, 828, verweist auf die Tatsache vieler Hapaxlegomena in
diesem abschließenden Gedicht, was nach ihm gegen die Echtheit sprechen könnte. Nach
G. RINALDI, Onus meum leve, Bibbia e Oriente 9 (1967), 13-23 gehört das ganze K. 51 nicht
zum ursprünglichen Werk Ben Siras. Rinaldi betrachtet das Kapitel als eine Art Anthologie,
eine Zusammenstellung von Gebeten und Liedern.

des alphabetischen Liedes ist sicherlich nicht nur ein beliebtes mnemo-
technisches Mittel[10], sondern auch Ausdruck für die Summe der Lebens-
erfahrung des Weisen, die im Suchen und Finden der kostbaren Weisheit
beschlossen ist. Das alphabetische Lied auf die tüchtige Hausfrau in
Spr 31,10-31 ist ja ebenfalls nichts anderes als ein umfassendes abschließendes Lob der Weisheit. So deutet schon die akrostichische Form, aber
auch der Inhalt selber auf vorausgehende Erfahrungen und ein vor-
liegendes Buch, auf das sich dieses Lied am sinnvollsten bezieht. Vielleicht
ist, wie manche meinen, mit dem Lehrhaus und dem Lehrstuhl im Kontext
überhaupt das Buch des Siraziden gemeint (van den Born, Hamp, Peters).
Auch einzelne Formulierungen bestätigen die Beziehung von 51,13-30
zum vorausgehenden Buch, z.B. die Erwähnung des Herumirrens 51,13
(vgl. 34,9-12), der im Alten Testament seltene, aber bei Ben Sira sehr
beliebte Ausdruck »den Mund öffnen« 51,25 (vgl. 15,5; 20,15; 22,22;
24,2; 26,12; 29,24; 39,5), das Joch 51,26a (vgl. 6,25(23)) und die Last
der Weisheit 51,26b (vgl. 6,21).

Das Wiederaufnehmen von Motiven des Liebesliedes zur Schilderung
des Umganges Ben Siras mit der Weisheit hat Sanders gewiß richtig
gedeutet, wenn er sagt, daß der Weise damit gerade die Jugend ansprechen wolle, ihre Kraft und ihr Leben der Liebe der Weisheit zu wei-
hen[11]. Der 51,21.25-28 und bereits in früheren Gedichten betonte Erfolg
und Lohn der Weisheitssuche (6,19.27-31; 4,12-18; 14,20-15,6) könnte
als positive Erwiderung auf den Pessimismus Qohelets in Bezug auf
menschliche Erkenntnis verstanden werden[12]. Ben Sira scheint überhaupt
ziemlich optimistisch gedacht zu haben wie seine Aussagen über die
Schöpfungsordnung noch zeigen werden. Auffallend ist in diesem letzten
Gedicht nach dem Qumrantext das Fehlen einer ausdrücklichen Erwähnung des religiösen Charakters der Weisheit, wie wir sie in allen
übrigen untersuchten Abschnitten angetroffen haben. Hier findet sich
kein Wort von Gott, vom Gesetz oder von der Gottesfurcht. Deshalb ist
die Bedeutung der Gottesfurcht in der Buchunterschrift 50,27-29 durch
Haspecker wohl überbewertet[13]. Man kann diese Perikope auch nicht der
religiösen Propagandarede zuordnen[14]. Es ist zwar nicht auszuschließen,
daß die persönliche Weisheit in diesem Gedicht nicht auch aufzufassen
ist wie Spr 1-9 und den übrigen Weisheitsliedern Ben Siras, aber es muß

---

[10] PETERS, Komm., 447; SPICQ, 838.
[11] SANDERS, The Dead Sea Psalms Scroll, 113 u. 117.
[12] SPICQ, 838.
[13] HASPECKER, Gottesfurcht, 87-93.
[14] Gegen SPICQ, 838.

doch beachtet werden, daß der Autor — die Echtheit des Liedes vorausgesetzt — am Abschluß seines Werkes Weisheit nocheinmal sehr weit
verstehen läßt (vgl. auch 50,27 : Weisheit für alle Lebenslagen) und keine
ausschließlich religiöse theologische Interpretation geben will, sondern
einfach einlädt, wer immer Verlangen hat und kommen will.

§ 6 : Weisheit profanen Inhalts bei Ben Sira.

Die untersuchten Weisheitsgedichte, in denen der Sirazide sein theologisches Konzept von Weisheit zum Ausdruck brachte, haben in ihrer
Endredaktion fast immer eine religiöse Deutung von Weisheit bezeugt,
ja sogar eine gewisse Identifikation mit Gott selber. Zur Abrundung
und Ergänzung dieses Versuchs einer Synthese des Weisheitsverständ-
nisses bei Ben Sira muß wenigstens auch ein Summarium dessen geboten
werden, was man Weisheit mit vorwiegend profanem Inhalt innerhalb
seines Werkes nennen könnte. Dazu ist allerdings sofort anzumerken,
daß mit 'profan' einfach weltliche Sachbereiche und Inhalte gemeint
sind, die von sich aus keinen unmittelbaren Bezug zur Frömmigkeit
und zum Glauben Israels aufweisen. — Daß in der Welt als Ganzes eine
vorgegebene göttliche Ordnung wirksam ist, war sowohl in der außerisraelitischen Weisheitslehre, z.B. Ägyptens, wie vor allem in der vom
Jahwismus geprägten israelitischen Weisheit eine Grundgegebenheit[1].
In Bezirken, in denen nicht von Heilsgeschichte in eigentlichem Sinn
gesprochen werden kann, ist Gott durch seinen Segen am Werk[2]. Es gibt
also die Trennung zwischen einer göttlichen und einer profanen Welt
im modernen Sinne nicht. Die Schöpfung in ihrer 'Weltlichkeit' bleibt
stets die von Gott gehaltene und in ihre Eigengesetzlichkeit entlassene.
In dieses Verständnis sind auch die Aussagen über eine Weisheit profanen
Inhalts bei Ben Sira einzuordnen.

Dieses aus der israelitischen Tradition übernommene Verständnis von
Weisheit begegnet beim Siraziden nicht in systematischen Ausführungen,
sondern tritt bald da, bald dort ausdrücklich ins Bewußtsein. Die Elemente dieses außerhalb der großen Weisheitskompositionen begegnenden
Verständnisses seien nun kurz vorgestellt.

---

[1] H. Gese, Lehre und Wirklichkeit in der alten Weisheit, 1958, 12-15. 33-38. 45-50.
H.H. Schmid, Wesen und Geschichte der Weisheit, 1966, 2-3; ders. : Gerechtigkeit als Weltordnung. Hintergrund und Geschichte des alttestamentlichen Gerechtigkeitsbegriffes,
BhTh 40, 1968, 23-77, 166-175.
[2] Cl. Westermann, Der Segen in der Bibel und im Handeln der Kirche, 14.

1. *Einzelsprüche und Einzelaussagen über Weisheit.*

a) Weisheit ist als Ziel der Bildung und Erziehung von großer B r e i t e, da sie für alle Lebenslagen das richtige Verhalten vermitteln soll, wie der Weise in der Unterschrift zu seinem Buch 50,27 sagt[3]. 37,19-26 schildert Ben Sira sehr verschiedene Gruppen von Weisen im weitesten Sinn: Menschen, die auf irgendeine Weise auf andere Einfluß ausüben wollen: Weise für sich selber (37,22.24), die durchaus positiv beurteilt werden, Weise für viele (37,19) und Weise für das Volk (37,23.26). Alle diese, auch die mit weniger Erfolg (37,20), nennt Ben Sira *ḥkmjm*.

b) Die Beziehung zwischen Weisheit und U n t e r w e i s u n g zeigt sich in der starken Betonung des H ö r e n s auf die Sprüche der Weisen (3,29; 8,8-9; 9,14-15). Dieses Hören wird geradezu zum wesentlichen Kriterium zwischen dem Weisen und dem Toren (21,12-15; 22,7-8). Wer Weisheit erworben hat, wird sie vor allem in der R e d e, im rechten Wort zur rechten Zeit zur Geltung bringen (4,23-24; 20,1.5.7.13). Der der Rede Kundige ist geeignet zum Weisheitslehrer (18,28-29).

c) Diese Weisheit, die Kunst der rechten Rede und des Rates wird Mittel zu E i n f l u ß und E r f o l g (20,27), Ehre (11,1) und Sicherheit (22,16-18). Darum muß gerade der Herrscher (9,17) und König (10,1) diese Eigenschaft besitzen. Die Weiterverfolgung dieser Auffassung führt direkt zur Gleichsetzung von weise mit geschäftstüchtig oder mit Fachmann (vgl. 38,31). In engem Zusammenhang damit steht der Weise als Mensch mit Erfahrung im wahrsten Sinn des Wortes (Sir 34(31),9-12; 39,4; 51,13).

d) Eine durch den Weisen als Mann der Rede vorbereitete spezielle Bedeutung erhält schließlich der Weise sowohl als Verfasser, Kenner und Interpret der Spruchweisheit des eigenen als auch eines fremden Volkes (Sir 38,33; 39,1-3; 44,4-5; 47,14.17).

Mit diesen Formulierungen steht Ben Sira völlig in der Tradition der alten Weisheit Israels, wo Weisheit Lebensklugheit, Lebensbewältigung und Bildung bedeutet, wie es die Einleitung zum Spruchbuch Spr 1,1-6 zusammenfaßt.

2. *Weisheit profanen Inhalts im Gesamt des Buches.*

Diese unsystematisch über das ganze Buch zerstreuten Zeugnisse der alten Weisheitstradition werden bestätigt durch den I n h a l t des

---

[3] Die Übersetzung von *'wpnjm* mit Lebenslagen (Hamp) dürfte dem Sinn am besten entsprechen. Vgl. auch SEGAL, Komm., 350.

Werkes selber, das all die genannten Aspekte umfaßt. Gerade die ersten
zwei Drittel des Buches sind wirklich allen erdenklichen 'Lebenslagen'
(50,27) gewidmet und argumentieren außer in den systematischen Weis-
heits- und Gottesfurchtperikopen nicht theologisch, sondern stets von der
Sache und der Erfahrung her. Zur Illustration sei nur auf die haupt-
sächlichsten Stichworte dieser Alltagsweisheit verwiesen: Arbeit des
Bauern (7,15; 38,25); Sorge um das Vieh (7,22); Arbeit und Beruf (10,26-
27; 11,20); Borgen, Bürgen und Handel (29,1-20; 26,29-27,3); Beziehungen zwischen Sklaven und Herren (7,20-21; 33(30),33-40), Armen
und Reichen (13,15-23); der Freund (9,10; 22,19-26; 6,5-7.14-17; 37,1-6);
der Feind (12,8-18); das Verhalten zu Hilfsbedürftigen (4,1-10) und
Machthabern (13,9-13); der Umgang mit Frauen (9,1-9; 25-26; 36,23-31);
Kinder und Eltern und Erziehungsfragen (3,1-16; 22,3-5; 30,1-13;
42,9-14); Verhalten in Armut und Reichtum (11,10-19; 31(34),1-11),
in Gesundheit (30,14-25) und Krankheit (38, 1-15), bei Gastmählern
(31(34),12-32(35),13; 37,27-31), in der Trauer um Verstorbene (38,16-23);
Zucht und Selbstbeherrschung (18,30-19,4; 20,18-26; 22,27-23,27 u.a.);
Lebensfreude (13,24-14,19; 30,14-25; 31(34),25-32(35),13); religiöse
Pflichten (7,29-31; 34(31),21-35(32),22). — Genau so »profan« wie die
angeführten T h e m e n , vor allem in den ersten zwei Dritteln des Buches,
ist auch vielfach die M o t i v i e r u n g der weisheitlichen Mahnworte.
Es geht dem Siraziden wie den alten Weisheitslehrern um das Gelingen,
um Erfolg, um Wohlergehen, um Bestehen vor den Machthabern (8,8;
11,1; 20,27; 33(36),27; 39,4) oder, negativ ausgedrückt, um Bewahrt-
werden vor Schande (5,14-6,1; 31(34),16-17) und Schaden, so beim Streit
mit Mächtigen (8,1), beim Umgang mit verschiedenen Menschengruppen
(8,10-18; 12,8-18; 13,9-13), mit Frauen (9,1-9; K. 25-26; 27), bei Unmäßigkeit (31(34),19-24), bei zu großer Güte in der Erziehung (30,1-13).
Hier wird deutlich, daß das alttestamentliche weisheitliche Erbe[4] auch
durch die Stellung und Bedeutung der Gottesfurcht durchaus nicht
umgebogen und entkräftet, sondern höchstens vertieft wird.

3. Weisheit 'von unten' und Weisheit 'von oben'.

Dieser weite Bogen sachgerechten weisen Handelns und Verhaltens,
das der Erfahrung, dem Leben und dem Unterricht abgelauscht ist, also
'W e i s h e i t v o n u n t e n ' darstellt, muß beachtet werden, um zu

---

[4] S. den Abschnitt »Weisheit« (Klug- u. Kundigsein) des Menschen, bei G. Fohrer,
Die Weisheit im Alten Testament, BZAW 115 (1969), 254-262 (= ThWB VII, 483-489).

ermessen, welche Leistung es bedeutet, wenn Ben Sira in seinem theologischen Entwurf K. 24 versucht hat, mit dem Begriff der 'Weisheit
von oben' oder der Weisheit Gottes eine Gesamtschau vorzulegen.
In diesem theologischen Rahmen, der durchaus kein starres System ist,
behält die menschliche Erfahrungs- und Bildungsweisheit weiterhin eine
bedeutende Rolle. Es wäre also verfehlt, auf Grund von Sir 1,1 oder
einzelner Stellen und Aussagen über die Einheit von Gesetz und Weisheit
(Sir 19,20; 24,23; 33(36),2) generell zu behaupten, daß bei Ben Sira
»Weisheit und fromme Observanz identifiziert und die Möglichkeit einer
profanen, nicht an die Frömmigkeit gebundenen Weisheit auszuschließen«
sei[5]. Eine Bestätigung unserer Auffassung ergibt sich auch aus dem
Verständnis von 'töricht' und 'Torheit' bei Ben Sira.

4. Das profane Verständnis von Torheit und töricht bei Ben Sira.

Ein Blick ins Vokabular ergibt eine sehr begrenzte Zahl von Ausdrük-
ken für Torheit bei Ben Sira; es wird überhaupt viel häufiger von Weisheit
und vom Weisesein gesprochen als von Torheit und törichten Menschen,
was die positive Zielsetzung der Weisheitslehre zum Ausdruck bringt[6].
Das Substantiv für Torheit ist überhaupt sehr selten: μωρία ('wlt)
findet sich zweimal; ἀφροσύνη als Übersetzung von 'wlt ebenfalls zweimal
(8,15; 47,23), einmal für ḥsr lb (13,8). Von einem Hinweis auf die personifizierte Torheit ist also im Gegensatz zu Spr 9,13-18 keine Spur mehr.
Weisheit ist außerdem beim Siraziden ein viel weiterer Begriff als der
der Torheit. Das Wortfeld der Torheit begegnet eigentlich nur im Bereich
der Bildungs- und Erziehungsweisheit. Für das Gegenstück zu Weisheit
im religiösen Sinn muß auf die Begriffsfelder von Frevel, Sünde und
Unrecht zurückgegriffen werden. Töricht oder Torheit wird kaum in

---

[5] HENGEL, Judentum und Hellenismus, 252. — Auch der Exkurs über das Verhältnis
von Weisheit und Gesetz hat gezeigt, daß tôrā bei Ben Sira noch nicht ausschließlich auf
das Gesetz des Moses festgelegt ist, und sowohl Weisheit als auch Gottesfurcht einen viel
weiteren Inhalt haben können. Die Sicht von E.G. BAUCKMANN, Die Proverbien und die
Sprüche des Jesus Sirach. Eine Untersuchung zum Strukturwandel der israelitischen Weisheitslehre, ZAW 72 (1960) 33-63, die feststellen will, daß Jesus Sirach das Gesetz zum eigentlichen Inhalt seiner Weisheitslehre gemacht hat, ist darum ebenfalls zu einseitig. Umgekehrt
ist auch die Sicht von E. RIVKIN, Ben Sira and the Nonexistence of the Synagogue, 320-321
und 340-343 einseitig, wenn er bei der Beurteilung Ben Siras als Weisen den Hauptakzent
seiner Tätigkeit nur auf die gelehrte Spruchdichtung und die Beschreibung des Alltagslebens
verlegt und ihm jede selbständige Exegese der Torah abspricht.

[6] Zur Torheit bei Ben Sira vgl. die Studie von A. DESEČAR, De conceptu stultitiae in
libro graeco Jesu Sira, Diss., Studium bibl. Franciscanum, Jerusalem 1963, die nun veröffentlicht ist: A. DESEČAR, La sabiduria y la necedad en Sirac 21-22, Rom 1970.

diesem Zusammenhang gebraucht. Nach dem Oxymoron 19,23 gibt es sogar Toren, denen die Schlechtigkeit fehlt.

Torheit ist Einfalt (*pwth*), Mangel an Einsicht (Sir 8,17; 16,23; 47,23). Sie äußert sich vor allem in der Rede des Toren: sie ist unziemlich (Sir 23,13.14; 20,24; 27,13), sie geschieht stets zur Unzeit (Sir 19,11.12; 20,7.19.20; 21,16). Dem Toren fehlt Zucht und Bildung in seinem Benehmen (Sir 21,20-26), er ist unbesonnen und unbeherrscht (8,15; 10,3), gierig (20,4), auch in Speise und Trank (Sir 31(34),7.30), unverläßlich und unbeständig wie ein rollendes Wagenrad und wie der wechselnde Mond (Sir 33(36),5; 27,11). In drastischen Bildern (Zusammenleimen von Scherben, zerbrochene Zisternen, Finsternis, Tod) drückt der Autor aus, wie hoffnungslos es ist, einen Toren bekehren oder belehren zu wollen (Sir 21,14; 22,7.8.11.12.14). Darum wird vor dem Umgang mit ihm gewarnt (Sir 8,4.17; 22,13.14; 13,8; 27,12). Weisheitlich-paradox wird aber auch zweimal auf mögliche Zurechtweisung (42,8) und Unterweisung der Toren bzw. Unwissenden (51,23-26) hingewiesen.

Zusammenfassung : Das Weisheitsverständnis Ben Siras nach den bisher behandelten Texten.

1) Wie die Analyse der Weisheitsgedichte Ben Siras gezeigt hat, ist Weisheit dort ausdrücklich theologisch verstanden. Da diese Gedichte ein Spezifikum Ben Siras darstellen, sowohl literarisch als auch inhaltlich, und in der Redaktion seines Werkes einen bedeutenden Platz einnehmen, kommt ihnen für das persönliche Weisheitsverständnis des Siraziden große Bedeutung zu. Es ist anzunehmen, daß diese Schau in der Weisheitsschule Ben Siras gewachsen ist und erst am Ende seines Lebens als Ergebnis seines Lehrens und Denkens niedergeschrieben wurde. Die Weisheit wird dort explizit als von Gott kommend, als Gabe Gottes interpretiert (1,1-10; 17,7-11; K. 24; 39,6; 43,33), ja als Offenbarung Gottes selber in der bildhaften Sprache von 4,11-19; 6,18-37; 14,20-27.

2) Im Laufe der Arbeit wurde sehr oft festgestellt, daß die Weisheit Gottes, die 'Weisheit von oben', wie man sie nennen könnte, bei Ben Sira nicht als ein Mittelwesen zwischen Gott und Schöpfung oder als Hypostase zu fassen ist[1]. Weisheit ist nach den vielfach wechselnden

---

[1] Unter 'Hypostase' verstehen wir mit G. Pfeifer, Ursprung und Wesen der Hypostasenvorstellungen im Judentum, 15 : »eine Größe, die teilhat am Wesen einer Gottheit, die durch sie handelnd in die Welt eintritt, ohne daß sich ihr Wesen im Wirken dieser Hypostase

Bildern zu schließen eher eine dichterische Personifikation für Gottes Nähe und Gottes Wirken und für Gottes persönlichen Anruf[2]. Interessanterweise fassen auch die meisten Kommentatoren, soweit sie diese nach unserem Urteil durchaus nicht allzu wichtige Frage überhaupt stellen, die Gestalt der Weisheit in diesem Sinn auf[3].

3) Die theologische Weisheit ist bei Ben Sira ein neuer A u s d r u c k f ü r d a s S e l b s t v e r s t ä n d n i s I s r a e l s. Das Wohnungnehmen der Weisheit in Israel (24,8-12; 17,11-12; 45,5; überhaupt 44-50 als Ganzes) und die letzte Konkretisierung der Weisheit im Gesetz (24,23; außerdem 15,1; 17,11; 19,20; 38,24-39,3; 45,5) ist nichts anderes als ein sehr zeit-

---

erschöpft«. Die Auffassung der Weisheit als Hypostase ist die geläufigste Interpretation der Weisheitsgestalt von Sir 24 und Spr 8,22ff., vgl. z.B. : K.H.V. Merguet, Die Glaubens- und Sittenlehren des Buches Jesus Sirach, I, 1874, 19; L. Couard, Die religiösen und sitt- lichen Anschauungen der alttestamentlichen Apokryphen, 1909, 97; W. Schencke, Die Chokmah (Sophia) in der jüdischen Hypostasenspekulation, 1913, 28-32 zu Sir 24; Bousset- Gressmann, Die Religion des Judentums im späthellenistischen Zeitalter, [4]1966, 343-344; P. Heinisch, Die persönliche Weisheit des Alten Testamentes in religionsgeschichtlicher Beleuchtung, Bibl. Zeitfragen, 11. Folge, 1/2, 1923, 60-62; Peters, Das Buch Jesus Sirach, 1913, 7; H.H. Schmid, Wesen und Geschichte der Weisheit, 1966, 149-155, vor allem 153-154; G. Pfeifer, Ursprung und Wesen der Hypostasenvorstellungen im Judentum, 1967, 103, zu Sir s. 28-31; H. Ringgren, Artikel Hypostasen, RGG III, [3]1959, 504-506; R. Marcus, On biblical Hypostases of Wisdom, HUCA 23 (1950/51), 157-171; M. Hengel, Judentum und Hellenismus, 275-282, 287-289.

[2] S.o. S. 62 zu 24,6; S. 66, Anm. 84 zu 24,10; Ben Sira steht hier bereits auf der Linie, die zum Buch der Weisheit führt, wo in K. 6-10 die Weisheit zu einer Größe wird, »die alle Beziehungen zwischen Gott und dem Frommen umfaßt«, wie G. Ziener, Die theologische Begriffssprache im Buche der Weisheit, BBB 11, 1956, 113 feststellt. — V. Hamp, Der Begriff 'Wort' in den aramäischen Bibelübersetzungen, 119, kommt zu einem ganz ähnlichen Ergebnis : »Je aktiver, je persönlicher, je allmächtiger der Hauch, das Wort oder die Weisheit auftreten, um so mehr kann man beobachten, daß ihr ganzes Sein und Wirken mit der Person Gottes zusammenfällt«.

[3] So Fritzsche, Die Weisheit Jesus Sirach's, 1859, 125; Zöckler, Die Apokryphen des Alten Testamentes, 1891, 301; Box-Oesterley, Apocrypha I, 1968, 307; Hamp, EB, 64, sagt zur Weisheit in Sir 24 : »Sie als eigene personifizierte Hypostase anzusprechen, geht zu weit«. Spicq, L'Ecclésiastique, 691-693, kommt vom literarischen Befund zu einem ähnlichen Ergebnis. Vgl. auch die Ausführungen von R. Stecher, Die persönliche Weisheit in Prov 8, ZkTh 75 (1953), 411-451, der S. 439-441 ebenfalls die Deutung der Weisheit als Mittelwesen ablehnt; P. Imschoot, Théologie de l'Ancien Testament, I, 1954, 226-236, spricht sich sowohl gegen die Deutung der Weisheit als selbständige Person wie auch als religionsgeschichtlich gefaßtes Mittelwesen aus. K. Hruby, La Torah identifiée à la Sagesse et l'activité du 'Sage' dans la tradition rabbinique, Bible et Vie Chrétienne 76 (1967), 65-78, spricht ebenfalls nur von einer Personifikation der göttlichen Weisheit (65 A.4); vgl. auch C.J. Kearns, La vie intérieure à l'école de l'Ecclésiastique, La Vie Spirituelle 82 (1950), 146.

gemäßes und notwendiges Wiederaufnehmen des Erwählungsgedankens, was, soweit ich sehe, noch nirgends beachtet worden ist. In dieser Ausdrücklichkeit ist das außerdem völliges Eigengut des Siraziden.

4) Die in Israel wohnende und dort zugängliche und offenbare Weisheit ist nichtsdestoweniger universal. Das kommt im Anschluß an Spr 8,22ff. in der Verbindung der Weisheit mit der Schöpfung zum Ausdruck (Sir 1,1-10; 24,3-6; 39,16-35; 42,15-43,33) sowie in der Erwähnung der großen Weisen des Anfangs in Sir 49,14-16[4].

5) Von der Schöpfung her kann auch die W e i s h e i t   v o n   u n t e n, die Schul- und Erfahrungsweisheit und die Weisheit der Völker, die bei Ben Sira einen sehr breiten Raum einnimmt, am besten eingeordnet werden. Der Mensch, der diese Weisheit in der Schöpfung und in der Erfahrung oder im Unterricht zu vernehmen sucht, ist auf der Suche nach der Ordnung Gottes und nach Gott selber[5]. Die jüngere Weisheit hebt dies vor allem in Spr 1-9 deutlich ins Bewußtsein durch die Bezeichnung der Gottesfurcht als aller Weisheit Beginn, ein Ansatz, den Ben Sira immer wieder aufgreift und weiterentwickelt.

6) Der eigentliche Sinn von Weisheit, vor allem nach Sir 24 und 1,1-10 ist es, E i n h e i t zu stiften zwischen S c h ö p f u n g u n d G e s c h i c h t e I s r a e l s[6] und überhaupt zwischen 'oben und unten', zwischen G o t t u n d d e r W e l t. Das geht hervor aus der Struktur des Gedichtes K. 24 und das scheint mir auch die eigentliche Bedeutung der Personifikation und der vielen umfassenden Tätigkeiten und Wirkweisen der Weisheit zu sein. Denn gerade K. 24 mit seinen vielen Aussagen und Bildern entwirft durchaus nicht das Bild einer Person mit konkreten Zügen; die Gestalt der Weisheit bleibt völlig im Hintergrund: ein Hinweis darauf, daß es vor allem um die Darstellung einer F u n k t i o n, einer A u f g a b e geht, die darin besteht, alle Erscheinungen des Welt-

---

[4] J.C. LEBRAM, Die Theologie der späten Chokmah und häretisches Judentum, ZAW 77 (1965), 202-211, macht auf die Bedeutung der Gestalten von Henoch, Josef und Adam in der spätjüdischen Weisheitstradition aufmerksam. Damit findet die völlig unerwartete Einfügung dieser Gestalten am Ende der großen Geschichtsschau eine sehr einleuchtende Erklärung.

[5] VON RAD, Die Weisheit des Jesus Sirach, EvTh 29 (1969), 115, betont ebenfalls den ambivalenten Aspekt der Weisheit als die dem Menschen gegenüberstehende göttliche Urordnung und als die von ihm zu praktizierende Weisheit.

[6] s.o. S. 68-74. Vgl. auch J. WOOD, Wisdom Literature, 1967, 109.

ganzen miteinander systematisch zu verbinden, mit einem Wort : »die
Einheit der Wirklichkeit festzuhalten«[7]. Die vor allem von G.
von Rad hervorgehobene Funktion der Weisheit als je neu geschehende Offenbarung und als Ruf an den Menschen[8] bekräftigt diesen funktionalen
Charakter von Weisheit und findet sich beim Siraziden vor allem 4,11-19 ;
6,18-37 ; 14,20-15,10.

7) Ben Sira hat in der Zeit des Hellenismus mit ihrem Zug zum Universalismus und der Philosophie der Stoa, die sehr viel von Weisheit sprach,
ein echtes Anliegen, die Frage nach der S t e l l u n g und B e d e u t u n g
I s r a e l s und s e i n e r W e i s h e i t, neu formuliert und zu beantworten
versucht. Darum ist er nicht bloß Pädagoge und Mahner zur Gottesfurcht,
sondern auch Theologe, wie er sich selber in 39,1ff. gezeichnet hat.

8) Es scheint angebracht, abschließend auch den Zusammenhang zwischen
Weisheit und Gottesfurcht nochmals kurz aufzugreifen, da Haspecker
als Ergebnis seiner Arbeit die »Gottesfurcht als Grundthema und wichtigstes Bildungsanliegen Sirachs in seiner pädagogischen Schrift« hinstellt[9].
Es ist zuzugeben, daß die Gottesfurcht als umfassende Grundorientierung
des Lebens in der Unterweisung des Siraziden eine sehr entscheidende
Rolle spielt. Als T h e m a d e s B u c h e s muß aber doch, wie bereits
eingangs bemerkt wurde[10], auf Grund von Sir 1,1-10, K. 24 und 50,27
sowie 51,13-30 am Schluß des Buches d i e W e i s h e i t bezeichnet
werden. In der Aretalogie von K. 24, die zweifellos einen Höhepunkt
des Werkes darstellt, wird die Gottesfurcht nicht einmal genannt. Sir

---

[7] H.H. SCHMID, Wesen und Geschichte der Weisheit, 152 ; vgl. 151-153. Auch die zu 24,10f.,
S. 66 zitierte Bemerkung von V. Hamp weist in dieselbe Richtung, ebenso G. ZIENER,
Die theologische Begriffssprache im Buch der Weisheit, 113, der zum Weisheitsverständnis
in der Weisheit Salomos feststellt : »Auch die Tendenz, alle Beziehungen zwischen Gott
und Mensch in der Weisheit zusammenzufassen, zeigt sich schon in früheren Büchern.
Ziel dieser Herausstellung der Sophia ist, den alttestamentlichen Glauben in einem den
Heiden bekannten Begriff zusammenzufassen …«. Das gilt m.E. von Ben Sira schon in
hohem Maß, allerdings nicht sosehr im Hinblick auf Nichtjuden, sondern als zeitgemäße
Formulierung des Glaubens für seine Zeitgenossen in Jerusalem selber. — Unsere Deutung
der Weisheit als einer funktionalen Größe kommt dem sehr nahe, was R. STECHER, Die
persönliche Weisheit in den Prov 8, ZkTh 75 (1953), 446-450 sagt, wenn er von der Weisheit
als einem d y n a m i s c h e n Begriff spricht ; als Beispiel führt er auch Wort und Geist
Gottes an.

[8] VON RAD, Theologie des Alten Testamentes I, ⁴1962, 457-459, vor allem über die Weisheit in Spr 1-9.

[9] HASPECKER, Gottesfurcht, 198.

[10] s.o. S. 15-16.

1,1-10 und K. 24 stellen eine Zusammenfassung der Weisheitsaussagen des Siraziden dar, wie ausführlich gezeigt wurde. An entscheidenden Stellen ist die Gottesfurcht nicht Ziel und Zweck sondern Voraussetzung und Bedingung zur Erlangung der Weisheit, so 1,10; 15,1-2; 39,6; 43,33; 32(35),14-16. Es ist nicht zu übersehen, daß der Bewegung des Gottesfürchtigen hin zur Weisheit die Bewegung der Weisheit zum Menschen gleichbedeutend gegenübersteht. W e i s h e i t   a l s   d u r c h a u s   s e l b s t ä n d i g e s   u n d   v o n   d e r   G o t t e s f u r c h t   u n a b h ä n g i g e s   Anliegen des Siraziden wird vor allem dort s i c h t b a r , wo es in seinem Werk u m   d i e   V e r b i n d u n g   z w i s c h e n   S c h ö p f u n g ,   G e s c h i c h t e   I s r a e l s   u n d   d e m   e i n z e l n e n   M e n s c h e n   g e h t . Die Weisheit schafft diese Einheit und stellt sie dar. Ben Sira ist hier in hervorragender Weise Theologe. Auch seine Aussagen über die Schöpfung werden das noch bestätigen. Im Übrigen kann es nicht darum gehen, die Bedeutung der Weisheit oder der Gottesfurcht gegeneinander auszuspielen, sondern darum, das Werk Ben Siras in seiner Ganzheit zu verstehen, in dem gewiß der Erzieher aber auch in einem sehr gewichtigen und vielfach unterschätzten Ausmaß der Theologe am Werk ist.

Dritter Teil

WEISHEITLICHE FRAGESTELLUNGEN UND HALTUNGEN BEI BEN SIRA

Daß 'Weisheit' ein umfassendes geistesgeschichtliches Phänomen ist, das nicht bloß auf feste literarische Ausdrucksformen (Spruchweisheit) oder auf ganz bestimmte Inhalte zu beschränken ist, wird allgemein anerkannt[1]. Dieses Phänomen oder diese weisheitliche Denk- und Lebenshaltung wird freilich im Einzelnen dann verschieden interpretiert, so von H. Schmid im Anschluß an den Geschichtsbegriff bei Dilthey, Heidegger, Ebeling als geschichtsbezogenes Verstehen überlieferter Erfahrung[2], von H. Hermisson als »Erziehung, Kunst und Wissenschaft einer vergangenen Epoche«[3]. Vielleicht könnte man noch allgemeiner diese weisheitliche Haltung umschreiben als Offenheit und Aufgeschlossenheit des Menschen für die Fragen seiner Zeit und als den Versuch einer echten Auseinandersetzung mit ihnen. Im Zusammenhang mit dem Weisheitsverständnis des Siraziden im engeren Sinn, wie es dargestellt wurde, soll nun auch die weisheitliche Geisteshaltung dieses Autors an einigen Themen aufgezeigt werden, die typisch für weisheitliche Denk- und Lebenshaltung scheinen.

1. Kapitel

Weisheitsdenken und Schöpfung.

Die Feststellung der zwischen Schöpfung und Weisheit waltenden Beziehungen ist eine der ältesten Erkenntnisse menschlichen Denkens,

---

[1] H.H. Schmid, Wesen und Geschichte der Weisheit, 7. H. Hermisson, Studien zur israelitischen Spruchweisheit, 1968, 12, 187. Vor allem E. Gerstenberger, Zur alttestamentlichen Weisheit, Verkündigung und Forschung 14 (1969), S. 36 betont mit Recht sehr nachdrücklich, daß man auch mit dem Begriff der Ordnung das Phänomen Weisheit nur zum Teil erfaßt hat. von Rad, Weisheit in Israel, 1970, 18 f verweist ebenfalls auf die Vielfalt der Phänomene, die mit derer Sammelbegriff bzw. der Chiffre 'Weisheit' oft eher verborgen als nachgemäß bezeichnet werden.

[2] H.H. Schmid, Wesen und Geschichte, 81-84, im Anschluß an die Darstellung der Geschichte der ägyptischen Weisheit.

[3] J. Hermisson, Studien zur israelitischen Spruchweisheit, 192.

die auch literarisch in Erscheinung tritt. Die sumerischen 'Listen' als Ausdruck einer 'Listenwissenschaft' oder 'Listenweisheit' sind uralte Zeugnisse des Versuches, die Dinge dieser Welt in eine sinnvolle Ordnung zu bringen, vor allem mit Hilfe der Sprache. Diese Listen sind Abbild und Vergegenwärtigung des Kosmos[1]. Besonders ausgeprägt ist das Ordnungsdenken und die kosmische Ausrichtung in der Weisheit Ägyptens, in der die Maat den umfassenden Ordnungsbegriff darstellt. In der Weisheit geht es um das Verwirklichen der Maat. Der Mensch realisiert und konstituiert Weltordnung durch weises Verhalten[2].

Auch in der Weisheit Israels ist, wie zu erwarten, die Beziehung zwischen Weisheit und Schöpfung selbstverständliche Gegebenheit[3]. So sagt von Rad über die Erfahrungsweisheit Israels :»Das also war Weisheit : zu wissen, daß auf dem Grund der Dinge eine Ordnung waltet, die still und oft kaum merklich auf einen Ausgleich hinwirkt ...«[4]. Ausdrücklich tritt dieser Zusammenhang ins Bewußtsein in den Aussagen, daß die Schöpfung eine Tat der Weisheit Gottes ist, und diese Weisheit sich in der Schöpfung manifestiert[5]. Es soll nun untersucht werden, wie bei Ben Sira diese Verbindung zwischen Weisheit und Schöpfung hervortritt, ob bloß nebenbei als ein Motiv oder als ein Grundanliegen seines weisheitlichen Denkens. Als einer der wenigen, die mit einem Blick für wesentliche Aussagen die jüngere Weisheit Israels positiv beurteilen, weist von Rad

---

[1] Grundlegend für diese Interpretation ist W. VON SODEN, Leistung und Grenze sumerischer und babylonischer Wissenschaft, in : Die Welt als Geschichte 2, 1936, 411-464, 509-557. — Eine zusammenfassende Darstellung mit reichen Quellenangaben s. bei H.H. SCHMID, Wesen und Geschichte der Weisheit, 88-99.

[2] H. GESE, Lehre und Wirklichkeit in der alten Weisheit, 1958, 11-21, über die Maat; A. VOLTEN, Der Begriff der Maat in den ägyptischen Weisheitstexten, SPOA, 1963, 73-101, sowie H.H. SCHMID, Wesen und Geschichte der Weisheit, 17-22; ders. Gerechtigkeit als Weltordnung, BhTh 40, 1968, 166-174.

[3] Vgl. das bereits zu Sir 1,1-10 Gesagte sowie zu Sir 24 (S. 33. 91-92). EICHRODT, Theologie des Alten Testamentes 2/3, [4]1961, 51-52 weist für die Hervorhebung der Schöpferweisheit in Israel auf die Berührung mit dem Hellenismus hin. Das mag für die auffallende Hervorhebung der Weisheit des Schöpfers in dieser Epoche gelten. Die Beziehung zwischen Weisheit und Schöpfung gehört aber in Israel bereits zu den grundlegenden alten Weisheitstraditionen.

[4] VON RAD, Theologie des Alten Testaments I, [4]1962, 441; ähnlich auch W. ZIMMERLI, Ort und Grenze der Weisheit, SPOA, 1963, 123 : »Die Weisheit des Alten Testamentes hält sich ganz entschlossen im Horizont der Schöpfung. Ihre Theologie ist Schöpfungstheologie«. Hieher gehören auch die Ausführungen von Cl. WESTERMANN über das Verhältnis der Weisheit zum Segenswirken Gottes, in : WESTERMANN, Der Segen in der Bibel und im Handeln der Kirche, 1968, 40-42.

[5] Vgl. Spr 3,19; 8,22-30; Hiob 28; Ps 104 u.a.

bereits allgemein auf diese Thematik hin : »Charakteristisch für die
weisheitlich-theologische Reflexion ist also das entschlossene Bemühen,
das Phänomen der Welt, der 'Natur' mit ihren Schöpfungsgeheimnissen
mit der an den Menschen ergehenden Heilsoffenbarung in genauere
Beziehung zu setzen«[6].

§ 1 : Sir 16,24-17,14.

Dieser Abschnitt ist die erste große Perikope, die bei Ben Sira ausdrücklich über die Ordnung in der Schöpfung handelt. Sie ist zu verstehen aus
der größeren Einheit von Sir 15,9(11)-18,14, in der an Hand von Ein-
wänden das Thema Gott und die Sünde aufgegriffen wird[1]. Es geht,
wie der Einwand 16,17 zeigt, um die Frage, ob Gott die Sünde überhaupt
bemerkt. Die Antwort wird 17,15-20 klar ausgesprochen. Die Argumenta-
tion und Begründung für die Antwort auf diese theologische Frage aber
wird in völlig weisheitlicher Gedankenführung gegeben : mit dem Hinweis
auf die umfassende Schöpfungsordnung in allen Bereichen : im Himmels-
kosmos (16,24-28), auf der Erde unter den Menschen (16,29-17,10) und vor
allem im auserwählten Volk (17,11-14)[2].

Schon der Aufbau spiegelt etwas von einer umfassenden Ordnung
wieder : in jedem der drei Teile ist die Rede von Gesetzen und Geboten
(16,26 nach S ; 16,30 : 'Wort', d.h. das in der Schöpfung weiterwirkende
Wort Gottes). Im zweiten Teil übernimmt diese Aufgabe die Gottesfurcht
(17,8), der auf der Ebene der unvernünftigen Kreatur nach Gen 9,2 die
Furcht vor dem Menschen entspricht (17,4), wodurch der Noebund mit
der Menschheit angedeutet ist. Diese Ordnung waltet auch auf einer
dritten Ebene : Im Verhältnis des auserwählten Volkes zu Gott, das am
Sinai das Gesetz des Lebens erhalten hat, 'seine Gesetze' (17,12) und
'seine Gebote' (17,14). Sehr zu beachten ist, wie der Übergang von der
Schöpfungsordnung, die für alle Menschen gilt[3], zu Israel völlig unver-

---

[6] VON RAD, Theologie des Alten Testaments I, [4]1962, 463 ; VON RAD erwägt dort auch
die Möglichkeit eines Einflusses der hellenistischen Popularphilosophie, eine Frage, die auch
wir noch stellen werden.

[1] Zur Gliederung s. HASPECKER, Gottesfurcht, 143-144 u. 150.

[2] Gegen Haspecker scheint mir, daß die Gliederung hier am sinnvollsten nach den Ord-
nungsbereichen vorzunehmen ist. HASPECKER gliedert S. 151, Anm. 57 so : 16,24-30 ; 17,1-10.
Zum Abschnitt 17,1-14 s. J. DE FRAINE, Het hooglied op de menselijke waardigheid in
Eccli 17,1-14, Bijdragen 11 (1950), 10-23.

[3] 17,8-10 scheint der syrische Text die ursprüngliche Ordnung am besten wiederzugeben.

mittelt und unmerklich geschieht, als ob das 'Gesetz' und der 'Bund' vom Sinai allen Menschen vom Anfang an gegeben worden wären. Auf jeden Fall wird dadurch die Einheit beider Bereiche im Denken Ben Siras deutlich dokumentiert, vor allem auch, daß das 'Gesetz', speziell das israelitische, nur ein Teil, wenn auch ein ganz vorzüglicher, der göttlichen Weltordnung ist[4]. Zwischen 17,7-10 und 17,11-14 besteht auch noch eine enge Verbindung unter dem Aspekt der Offenbarung, für deren Aufnahme und Verständnis die Menschen von Gott ihre Sinne bekommen haben, zum Erkennen seiner Theophanien in den Wunderwerken der Schöpfung und in der Geschichte Israels am Sinai (17,6.13).

Charakteristisch für die Schöpfungsaussagen Ben Siras ist ferner, daß Schaffen immer als 'Eingrenzen', ja fast als mathematisches Zählen, Bestimmen und Zuweisen zu fassen ist, was im Vokabular vor allem durch Ausdrücke wie Zahl (17,2), 'zuteilen, verteilen' ($\delta\iota\alpha\sigma\tau\epsilon\lambda\lambda\omega$ 16,26), ordnen ($\kappa\sigma\mu\epsilon\omega$ 16,27), Anteil ($\mu\epsilon\rho\iota\varsigma$, 16,26, das dem hebr. hlq entsprechen dürfte) zum Ausdruck kommt. Ein 'Rationalismus', der die Welt in den Griff bekommen will und für alles seine Erklärung und seinen Platz haben will, wird dahinter spürbar. Schon 1,1-10 sind zum Teil dieselben Ausdrücke begegnet[5]. Sie sind gewiß Gemeingut der israelitischen Schöpfungstheologie und des weisheitlichen Denkens, wie etwa Jes 40,12; Hiob 28,25.26; 38,5; Spr 8,27, werden aber nirgends in diesem Ausmaß und in dieser Eindringlichkeit verwendet wie bei Ben Sira.

Es fällt auch auf, daß die Sprache bei Hiob und Deuterojesaia sehr poetisch ist, und daß dort in den Schöpfungsaussagen die rhetorische Frage sehr häufig ist, während Ben Sira sehr abstrakt, ja fast philosophisch spricht. Darum scheint es unwahrscheinlich, daß dieses Lehrgedicht mit seinen Wurzeln in die Traditionen des Kanaanismus hineinreichen soll, wie Fuß behauptet[6]. Im Abschnitt über die Erschaffung des Menschen ist außerdem die biblische Grundlage sehr deutlich erkennbar: vgl. Sir 17,1-3 mit Gen 1-2, Sir 17,4 und Gen 9,2 und Sir 17,7 mit Gen 3.

Zeitlich und geistesgeschichtlich naheliegender scheint mir, daß Ben

---

[4] Beide Ordnungen sind Einsicht und Weisheit (17,7.11), freilich in je verschiedenem Sinn. Hier liegt ein weiterer Hinweis auf den umfassenden und einigenden Weisheitsbegriff des Siraziden vor. Vgl. HASPECKER, Gottesfurcht, 154, über die Gebotstreue der Menschen: »Sie ist das Stück der universalen Weisheit Gottes, das der Mensch realisieren darf ...«.

[5] S. 26 u. 33.

[6] W. FUSS, Tradition und Komposition im Buch Jesus Sirach, 114. Fuß läßt die Vorlage in 17,9/10 abschließen und erst 17,11-14 als Erweiterung des Siraziden gelten. — Bei der Darlegung seiner Methoden S. 30-32 werden jedoch die Kriterien für die Scheidung zwischen Eigengut und Traditionsgut nicht näher erklärt.

Sira hierin vom Hellenismus, insbesonderes von der Philosophie der Stoa angeregt worden ist, wie schon bei K. 24 erwogen wurde. Der Stoiker Chrysippos, übrigens semitischen Blutes[7], der 208 v.Chr. starb, schrieb ein großes Werk über den 'Nomos', das ewige Vernunftgesetz, das nichts anderes ist als »die göttliche Vernunft selbst, die der Natur innewohnt, durch alle Vernunftwesen hindurchgeht und ihr Tun und Lassen regelt«[8]. Diese Ordnung ist für Ben Sira allerdings nie bloß abstraktes Prinzip, sondern Ausdruck und Offenbarung des lebendigen Gottes. Darum kann und soll sie auch hinführen zu Gottesfurcht und zum lebendigen Ausdruck im Gotteslob (17,8; vgl. 39,14cd.15.35).

§ 2 : Sir 39,14c-39,35.

1. *Zum Text.*

Der hebräische Text ist bis auf kleinere Lücken erhalten, und zwar in Ms B. Ab 39,27 beginnt auch der Text der Fragmente von Masada, der allerdings nur geringe Wortbruchstücke von 39,27-32 enthält[1].

39,27 liest die Masadarolle (abgekürzt Mas) interessanterweise *lzrh* mit Ms B marg *lzr'* (Brechruhr) statt *lr'h* in Ms B (vgl. noch Sir 37,30 und Num 11,20).

39,29 gibt (.) *r'w* der Lesart Smends recht : *nbr'w*, während Cowley-Neubauer, Lévi, Peters und Segal *nwṣrw* vermuteten[2].

39,28 fehlt im B-Text. Mas bestätigt die Lesung von Lévi und Segal : *jnjḥw*, G κοπιάσουσιν.

39,30 hat Mas (...) *'jm* und unterstützt so den Vorschlag von Lévi, Segal : *r'jm* oder *tš'jm* für das letzte Wort des Verses, G : ἀσεβεῖς.

Offensichtlich wird der Text von Ms B damit klar bestätigt, ebenso durch einige Buchstaben in 39,31 und 39,32[3]. Größere Unterschiede in den Versionen ergeben sich aber zu V 17, der hebräisch unvollständig erhalten ist. G hat 39,21ad vor V 17, S hat den ganzen V 21 dorthin gestellt. Doch paßt V 21 sehr gut in den Zusammenhang von H und dürfte dort ursprünglich sein; so urteilen auch Ryssel, Smend, Segal,

---

[7] M. POHLENZ, Die Stoa, I, 1948, 30.

[8] Ebda, 132-133; vgl. SVF I, 162 (S. 43, Z. 1-3) : ὁ νόμος ὁ κοινός, ὅσπερ ἐστὶν ὁ ὀρθὸς λόγος, διὰ πάντων ἐρχόμενος, ὁ αὐτὸς ὢν τῷ Διί, καθηγεμόνι τούτῳ τῆς τῶν ὄντων διοικήσεως ὄντι.

[1] YADIN, The Ben Sira Scroll from Masada, 1965, 12-13; vgl. pl. 1 mit der photographischen Wiedergabe.

[2] YADIN, ebd., S. 13.

[3] YADIN, ebd., S. 13.

Hamp und Duesberg. Peters und Box-Oesterley folgen G in der Teilung von V 21.

2. Zur Schöpfungstheologie.

Einleitung und Schluß mit der Aufforderung zum Gotteslob (39,14cd.15 und 39,35) lassen vorerst einen Hymnus erwarten, ebenso der jeweils anschließende Refrain von der Güte der Werke Gottes (39,16.33-34). Doch Inhalt und Form des Korpus, vor allem 39,21-32, bilden ein Lehrgedicht[4], das offenbar damals diskutierte Probleme aufgreift, wie die Einwände in V. 21 zeigen :»Man sage nicht : 'Wozu soll dieses und jenes dienen?'. Denn alles ist zu seinem Zwecke ausersehen. Man sage nicht : 'Dieses ist schlechter als jenes!'. Denn alles ist zu seiner Zeit von Wert«. — Damit ist dieses Gedicht in die Nähe von 16,17ff. verwiesen. Hier wie dort geht es um Theodizeeprobleme, um eine Rechtfertigung Gottes; diesmal steht die Zweckmäßigkeit der Schöpfung zur Diskussion. Die Perikope 39,14-35 ist gewiß auch den Aussagen über das Leid in 40,1-11 vorgeordnet, um von vornherein Zweifeln an der Güte und Weisheit Gottes zuvorzukommen (40,10)[5]. Der Gedankengang ist sehr zielstrebig : Ben Sira beginnt mit dem Hinweis auf die Allmacht Gottes in seinem schöpferischen Wort (39,17) und in seinem geschichtlichen Wirken, wo sich sein Wille und seine Hilfe (*tšw'*) durchsetzt (V 18). Auch die Allwissenheit ist Zeichen seines umfassenden Waltens. Nach dieser Vorbereitung folgen die Einwände und ihre Widerlegung in V 21. Im Folgenden erläutern Beispiele die These Siras, daß alles seinen Zweck habe und zu seiner Zeit von Bedeutung sei. Von besonderem Interesse ist die Behauptung in V 25b, daß für die Bösen von Gott Gutes und Schlechtes bestimmt sei : den Bösen aber kann sich selbst das an sich Gute zum Schaden wandeln (V 27). Das scheint für den Siraziden hier die einzige Möglichkeit zu sein, die weise Ordnung Gottes zu verteidigen. Darum können auch die physischen Übel, die zerstörerischen Kräfte der Natur nur der Bestrafung der Bösen dienen (V 28-30). Die ganze Schöpfung ist also durchdrungen vom Willen des lebendigen Gottes (V 31). — In einer etwas lehrhaft und schulmeisterlich anmutenden Anmerkung in V 32 offenbart Ben Sira, daß er selbst über dieses Problem viel nachgedacht hat und auch seine Lösung schon schriftlich niedergelegt hatte. Es seien nun einige für das Denken Ben Siras charakteristische Themen

---

[4] W. BAUMGARTNER, Die literarischen Gattungen in der Weisheit des Jesus Sirach, ZAW 34 (1914), 171 : »didaktisches Lied in hymnischer Form«.

[5] HASPECKER, Gottesfurcht, 183.

aus diesem Abschnitt herausgehoben, die in der Struktur der Perikope
selber bereits hervortreten.

a) In der bereits zitierten Antiphon in 39,16.33 betont der Autor die
G ü t e u n d Z w e c k m ä ß i g k e i t d e r W e r k e G o t t e s. Vom ganzen
Alten Testament ist eigentlich nur Gen 1,31 damit zu vergleichen : 'und
Gott sah alles, was er gemacht hatte; und siehe, es war sehr gut'[6]. Sowohl
bei Ben Sira wie in Gen 1,31 wird das Wort *ṭôb* verwendet, ebenso *'aśā*,
bzw. *mă'ăśæ*. In beiden Aussagen geht es um die Zweckmäßigkeit der
Werke Gottes[7].
Die Aussage über diese Ordnung in der Schöpfung wird von Ben Sira
auf a l l e Werke Gottes ausgedehnt, auch auf sein Wirken in der Geschichte. So wird das ganze Handeln Gottes mit dieser weisheitlichen
Kategorie rational zu durchdringen und zu rechtfertigen versucht,
ähnlich wie in 16,24-17,14 mit dem Begriff des 'Gesetzes' in der Schöpfung
und in der Geschichte Israels. Hier zeigt sich der große Unterschied zur
älteren Weisheit, die im Weisheitsspruch jeweils nur konkrete einzelne
Ordnungen aufgezeigt hatte, besonders deutlich.

b) Dieses Ordnungsdenken wird in unserem Lehrgedicht durch das
weisheitliche *b'tw, b't, l't,* 'zu seiner Zeit' (39,16.21 (H).28.30.33f.) geradezu
bestimmend. Schon in der ägyptischen Weisheit ist das Handeln, vor
allem das Reden und Schweigen zur rechten Zeit, ein Kennzeichen des
Weisen, der dadurch der Maat entsprechend handelt[8]. In Israels Weisheit
wird dieses Thema ebenfalls aufgegriffen, z.B. Spr 15,23; Hiob 39,1.2;
38,32 und Pss 104,27; 145,16. Eigentliches Thema der weisheitlichen
Reflexion wird *'et* aber erst bei Qohelet und bei Ben Sira. Qohelet widmet
der 'rechten Zeit' oder der 'bestimmten Stunde' die berühmte Stelle
3,1-15[9], die Zimmerli mit 'Geheimnis der fallenden Zeit' überschreibt[10].
»Qohelet hat in der Begegnung mit der Wirklichkeit der Welt den Glauben
völlig verloren, daß ein Mensch irgendwie Macht über die Zeit hätte.

---

[6] Man könnte noch Pred 3,11 z. Vergleich heranziehen : »Alles hat er s c h ö n gemacht
für die rechte Zeit ...«. Qohelet verwendet für schön *jafā*, ebenso *'aśā* und *'et* wie Sir 39.
[7] Zu den Aussagen des Schöpfungsberichtes 'und Gott sah, daß es gut war' in Gen
1,4.10.12.18.21.25.31 VON RAD, Das 1. Buch Mose, ATD, ²1950, 40 u. 48; Cl. WESTERMANN,
Genesis, BKAT I/2, 1967, 156-157 sieht darin, daß Gott sein Werk als gut anerkennt, vor
allem die Beziehung zum Schöpfungslob.
[8] SCHMID, Wesen und Geschichte der Weisheit, 33-34.
[9] Vgl. außerdem noch Pred 8,5.6; 9,11; 7,17; 10,17.
[10] W. ZIMMERLI, Prediger, ATD 16, 1962, 167-174.

Bis in die innersten Regungen des Menschen verfolgt er in einer fast
selbstquälerischen Weise die Preisgegebenheit des Menschen an die außer
ihm stehende Macht, die allein über die Zeiten verfügt«[11]. Was ihn noch
hält, ist nicht die Ordnung in der Welt, die undurchschaubar geworden
ist für ihn, sondern nur Gott, den er zwar nicht begreift, der ihm aber
nicht bezweifelbare Wirklichkeit ist (7,13.29), und das Hinnehmen des
bescheidenen Anteils am Glück, der dem Menschen zugemessen ist
(5,17-19)[12]. Ben Sira scheint bewußt dieses Nichtverstehen der von Gott
verfügten Ordnung, wie es Qohelet erfährt, wieder umzukehren : er
versucht gerade die Einwände gegen die Zweckmäßigkeit und Ordnung
in der Welt durch die Betonung des 'rechten Augenblicks' für alle Werke
Gottes — auch für scheinbar Sinnloses wie etwa Naturkatastrophen —
zu entkräften und positiv für ein Verstehen zu erschließen. Er macht in
seinem Werk den ausführlichsten Gebrauch von 't im ganzen Alten
Testament : Sir 1,23 ; 4,20 ; 8,9 ; 10,26 ; 11,19 ; 18,21.24-26 ; 20,6.7 ; 22,6 ;
27,12 ; 29,2 ; 31(34),28 ; 39,16.21.28.30.33.34 ; 43,6 ; 51,30[13]. Handeln auch
die meisten dieser Stellen vom weisen Handeln, Reden und Schweigen
des Menschen zur rechten Zeit, so ist doch klar, daß dort, wo von Gott
ein Handeln b't(w) ausgesagt wird, so außer K. 39 noch 10,4 ; 43,6, damit
die Zweckmäßigkeit und Weisheit seiner Werke angezeigt wird. Zu diesem
Handeln und Planen Gottes, das für alles den rechten Augenblick vorsieht,
gehört bei Ben Sira auch der Begriff ṣwrk »Zweck, Bedürfnis, Nutzen«,
der im übrigen Bestand des Alten Testamentes nur 2 Chr 2,15 bezeugt ist
und sich auch in Qumran nicht findet, bei Ben Sira aber einen Schlüsselbegriff darstellt, der die Zweckmäßigkeit der Schöpfung ausdrücken
soll, so in Sir 39,16.21.30.33 ; 42,23[14].

---

[11] W. ZIMMERLI, Ort und Grenze der Weisheit im Rahmen der alttestamentlichen
Theologie, SPOA, Paris, 1963, 134. (ZIMMERLI, Gottes Offenbarung, ThB 19, 1963, S. 313).
Zum Problem des sinnlosen Laufes des Geschehens bei Qohelet s. auch F. ELLERMEIER,
Qohelet Teil I, Abschnitt I, 1967, 186-212 zu Pred 1,4-11 und 309-322 zu Pred 3,11.

[12] Vgl. die Kommentare zu Qohelet : W. ZIMMERLI, Das Buch des Predigers Salomo,
ATD 16, 165, 168-174 zu 3,1-15. W. HERTZBERG, Der Prediger, KAT, 1963, 225 und 103-109
zu 3,1-15. H. GESE, Die Krisis der Weisheit bei Qohelet, SPOA, 1963, 139-151, vor allem
148-151. H.H. SCHMID, Wesen und Geschichte d. Weisheit, 192-193. H.P. MÜLLER, Wie sprach
Qohälät von Gott ?, VT 18 (1968), 507-521.

[13] Die zahlreichen anderen Stellen, in denen 't bzw. καιρός nicht diese weisheitliche
Bedeutung haben, sind dabei nicht angeführt.

[14] ṣwrk in der Bedeutung »Notwendigkeit, Bedürfnis« s. Sir 15,12 (Ms A) ; 32(35),2 ;
38,1.12 ; »Not« : Sir 8,9 ; 10,26 ; »Nutzen« : Sir 13,6 ; 32(35),17 ; 37,8.

c) Noch ein dritter Ausdruck verweist auf eine ähnliche Problemstellung bei Qohelet wie bei Ben Sira, die freilich bei beiden je verschieden gelöst wird. Es ist dies der sowohl beim Prediger wie bei Ben Sira beliebte Ausdruck *halaq*, zuteilen, bzw. das Substantiv *helœq*, der zugemessene begrenzte **Anteil**. — Außerhalb des weisheitlichen Sprachgebrauches verwendet das Buch Josue *ḥlq* häufig von der Landzuteilung (vgl. Jos 13,7; 18.2.10). Im Deuteronomium ist Jahwe der Anteil für den Stamm Levi, der keinen Landbesitz zu eigen hat (Dt 10,9; 12,12; 14,27.29; 18,1.8). In einem noch viel vergeistigteren Sinn wird Jahwe zum Anteil der Frommen in Ps 73,26; 16,5; 142,6[15]. In einem universalen Horizont begegnet *ḥlq* im Zusammenhang mit dem Planen, Schaffen und Zuteilen Gottes für die ganze Welt, also mit einem typisch weisheitlichen Sinngehalt, so in Dt 4,19; 32,9; Hiob 21,17; 20,29; 27,13; 31,2.

Eine sehr prägnante Bedeutung offenbart *ḥlq* bei Qohelet im Fragen des Weisen nach dem **Teil des Menschen** in dieser Welt (Pred 2, 10,21; 3,22; 5,17; 9,6.9; 11,2). In der Weltsicht Qohelets ist für den Menschen kaum ein Ort, nicht einmal in einem begrenztem Sektor[16]. Gott hat das »Ganze« in seiner Hand, und durch seine Verfügung, sein »Zuteilen« zerbricht alle menschliche Weisheit. Es ist bezeichnend, daß auch das Verbum *natan* mit Gott als Subjekt bei Qohelet (12-mal unter den 25 Stellen!) diesen Aspekt der Begrenzung ausdrückt[17]. Ein positiver weisheitlicher Lösungsversuch wird nur dort angedeutet, wo Qohelet aufruft, tätig zu sein in dieser Welt und die zugeteilten kleinen Freuden zu genießen: Pred 2,24-26; 3,12f.; vor allem 5,17-19; 8,15; 9,7-10; 11,9-10.

Am häufigsten begegnet *ḥlq* beim Siraziden, wo es ebenfalls einen Schlüsselbegriff bildet wie bei Qohelet, aber wiederum als Gegenstück im Sinn einer einsichtigen Ordnung und Zuweisung durch Gott. In diesem Sinn findet es sich z.B. Sir 7,15; 15,9; 16,26 (G!); 39,25; 40,1; 44,2[18]. Sehr zu beachten ist, daß für Ben Sira auch das Schaffen Gottes mit dem ordnenden Zuteilen verbunden ist, daß er *ḥlq* parallel zu *br'* und im Sinn von *br'* verwendet wie 31,13.27 (34,13.27) und 38,1. So wird auch durch dieses Wort ähnlich wie durch den von Gott für alles vorgesehenen

---

[15] von Rad, »Gerechtigkeit« und »Leben« in den Psalmen, in: Gesammelte Studien zum Alten Testament, 1965, 241-245.

[16] Schmid, Wesen und Geschichte der Weisheit, 188.

[17] W. Zimmerli, Ort und Grenze der Weisheit, SPOA, 1963, 135; H.P. Müller, Wie sprach Qohälät von Gott, VT 18 (1968), 508-512.

[18] Im Sinn von Pred 7,14 *ḥlq* als Anteil an Freude vgl. Sir 14,14; in der Bedeutung Jahwe als Anteil d. Menschen Sir 45,22, vielleicht auch in 24,12 G : μέρις.

rechten Augenblick die Zweckmäßigkeit und Ordnung in der Natur und im geschichtlichen Wirken Gottes gewährleistet. Sir 39,14-35 ist demnach ein weiterer Versuch des Autors, die ganze Wirklichkeit mit weisheitlichen Kategorien zu umgreifen. Der Ansatz zu einer vernunftmäßigen Lösung für ein diskutiertes Problem von damals ist echt weisheitlich, auch der Hinweis auf eine feststellbare Ordnung mit den Kategorien des 'rechten Augenblicks', der Harmonie (*tôb*), des zugemessenen Anteils (*ḥelœq*). Aber das Unterfangen, damit systematisch alles Handeln Gottes — etwa die Naturkastastrophen als Strafe für das Böse in 39,28-30 — einsichtig zu machen, kann nicht völlig überzeugen und scheint zu rationalistisch[19], eine Tatsache, die freilich mit jedem Versuch einer systematischen Reflexion gegeben ist. Kleine Inkonsequenzen in diesem Lehrgedicht machen das deutlich, z.B. die Funktion des Todes, der in V 29 zur Vergeltung für die Bösen geschaffen ist, aber Sir 41,4 nach der Lehre vom doppelten Aspekt aller Dinge der Anteil aller Menschen ist; ähnliches gilt für die Erwähnung des Feuers in 39,26-27 gegenüber V 29.

Die Erfahrungen Hiobs und Qohelets mit ihrer existentiellen Schärfe und Tiefe scheint der Sirazide trotz der zahlreichen Berührungspunkte mit beiden Büchern nicht gemacht zu haben[20]. Der gewiß sehr positiv zu wertende Versuch zu einer Gesamtschau, zur Systematik, kann der Gefahr, die Wirklichkeit zu vereinfachen, nicht immer ganz entgehen. Ursprünglicheres Weisheitsdenken, das an die Jahwesprüche des Proverbienbuches erinnert (vgl. Spr 16,9; 19,21; 20,24; 21,1.30), wird aber bei Ben Sira sichtbar, wo er vom unbegreiflichen Walten und Wirken Jahwes spricht wie etwa Sir 10,4-5; 11,4-6.11-14; 18,4-7; 43,28-32.

d) Auch in diesem Zusammenhang sei wieder gefragt, ob der Autor mit seiner Problematik und seinem Rationalismus in der Lösung nicht der S t o a nahesteht[21]. Ich möchte nicht einmal von einem direkten Einfluß, einer 'Abhängigkeit' sprechen: aber die Fragen, die Ben Sira

---

[19] W. Fuss, Tradition und Komposition, 321, der von einer »Steigerung im Rationalismus« spricht; ähnlich Burkill, Ecclesiasticus, IDB II, 21.

[20] Mit von Rad, Die Weisheit des Jesus Sirach, EvTh 29 (1969), 123-125 stimme ich bezüglich der weisheitlichen Methode und Darstellung durch Ben Sira in 39,16-35 überein, bin aber doch der Meinung, daß hier Gottes Walten nach den Erfahrungen von Hiob und Qohelet zu einfach zu rechtfertigen versucht wird, vor allem das Problem des Übels. Auch M. Hengel, Judentum und Hellenismus, 265, betont das auffallend große Vertrauen Ben Siras in die Möglichkeit rationaler Welterfassung und rational einsichtiger Theodizee (262). E. Beaucamp, I Saggi d'Israele, 1964, 225, hält den etwas übertriebenen Optimismus Ben Siras für ein Zeichen von Mut und gesundem Sinn.

[21] Vgl. bereits zu 16,24-17,14.

stellt, und auch die Art zu antworten, sind sehr verwandt[22]. Die Probleme
der Sünde (Sir 15,11-20 : Sünde und freier Wille des Menschen) und des
Übels in der Welt (Sir 19,28 ; 40,10) in ihrem Verhältnis zur Weltordnung
und insbesondere zur Vorsehung waren tatsächlich brennende Zeitfragen,
mit denen sich auch die zeitgenössische stoische Philosophie des ausgehenden dritten und des zweiten vorchristlichen Jahrhunderts auseinanderzusetzen hatte[23]. Neben K. Schubert hat vor allem R. Pautrel
ernsthaft diese Frage nach der Beziehung Ben Siras zur Stoa aufgegriffen,
die ohne Zweifel besteht[24]. Er hält, was wohl zuviel behauptet ist, Ben
Sira für einen Stoiker, der Jude war[25]. Seine Ergebnisse faßt er so zusammen : »Ben Sira n'est pas un écrit de réaction. L'influence du stoïcisme
est vraisemblable dans son œuvre«[26]. Zum oben behandelten Problem
der Vorsehung seien einige Texte aus den Stoikern angeführt, um einen
Vergleich zu ermöglichen[27]. Gottes Wesen ist nur Güte und wirkt nur
Gutes : Vergleiche den Zeushymnus des Kleanthes : SVF I, Nr. 537,
S. 122, Z. 11.13 :

11 : οὐδέ τι γίγνεται ἔργον ἐπὶ χθονὶ σοῦ δίχα, δαῖμον,

13 : πλὴν ὁπόσα ῥέξουσιν κακοὶ σφετέραισιν ἀνοίαις [28].

Für die sittlichen Übel ist Gott nicht verantwortlich : SVF II, p. VI,
praefatio, wo Textbruchstücke aus Chrysippos περὶ προνοίας erwähnt
werden : danach geschieht in der Welt alles mit Notwendigkeit, die
Taten der Menschen ausgenommen.

Zu den Katastrophen in der Natur vgl. SVF II, 1168-86. Hier ein
Abschnitt aus Nr. 1174 (Orig. contr. Cels. IV, 64, der wahrscheinlich

---

[22] J. Bright, Geschichte Israels, 1966, 443 : »Griechische Weisheit lag einfach in der
Luft, so daß jüdische Gelehrte einfach auf sie stoßen mußten, wenn sie sich mit den Problemen ihres Zeitalters befaßten«.

[23] M. Pohlenz, Die Stoa, I, ¹1948, 98-101 ; 155.

[24] R. Pautrel, Ben Sira et le Stoïcisme, RScR 51 (1963), 535-549. Er verweist dabei vor
allem auf die Themen der Menschenwürde, den Gedanken an die Freiheit (vgl. Sir 15,11-17),
den Todesgedanken, den der Sirazide sehr häufig aufgreift (1,13 ; 7,36 ; 14,17-19 ; 18,7-12 ;
22,11 ; 30,17 ; 41,1-4), das Thema von der Einheit der Menschheit und die Ethik Ben Siras.

[25] Ebd., S. 547.

[26] Ebd., S. 548.

[27] Zahlreiche Hinweise finden sich bei Pohlenz, Die Stoa. Erläuterungen, 1955, 55-88.
Die im folgenden zitierten Texte sind alle der Sammlung von Arnim entnommen : Johannes
ab Arnim, Stoicorum veterum fragmenta, vol. 1-3 : Lipsiae 1921-23 (Nachdruck), abgekürzt SVF. — Zum Thema Vorsehung und Übel in der Stoa vgl. auch J. Fischl, Geschichte
der Philosophie I, ²1948, 140-141.

[28] Nach M. Hengel, Judentum und Hellenismus, 266, hätte der Zeushymnus des Kleanthes mit kleinen Änderungen auch aus der Hand des Siraziden stammen können ; vgl.
ebd. Anm. 256 : »Nahezu alle Züge lassen sich aus Ben Sira belegen«.

hier aus Chrysippos : ἐκ τῆς περὶ ἀγαθῶν καὶ κακῶν εἰσαγωγῆς zitiert) :
... καὶ ἀναγκαῖόν γε τοῖς ἀκριβοῦν πάντα κατὰ τὸ δυνατὸν βουλομένοις
ὁ περὶ τῶν κακῶν λόγος οὐ μενόντων ἀεὶ ἐν ταὐτῷ διὰ τὴν ἤ οι τηροῦσαν
τὰ ἐπὶ γῆς πρόνοιαν ἢ κατακλυσμοῖς καὶ ἐκπυρώσεσι καθαίρουσαν · καὶ
τάχα οὐ τὰ ἐπὶ γῆς μόνον, αλλὰ καὶ τὰ ἐν ὅλῳ τῷ κόσμῳ, δεομένῳ καθαρ-
σίου ὅταν πολλὴ ἡ κακία γένηται ἐν αὐτῷ. (Z 29-34).

Es ist stets die ganze Weltordnung zu beachten : SVF II, 1171.1174.
1181.1184. Hier ein Zitat aus Nr. 1181 (Plut., de Stoic. repugn. c. 35),
(Z 15-19) : Ἡ δὲ κακία πρὸς τὰ δεινὰ συμπτώματα ἴδιόν τινα ἔχει λόγον·
γίνεται μὲν γὰρ αὐτὴ πως κατὰ τὸν τῆς φύσεως λόγον, καὶ, ἵν᾿ οὕτως
εἴπω, οὐκ ἀχρήστως γίνεται πρὸς τὰ ὅλα οὐδὲ γὰρ ἂν τἀγαθὰ ἦν.

Zur Strafe der Frevler : SVF II, 1175 (Plut., de Stoic. repugn. c. 15)
heißt es anläßlich eines Zitates aus Hesiod, Op. et D. 242 (Z 39-41) :
ταῦτα φησι τοὺς Θεοὺς ποιεῖν, ὅπως κολαζομένων τῶν πονηρῶν οἱ
λοιποὶ παραδείγμασι τούτοις χρώμενοι ἧττον ἐπιχειρῶσιν τοιοῦτόν τι
ποιεῖν.

Weitere Texte finden sich SVF II, 1106-1167 : De providentia et
natura artifice.

Damit sollte und konnte, ähnlich wie beim Nomosgedanken in K. 24,
keine direkte Abhängigkeit Ben Siras vom Stoizismus behauptet und
bewiesen werden : aber es scheint außer Zweifel, daß sich der Sirazide
dieses seines geistesgeschichtlichen Horizontes bewußt war und daß
er ihn auch als echter Weiser in sein Werk einfließen ließ. Und nur im
Rückgriff auf diese seine Situation kann sein weisheitliches und theologisches Denken voll gewürdigt und verstanden werden.

§ 3 : Sir 42,15-43,33.

1. Zum Text.

Vom großen Schöpfungshymnus 42,15-43,33 sind in der Masadarolle
42,15-43,25 zu einem guten Teil erhalten[1]. Der wertvolle textkritische
Kommentar Yadins braucht hier nicht wiederholt zu werden. Er bestätigt
eindeutig die Authentizität der Genizafragmente (Ms B), bringt aber auch
viele interessante textkritische Details und einige Verse überhaupt zum

---

[1] Y. YADIN, The Ben Sira Scroll from Masada, 1965, 26-34 mit paläographischem und
textkritischem Kommentar; die englische Version Yadins s. S. 45-48 (mit Ergänzung der
Textlücken !); Photos der Fragmente ebd. Pl. 6 und 7.

ersten Mal im hebräischen Original, so 42,18cd, 42,22. Als für unsere
Thematik theologisch bedeutsam erscheint mir der Text der Masadarolle
in 42,15cd :

Mas : *b'mr 'dnj m'śjw wp'l rṣnw lqḥw* ;

Ms B : *b'mr 'lhjm rṣ(w)nw wp'l rṣnw lqḥw.*

Yadin übersetzt S. 45 : By the word of God — His works

and His doctrine — an act of His grace[2].

Mas 42,15c bestätigt B marg G Syr[3]. V 15d ist nun mit Mas, Ms B eindeutig *läqaḥ*, Lehre, Unterweisung, zu lesen und die Emendation von
Smend, Hamp in *l^eḥuqô* 'nach seiner Anordnung' endgültig aufzugeben.
Theologisch ergibt sich dadurch ein bedeutungsvoller Parallelismus
zwischen dem Werk Gottes in seiner Schöpfung (*m'śjw*) und in seiner
Unterweisung bzw. Weisheit (*lqḥ*), in denen sein Wort und seine Gnade
sich offenbaren[4], wobei die 'Unterweisung' wohl von der in der Geschichte
ergangenen Weisung zu verstehen ist.

Auf den Text der Naturschilderung in K. 43 wird nicht eingegangen,
da er für die Thematik nicht so ergiebig ist, obwohl natürlich viele text-
kritisch interessante Lesarten geboten werden. — Nur der Text von
42,23-25 sei hier nach der Masadarolle noch angeführt, da der Text von
Ms B, den die Textausgaben bieten, völlig in Unordnung ist.

Mas 42,23 *hkl ḥj w'w(...)d l'd (h)kl ṣrk hkl nšmr*

24 *klm (...) (...) l'mt zh wl' 'śh mhm (...)*

25 *zh 'l zh ḥlp ṭwbm (...)mj jśb' lhbjṭ hwdm.*

Die Übersetzung von Yadin, der V 24a nach Sir 33,15 (G 36(30)15) ergänzt
(Ms E)[5] und V 24b nach Ms B, G und S, lautet :

V 23 : All liveth and abi(deth) for ever

(And) all is kept for every need

24 : All of them (are twos) one against the other

And he hath not made any of them (in vain)

25 : One with other exchangeth their (respective) good

(and) who can be sated with beholding their majesty ?[6]

---

[2] Vgl. bereits N. PETERS, Der jüngst wiederaufgefundene Text, 203.

[3] Vgl. auch die Entscheidung für *m'śjw* bei Ryssel, Smend, Hamp, Duesberg gegen
Peters.

[4] *lqḥ* im Sinn von Unterweisung, s. auch Sir 8,8 ; 32,14. Das schöpferische und das unter-
weisende Wort Gottes stehen in diesem Vers einander gegenüber, so daß also kein synonymer
Parallelismus vorliegt, wie FANG-CHE-YONG, Quaestiones theologicae selectae libri Sira,
Rom 1963, 28-29, annimmt, der die Schöpfungswerke Gottes als Unterweisung auffaßt.

[5] Zum Text von Ms E siehe R. Josef MARCUS, A fifth Manuscript of Ben Sira, JQR 21
(1931), 223-240 ; den zitierten Vers siehe S. 233 : *klm šnjm šnjm zh l'mt (zh).*

[6] YADIN, Ben Sira Scroll, 45.

Damit wird die Reihenfolge der Verse und auch die Übersetzung von G bestätigt[7].

2. Zur Schöpfungstheologie in Sir 42,15-43,33.

Zum vollen Verständnis des Hymnus muß ein Blick auf seine redaktionelle Stellung im Ganzen des Werkes getan werden. Seine Verknüpfung mit dem Lob der Väter durch den Gedanken der Weisheitsmitteilung an die 'Frommen' in 43,33 wurde bereits hervorgehoben[8]. Die literarische Verbindung beider Gedichte zu einem abschließenden Diptychon ist aber, abgesehen von der Einheitlichkeit und Geschlossenheit beider Abschnitte, noch durch andere Beobachtungen zu erhärten. Der Verfasser eröffnet beide Gedichte 42,15 und 44,1 mit einem Aufruf zum Lobpreis in der ersten Person, und er schließt auch beide mit der hymnischen Aufforderung zum Gotteslob an die Leser bzw. Hörer dieser gewiß vor ihrer Aufnahme in das Gesamtwerk bereits schriftlich fixierten Einheiten (43,30; 50,22). Beidemale ist auch bewußt die Weisheit als Gabe Gottes erwähnt (43,30 und 50,23), die also wirklich das redaktionelle Bindeglied darstellt. Dieser Rahmen ist für die Deutung des Siraziden stets zu beachten.

Während für Sir 44-50 die hymnische Einleitung und der Abschluß aber ganz offensichtlich an einen bereits bestehenden Abriß der Geschichte Israels angefügt wurden, ist der Charakter in 42,15-43,33 durch und durch hymnisch, beschreibendes Gotteslob, das den Psalmen, vor allem Psalm 104, sehr nahe steht. Es geht uns im Folgenden aber nicht um die Herkunft einzelner Motive des farbenprächtigen Lobes der Schöpfung[9] sondern um das weisheitlich-theologische Schöpfungsverständnis des Autors, das sich darin offenbart.

a) Hauptthema dieses Lobliedes sind die W e r k e G o t t e s m'śjw, die bei Ben Sira sowohl die Werke der Schöpfung als auch das Wirken und Walten Gottes in Schöpfung und Geschichte kennzeichnen.

Gottes Werke in der Schöpfung sind das Thema in 1,9.16.26.27; 17,8;

---

[7] Vgl. auch die Übersetzungen von Box-Oesterley, in: CHARLES, Apocrypha I, 472-473; PETERS, Der jüngst wiederaufgefundene Text, 400; HAMP, Echterbibel, 1954, 115-116.

[8] S. 68; VAN DEN BORN, Wijsheid van Jesus Sirach, 207.

[9] VON RAD bringt Sir 43,1 sowie K. 44-49 in Beziehung zu einem Schema ägyptischer Onomastika bzw. enzyklopädischer Listen und Werke, die auch die Weisen Israels gekannt haben dürften. Er vergleicht hiezu in einem Artikel Hiob 38, Sir 43, Ps 148, den Hymnus der 3 Männer im Feuerofen, mit dem Onomastikon des Amenemope: 'Hiob 38 und die altägyptische Weisheit', in Ges. Studien z. AT, [3]1965, 262-271, vor allem 264-265.

das geschichtliche Wirken Gottes ist damit gemeint in Sir 11,4; 18,4; 33(G 36),15; 39,16.33. Ähnlich ist es mit seinen 'staunenerregenden' und 'furchtbaren' Taten : *nwr'*, *npl'wt*, die ursprünglich die Heilstaten Jahwes in der Geschichte bezeichneten (z.B. Ex 15,11; 34,10; Psalmen passim !), nun aber auch von den Werken der Natur ausgesagt werden : 43,2.8 *nwr'*; 43,29 *npl'wt*. Darin mag sich eine Situation anzeigen, in der Gottes geschichtliches Wirken zu Gunsten seines Volkes nicht mehr erfahren wurde und in der man deshalb versuchte, das Gotteslob unter Wiederaufnahme alter israelitischer und vorisraelitischer Elemente von der Schöpfung her neu zu begründen. Eine analoge Erscheinung offenbart sich darin, daß dieselben erwähnten Termini für die Großtaten Gottes in der Geschichte nun auch für das Gesetz beansprucht werden (vgl. Ps 119,18).

b) Die Werke Gottes in der Natur sind nach 42,15-43,33 Ausstrahlung und Offenbarung seines 'Kabôd', seiner H e r r l i c h k e i t, die sich übrigens auch in der Geschichte Israels offenbart, wie bereits die Einleitung zum Lob der Väter 44,2 zeigt. Damit ist ein neuer Hinweis auf den redaktionellen Zusammenhang beider Gedichte gegeben. Kabôd, δόξα, syr. meist *jqr*, ist ein sehr häufiger Terminus bei Ben Sira, freilich in all seinen verschiedenen Bedeutungen, von der Ehre und vom Ruhm des Menschen angefangen bis zum theologisch gefüllten Begriff der Herrlichkeit Gottes selber, die in unserem Zusammenhang von Bedeutung ist. Diese Herrlichkeit des Herrn hat sich dem Volk Israel am Sinai geoffenbart (17,13) und seinen Vertrauten Moses und Aaron (45,3.7.20); vielleicht ist auch *kabôd* zu Beginn der Geschichtsschau 44,2 und die Herrlichkeit (*tp'rt*) Adams am Ende (49,16) nicht bloß Ruhm, Ehre, sondern ein Stück Mitteilung der Herrlichkeit des Höchsten. Im leidenschaftlichen Gebet 36(G 33),19 fleht Ben Sira darum, Sion möge mit dieser Herrlichkeit Gottes erfüllt werden.

Auch die von Gott geschenkte Weisheit verleiht Ehre, die mit der Herrlichkeit Gottes verbunden ist (vgl. 4,13; 6,31; 24,16.17). In unserem Hymnus wird *kabôd* auffallend oft gebraucht : 42,16; 42,17.25; 43,1.2. Die Herrlichkeit Gottes ist danach in der Natur offenbar, am Himmel (43,1), im Regenbogen (43,12). In den Psalmen ist noch Ps 9,6; 19,2 und 104,31 von der Herrlichkeit Gottes in seiner Schöpfung die Rede. Ben Sira war offensichtlich daran gelegen, den Menschen seiner Zeit zu zeigen, daß Gottes Herrlichkeit für sie erfahrbar sei in der Schönheit der Schöpfung.

c) Mehr im Hintergrund als in den zwei bereits behandelten Lehr-
einheiten über die Schöpfung stehen hier die Gedanken der O r d n u n g
und Zweckmäßigkeit. Ben Sira hat sie aber auch, ziemlich leicht als
redaktionell erkennbar, in diesen Hymnus eingefügt[10]. Der Gedanke
einer feststellbaren Harmonie und Ordnung, der diesmal sehr an 33(36),
7-15 gemahnt, gehört also fest zur Weltsicht des Siraziden. Auch 43,6.10
klingt das Ordnungsdenken nochmals an. Eng damit verbunden ist der
Gedanke an die Allwissenheit und Weisheit Gottes in 42,18-20, durch
die offensichtlich die Ordnung garantiert wird, die nicht statisch, sondern
als Wirken Gottes zu denken ist (vgl. auch 39,19-20; 17,15-20; 15,18-19).
Auch der große Schöpfungspsalm 104,29-30 schildert in ähnlicher Weise
»Jahwes fortgesetztes Wirken«[11].

d) Vom Gotteslob der Psalmen her eröffnet sich der eigentliche S i n n
d e r   S c h ö p f u n g s a u s s a g e n Ben Siras: angesichts der bereits angedeuteten Zweifel und Fragen hinsichtlich einer gerechten und sinnvollen
Weltordnung, Vertrauen und Glauben zu wecken. Das geschieht, besser
als durch rationale Aufweise wie Sir 16,24-17,14 und 39,16-35, durch
den Aufruf zum Gotteslob der Psalmen, die Gottes Güte, Macht und Größe
im Preis lebendig erstehen lassen. Vor der Größe der Schöpfungswerke
Gottes tritt der Rationalismus zurück, den wir bei Ben Siras Versuch
festgestellt haben, Gottes gerechte Ordnung zu verteidigen und das Übel
in der Welt zu erklären. Während Ben Sira dabei philosophierend einsichtig und verständlich machen will, daß Gott für alles die rechte Ordnung und den rechten Zeitpunkt vorsieht, verzichtet er in diesem Schöpfungshymnus ursprünglich auf den Nachweis der Ordnung und stellt
sich ganz in die Haltung des Staunens über Gottes Macht, die der Mensch
nicht ergründen kann, so auch bereits Sir 1,2-3, vor allem aber 18,4-7:
    »Niemand vermag seine Werke zu verkünden,
    und wer ergründet seine Großtaten?
    Wer kann seine gewaltige Größe beschreiben
    und wer kommt ans Ende, seine Hulderweise aufzuzählen?
    Man kann nichts wegnehmen und nichts hinzufügen,
    und es ist unmöglich, die Wundertaten des Herrn zu ergründen.
    Wenn jemand am Ende ist, dann steht er noch am Anfang,
    und wenn er aufhört, wird er in Verlegenheit sein«.

---

[10] Sir 42,23-25; vgl. W. Fuss, Tradition und Komposition im Buch Jesus Sirach, 252.
[11] H.-J. Kraus, Psalmen II, BKAT, 1960, 714.

Ähnlich kann auch der Schluß des Hymnus 43,28-32 die Größe und
Unergründlichkeit der Werke Gottes nicht genug preisen :

>>Lobpreisen wir ihn weiterhin, denn ergründen können wir ihn
nicht,
und er ist noch größer als alle seine Werke.
Sehr, gar sehr ehrfurchtgebietend ist Jahwe,
und wunderbar sind seine Machterweise.
Die ihr Jahwe lobpreist, erhebet die Stimme,
so laut ihr könnt, denn es wird nie genügen.
Beim Erheben schöpfet neue Kraft, denn ergründen könnt ihr ihn
nicht.
Wer hat ihn gesehen und kann davon erzählen,
und wer kann ihn preisen, so wie er ist ?
Die Menge des Verborgenen ist größer als das Erwähnte,
nur wenig habe ich von seinen Werken gesehen.
Alles hat Jahwe gemacht
und den Frommen hat er Weisheit verliehen<<.

Der Zug der Zeit zur rationalen Durchdringung der Welt und zur Reflexion, wie er bei Ben Sira deutlich sichtbar wird, ist also getragen von
einer sehr lebendigen Erfahrung Gottes, die ihm in der Schöpfung entgegentritt. Auch in den übrigen Schöpfungsaussagen Ben Siras fehlt
dieser Zug nicht völlig, wie Sir 17,9-10 ; 39,15.35 zeigen[12]. Die Ordnung,
die Herrlichkeit, die Weisheit sind nur verschiedene Weisen des Wirkens
Gottes, der überall am Werk ist. Das ist m.E. der Sinn des sehr hellenistisch klingenden >>Er ist alles<< (43,27)[13].

Die Notwendigkeit eines neuen Rufes zum Gotteslob war zur Zeit
Ben Siras zweifellos sehr gegeben, in einem Zeitpunkt, da Gott keine

---

[12] Das Loblied hat auch sonst bei Ben Sira große Bedeutung : vgl. 15,10; 45,25 und den
Abschluß des Lobes der Väter 50,22.

[13] CHARLES, Apocrypha I, 478 : >>... it sounds very hellenistic<<. Der Kontext 43,28 zeigt
aber deutlich, daß von einem Pantheismus keine Rede sein kann. R. PAUTREL, Ben Sira et
le Stoïcisme, RScR 51 (1963), 535-549 vermutet in Sir 43,27 stoischen Einfluß, ähnlich
auch HENGEL, Judentum und Hellenismus, 266. W. FUSS, Tradition und Komposition,
307, meint sogar : >>Die Möglichkeit eines pantheistischen Verständnisses ist nicht mit
leichter Hand abzutun, hat doch die explizite Aussage des Hymnus >>Er ist alles<< unleugbar
einen pantheistischen Klang. Hier könnten sich Einflüsse hellenistischer Theologie nieder-
geschlagen haben<<. — Vgl. auch H. DUESBERG, Il est le Tout, Bible et Vie chrétienne 54
(1963), 29-32. Wenn hier ein Eingehen auf Formulierungen des Hellenismus vorliegt, was
nicht ausgeschlossen ist, geschieht das gewiß nicht im pantheisierenden Sinn, sondern im
Eingehen auf die Sprache seiner Zeit, wie bereits zu dem bei Ben Sira gebräuchlichen Ausdruck 'jegliche Weisheit' bemerkt wurde. Ähnlich ist es auch mit der Betonung Jahwes als
Schöpfer des Alls oder als Gott des Alls in Sir 36(33),1 ; 43,33 ; 45,23 ; 50,22 und 24,9.

Großtaten mehr für sein Volk zu wirken schien, wie der leidenschaftliche Ruf Sir 36(33),6 zeigt : »Erneuere die Zeichen und wiederhole die Wunder !« — Der große Horizont der Schöpfungswerke mit ihrer Offenbarung der Macht Gottes sollte und konnte Anlaß sein, an Gottes Wirken und Treue auch in der damaligen ruhmlosen und immer mehr einer Krise zugehenden Geschichte Israels zu glauben[14]. Der Hymnus, das beschreibende Gotteslob, das Gottes Tun und Sein im Ganzen, auch sein segnendes Wirken in der Schöpfung einschließt, war dazu sehr geeignet[15]. Nicht umsonst hat auch die Priesterschrift in der Katastrophe des Exils in Gen 1 auf die Ordnung der Schöpfung als neue Ermöglichung des Glaubens hingewiesen. Eine andere Parallele ist die Funktion der Psalmensprache und des Schöpfungsgedankens bei Deuterojesaja[16]. Die Aussagen über die Größe der Werke Gottes werden so Aussagen für den Menschen und kehren zurück zum ursprünglichen Sinn alttestamentlicher Schöpfungsaussagen, daß eben auch die Schöpfung zu den Heilstaten Gottes gehört (Ps 89,2 ; 74,12)[17].

So versucht Ben Sira in seinen Schöpfungsaussagen, vom weisheitlichen Ordnungsgedanken her und auch mit Kategorien zeitgenössischer Philosophie, die Ordnung der Welt aufzuzeigen und auf Fragen der Zeit zu antworten. Letztes Ziel aber ist das G o t t e s l o b, das zum Glauben an die in S c h ö p f u n g und G e s c h i c h t e wirkende W e i s h e i t, das heißt letztlich Gottes selber, führen soll[18]. Auch in dem schon erwähnten Psalm 11Q Ps^a Kol. XVIII ist das Lob der Werke Gottes letztes Ziel der Weisheit :

V 5-7 : »Denn kundzutun Jahwes Herrlichkeit ist (die) Weisheit gegeben, und zu erzählen (die) Fülle seiner Werke, ist sie kundgetan dem Menschen, kundzutun (den) Einfältigen seine Stärke, zu lehren (die) Unverständigen seine Herrlichkeit«[19].

---

[14] In der hellenitisch-jüdischen Literatur der Diaspora dient die Betonung des Schöpfungsgedankens der Verbindung des Schöpfergottes mit der monotheistischen Tendenz des hellenistischen Gottesglaubens : P. DALBERT, Die Theologie der hellenistisch-jüdischen Missionsliteratur, 124.

[15] Cl. WESTERMANN, Der Segen in der Bibel und im Handeln der Kirche, 22.

[16] Cl. WESTERMANN, Sprache und Struktur der Prophetie Deuterojesajas, Forschung am Alten Testament, 1964, 130 u. 168.

[17] VON RAD, Das theologische Problem des alttestamentlichen Schöpfungsglaubens, Gesammelte Studien zum Alten Testament, ³1965, 142-143.

[18] DUESBERG-FRANSEN, Les Scribes inspirés, ²1966, 661. Bei Ben Sira trifft das Erlahmen des Interesses an der Heilsgeschichte in den Kreisen der Weisen nicht zu, von dem VON RAD spricht : Theologie des Alten Testaments, I, ⁴1962, 463-464.

[19] Nach D. LÜHRMANN, Ein Weisheitspsalm aus Qumran (11Q Ps^a XVIII), ZAW 80 (1968), 89.

§ 4 : Der doppelte Aspekt der Wirklichkeit bei Ben Sira.

Die Schöpfungsaussagen des Siraziden mit ihrem Versuch einer Durch-
lichtung der Ordnung der Welt und einer Rechtfertigung dieser Ordnung,
wie sie in Sir 39,16-35 am konsequentesten ausgesprochen ist, sind Anlaß,
die Methoden noch genauer zu beachten, mit denen Ben Sira an die
Schöpfungswirklichkeit und ihre Probleme herangeht und sie zu lösen
sucht. Wir haben bereits die Kategorien vom zugewiesenen Anteil (ḥlq),
des von Gott für alles bestimmten Zeitpunktes ('t) herausgestellt, mit
denen der Weise Gottes Ordnung, vor allem auch die Existenz des Übels,
verständlich zu machen suchte. Im Zusammenhang damit steht noch ein
Versuch der Weltbetrachtung, der für das weisheitliche Denken Ben
Siras sehr charakteristisch ist. In 33(36),7-15 hat er, wenn man es so
nennen darf, eine Theorie vom doppelten Aspekt aller Dinge
entwickelt : Die Tage, die alle vom selben Sonnenlicht erhellt sind,
sind doch alle verschieden, weil sie von Jahwes Weisheit geschieden sind
(33,7-9). So sind auch die Menschen, die alle aus Erdenstaub geformt sind,
dennoch alle verschieden, weil Jahwes Weisheit sie geschieden hat
(tbdjlm : vgl. Gen 1,4.6). In ihren verschiedenen Wegen (V 11) und Schick-
salen wird Gottes eine Weisheit sichtbar, sein Plan und Wille (V 13).
V 14-15 statuiert dann Tatsachen, die allerdings nicht mehr ausdrücklich
auf diese unterscheidende Weisheit Gottes zurückgeführt werden : »Dem
Schlechten steht das Gute gegenüber, dem Leben steht der Tod gegenüber, und dem guten Menschen steht der Frevler gegenüber«. Diese
Gegensätze bilden geradezu eine Struktur der ganzen Schöpfung, die hier
aber nicht mehr näher erläutert wird. Nach Sir 15,11-20 ist der freie
Wille des Menschen die Ursache der Sünde, und in 39,28-30 wird einfach
die Bestrafung der Sünder zur Erklärung der Übel in der Welt heran-
gezogen, obwohl gerade vorher 39,24-27 der doppelte Aspekt aller Erscheinungen hervorgehoben wurde. — Bemerkenswert ist dabei, daß
gerade in diesen grundsätzlichen lehrhaften Abschnitten niemals auf die
Erzählung vom Sündenfall in Gen 3 zur Erklärung der Übel in der Welt
verwiesen wird, obwohl Sir 25,24 eines der wenigen alttestamentlichen
Zeugnisse für diese Tradition ist : »Von einer Frau kam die erste Sünde,
und deswegen müssen wir alle sterben«. Der Kontext der oft sehr kräftig
formulierten Weisheitssprüche über die gute und die böse Ehefrau
verbietet es jedoch, in diesem Vers eine grundsätzliche dogmatische
Aussage über den Tod als Folge des Sündenfalls der Frau zu sehen.
Denn 41,1-4 wird beispielsweise der Tod mit seinen schlimmen aber auch

mit seinen guten Aspekten einfach als der von Gott bestimmte Anteil aller Menschen bezeichnet (41,4; vgl. auch 17,1-2). So wird auch Sir 33(36),14-15 einfach die Ambivalenz und Doppeldeutigkeit alles Geschaffenen festgestellt : »Schau auf jedes Werk Gottes, sie alle sind paarweise, eines entsprechend dem anderen« (V 15). Dieser doppelte Aspekt in allen Phänomenen der Welt ist für Ben Sira ein Mittel zur Ergründung und Darlegung der Weltordnung. Diese Schau ist auch der Schlüssel zum Verständnis sehr vieler weisheitlicher Aussagen und Verhaltensweisen[1].

Darum macht der Sirazide in seiner Unterweisung immer auf die Doppeldeutigkeit aller Situationen und Dinge aufmerksam und ruft damit zum Abwägen von Gut und Böse für den Menschen. Beispiele für diese seine Didaktik gibt es sehr viele. So spricht der Weise über wahre und falsche Scham (4,20-26; 41,14-42,8), über innere und äußere Ehre (10,30-11,6), über die doppelte Betrachtung von Glück und Unglück (11,25), über die Mehrdeutigkeit des Menschen selber (18,8; 37,17f), über die verschiedenen Seiten von Reden und Schweigen (20,5-7), des Bürgens und Borgens (29,1-13), über wahre und falsche Opfer (34(31),21-35(32),5), über wahre und falsche Ratgeber und Freunde (37,1-7.7-18), über verschiedene Aspekte von Weisheit (37,19-26). Auch der Genuß ist doppeldeutig : »Nicht alles frommt allen, und nicht jeder kann alles vertragen« (37,28). Sogar in der Trauer um den Toten und in der Betrachtung des Todes vermag der Weise noch diese Ambivalenz zwischen guten und schlechten Aspekten zu finden (38,16-23; 41,1-4).

Von dieser weisheitlichen Denkmethode zeugen auch die im Spruchbuch, besonders bei Qohelet aber auch bei Ben Sira sehr beliebten Formeln des Vergleichs »besser als -« (ṭwb mjn) : Sir 10,27; 16,3; 18,16; 19,24; 20,31; 23,27; 29,22; 30,14.15.17; 33(36),30; 36,23.26; 40,28; 41,15; 42,14, die immer ein Abwägen der verschiedenen Geschichtspunkte voraussetzen und den Hörer wieder dazu aufrufen. Die Form und Methode des Rates, Beratens und Überlegens in der Weisheitsliteratur, von der auch Ben Sira oft Gebrauch macht, gründet in dieser Doppeldeutigkeit der Wirklichkeit.

Ben Sira hat damit das bereits der alten Weisheit Israels bekannte Prüfen und Abwägen von Dingen und Situationen sehr ausgiebig gepflegt und sogar versucht, diese Methode in 33(36),7-15 aus einer doppeldeutigen

---

[1] VON RAD, Die Weisheit des Jesus Sirach, EvTh 29 (1969), 120-125. Manche der bei Ben Sira bemerkbaren Spannungen (Universalismus-Partikularismus, Optimismus-Pessimismus, Vernunft-Offenbarung) sind allerdings nicht Ausdruck dieses Prinzips, sondern rühren davon her, daß der Weise die Erscheinungen der Welt sowohl von der Vernunft als auch von der Offenbarung her betrachtet : vgl. dazu IDB II : BURKILL, Ecclesiasticus, 19-21.

Struktur der Wirklichkeit heraus auch allgemein zu formulieren und zu begründen (vgl. auch Sir 42,24)[2].

2. Kapitel

Der Arzt bei Ben Sira.
Zum Problem von Frömmigkeit und Fortschritt
in Sir 38,1-15.

Ein sehr charakteristisches Beispiel für das Hören des Siraziden auf Fragen, die sich durch Zeit und Umwelt stellten, sowie für sein Bemühen um eine Antwort, ist der Abschnitt über den Arzt, der in den Kontext über das Maßhalten hineingestellt wurde zwischen Sir 37,27-31 und 38,16-23. — Diese Perikope birgt ein sehr grundsätzliches Problem, das aus der Begegnung mit der hellenistischen Wissenschaft resultiert.

1. *Text.*

Der Text bietet keine besonderen Schwierigkeiten, weswegen hier auf eine Wiedergabe verzichtet wird. Interessant ist, daß in diesem Abschnitt häufig die Randlesarten des hebräischen Textes (Hmarg) die besseren Varianten bieten in Übereinstimmung mit G und Syr. — Eine Text-korrektur wird allgemein als notwendig angesehen : Sir 38,10 ist H *wmhkr pnjm* nach G zu ändern in *whbr kpjm* (Box-Oesterley, Smend, Peters, Segal und Duesberg). In V 11 ist *bknpj hwnjk* vielleicht mit Lévi, Ginzberg, Segal und Peters besser als *kpj hwnk*, 'nach deinem Vermögen' zu lesen. — Die Randlesart ist zu bevorzugen in 38,4a : *br' śmjm* statt H : *mwsj' trwpwt*, wodurch allerdings der Sinn nicht geändert wird. 38,15b ist ebenfalls Hmarg *jstwgr* zu bevorzugen vor H *jtgbr*.

2. *Zur literarisch-inhaltlichen Struktur.*

Der Abschnitt über den Arzt ist formell durch Imperative gegliedert

---

[2] P. WINTER, Ben Sira and the teaching of the two ways, VT 5 (1955), 315-318, dem allerdings entgangen ist, daß von Sir 33,7-15 seit 1931 auch der hebräische Text bekannt ist (Ms E), verweist auf das Weiterwirken der Schau Ben Siras in Test Ascher 1 : »Zwei Wege hat Gott den Menschenkindern gegeben und zwei Ratschlüsse und zwei Handlungs-weisen und zwei Plätze und zwei Ziele. Deswegen ist alles zweierlei, eins gegenüber dem anderen«. — Von den zwei Prinzipien des Lügengeistes und des Geistes der Wahrheit wie in 1Q S III,13-IV,26 und ihrer Wirkung im Menschen ist allerdings bei Ben Sira keine Rede. Ihm geht es um die Erklärung und das Verständnis der von Gott gefügten Ordnung der Welt.

(38,1; 38,9-10; 38,12) und damit auch als Aufforderung zum rechten
Verhalten dem Arzt gegenüber gekennzeichnet. 38,1-7 und 38,12-14
beginnen je mit einer Mahnung, den Arzt zu ehren. Die einleitenden
Verse 38,1 und 38,12 sind auch formal sehr ähnlich durch den Imperativ
in der ersten Vershälfte und die Begründung mit (*kî*)*gam* in der zweiten
Hälfte. Damit ist ein literarischer und auch inhaltlicher Rahmen gegeben.
Beide Abschnitte führen nun in 38,2-8 und 38,13-14 die Thematik des
Arztes weiter, interessanterweise auf zwei Ebenen : auf einer rational-
profanen (38,2.3 und 38,13) und auf einer religiösen (38,4-7 und 38,14).
Das von diesen beiden Abschnitten umschlossene Mittelstück 38,9-11
beginnt ebenfalls mit einem Imperativ und ist rein religiöser Natur und
eine Aufforderung, sich in der Krankheit im Gebet an Gott zu wenden.
Hier ist zweifellos die Ben Sira bereits vorgegebene Tradition zu greifen,
die in den sie umrahmenden Teilen mit einer neuen Denkweise konfrontiert
und verbunden wird.

3. Ben Siras Aussagen über den Arzt.

Die in diesem Stück vorliegende Stellungnahme Ben Siras zum Problem
des Arztes hat sehr verschiedene, einander widersprechende Beurteilungen
gefunden. Wendel betrachtet die Aussage Ben Siras als »Kapitulation
vor dem unaufhaltbaren Strom des weltlichen Wissens«[1]. Hempel spricht
von einer »süßsauren Anerkennung des Arztes«[2]; von Rad nennt das
Kapitel über den Arzt »merkwürdig zwiespältig« und ein »typisches
Dokument einer Aufklärung, die nicht mehr im alten Glauben steht und
ihn aber doch nicht preisgeben will«[3]. Die Stimmen der Kommentatoren
des Buches sind etwas ausgewogener und finden das 'et-et' des Siraziden
als eine durchaus akzeptable Lösung[4].

Die zweimalige Aufforderung des Weisen, den Arzt zu ehren (38,1)
und ihm Zutritt zu gewähren (38,12), entstand gewiß aus der Notwendigkeit, religiöse Vorurteile gegen den Arzt zu überwinden; noch zur Zeit

---

[1] J. WENDEL, Säkularisierung in Israels Kultur, 1934, 305.

[2] J. HEMPEL, »Ich bin der Herr dein Arzt«, ThLZ 82 (1957), 824.

[3] VON RAD, Theologie des Alten Testaments, I, ⁴1962, 288.

[4] CHARLES, Apocrypha I, 1968, 448; SPICQ, L'Ecclésiastique, 759; HAMP, EB, 100;
OEPKE, ThWB III, 201; vgl. auch die letzten ausführlicheren Exegesen dieses Abschnittes :
A. STÖGER, Der Arzt nach Jesus Sirach (38,1-15); in : Arzt und Christ, 1965, 3-11; H. DUES-
BERG, Le médecin - un sage, Bible et vie chrétienne 38 (1961), 43-48. Zu 38,1 vgl. M.A. HA-
LEVY, Un aphorisme médical de Ben Sira et son importance médico-historique, Revue
d'Histoire de la Médecine Hébraïque 17 (1964), 99-104.

der Chronik waren derartige Vorurteile offenbar möglich, wie am Beispiel
des Königs Asa 2 Chr 16,12 deutlich wird[5]. Die Medizin war aber damals
bereits auf einem beachtlichen Stand. Alexandrien war ein großes Zentrum der Medizin[6], und dies auch in der Ptolemäerzeit, also zur Zeit des
Siraziden[7]. Daß der Weise mit seiner Offenheit für Erfahrungen auf
allen Gebieten menschlichen Lebens und Wissens den Fortschritt in der
Heilkunde begrüßte und auch bei anderen das Verständnis dafür zu
wecken versuchte, liegt sehr nahe. Da aber die Anerkennung der Ergebnisse hellenistischer Wissenschaft für manche zum Glaubensproblem
werden konnte und tatsächlich geworden ist (vgl. 1 Makk 1,11), mußte
der Sirazide das Wirken des Arztes in seiner Beziehung zum Wirken
Gottes auch dem Gläubigen verständlich machen. Das Henochbuch,
das mit manchen Teilen schon kurz nach dem Werk Ben Siras anzusetzen
ist, betrachtet zum Beispiel die ärztliche Kunst und Wissenschaft als
eine Gabe der bösen Engel (Hen 8,3-4; 69,8-12) an die Menschen[8]. Wenn
in einer solchen Situation Ben Sira den Arzt empfiehlt, ist das Aufklärung
im besten Sinn des Wortes und muß durchaus nicht mit von Rad als
zwiespältiges Zeugnis einer Aufklärung betrachtet werden. Denn in der
Weltsicht des Weisen hatte das Wirken des Arztes ohne Schwierigkeit
Platz. Es war die schon ausführlich behandelte O r d n u n g s k o n z e p -
t i o n, in die auch der Arzt mit seiner Kunst eingeordnet werden konnte.
Ben Sira war gewiß nicht der Meinung, daß Gott durch die fortschreitende
Wissenschaft überflüssig werden könnte. Gott hatte vielmehr den Arzt
'geschaffen' (38,1); das bei Ben Sira sehr bedeutsame Verbum *ḥlq*, das
schaffen, vor allem aber ordnen, zuteilen bedeutet[9], zeigt bereits, daß
die ärztliche Wissenschaft ein Stück der umfassenden Schöpfungsordnung
Gottes ist. In dieser Ordnung gibt es Situationen, wo das Gelingen und
die Genesung tatsächlich in der Hand des Arztes liegt (38,13); die Formel
jš 't (38,13) verweist ebenfalls deutlich auf die weisheitliche Ordnungs-
terminologie[10]. Es ist dabei von der Struktur des Abschnittes her bedeut-

---

[5] PETERS, Kommentar, 311; CHARLES - BOX - OESTERLEY, Apocrypha, I, 448; FRITZ-
SCHE, Die Weisheit Jesus Sirach's, 211; vgl. auch R. und M. HENGEL, Die Heilungen Jesu
und medizinisches Denken, Medicus Viator, Festschrift f. R. Siebeck, Tübingen, 1959,
331-361.

[6] A. GELIN, Artikel 'Médecine' in DBS V, 1957, 961; Zum Stand der Medizin in Israel
vgl. J. HEMPEL, 'Ich bin der Herr dein Arzt', ThLZ 72 (1957), 809-815.

[7] OEPKE, ThWB III, 200-203 zur Medizin im AT und im Judentum.

[8] SPICQ, L'Ecclésiastique, 756.

[9] s.o., S. 142.

[10] s.o., S. 140f. zu *'t*.

sam, daß Ben Sira die Menschen z u e r s t und z u l e t z t (38,1 und 38,12)
auf den A r z t als die von Gott vorgesehene Ordnung verweist (vgl.
auch 38,4b), so daß die Anerkennung dieser Ordnung eine Sache der
Klugheit wird. Daß aber diese Ordnung v o n G o t t stammt, geht mit
aller Deutlichkeit aus der starken Betonung des Wirkens Gottes hervor:
von Gott kommt die Weisheit des Arztes (38,2.6), von Gott kommt auch
die Heilkraft der Pflanzen und Arzneien (38,4.5); als Beweis für diese
Ordnung dient Ex 15,25a, die Verwandlung des bitteren Wassers durch
ein von Moses hineingeworfenes Holzstück. Die Arzneien, in Verbindung
mit dem Wirken des Arztes bzw. Apothekers, sollen beitragen zum Weiterbestand der W e r k e G o t t e s, der Schöpfung (38,8), die auf Grund ihrer
Einrichtung durch Gott für sich selber sorgen kann. Was im großen
Traktat über die Ordnung und Zweckmäßigkeit der Werke Gottes
Sir 39,16 allgemein gesagt wurde: »Die Werke Gottes sind alle gut,
und alles Nötige gibt er reichlich zu seiner Zeit«, wird hier am Arzt
exemplifiziert, und zwar sicher bewußt mit derselben Terminologie:
es geht um das Werk Gottes ($m\dot{s}h$: 38,7), um den rechten Augenblick
(*t*: 38,13), um das Nötige ($\dot{s}rk$: 38,12) und um die von Gott geschaffene
Ordnung ($\dot{h}lq$: 38,1). Dieser weisheitliche Denkansatz einer umfassenden
Schöpfungsordnung erschien in K. 39 etwas zu rationalistisch-optimistisch,
weil auch das physische und moralische Übel in der Welt auf diese Weise
erklärt werden sollte (39,25-31); er erweist sich aber hier sehr brauchbar
zur Einbewältigung fortschreitender Erfahrungen und Erkenntnisse. Da
im alttestamentlichen Schöpfungsverständnis von Gen 1 die Welt eine
von Gott in ihr eigenes Dasein und in ihre eigene Gesetzlichkeit entlassene
Schöpfung ist, in der auch Fortschritt und Entwicklung geschehen kann,
scheint die oben zitierte Behauptung von Wendel stark übertrieben,
wonach Sir 38,1-15 eine Kapitulation vor dem unaufhaltsamen Strom
des fortschreitenden Wissens wäre. Für den Weisen wird Gott durch
die Medizin nicht an den Rand gerückt, vielmehr wird auch dadurch
Gottes Kraft (38,5) offenbar, und seine Stärke, die man preisen soll (38,6).
Diese Aussage fügt sich völlig in das bereits aus Sir 42,15-43,33 bekannte
Lob der Schöpfung ein. Gerade in der Erkenntnis und Auswertung dieser
Ordnungen lag für die Periode der damaligen israelitischen Geschichte
eine Möglichkeit, weiterhin an Gottes Wirken zu glauben, das sich in
der Sorge um den Weiterbestand seiner Werke kundtut, »daß sein Werk
nicht verschwinde« (38,9)[11].

---

[11] Box-Oesterley, Apocrypha I, 450: »Gods mighty working manifests itself ceaselessly
on the earth in the work of the physician«; ähnlich Segal, Kommentar, [2]1959, 246, der
ebenfalls sagt, daß im Wirken des Arztes die Werke der Wunder Gottes fortdauern. —

Nachdem so der Arzt, die Medikamente und der Apotheker in der
Schöpfungsordnung selber verankert sind, muß der Weise die Stimme
der Tradition hören, die da sagt, daß in der Krankheit Gott anzurufen ist
(vgl. 2 Kö 20,3). Das geschieht im Mittelstück 38,9-11, das unvermittelt
neben die Empfehlung des Arztes gestellt wird : »Mein Sohn, in der
Krankheit säume nicht, bete zu Gott, denn er macht gesund« (38,9).
Damit klingt Ex 15,28 an : »Ich Jahwe - dein Arzt«. Der Tradition des
alten Testamentes über den Zusammenhang zwischen Krankheit und
Sünde folgend (vgl. Ex 11,4 ; Num 12,9-13 ; Ps 38,3-9), verweist der
Sirazide nun auch auf die Bedeutung von Gebet, Opfer und Reinheit
von Schuld für den Kranken. Daß Ben Sira diese Tradition aufnimmt
und zu Wort kommen läßt, ist bei seiner Frömmigkeit und Gottesfurcht
selbstverständlich ; daß er selber nicht mehr in diesem Glauben stand,
wie von Rad meint[12], ist nicht erwiesen und unwahrscheinlich[13]. Denn die
moderne Problematik, wie mit einen wissenschaftlichen Weltverständnis
das Gebet und die Frömmigkeit noch zu vereinbaren sei, bestand für
den Weisen nicht in dieser Form. Ihm lag, wie die Struktur des Abschnittes gezeigt hat, vielmehr daran, den Frommen und Gläubigen
seiner Umgebung angesichts des Fortschrittes im hellenistischen Alexandrien die Wichtigkeit und Bedeutung auch des Arztes einsichtig und
vertretbar zu machen. Darum wird durch die Fortsetzung 38,12 : »Auch
dem Arzt gewähre Zutritt, und er soll nicht wegbleiben, denn auch er
ist nötig«, der Passus über das Gebet in ein neues Licht gerückt : das
Gebet soll nicht auf die Ebene eines bloßen Allheilmittels herabgezogen
werden und als 'Praktik' zur Erlangung der Gesundheit betrachtet
werden ; dafür ist in bestimmten Situationen einfach der Arzt zuständig :
»Denn zu gegebener Zeit liegt in seiner Hand der Erfolg« (38,13). Das
Verhältnis zu Gott, die Ordnung mit Gott (38,10) steht demnach auf
einer höheren personalen Ebene, die nicht einfach verrechnet werden
darf[14]. Auf dieser Ebene ist das Gebet freilich für den Kranken von großer
Bedeutung für einen Zustand völligen 'Heiles'. — Für den Juden von

---

Voraussetzung ist selbstverständlich der hebräische Text. Der griechische verdunkelt den
Sinn, wenn er liest : »Der Apotheker bereitet aus ihnen eine Mischung und noch hat er nicht
dieses zu Ende gebracht, da stellt sich schon Wohlbefinden ein auf der Erde« (Fritzsche,
Ryssel, Spicq).

[12] VON RAD, Theologie des Alten Testaments, I, ⁴1962, 288.

[13] HEMPEL, 'Ich bin der Herr, dein Arzt', ThLZ 82 (1957), 824, scheint unsere Deutung
zu bestätigen.

[14] Zur Bedeutung des Gebetes als Ausdruck der inneren, persönlichen Beziehung des
Siraziden zu Gott, in der die irdischen Belange durchaus nicht im Vordergrund stehen,
vgl. HASPECKER, Gottesfurcht, 339-340.

damals waren es ohne Zweifel zwei ganz verschiedene Welten, die dem
zu widersprechen schienen, was der Weisheitslehrer mit seinem Horizont
umfassen konnte : die von Gott geschaffene Ordnung der irdischen Sachbereiche mit ihren eigenen Gesetzen, die durch die hellenistische Wissenschaft neu in den Vordergrund gerückt war, und die traditionelle Welt
des Glaubens mit der Auffassung von der Allwirksamkeit Gottes. Darum
versucht Ben Sira nach dem Gedankengang von der Schöpfungsordnung
Gottes (38,1.4.7.13) mit einer zweiten Klammer in V 14 die Vereinbarkeit
von Frömmigkeit und Fortschritt plausibel zu machen, wenn er vom
Arzt sagt : »Auch er betet ja zu Gott, daß er ihm die Untersuchung gelingen lasse und die Heilung zur Erhaltung des Lebens«. Der Arzt, den
Ben Sira zu den Weisen rechnet (38,2.3) ist zugleich ein Frommer, der
auch betet. Der Widerspruch zwischen V 13, wo vom menschlichen
Gelingen (mṣlḥt) die Rede ist und V 14, wo Gott das Gelingen der Diagnose
schenkt (jṣlḥ), ist nur scheinbar : es ist beidemale das weisheitliche, aus
menschlicher Mühe u n d göttlichem Segen resultierende Gelingen, das
auch in der Kunst des Arztes wirksam wird[15]. Durch die Verbindung
des zweimaligen *gam* in V 12 : 'aber a u c h dem Arzt gewähre Zutritt ...
denn a u c h er ist notwendig', die die weltbejahende Haltung des Weisen
ausdrückt, mit V 14a : 'denn a u c h er betet ja zu Gott', kommt diese
Aussage auch stilistisch stark zur Geltung[16].

Der abschließende V 15 klingt im Zusammenhang mit V 14 paradox
und etwas spöttisch : »Wer vor seinem Schöpfer sündigt, wird dem Arzt
überliefert«. Ben Sira hat damit allem Anschein nach mit Sinn für Humor
ein Sprichwort angefügt[17], das außerdem mit den 37,27-31 erwähnten
Folgen der Unmäßigkeit sehr gut zu vereinbaren ist und die alte Tradition

---

[15] Cl. WESTERMANN, Der Segen in der Bibel und im Handeln der Kirche, 1968, hat
diesen Zusammenhang zwischen Weisheit und Segen herausgestellt (S. 38-42), der auch
hier vieles klären hilft, wo sonst Widersprüche im Denken Ben Siras konstruiert werden. —
Ein älteres Beispiel für das typisch weisheitliche 'Gelingenlassen' des profanen irdischen
Bereichs durch Gott ist Gen 39, wo dreimal (Gen 39,2.3.23) gesagt wird, daß Joseph alles
gelingt, weil der Herr mit ihm ist.

[16] Selbst wenn von einer Spannung zwischen dem Wirken Gottes und dem Tun und
Mühen des Menschen gesprochen werden muß, ist es nicht gerechtfertigt, aus dem Text
eine 'Kompromißlösung und eine Zerrissenheit Ben Siras' herauszulesen oder gar »die Stimme
der von der Kultur überholten Kirche« darin zu vernehmen, wie bei WENDEL, Säkularisierung in Israels Kultur, 1934, 351 zu lesen ist.

[17] HAMP, EB, 100; HASPECKER, Gottesfurcht, 334, Anm. 32 meint sogar, der Schlußvers
enthalte möglicherweise eine ernste Warnung, daß sich gegen den Schöpfer versündigt,
wer sich dem Arzt verschließt.

des Zusammenhanges zwischen Sünde und Krankheit nochmals zum
Ausdruck bringt.

Diese Perikope, in der Ben Sira die sich für den gläubigen Juden mit
dem Vordringen hellenistischer Wissenschaft stellenden Probleme von
Fortschritt (Wissen) und Frömmigkeit (Glauben) an einem konkreten
Beispiel aufnimmt und für eine typisch ausgeglichene weisheitliche Lösung
eintritt, die die Weltwirklichkeit ernst nimmt und doch zum Glauben
an den Schöpfer ruft, scheint als Frage und als Herausforderung durch
die gebotene Lösung auch heute nicht überholt, da die Problematik
einer säkularisierten Welterfahrung schon vorweggenommen wird.

3. Kapitel

Weitere Beispiele für Ben Siras Begegnung
mit der Kultur und dem Denken seiner Zeit.

Wenn, wie eingangs erwähnt, Ben Sira manchmal als entschiedener
Gegner, ja geradezu als Feind hellenistischer Denkweise bezeichnet
wird[1], ist das eine grobe Verallgemeinerung. Denn aus seinem ganzen
Werk spricht die Aufgeschlossenheit des Weisen, für den das Hören und
Lernen von anderen geradezu Standestugend war (6,32-36; 8,8; 21,13-15);
außerdem ist Ben Siras Sprache und Haltung jeder Polemik und Über-
treibung abhold. Übrigens dürfte in Jerusalem während der ruhigen
Ptolemäerzeit die Stimmung dem Hellenismus gegenüber, vor allem bei
der wohlhabenden Aristokratie, durchaus nicht feindselig gewesen sein[2].
Der umfassende Horizont weisheitlichen Denkens[3], wie er im Programm
des schriftgelehrten Humanisten 38,24ff. und in der Schilderung der

---

[1] SMEND, Die Weisheit des Jesus Sirach, 1906, XXIII, sieht in Sir 1,1 »die Kriegserklärung
des Judentums gegen den Hellenismus«; F.M. ABEL, Histoire de la Palestine I, 99, sagt
ebenfalls von der Haltung des Weisen gegenüber dem hellenistischen Denken : »il se montre
franchement hostile«.

[2] M. HENGEL, Judentum und Hellenismus, 1969, 106; J. BRIGHT, Geschichte Israels,
439; SPICQ, L'Ecclésiastique, 552-553. Die Bedeutung Jerusalems war damals freilich nicht
groß, da es abseits der Handelsstraßen lag; die Zenopapyri aus Ägypten berichten z.B.
nur von der Durchreise des Verwalters des ägyptischen Finanzministers in Jerusalem bei
seiner Reise nach Palästina um 260-258 v.Chr. : B. REICKE, Neutestamentliche Zeitgeschichte, ²1968, 35-36.

[3] Zur Breite der profanen Weisheit des Siraziden s. S. 125-128.

alten Weisen der Geschichte Israels 44,1-5 ausgesprochen wird[4], findet vielfache Bestätigung, wie weitere Beispiele zeigen werden.

1. Erfahrung durch Reisen.

An drei Stellen, übrigens den ersten und auch einzigen der alttestamentlichen Literatur, wird das Reisen ausdrücklich als notwendige Quelle von Erfahrung und Wissen hingestellt : Sir 34(31),9-12; 39,4; 51,13a. Der Haupttext 34(31),9-12 (mit der Verseinteilung von Ziegler) lautet :

V 9 Ἀνὴρ πεπλανημένος ἔγνω πολλά
καὶ ὁ πολύπειρος ἐκδιηγήσεται σύνεσιν.
10 ὃς οὐκ ἐπειράθη, ὀλίγα οἶδεν,
11 ὁ δὲ πεπλανημένος πληθυνεῖ πανουργίαν.
12 πολλὰ ἑώρακα ἐν ἀποπλανήσει μου,
καὶ πλείονα τῶν λόγων μου σύνεσίς μου.

Vers 12b ist im Zusammenhang besser nach Syr zu übersetzen : »und viele Dinge sind über mich hinweggegangen«. — Diese Verse sind eine viermalige, also äußerst starke Hervorhebung des Zusammenhanges zwischen Wandern und Wissen. Dreimal (34,9.11.12) begegnet dabei das Wort πλανᾶσθαι, wohl Übersetzung für das hebräische t'h, wie nun durch das Textfragment aus 11Q Psᵃ zu Sir 51,13 bestätigt wird (H : bṭrm t'jtj — G : πρὶν ἢ πλανηθῆναι με)[5]. Es hat meist den Sinn von 'abirren, herumirren', auch im moralischen Sinn; Zorell erwähnt auch die Bedeutung von 'herumwandern'. Ben Sira denkt also mit diesem Ausdruck an die Erfahrung, die durch das Herumwandern und auch durch das Herumgetriebenwerden in der Welt gewonnen wird. Denn parallel dazu steht die Erwähnung der großen oder vielfältigen Erfahrung; πολύπειρος findet sich nur bei Ben Sira (vgl. auch Sir 21,22; 36,25)[6]. In dieses Reisen sind ausdrücklich fremde Völker eingeschlossen : »Er tut Dienst im Kreise der Großen und erscheint vor den Fürsten. Er durchzieht das Land fremder Völker und erfährt Gutes und Böses unter den Menschen« (39,4). In 34,9ff. wird nicht nur die Erfahrung, sondern auch das Wissen betont, das dabei gewonnen wird : beinahe in jedem Vers und Halbvers steht ein Ausdruck für das gewonnene Wissen : ἔγνω, ἐκδιηγήσεται σύνεσιν, οἶδεν, πληθυνεῖ πανουργίαν, πολλὰ ἑώρακα. Auffallend ist auch die Betonung der Fülle und Weite dieser Erfahrung, die ebenfalls in jedem Vers zum Ausdruck kommt.

---

[4] s.o., S. 88.

[5] J. SANDERS, The Dead Sea Psalms Scroll, 1967, 114.

[6] Vgl. auch πολυπειρία, das außer Sir 25,6 nur noch Weish 8,8 vorkommt.

Daß sich Ben Sira selbst zu diesen Menschen mit Erfahrung rechnet, wird durch die 1. Person in 34,12, durch sein Selbstporträt in 38,24ff. und durch 51,12 bestätigt. Hengel denkt sogar an Reisen mit politischem Auftrag[7]. Man kann zum Vergleich für dieses reflexe Reden über Reisen und die dadurch gewonnene Erfahrung höchstens Qohelet heranziehen, der allerdings bei seinen Erfahrungen nur zu negativen Ergebnissen gekommen ist[8]. Ben Sira steht mit seiner betont positiven Wertung der Erfahrung, selbst bei fremden Völkern, als gläubiger Jude seiner Zeit im Jerusalem des dritten und beginnenden zweiten vorchristlichen Jahrhunderts ganz einzig da[9]. Daß sich darin der hellenistische Geist bemerkbar macht und einen aufgeschlossenen jüdischen Weisen mitgeformt hat, scheint mir außer Zweifel. Denn der Wert und die bildende Funktion des Reisens ist in der hellenistischen Umwelt des Siraziden vielfach bezeugt[10].

2. Griechische Bankettsitten bei Ben Sira.

Hellenistischen Einfluß verrät Ben Sira auch in seinen Ausführungen über einen maßvollen Lebensgenuß, vor allem in seinen Regeln für das Benehmen bei Tisch und beim Bankett 31(34),12-32(35),13. Das Alte Testament steht der Lebensfreude durchaus positiv gegenüber; zur Festesfreude gehört auch das Essen und Trinken, so bei der Tempelweihe unter Salomo (1 Kö 8,65f.) und bei der Gesetzesverlesung durch Esra (Neh 8,10-12); auch das Lied der Jesajaapokalypse Jes 24,7-12 schildert

---

[7] M. HENGEL, Judentum und Hellenismus, 1969, 243f.; Enṣiklop. Miqra'it II, 163.

[8] Qohelet spricht von all dem, was er versucht hat (nsh) und gesehen hat (r'h, 14mal!); diese Formulierungen bezeichnen seine Erfahrungen: HERTZBERG, Prediger, KAT XVII, 1963, 82-83 zu Pred 1,13-14.

[9] SPICQ, L'Ecclésiastique, 736-738; DUESBERG-FRANSEN, Ecclesiastico, 246-247; TSCHERIKOVER, Hellenistic Civilization and the Jews, 1959, 143.

[10] Der Aristeasbrief, 121-122 (CHARLES, Pseudepigrapha II, 106) erzählt, daß man für die Übersetzung der Bibel Männer von bestem Charakter und höchster Bildung genommen habe, die nicht nur in der jüdischen, sondern auch in der griechischen Literatur wohlbewandert waren und als Botschafter Erfahrung gesammelt hatten. — Auch das Reisetagebuch des Philosophen Z e n o um 250 v.Chr. wäre dazu zu erwähnen: vgl. F.M. ABEL, La liste géographique du papyrus 71 de Zénon, RB 32 (1923), 409-415; ders., Marisa dans le papyrus 76 de Zénon et la traite des esclaves en Idumée, RB 33 (1924), 566-574. — Der Arzt T h e s s a l o s (1. vorchristliches Jh.) rühmt sich ebenfalls seiner Studienreisen: vgl. J.A. FESTUGIÈRE, L'expérience religieuse de médecin Thessalos, RB 48 (1939), 45-77, vor allem S. 57-59, Nr. 134-135. — Weitere Hinweise auf die Wertung des Reisens z.B. bei Philo erwähnt der Kommentar von DUESBERG, S. 48 und 246-247. Auch der Eingang der Odysse (Od I,3) bietet sich zu Sir 34(31),9-12 unwillkürlich zum Vergleich an.

die vergangene Festesfreude einer eroberten Stadt; Ri 9,13 und Ps 104,15 rühmen die Wirkung des Weines. — Das Spruchbuch geht ausdrücklich auf das Verhalten bei Tisch ein, freilich stets in der Form der Mahnung zur Mäßigkeit in Speise und Trank (Spr 20,1; 21,17; 23,1-8. 20-21. 29-35; 31,4-5.6-7). Positive Aufforderungen zum Lebensgenuß finden sich nur beim Prediger 3,12f.22; 5,17-19; 8,15; 9,7-9; 11,7-10 und bei Ben Sira (Sir 14,11-16), offensichtlich inspiriert vom Hellenismus. Für Sir 37,22.24, wo vom Weisen gesprochen wird, der sich selber mit Genüssen sättigt und das fernhält, was ihm schlecht bekommt, denkt Hamp sogar an die Bekanntschaft des Verfassers mit der epikureischen Lebensphilosophie[11]. Sind die Regeln über das rechte Verhalten beim Mahl Sir 31(34),12-24 auch schon aus der ägyptischen Weisheit bekannt[12], so ist die Erwähnung eines Gastmeisters oder Vorsitzenden beim Weingelage ein ausdrückliches, und wohl eines der ersten Zeugnisse hellenistischer Sitte in Jerusalem:

»Macht man dich zum Gastmeister, so überhebe dich nicht;
sei in ihrem Kreise wie einer von ihnen!
Sorge für sie und dann laß dich nieder,
decke ihren Bedarf und dann nimm Platz,
damit du an ihrem Ehrenerweis dich freuen kannst
und ob deines feinen Benehmens belohnt wirst« (Sir 32(35),1-2).

Die Sitte, aus den Tafelgenossen des Bankettes jemand zum Vorsitzenden, $\dot{\eta}\gamma o\acute{\nu}\mu\epsilon\nu o\varsigma$ (nach G; hebräisch vielleicht $\acute{s}ar$, wie Segal übersetzt), $\sigma\nu\mu\pi o$-$\sigma\acute{\iota}\alpha\rho\chi o\varsigma$, $\dot{\alpha}\rho\chi\iota\tau\rho\acute{\iota}\kappa\lambda\iota\nu o\varsigma$ (vgl. Joh 2,8) zu wählen oder zu bestimmen, ist typisch griechisch[13]; sie ist auch in 2 Makk 2,27 belegt, wo der Verfasser die mit seinem Werk verbundenen Mühen mit der Vorbereitung eines Gastmahls ($\sigma\nu\mu\pi\acute{o}\sigma\iota o\nu$) vergleicht. Die Erwähnung eines Weingelages, $m\check{s}th\ hjjn$, findet sich außer Sir 32(35),5-6 nur noch in der Estherrolle, die vielleicht ebenfalls aus dieser Zeit stammt[14]. Während die Schilderung des Gastmahls der Gottlosen in Weish 2,7-8 offensichtlich polemisch gemeint ist, fehlt dieser Unterton in den Anweisungen des Siraziden zum

---

[11] HAMP, EB 98; ähnlich BIGOT, Ecclésiastique, DThC IV, 2047.

[12] DUESBERG-FRANSEN, Ecclesiastico, 233; vgl. die Weisheit des Ptahotep, ANET 412-415; die Lehre für Kagemmi 1,3-4,8: H. BRUNNER, Altägyptische Erziehung, Wiesbaden 1957, 154.

[13] M. HENGEL, Judentum und Hellenismus, 1969, 103 u. 270; DUESBERG-FRANSEN, Les scribes inspirés, ²1966, 634; SEGAL, Kommentar, 201; SPICQ, L'Ecclésiastique, 723; BOX-OESTERLEY in CHARLES, Apocrypha I, 424; LÉVI, Ecclésiastique II, Paris 1901, LXIII.

[14] EISSFELDT, Einleitung, ³1964, 691; FOHRER, Einleitung, ¹⁰1965, 275: »die erste Hälte des 2. Jh. v.Chr. ist am wahrscheinlichsten«.

maßvollen Verhalten völlig. Bankette dieser Art scheinen also bei den
oberen Schichten, zu denen ja der Sirazide gehört haben dürfte, bereits
etwas Selbstverständliches gewesen zu sein. Der profane Charakter
dieser Veranstaltungen geht klar hervor aus 32(35),3-6, wo das Lob der
Tafelmusik und des Gesanges verkündet wird, die man nicht durch
unpassende Belehrung stören soll:

>>Rede, du Greis, denn dir steht es an;
doch sei bescheiden mit deiner Weisheit und hindere den Gesang
nicht!
Wo man Lieder singt, verschwende keine geistreichen Reden;
was willst du zur Unzeit den Weisen spielen?
Eine Perle von Rubin an goldenem Geschmeide
ist des Liedes Weise beim Weingelage.
Goldene Einfassung an einem Siegel von Smaragd
ist Liederschall bei süßem Rebensaft<< (Sir 32(35),3-6).

Diese äußerst weltoffene Aussage zeigt, daß Ben Sira keine Angst davor
hat, ganz einfach Mensch zu sein. Darum sind auch, wie in vielen anderen
Fällen, seine Begründungen für Anstand und Maß bei Tisch und beim
Wein durchaus profaner Art (Sir 31(34),14-17.19.20.29-30; 37,27-31).
Wenn am Schluß dieses Abschnittes Sir 32(35),11-13 nach der Aufforderung, es sich nach dem Bankett daheim noch >>gemütlich zu machen<<,
zum Preis des Schöpfers aufgefordert wird, dann ist das bei Ben Sira
nicht fromme Verbrämung, die das Vergnügen beim Wein taufen möchte
sondern Ausdruck dafür, daß dort, wo Gottesfurcht echt und tief ist,
auch die Weite menschlichen Lebens und Treibens Platz hat.

3. *Ben Sira und die jüdisch-hellenistische Literatur.*

a) Zum literarischen Interesse des Siraziden.
Schon bei der Darstellung des Verhältnisses von Weisheit und Gesetz
wurde festgestellt, daß die Breite der Bildung und die literarische Gelehrsamkeit des Weisen gelegentlich >>fast etwas Weltbürgerliches<<[15] an sich
hat, wie es praktisch in der Vielfalt der verwendeten literarischen Formen,
theoretisch in der Darstellung des Schriftgelehrten 38,34-39,11 zum
Ausdruck kommt. Bei aller Hochschätzung des Gesetzes legt Sir 39,1-3
das Hauptgewicht auf die Interpretation der Weisheitsliteratur in ihren
verschiedenen Gattungen. Was in der Einleitung zum Spruchbuch (Spr
1,2-6) als Ziel der Weisheit hingestellt wird, 'zu erkennen Weisheit und

---

[15] VON RAD, Die Weisheit des Jesus Sirach, EvTh 29 (1969), 132.

Zucht, zu verstehen verständige Reden' (Spr 1,2), vor allem aber das Verständnis der verschiedenen weisheitlichen literarischen Formen des Sprichwortes, des Gleichnisses, der Weisheitsworte mit ihren Rätseln (Spr 1,6), wird Sir 39,1-3 als Hauptaufgabe des Sofer bezeichnet:

> »Die Weisheit aller Vorfahren erforscht er,
> und mit den Weissagungen beschäftigt er sich.
> Er bewahrt die Reden berühmter Männer,
> und in die Tiefen der Sinnsprüche dringt er ein.
> Die Geheimnisse der Gleichnisreden erforscht er
> und verweilt bei den Rätseln der Sinnsprüche«.

Der Weise beschäftigt sich also vornehmlich mit der Tradition, 'der Weisheit aller Vorfahren' (39,1), die noch vor den Propheten gereiht wird. Die Reden oder Erzählungen berühmter Männer (39,2) sind gewiß nicht nur die erzählenden Bücher des Alten Testamentes, wie Peters meint[16], sondern im weiteren Sinn alle dem Autor bekannten Lehren und Reden namhafter Männer (vgl. zum Ausdruck Sir 44,3d). Die στροφαί παραβολῶν in 39,3b[17] sind die oft verborgenen Wendungen der Sprüche. Insofern ist die Übersetzung nach dem syrischen Text 'in die Tiefe der Sinnsprüche' (Segal und Hamp) berechtigt. Am ehesten scheint mir mit στροφή ein technischer Ausdruck der Dichtkunst gemeint zu sein[18]. In diese Richtung weist auch die Rückübersetzung von Segal b'mqj mljṣh. Der schwer zu deutende Ausdruck mljṣh findet sich nur noch Spr 1,6; Hab 2,6; Sir 47,17. Den 'Geheimnissen der Gleichnisrede und den Rätseln der Sprüche' in 39,3 liegt gewiß mašal zugrunde, der in der griechischen Übersetzung sowohl mit παροιμία (6,35; 47,17) als auch mit παραβολή (3,29) wiedergegeben wird. Auch das Rätsel (vgl. Sir 8,8 ḥdh, παροιμία) steht damit in enger Verbindung. Die Aufgabe des Weisen ist echte Gelehrsamkeit: er erforscht diese Literatur, überlegt und bewahrt sie und dringt in sie ein.

Dieser literarische Akzent tritt auch in der Einleitung zum Lob der Väter hervor: unter den 12 Ruhmestiteln für die großen Männer der Vergangenheit (44,3-6) heben acht davon ihre Weisheit hervor, 44,4c-5 verwenden wieder ausdrücklich literarische Termini:

44,4c Kluge Denker in ihrer Unterweisung (als Schriftgelehrte)
   und Verkünder von Weisheitsprüchen bei (ihren) Fest(lichkeiten),

---

[16] PETERS, Kommentar, 325.

[17] Vgl. LXX zu Spr 1,3: στροφὰς λόγων MT: mwsr hśkl; Weish 8,8: ἐπίσταται στροφάς λόγων 'sie versteht sich auf sprichwörtliche Redewendungen' ist ebenfalls von der Weisheit gesagt.

[18] PETERS, Kommentar, 325.

5   Dichter von Psalmen nach dem Versmaß
    und Verfasser von Büchern mit Spruchweisheit.

                                    (Text nach Yadin, Ben Sira Scroll).

Mit den großen Weisen der Vergangenheit scheinen hier nicht nur Israeliten gemeint zu sein[19].

44,4c : *ḥkmj śjḥ bsprtm* wird ziemlich einhellig auf die Schriftgelehrten
bezogen (Peters, Box-Oesterley, Segal, Duesberg und Yadin). 44,4d,
das im Masadatext nur fragmentarisch erhalten ist, liest Yadin in Ms B
statt des allgemein angenommenen *bmšmrwtm* nach neuerlicher Prüfung
bmśmḥwtm, bei ihren Festen[20]. Die *mwšljm* (vgl. Num 21,27) sind Verkünder von Sprüchen, möglicherweise Priester (Peters und Segal). — Am
interessantesten ist die Lesart der Masadarolle zu 44,5a, die wohl die
einzige Erwähnung des Versmaßes oder Metrums im Alten Testament
darstellt. Ms B las *'l ḥq* — nach der Regel. Die Lesart von Mas *'l qw* —
nach der Meßschnur ist deshalb bemerkenswert, weil sie auch durch
1 QHod I,28-29, aber auch durch Ms B marg zu 44,45a bestätigt wird.
Gott wird in 1 QHod I,28-29 als Urheber der Regeln der Dichtkunst
gepriesen : »Du legst die Worte ans 'Lot' (*'l qw*) und den Luftstrom der
Lippen ans Maß (*bmdh*), ziehst ihren Geheimnissen Meßschnüre aus ...«[21].
qw ist also offensichtlich damals bereits terminus technicus für die me-
trische Einheit, den Vers[22]. Auch Pred 12,9 *tiqqen mᵉšalîm* ist wohl als
Hinweis auf rythmische Formung von Sprüchen zu verstehen[23]. Aus
dem *tjqn* Sir 47,9, wo von der Ordnung des gottesdienstlichen Gesanges
durch David die Rede ist, können allerdings keine Schlüsse gezogen
werden, da der hebräische Text dieser Stelle unvollständig ist. — 47,17
wird Salomos Weisheit geschildert, der durch seine Dichtungen in Lied
(*šjr*), Spruch (*mšl*), Rätsel (*ḥdh*) und Gleichnisrede (*mljṣh*) die Völker in
Staunen versetzt. Damit ist das gelehrte literarische Interesse des Autors,
das sich durchaus nicht auf die Erforschung des Gesetzes beschränkt,
hinlänglich erwiesen.

b) Hellenistischer Einfluß in der jüdischen Literatur zur Zeit des
   Siraziden.

Was eingangs über die Verbreitung griechischer Sprache und Kultur

---

[19] F. PERLES, Sur Ecclésiastique XLIV,2 suiv., Rev. des Études Juives 82 (1926), 120-121.

[20] YADIN, Ben Sira Scroll, 36.

[21] Text nach J. MAIER, Die Texte vom Toten Meer, I, 1960.

[22] Auf 1Q Hod I,28-29 verwies bereits E. VOGT : siehe EISSFELDT, Einleitung, ³1964,
989; vgl. auch J. MARBÖCK, VT 20 (1970), 236-239.

[23] W. HERTZBERG, Prediger, KAT XVII/4-5, 218.

in Palästina an der Wende vom dritten zum zweiten vorchristlichen Jahrhundert gesagt wurde[24], ist durch einige Hinweise auf Schriftsteller zu ergänzen, die bereits von der Begegnung mit dem Hellenismus zeugen. Von der zweifellos reichen literarischen Tätigkeit ist allerdings nur noch wenig erhalten[25].

Von den jüdischen Autoren außerhalb Palästinas zur Zeit Ben Siras ist der Chronograph Demetrios zu nennen, der erste bekannte jüdische Gelehrte in Alexandrien, der mit seinem Werk über 'Die Könige der Juden' in die Zeit Ptolemaios IV Philopator (222-204 v.Chr.) anzusetzen ist[26]. Ein ähnliches Werk verfaßte der palästinensische Geschichtsschreiber Eupolemos in der Makkabäerzeit[27]. Beiden Autoren geht es nach hellenistischem Vorbild um den Nachweis des hohen Alters der jüdischen Tradition und des Gesetzes.

In der Praeparatio Evangelica des Eusebius finden sich auch Auszüge aus dem Werk eines anonymen Autors — von Alexander Polyhistor zu Unrecht als Eupolemos bezeichnet, — der Samaritaner war. Dieser Anonymus dürfte in Palästina zwischen 200 v.Chr. und der makkabäischen Erhebung geschrieben haben, also ziemlich genau zur Zeit Ben Siras[28]. Die biblische Urgeschichte, die haggadisch ausgemalten Abrahamserzählungen der Genesis werden vom Anonymnus mit der babylonisch griechischen Mythologie verbunden[29]. Abraham und Henoch sind nach ihm die weisesten Männer der Menschheit, womit die biblische Überlieferung als älteste Weisheit der Menschen überhaupt erwiesen ist.

---

[24] s.o., S. 9-12.

[25] Die umfassendste Darstellung s. bei HENGEL, Judentum und Hellenismus, 1969, 152-190; vgl. ferner F.-M. ABEL, Histoire de la Palestine, I, 1952, 278-285; J. BRIGHT, Geschichte Israels, 1966, 441-443; P. DALBERT, Die Theologie der hellenistisch-jüdischen Missionsliteratur, 1954.

[26] Die bei Eusebius, Praeparatio Evangelica, überlieferten Fragmente des Demetrios aus der Geschichte des Alexander Polyhistor siehe in : Die griechischen christlichen Schriftsteller (GCS) 43,1, 1954, S. 505, 19-23; 508,7-512,8; 528,2-18; 536,22-28; 538,8-10. Die deutsche Übersetzung bei P. RIESSLER, Altjüdisches Schrifttum, ²1966, 241-245. — Zu Demetrios vgl. neuestens B.Z. WACHOLDER, Biblical Chronology in the Hellenistic World Chronicles, HThR 61 (1968), 451-481.

[27] Zu Eupolemos s. HENGEL, Judentum und Hellenismus, 169-175.

[28] B. WACHOLDER, Pseudo-Eupolemos' two Greek Fragments on the life of Abraham, HUCA 34 (1963), 83-113; N. WALTER, Zu Pseudo-Eupolemos, Klio 43-45 (1965), 282-290; HENGEL, Judentum und Hellenismus, 162-169. — Den Text der Fragmente siehe in : Die griechischen christlichen Schriftsteller, 43,1, 1954 : Eusebius, Praep. Evang. IX, 17 u. 18,2 : S. 502,19-504,9; 504,18-505,3.

[29] HENGEL, Judentum und Hellenismus, 162.

Auch die Berührung mit der haggadischen und apokalyptischen Überlieferung ist interessant[30]. Nach N. Walter ist der Anonymus der erste
Palästinenser, der die biblische Geschichte in der Form hellenistischer
Geschichtsschreibung darstellt[31]. In seinen Fragmenten offenbart sich
ein Geist, der stolz ist auf die nationale Geschichte und das hohe Alter
der eigenen Überlieferung, andererseits auch tolerant und an einer
Ausweitung des eigenen Bildungshorizontes interessiert und damit an
einer gewissen Kenntnis der griechischen Geisteswelt. Dieses Urteil
Hengels, der damit auch die griechenfreundlichen Kreise in Jerusalem
charakterisiert[32], scheint mir in etwa auch für Ben Sira zuzutreffen.
Der Unterschied zwischen Ben Sira und diesen hellenisierenden Schrift-
stellern ist freilich nicht zu verkennen. Griechische Form und griechisches
Denken sind beim Siraziden nicht so leicht zu entdecken und auch nicht
das Entscheidende.

c) Merkmale hellenistischer Literatur bei Ben Sira.

Dem literarisch tätigen Schriftgelehrten, der auch auf Reisen ging,
um Bildung und Erfahrung zu erwerben, konnte die auf dem Boden
Palästinas selbst entstandene Literatur und ihre Form nicht fremd sein.
Darum ist es nicht verwunderlich, daß sich in seinem Werk auch der
Einfluß hellenistischer Formen bemerkbar macht, wie schon von Lévi
und Bigot festgestellt wurde[33]. Es ist dies z.B. der Gebrauch von Kapitel-
überschriften, so 20,27; 23,7; 24,1; 30,1.16; 44,1; 51,1 im griechischen
Text und 31(34),12; 41,14; 44,1 im Genizatext, während in den Masadafragmenten die Überschriften fehlen. Ben Sira bricht auch mit der
Tradition, daß der biblische Autor seinen Namen nicht nennt und anonym
bleibt, wie seine Unterschrift 50,27 zeigt. Am meisten hellenisierend ist
seine Heldenschau in K. 44-49, die deutlich an die Heldenverherrlichung
der hellenistischen Zeit mit ihrer biographischen Gattung 'de viris illustri-

---

[30] So sind z.B. bezüglich Enoch und Abraham Ähnlichkeiten zu Genesis Apocryphon
festzustellen : WACHOLDER, Pseudo-Eupolemos' two greek fragments, in : HUCA 34 (1963),
97-99 und 109.

[31] N. WALTER, Zu Pseudo-Eupolemos, Klio 43-45 (1965), 290.

[32] HENGEL, Judentum und Hellenismus, 169; WACHOLDER, Pseudo-Eupolemos' two
greek fragments, HUCA 34 (1963), 112; N. WALTER, Zu Pseudo-Eupolemos, Klio 43-45
(1965), 289-290, nennt ihn einen »der ältesten Hellenisten jüdischer bzw. samaritanischer
Herkunft, der sich um einen Brückenschlag zwischen babylonischer und griechischer Kultur
auf der zugleich vermittelnden und prägenden Ebene der biblischen Tradition und des
biblischen Glaubens bemühte«.

[33] LÉVI, L'Ecclésiastique, I, 1898, XXIV-XXVII; II, 1901, LXVI; BIGOT, Ecclésiastique,
DThC IV, 1911, 2047; HENGEL, Judentum und Hellenismus, 242.

bus' erinnert, wie bereits festgestellt[34]. Bezüglich des Einflusses von
Autoren der griechischen Komödie und Tragödie, wie sie Bigot in großer
Zahl anführt, ist Zurückhaltung sehr am Platz[35]. Daß aber beim internationalen Charakter der Weisheit in der Zeit des Hellenismus auch die
griechische Gnomik in Palästina bekannt sein konnte, ist nicht auszuschließen[36]. Die Beziehung zu den griechisch-ägyptischen Isisaretalogien
wurde im Zusammenhang mit K. 24 schon ausführlich behandelt.

Ähnlich mag man sich auch die nicht wenigen Anklänge an ägyptische
Weisheitstexte aus den ägyptisch-palästinensischen Kulturbeziehungen
im Zeitalter der Ptolemäer erklären[37]. So scheint dem Ägyptologen
B. Couroyer in Sir 33(36),10-13, wo die Erschaffung des Menschen mit
dem Werk des Töpfers verglichen wird, Einfluß von Amenemope XXIV,
13-18 vorzuliegen[38]. Die Ähnlichkeit zwischen der nur aus der ägyptischen
Literatur bekannten Satire auf die Handwerker und Sir 38,24-34 ist
allgemein bekannt[39]. Gemeinsamkeiten formaler Natur scheinen zwischen
Ben Sira und der demotischen Lehre des vielleicht aus dem 3. oder 2. vorchristlichen Jahrhunderts stammenden Papyrus Insinger zu bestehen.
Der Schluß längerer Sinneinheiten bedeutet im Papyrus Insinger wie
auch oft bei Ben Sira »eine paradoxale Einschränkung des vorher Gesagten

---

[34] s.o., S. 69. Nach HENGEL, Judentum, 249, Anm. 207 erreichte die griechische Bio-
graphie im 3. Jahrhundert v.Chr. ihren Höhepunkt. — E. BIKERMAN, La chaîne de la
tradition pharisienne, RB 59 (1952), 44-45 verweist auf die Bedeutung der Sukzession
(diadoché) in der hellenistischen Philosophie und in ihrem Gefolge für die beginnende phari-
säische Tradition; vgl. etwa Sir 46,12; 48,8 das Verb $\hbar lp$.

[35] Im Anschluß an LÉVI, L'Ecclésiastique, I, XXIV; II, LXf., verweist BIGOT im DThC IV,
2048 unter anderem auf Sophokles, Antigone, 703-704 (Sir 3,11.13), Elektra, 137 (Sir 38,21).
Von den dort angegebenen Parallelen aus Theognis sind zweifellos einige Stellen beachtenswert, so das Bild, wo die Erprobung des edlen Metalls durch den Kunstschmied mit der
Erprobung des Menschen durch den Wein verglichen wird in Theognis, Eleg. 499-502 und
Sir 31,26.29; ferner Gott, der erhöht und erniedrigt und Armut und Reichtum verleiht in
Sir 7,11 und Theognis 155-158, sowie Sir 11,14 und Theognis 165-166; beachtenswert ist
auch die Mahnung, niemand vor dem Tod glücklich zu preisen, die Gemeingut der griechischen Literatur ist und sich auch Sir 11,28 findet; vgl. dazu z.B. Herodot I,32; Aischylos,
Agamemnon 928-929; Sophokles, Oedipus Rex 1528-1533 u.a. M. TRÈVES, Studi su Gesù
ben Sira, La Rassegna Mensile di Israel 22 (1956) bringt S. 464-470 im Anschluß an Lévi
und Bigot eine ausführliche Zusammenstellung von Ähnlichkeiten zwischen Ben Sira und
der griechischen Literatur, die aber zweifellos sehr zusammenschrumpft, wenn man zuerst
die Spruchtradition Israels selber zum Vergleich heranzieht.

[36] HENGEL, Judentum, 270.

[37] W. FUSS, Tradition und Komposition im Buch Jesus Sirach, 1963, 278.

[38] B. COUROYER, Amenemope XXIV, 13-18, RB 75 (1968), 549-561.

[39] GRESSMANN, AOT, 36-37: Die Sprüche des Duauf; ANET, 1955, 432-434; COU-
ROYER, art. cit., 559-561; DUESBERG, Ecclesiastico, 266-267.

mit religiösem Sinn : L'homme propose, Dieu dispose«[40]. Auch die Instruktionen Onchsheshonqy's aus dem 5. Jahrhundert v.Chr. wären mit manchen Stellen Ben Siras zu vergleichen[41]. Schließlich sei auch noch auf die Berührungen zwischen Ben Sira und der Weisheit Achikars hingewiesen[42].

Daß der Sirazide bei seiner Kenntnis hellenistischer und auch ägyptischer Literatur und Geistigkeit ein durchaus eigenständiges jüdisches Werk geschaffen hat, ist Zeugnis einer bemerkenswerten Persönlichkeit.

4. Ben Sira und das hellenistische Denken.

a) Sein Verhältnis zur Stoa.

Was an verschiedenen Stellen der Untersuchung bereits festgestellt und belegt wurde, sei hier nur mehr resümiert : eine Kenntnis und positive Einbeziehung von Elementen der stoischen Philosophie durch Ben Sira ist nicht zu leugnen, ohne deshalb den Weisen zum Stoiker machen zu wollen. Der Begriff und das Ideal der Weisheit und des Weisen[43], das Schöpfung und Geschichte durchwaltende Gesetz[44], die Überzeugung von einer rationalen Weltordnung[45], die hellenistisch klingenden Formulierungen vom 'Gott des Alls'[46] und die Vorliebe für den im frühen Hellenismus beliebten Titel 'der Allerhöchste' ($\H{v}\psi\iota\sigma\tau\sigma\varsigma$, 'ljwn), der nach den Psalmen erst in den späten Büchern des Alten Testamentes wieder auftaucht, so häufig bei Daniel, 42mal im griechischen Sirachtext und 14mal

---

[40] A. VOLTEN, Das demotische Weisheitsbuch, Kopenhagen 1941, 139. Volten hält sogar eine vorptolemäische Abfassung des Weisheitsbuches für möglich (S. 122). — W. FUSS, Tradition und Komposition im Buch Jesus Sirach, 278-279, verweist auch auf analoge Verbotsreihen bei Ben Sira und im Papyrus Insinger.

[41] Den Text s. bei B. GEMSER, The Instructions of Onchsheshonqy and biblical Wisdom Literature, SVT VII (1960), 102-128. Zu vergleichen wären etwa die Worte Ben Siras über die Unbelehrbarkeit des Toren in Sir 22,9.10 mit Onchsh. col. 10,1.6; col. 27,1.10; die Festigkeit des Hauses des Weisen in Sir 22,16 mit Onchsh. col. 12,1.9.

[42] Aus den Sprüchen des weisen Achikar in AOT 454-463 (ANET 427-430), berühren sich die Bilder von Sand und Salz Sir 22,14-15 und Achikar 11, die Worte über die Wache vor dem Mund Sir 22,27 und Ach. 96-98, sowie das Bild vom zerbrochenen Gefäß für den Toren, der die Weisheitsworte nicht bewahrt in Sir 21,14 und Ach. 109.

[43] S. 30; 93.

[44] S. 88-95; 138.

[45] S. 143-145.

[46] S. 150. Nach PAUTREL, Ben Sira, und auch HENGEL, Judentum und Hellenismus 266, ist Sir 43,27 ein deutlicher Hinweis auf den Zeushymnus des Kleanthes.

in den hebräischen Teilen des Buches[47] bezeugen die Offenheit des Autors für den Horizont des zeitgenössischen Denkens mit seinen Problemen und seiner Ausdrucksweise. Pautrel verweist ferner auf die Themen der Freiheit (Sir 15,11-17) sowie auf die im Gebet Sir 36,1-5 zum Ausdruck kommende Idee einer Erkenntnis des 'Gottes des Universums' bei allen Völkern[48], Fuß auf die auffallende Betonung des Todesgedankens[49]. So hat sich der vor Pautrel von K. Schubert[50] bereits festgestellte Einfluß hellenistischer insbesondere stoischer Ideen als richtig erwiesen[51]. Stoische Motive glaubt K. Schubert in der Folge im vielleicht ebenfalls noch im 2. Jh. v.Chr. entstandenen Sektenkanon von 'En Fešḥa zu finden, dort zugleich in Verbindung mit platonischen Elementen. Danach konzipiert Gott die Idee der Welt und dieses göttliche Konzept ist als Ordnungsmacht der Welt immanent[52].

b) Ben Sira zwischen dem Glauben Israels und dem Hellenismus.

Es ist nach dem Gesagten schwer vollziehbar, mit Hengel, der die Position Smends aufgreift, das Werk eines Mannes, der die hellenistische Welt von Reisen her kannte, der seiner Kultur und dem Lebensstil nach in vielem ein Grieche war[53], vielleicht sogar die griechische Sprache

---

[47] Der Titel 'der Allerhöchste' wird auch in den übrigen Teilen des hebräischen Originals noch oft gestanden sein, wie die Gottesnamen in den Masadafragmenten zeigen. Damit ist für Jerusalem zur Zeit des Siraziden dieser Titel bezeugt, was sehr bemerkenswert ist, da mit diesem Titel im phönizischen Pantheon ein dem Baal Schamem fast identischer Gott bezeichnet wurde und im griechischen Sprachgebrauch sehr häufig Zeus mit diesem Epitheton versehen wurde. Vgl. Hengel, Judentum, 544-546. Zu den Gottesnamen bei Ben Sira s. M. Fang Che-Yong, Usus nominis divini in Sirach, VD 42 (1964), 153-168. G. Ziener, Die theologische Begriffssprache im Buche der Weisheit, BBB 11 (1956), 49, sieht nicht zu Unrecht in diesem Gottesnamen einen Brückenschlag zu den Heiden.

[48] R. Pautrel, Ben Sira et le Stoicisme, RScR 51 (1963), 546-547.

[49] Sir 14,11-19; 41,1-4; W. Fuss, Tradition und Komposition im Buch Jesus Sirach, 316.

[50] K. Schubert, Einige Beobachtungen zum Verständnis des Logosbegriffes im frührabbinischen Judentum, Judaica 9 (1953), 65-80; ders., Die Religion des nachbiblischen Judentums, 1955, 16-17.

[51] Ähnlich C.H. Lebram, Aspekte der alttestamentlichen Kanonbildung, VT 18 (1968), 173-189, vor allem 186-187.

[52] Der entsprechende Text von 1Q S III, 15-17 lautet : »Vom Gott der Erkenntnis kommt alles Sein und Geschehen. Ehe sie sind, hat er ihren ganzen Plan festgelegt. Und wenn sie da sind zu ihrer Bestimmung, so erfüllen sie nach seinem herrlichen Plan ihr Werk, und keine Änderung gibt es. In seiner Hand liegen die Satzungen für alles, und er sorgt für sie in all ihren Geschäften ...«. K. Schubert, Die Religion des nachbiblischen Judentums, 1955, 16-18.

[53] Cl. Schedl, Geschichte des Alten Testaments, V, 1964, 268; Burkill, Ecclesiasticus, IDB II, 15.

kannte[54], dem Fortschritt der Wissenschaft gegenüber aufgeschlossen war und sich vom zeitgenössischen Denken anregen ließ, durch »eine im ganzen antihellenistische Tendenz«[55] und einen »apologetisch-polemischen Grundzug«[56] zu charakterisieren.

Vorerst scheint rein politisch eine antihellenistische Haltung des Siraziden unwahrscheinlich : das widerspräche seiner Klugheit und Mäßigung, wie die Äußerungen Sir 4,26-27 und 8,1 zeigen. Er verkehrte überdies mit politischen Machthabern, gewiß auch außerhalb seines Landes (vgl. Sir 39,4 !).

Zudem war die Lage in politischer und religiöser Hinsicht unter Antiochus III., der sich um die Gunst der Bevölkerung bemühte, in Palästina vorerst verhältnismäßig günstig[57]. Reflexionen der vormakkabäischen Zeit im sirazidischen Werk sind bei der traditionsgebundenen Sprache und Formulierung der Weisheitslehre nur mit Vorsicht auszudeuten[58]. Daß Ben Sira allerdings die religiöse Laxheit vornehmer Kreise kritisiert[59], ist völlig richtig, so in 41,18 ; 42,2. Doch nicht alle Aussagen über den Frevler (*rš'*) und die Spötter (*lṣjm*) können einfachhin als antihellenistische Polemik interpretiert werden, da sie ja schon ein wesentliches Element der alten Weisheit darstellen, wie die Sprüche über den Frevler und den Gerechten in Spr 10-15. Auf Auseinandersetzung mit gängigen Schlagworten verweisen zweifellos die Entgegnungen : »Sage nicht ...« in Sir 5,1.3.4.6 ; 7,9 ; 11,23.24 ; 15,11 ; 16,17-22 ; 39,21.34 ; diese Erwiderungen richten sich gegen Leichtsinn und Vermessenheit, gegen mangelnden Glauben an Gottes lebendige Gegenwart, gegen Vorwürfe und Zweifel hinsichtlich der Ordnung und Güte der Schöpfung. Diese Entwicklung dürfte aber in Israel schon v o r dem Hellenismus eingesetzt haben und mitverursacht sein durch die Geschichte, in der Gottes Handeln nicht mehr lebendig erfahrbar war, ja, in der Gott zu schweigen und sein Antlitz

---

[54] G.F. MOORE, Judaism, I, 38 ; HENGEL, Judentum, 244.

[55] HENGEL, Judentum, 270.

[56] HENGEL, Judentum, 252.

[57] Vgl. das Verbot der Einquartierung und Gewaltanwendung in Städten des Strategen Ptolemaios durch Antiochus III : Y. LANDAU, A greek inscription found near Hefzibah, IEJ 16 (1966), 54-70, sowie den Erlaß Antiochus III bezüglich des Wiederaufbaus von Stadt und Tempel, nach Josephus, Ant XII, 138-144, in dem z.B. die Tempelschreiber von der Kopfsteuer befreit werden.

[58] A. SISTI, Riflessi dell'epoca premaccabaica nell'Ecclesiastico, RivBib 12 (1964), 215-256 ; das gilt noch viel mehr für M. TRÈVES, Studi su Gesù ben Sirach, La Rassegna Mensile di Israel 22 (1956), 387-397 u. 464-473 mit seinem Versuch, möglichst viele Aussagen des Buches auf die Makkabäerzeit nach 163 zu interpretieren.

[59] HENGEL, Judentum, 272.

zu verbergen schien. Die hellenistische Religionskritik hat dazu gewiß
noch beigetragen. Aber es ist einseitig, das ganze Werk Ben Siras aus
einer antihellenistischen Frontstellung zu verstehen, etwa gegen die
Auswirkungen einer zur Kritik an der Religion überhaupt weiterentwickel-
ten Weisheitskritik Qohelets[60]. Das Grundanliegen und die Tendenz
der Weisheitslehre des Siraziden ist n i c h t d i e B e k ä m p f u n g oder
W i d e r l e g u n g e i n e r I d e e[61], auch nicht der Gottlosigkeit, sondern
etwas durchaus P o s i t i v e s. Für den Bereich der Frömmigkeit und
Religiosität Ben Siras hat Haspecker die Empfehlung der Gottesfurcht
hervorgehoben. In unserer Untersuchung hat sich vor allem im Gotteslob
aufgrund der Schöpfungswerke, aber auch in den Weisheitsgedichten
4,11-19; 14,20-15,10 eine sehr lebendige Gottesbeziehung des Siraziden
gezeigt. P o s i t i v ist auch das Z i e l s e i n e r W e i s h e i t s l e h r e , wie
der einladende Ton seiner Weisheitsgedichte zeigt : die Weisheit lädt ein
(Sir 4,17-18 ; 15,2ff. ; 24,19-22) zur persönlichen Begegnungen mit ihr,
zum Genuß ihrer Früchte und ihres Segens ; aber auch der Weise selber
ruft alle zur Einkehr in sein Lehrhaus (51,23) und bietet Unterweisung
für alle Lebenslagen (50,27). Vor allem die große Zusammenschau seines
Weisheitsdenkens in K. 24 ist durchaus frei von Polemik[62]. Ben Sira
ist vielmehr der erste Zeuge für die positive wenn auch maßvolle Aufnahme von Elementen des Hellenismus in die hebräische Literatur[63].

---

[60] HENGEL, Judentum, 235-237. Hengel versucht mit reichem Material aufs neue eine
Deutung Qohelets aus der Berührung mit dem frühen Hellenismus und der hellenistischen
Religionskritik in Jerusalem, op. cit., 224-237 u. 454-455. — Die Kommentatoren sind
allerdings bezüglich des hellenistischen Einflusses auf das Werk Qohelets sehr zurück-
haltend : vgl. ZIMMERLI, Prediger ATD, 1962, 128; HERTZBERG, Prediger KAT XVII/4-5,
1963, 56-60; LORETZ, Qohelet und der alte Orient, 1964, 48-57; GALLING schätzt auch
in der letzten Auflage seines Kommentars, HAT ²1969, 77-78 den Beitrag des frühen
Hellenismus zum Verständnis des Predigers sehr gering ein. — Außerdem ist die Frage
der Abfassung des Buches in Jerusalem nicht so gesichert : EISSFELDT, Einleitung, ³1964,
674; eifrigster Verfechter einer Abfassung des Buches außerhalb Palästinas ist M. DAHOOD ;
vgl. zuletzt DAHOOD, The phoenician background of Qohelet, Bb 47 (1966), 264-268 und 276.

[61] Zur unpolemischen Haltung des Siraziden s. M. FRIEDLÄNDER, Griechische Philosophie im Alten Testament, 167; R. PFEIFFER, History of New Testament Times,372;
DUESBERG-FRANSEN, Les scribes inspirés, ²1966, 654-657; H. CAZELLES, Bible, Sagesse,
Science, RScR 48 (1960), 52, charakterisiert die Haltung Ben Siras als 'attitude à la fois
traditionelle mais ouverte, sans une once de xénophobie et d'anti-hellénisme'.

[62] VON RAD, Die Weisheit des Jesus Sirach, EvTh 29 (1969), 129, Anm. 4.

[63] D. GONZALO MAESO, Disquisiciones filologicas sobre el texto hebreo del Eclesiástico,
Miscelanea de Estudios arabes y hebraicos 8 (1959), 3-26, S. 18.

ZUSAMMENFASSUNG

1) *Rückblick auf die Untersuchung.*

Ziel der Studie war es, der Struktur weisheitlichen Denkens sowie den Aussagen über die Weisheit bei Jesus Sirach nachzugehen und damit einen Beitrag zur theologischen Erschließung dieses Buches zu leisten.

Dazu wurde in einem *1. Teil* der Kontext für das Werk des Siraziden innerhalb der biblischen Weisheitsliteratur und auf dem Hintergrund seiner Zeit skizziert. Der *2. Teil* galt der Untersuchung von Texten, vor allem den für Ben Sira sehr charakteristischen Weisheitsgedichten, unter denen Sir 1,1-10 und Sir 24 die Aussagen zum Thema der Weisheit programmatisch und systematisch zusammenfassen. Ben Sira geht es nicht bloß um den Aufruf zur Gottesfurcht, sondern um einen großen theologischen Entwurf, in dem die Weisheit die Verbindung zwischen Schöpfung und Geschichte Israels herstellt und in zeitgemäßer Sprache Israels Stellung und Erwählung zum Ausdruck bringt. Weisheit geht aber dabei nicht auf in Nationalismus und Gesetz (Kap. 2). Die übrigen Weisheitsgedichte Sir 4,11-19; 6,18-37; 14,20-15,10 und 51,13-30 stellen die Einladung durch die Weisheit zur Begegnung mit ihr — und durch sie mit Gott — in den Vordergrund in einer religiösen Interpretation von Weisheit (Kap. 3). Dieses religiöse Verständnis der Weisheit als Nähe und Gegenwart Gottes läßt aber dem Bereich der Bildungs- und Erfahrungsweisheit im Werk des Siraziden durchaus seinen bedeutenden Platz im Ganzen der Weisheitslehre. Der Blick auf eine universale, allen Menschen mitgeteilte Weisheit geht also nicht verloren.

Im *3. Teil* wurden allgemein weisheitliche Fragestellungen und Haltungen des Siraziden behandelt, so das Verhältnis von Weisheit und Schöpfung in Sir 16,24-17,14; 39,14-35, wobei die Rechtfertigung der Weltordnung Anregungen durch das Denken der Stoa erkennen ließ. Sir 42,15-43,33 offenbart im Aufruf zum Gotteslob den eigentlichen Sinn der weisheitlichen Schöpfungstheologie : in dieser ruhmlosen Zeit der Geschichte Israels durch das Lob der Schöpfungswerke den Glauben an das Wirken Gottes wachzuhalten (Kap. 1). Die Stellung Ben Siras zum Arzt Sir 38,1-15 beleuchtet das Problem von Glaube und Wissen, Fortschritt und Frömmigkeit (Kap. 2). Weitere Beispiele für die Begegnung des Weisen mit Kultur und Geistigkeit seiner Zeit und ihrer positiven Bewertung waren die Zeugnisse für die Erfahrung durch Reisen, Merkmale hellenistischer Literatur, und die Verwendung von Elementen stoischer Philosophie (Kap. 3).

2) *Würdigung der Weisheit Ben Siras.*

Aus der Darstellung bei G. von Rad[1] und bei M. Hengel[2] wird ersichtlich, daß die Meinungen über das Werk Ben Siras bis zum Augenblick in vielem auseinandergehen und ein Urteil durchaus nicht einfach ist.

Wir haben zu zeigen versucht, daß die Weisheit des Jesus Sira nicht einfachhin mit der Kategorie 'antihellenistisch' zu fassen ist. Das würde seine Aussagen zu sehr verkürzen. Der Weise ist aber auch nicht in dem Maß Hellenist wie die jüdisch-hellenistischen Autoren Alexandriens oder der samaritanische Anonymus und Eupolemos in Palästina. A. Di Lella, trifft ebenfalls nicht völlig das Richtige, wenn er Ben Sira als Vertreter einer 'konservativen' Theologie dem 'progressiven' Autor der Weisheit Salomos gegenüberstellt[3]. Das umfangreiche Werk Ben Siras mit der Vielfalt seiner literarischen Formen und Themen kann mit solchen Schlagworten nicht adäquat beschrieben werden.

Mir scheint der *Aspekt des Weisen und des Theologen*, die beide im *Sofer*, im *Schriftgelehrten* nach Sir 38,24-39,11 zusammentreffen, den *besten Zugang* zu seinem Werk zu *ermöglichen*[4]. Beide Haltungen finden sich beim Siraziden in beachtenswerter Ausgeglichenheit.

Ben Sira als Weiser ist offen für Erfahrungen in ihrer Vielfalt, er beteiligt sich als Gebildeter am geistigen und öffentlichen Leben seiner Zeit. Er ist dabei weder extrem konservativ noch progressiv zu nennen : ein Weiser überlegt, prüft, wägt ab. G. von Rad hat diese Haltung klar herausgestellt[5]. Ein Weg der Mitte und der Synthese liegt Ben Sira näher als Polemik und Extreme. In einer Situation besonderer Not ruft er zwar nach Gottes strafendem und helfenden Eingreifen in die Geschichte (Sir 35(32),22-36,22) : er ist aber weit entfernt von der bald darauf in Erscheinung tretenden Apokalyptik. Sein Wunsch und sein Gebet für

---

[1] VON RAD, Die Weisheit des Jesus Sirach, EvTh 29 (1969), 113-133.

[2] M. HENGEL, Judentum, 241-278, 284-292, 455.

[3] A. DI LELLA, Conservative and progressive theology : Ben Sira and Wisdom, CBQ 28 (1966), 139-154; dagegen s. auch VON RAD, Weisheit in Israel, 330 A. 24.

[4] RUSSEL, The Jews from Alexander to Herod, 1967, 260-271, charakterisiert Ben Sira als 'scribe' and 'wise man', ähnlich BURKILL, Ecclesiasticus, IDB II, 15.

[5] VON RAD, Die Weisheit des Jesus Sirach, EvTh 29 (1969), 120-130.

das Volk und seine Führer ist die Bitte um Weisheit und Frieden am
Schluß seines Buches (50,22). — Als Weiser brachte Ben Sira auch die
Voraussetzung mit, unbefangen neue Lebensformen und Gedanken mit
einer selbstverständlichen Treue zum Gesetz und zum Glauben der Väter
zu verbinden. Der Sirazide ist aber nicht nur Vertreter und Lehrer der
alten Spruchweisheit und Mahner zur Gottesfurcht; sein Hauptcharak-
teristikum ist der der jüngeren Weisheit eigene Zug zur Reflexion, der in
seinen Lehrgedichten deutlich sichtbar wird.

Ben Sira ist auch bewußt T h e o l o g e , der in der vom Deuteronomium
angebahnten Überlieferung der engen Beziehungen zwischen Weisheit
und Torah steht. Er versucht am Beginn einer heraufkommenden neuen
Zeit das Ganze der Wirklichkeit zu umgreifen und wie bereits die Genesis,
Schöpfung und Geschichte Israels als Einheit zu verstehen, wie Sir
1,1-10; 16,24-17,17; 24; 42,15-43,33 und 44-49 zeigen. Dies geschieht
durch den Begriff der Weisheit. Die Weisheit Salomos hat diesen Ansatz
noch weitergeführt. Daß sich in diesen beiden Büchern am Ende des
Alten Testamentes menschliche Erfahrung und Gottes Offenbarung,
menschliches Suchen und göttliches Geschenk, Humanum und Divinum
in der Struktur der biblischen Weisheit treffen, zu vereinen und zu durchdringen suchen, ist sehr bedeutsam. Wenn es bei diesem Versuch Spannungen gibt, wenn manche Fragen, etwa das Problem der Sünde und
des Übels, vereinfacht werden, was von Rad vielleicht zu wenig beachtet,
darf das nicht verwundern.

Allein der Versuch einer Darstellung des »Ganzen im Fragment«,
einer Summa seines Welt- und Gottesverständnisses in Form der
Weisheitstheologie ist schon sehr hoch zu werten[6] und könnte für die
Theologie Anlaß sein, auch heute wieder grundsätzlich nach Notwendigkeit und Berechtigung, nach Aufgaben aber auch Gefahren solcher Syn-
thesen zu fragen. — Das Buch des Siraziden trägt in der Tat ein 'Janusantlitz' (Lebram); es ist der Ausdruck einer Übergangsperiode in Israels
Geschichte. Es bietet darum aber auch einen Einblick in das vielfältige
und reiche geistige Leben des Judentums um die Wende vom dritten
zum zweiten Jahrhundert v.Chr. Ben Sira steht in der Tradition der
Weisheit Israels und führt die seit dem Deuteronomium sich anbahnende

---

[6] Auch H.H. SCHMID, Wesen und Geschichte der Weisheit, 195-196, der Ben Sira als Zeugen
für die Erstarrung der Weisheit ansieht, anerkennt doch diesen Versuch der späten Weisheit.
— Vgl. vor allem VON RAD, Theologie I, ⁴1962, 465, zur enzyklopädischen theologischen
Leistung dieser Weisen. In seinem Aufsatz : Die Weisheit des Jesus Sirach, EvTh 29 (1969),
130-131, erwägt er die Möglichkeit, daß dem Siraziden bereits ein theologisches Lehrganzes
über Gott, Welt und Mensch vorgelegen sei.

Verbindung mit der Torah zu einem ersten Abschluß ohne Enge und Exklusivität. Er ist aber auch am Vorabend der großen Auseinandersetzung und Auseinanderentwicklung im Judentum einer der ersten, der unbefangen manche Formen hellenistischen Denkens und Lebens aufgreift, ohne sich damit zu identifizieren. Die Exegese Aristobuls in Alexandrien, das Torahverständnis des rabbinischen Judentums, die Gemeinde von Qumran, die griechische Übersetzung von Spr 1-9, das Weisheitsbuch und schließlich Philo sind bereits ausgeprägte Linien von Entwicklungen, die im Werk Ben Siras noch offen waren, in vielem aber auf ihn zurückgreifen konnten.

Neben der ständigen Arbeit am schwierigen Text des Sirachbuches bleiben noch zahlreiche Fragen dieses Werkes zu erforschen : die Fragen um Stil und literarische Komposition, um die Art der Exegese, vor allem die Probleme der Anthropologie[7] und Ethik des Weisen. Vorliegende Arbeit war ein Versuch zum Thema der Weisheit in diesem Buch, der sich dessen bewußt ist, was der Weise bei der Ergründung der Werke Gottes sagt : »Die Menge des Verborgenen ist größer als das Erwähnte« (Sir 43,22), und »Wenn jemand am Ende ist, beginnt er; und wenn er aufhört, wird er in Verlegenheit sein« (Sir 18,7).

Dessen ungeachtet dürfte die Arbeit doch gezeigt haben, welche Stellung Ben Sira innerhalb der alttestamentlichen Weisheit einnimmt : zwischen der noch ungebrochenen Erfahrungs- und Lebensweisheit des Spruchbuches, in dem nur das späte Kap. 8 zur Reflexion ansetzt, der Weisheitskritik in den Reden Hiobs und den Reflexionen Qohelets und den schon stark vom Hellenismus geprägten Abhandlungen der Weisheit Salomos steht das Buch Jesus Sirach, das literarisch Sprüche, Hymnus und Reflexion, inhaltlich menschliche Erfahrungs- und Lebensweisheit mit der Konzeption der universalen Weisheit Gottes in Schöpfung und Geschichte zum erstenmal zu verbinden sucht.

---

[7] Zur Anthropologie Ben Siras vgl. nun G. Maier, Mensch und freier Wille. Nach den jüdischen Religionsparteien zwischen Ben Sira und Paulus. Wissenschaftliche Untersuchungen zum Neuen Testament 12, Tübingen 1971.

SCHRIFTSTELLENREGISTER

21,16	129
21,20-26	129
21,22-24	109
21,22	161
22,3-5	127
22,6	141
22,7f	126, 129
22,9f	170 A.41
22,11f	129
22,13f	129
22,14f	170 A. 42
22,16-18	126
22,16	170 A.41
22,17	20
22,19-26	127
22,27-23,27	127
22,27-23,6	42
22,27	170 A.42
23,7-27	42
23,7	168
23,13f	129
23,16	43
23,22-27	42
23,23	86
23,25-27	75
23,27	153
24	15-17, 22, 24, 28, 32, 34-68, 96, 99, 104, 120, 128, 129, 130 A.1, 131f, 133, 135 A.3, 138, 169, 173f, 176
24,1-27	43 A.6
24,1-22	48, 54, 77
24,1-2	44, 46f, 58
24,1	36, 168
24,2	37
24,3f	58-61
24,3-6	131
24,3-12	46,55
24,3	37, 43, 59, 60 A.63, 68
24,3-7	44, 62, 72, 93
24,4-6	52
24,4	37
24,5	37, 43, 61f
24,6-12	68
24,6	37, 43, 53, 56, 61, 64
24,8-17	80

24,8-12	44f, 56, 63-74, 87, 111, 130
24,8	42, 90, 95
24,9	19, 37, 43, 52, 56, 64, 71, 73, 80, 150 A.13
24,10	65, 101, 117, 132 A.7
24,10f	53
24,12	71
24,13-17	44f, 47, 56, 75
24,16	39, 43, 75, 148
24,17	39, 43, 148
24,19-22	44f, 47, 109, 173
24,19	39, 43, 58, 75, 96, 102
24,20	39, 42f
24,21	39, 76, 102
24,22	39, 109
24,23-29	47, 77-79
24,23	17, 40, 42, 53, 65, 72, 81, 85, 90, 91 A.167, 92, 93, 94f, 110, 128, 130
24,24	40
24,25	40
24,27	40
24,28	40
24,29	40, 43
24,30f	24
24,30-34	79f
24,30	41, 43
24,31	41, 116
24,32-34	43, 103
24,32	41, 93
24,33	41, 80
24,34	41
25f	127
25,1	43
25,8f	107
25,23	9
25,24	152
26,1	107
26,9	112 A.15
26,29-27,3	127
27,8	117
27,11	129
27,12	129, 141
27,13	129
28,6-7	86
28,7	78
28,19	107

AUSSERBIBLISCHES SCHRIFTTUM

3 Esra

9,48.55	97

4 Esra

5,9	63
14,5-8	102
14,45-47	102

4 Makkabäer

1,12	32
2,19	32
13,19	32

syr Baruchapokalypse

48,33-36	63

äth Henoch

8,3f	156
42,1f	63
69,8-12	156
82,1	102
94,5	63

Jubiläenbuch

24,11	91 A.168

Abot (Vätersprüche)

3,17	90 A.165

Testamente der 12 Patriarchen

Test Lev

4,2	92 A.171
5,7	96 A.186
7,2	67 A.87
9,6	92 A.171
13,1-4	120 A.5
18,1-3	92 A.171

Test Seb

5,1	88

Test Benj

2,1	88
9,2	79 A.129
10,3	88

Test Jud

25,5	79 A.129

Test Nepht

7,4	79 A.129

Damaskusschrift

3,14	102

1 QS (Gemeinderegel)

2,3	102 A.11
3,14-4,26	154 A.2
3,15-17	171 A.52
4,3-6	102 A.11
5,11	102 A.12
6,4-7	110 A.10
8,11f	102 A.12
11,5	102 A.11

1 QSa (Gemeinschaftsregel)

2,11-22	110 A.10

1 QH (Hodajot)

1,28f	166
7,27	102 A.11
10,4	102 A.11
11 QPsaXVIII	71f, 111 A.14, 151 A.19
11 QPsaXVIII,8-12	109 A.8
11 QPsaXVIII,14	110

SACHREGISTER

BIBLIOGRAPHIE

Der Literaturnachtrag stellt eine Weiterführung und Ergänzung zur von H.P. Rüger 1978 in TRE 3, 314f gebotenen Sirachbibliographie dar. Für die Erstellung danke ich meinem Assistenten Mag. Johannes Schiller herzlich. Hinzuweisen ist vor allem auf den Band: Reiterer, Friedrich Vinzenz (Hg.), Bibliographie zu Ben Sira. Gemeinsam mit Nuria Calduch-Benages, Renate Egger-Wenzel, Anton Fersterer, Ingrid Krammer herausgegeben, BZAW 266, Berlin u.a. 1998.

Beentjes, Pancratius C., The Book of Ben Sira in Hebrew. A Text Edition of All Extant Hebrew Manuscripts and a Synopsis of All Parallel Hebrew Ben Sira Texts, VT.S 68, Leiden u.a. 1997

Boccaccio, Pietro, Berardi, Guido, Ecclesiasticus. Textus hebraeus secundum fragmenta reperta, Rom 1986 (¹1976)

Richter, Wolfgang, Biblia Hebraica transcripta. BHᵗ, 16. Sirach, ATSAT 33/16, St. Ottilien 1993

Calduch-Benages, Nuria, Il libro di Ben Sira: Saggio di bibliografia recente (1984-1994), EL 111 (1997) 419-433

Aberbach, Moshe, Labor, Crafts and Commerce in Ancient Israel, Jerusalem 1994 [29-36: Ben Sira's Views on Labor, Commerce, and Crafts]

Adinolfi, Marco, Il medico in Sir 38,1-15, Anton. 62 (1987) 172-183

Alonso Schökel, Luis, The Vision of Man in Sirach 16,24-17,14, in: Gammie, John G. u.a. (ed.), Israelite Wisdom. Theological and Literary Essays in Honor of Samuel Terrien, New York 1978, 235-245

- Notas exegéticas al Eclesiástico (Ben Sira), EstB 53 (1995) 433-448; 54 (1996) 299-312

Anoz, José, La muerte en el Ben-Sirá, Mayéutica 5 (1979) 7-13

Arduini, Maria L., Il tema ›vir‹ e ›mulier‹ nell'esegesi patristica e medievale di Eccli. XLII,14; a proposito di un'interpretazione di Ruperto di Deutz, Aevum 54 (1980) 315-330; 55 (1981) 246-261

Argall, Randal A., Reflections on 1 Enoch and Sirach: A Comparative Literary and Conceptual Analysis of the Themes of Revelation, Creation and Judgement, SBL.SPS 34 (1995) 337-351

- 1 Enoch and Sirach. A Comparative Literary and Conceptual Analysis of the Themes of Revelation, Creation and Judgement, SBL Early Judaism and Its Literature 8, Atlanta 1995

Backhaus, Franz J., Qohelet und Sirach, BN 69 (1993) 32-55

Barc, Bernard, Du temple à la synagogue. Essai d'interprétation des premiers targumismes de la Septante, in: Dorival, Gilles u.a. (ed.), ΚΑΤΑ ΤΟΥΣ Ο'. Selon les Septante. Trente études sur la Bible grecque des Septante. En hommage à Marguerite Harl, Paris 1995, 11-26

Barsotti, Divo, Meditazione sul libro del Siracide, BeL 28, Brescia 1984

Beauchamp, Paul, Sur deux mots de l'Ecclésiastique (Si 43,27b), in: Doré, Joseph u.a. (ed.), Penser la foi. Recherches en théologie aujourd'hui. Mélanges offerts à Joseph Moingt, Paris 1993, 15-25

Beentjes, Pancratius C., Sirach 22:27-23:6 in zijn context, Bijdr. 39 (1978) 144-151

– Een gedurfde visie op de geneeskunst. Sirach 38,1-15, Schrift 65 (1979) 178-183

– Jesus Sirach 7:1-17. Kanttekeningen bij de structuur en de tekst van een verwaarloosde passage, Bijdr. 41 (1980) 251-259

– Jesus Sirach 38:1-15. Problemen rondom een symbool, Bijdr. 41 (1980) 260-265

– Jesus Sirach en Tenach. Een onderzoek naar en een classificatie van parallellen, met bijzondere aandacht voor hun functie in Sirach 45:6-26, Nieuwegein 1981

– Jesus, de zoon van Sirach, Cahiers voor Levensverdieping 41, Averbode 1982

– Het onderricht en de spreuken van Jesus Sirach, Schrift 82 (1982) 123-137

– Teksten uit het geschrift Jesus Sirach nader toegelicht, Schrift 82 (1982) 138-158

– Recent Publications on the Wisdom of Jesus ben Sira (Ecclesiasticus), Bijdr. 43 (1982) 188-198

– De getallenspreuk en zijn reikwijdte. Een pleidooi voor de literaire eenheid van Jesus Sirach 26:28-27:10, Bijdr. 43 (1982) 383-389

– »The Countries Marvelled at You«. King Solomon in Ben Sira 47:12-22, Bijdr. 45 (1984) 6-14

— The »Praise of the Famous« and Its Prologue. Some Observations on Ben Sira 44:1-15 and the Question on Enoch in 44:16, Bijdr. 45 (1984) 374-383

– De stammen van Israël herstellen. Het portret van Elia bij Jesus Sirach, ACEBT 5 (1984) 147-155

– Some Misplaced Words in the Hebrew Manuscript C of Ben Sira, Bib. 67 (1986) 397-401

- In de Marge van Manuscript *B*, Kanttekeningen bij de hebreeuwse tekst van Sirach 30:12ᵉ, Bijdr. 48 (1987) 132-138
- The Reliability of Text-Editions in Ben Sira 41,14-16. A Case Study in Repercussions on Structure and Interpretation, Bijdr. 49 (1988) 188-194
- Hermeneutics in the Book of Ben Sira. Some Observations on the Hebrew Ms. C, EstB 46 (1988) 45-59
- Relations between Ben Sira and the Book of Isaiah, in: Vermeylen, Jacques (ed.), The Book of Isaiah. Le Livre d'Isaïe, BEThL 81, Leuven 1989, 155-159
- Profetie bij Jesus Sirach, in: Becking, Bob u.a. (ed.), Door het oog van de profeten, FS Cornelis van Leeuwen, Utrechtse Theologische Reeks 8, Utrecht 1989, 23-30
- Hezekiah and Isaiah. A Study on Ben Sira xlviii 15-25, in: Woude, Adam S. van der (ed.), New Avenues in the Study of the Old Testament. A Collection of OT Studies Published on the Occasion of the 50th Anniversary of the Oudtestamentisch Werkgezelschap and the Retirement of Prof. M.J. Mulder, OTS 25, Leiden 1989, 77-88
- »Full Wisdom is Fear of the Lord«. Ben Sira 19,20-20,31: Context, Composition and Concept, EstB 47 (1989) 27-45
- »Sweet is His Memory, Like Honey to the Palate«. King Josiah in Ben Sira 49,1-4, BZ 34 (1990) 262-266
- De verhalen van het begin terug(ge)lezen. Jesus Sirach en Genesis 1-3, in: Verdegaal, Cornelis M.L. u.a. (ed.), Stromen uit Eden. Genesis 1-11 in bijbel, joodse exegese en moderne literatuur, FS Nicolaas R.M. Poulssen, Boxtel u.a. 1992, 98-110
- »How Can a Jug Be Friends with a Kettle?« A Note on the Structure of Ben Sira Chapter 13, BZ 36 (1992) 87-93
- A Closer Look at the Newly Discovered Sixth Hebrew Manuscript (Ms. F) of Ben Sira, EstB 51 (1993) 171-186
- Ben Sira 36,26d According to Ms. C. A New Proposal, EstB 52 (1994) 535-539
- Discovering a New Path of Intertextuality: Inverted Quotations and Their Dynamics, in: Regt, Lénart J. de u.a. (ed.), Literary Structure and Rhetorical Strategies in the Hebrew Bible, Assen 1996, 31-50
- »Ein Mensch ohne Freund ist wie eine linke Hand ohne die Rechte«. Prolegomena zur Kommentierung der Freundschaftsperikope Sir 6,5-17, in: Reiterer, Friedrich V. (Hg.), Freundschaft bei Ben Sira. Beiträge des Symposions zu Ben Sira, Salzburg 1995, BZAW 244, Berlin u.a. 1996, 1-18

- (ed.), The Book of Ben Sira in Modern Research. Proceedings of the First International Ben Sira Conference 28-31 July 1996, Soesterberg, Netherlands, BZAW 255, Berlin u.a. 1997
- Reading the Hebrew Ben Sira Manuscripts Synoptically. A New Hypothesis, in: Ders. (ed.), The Book of Ben Sira in Modern Research. Proceedings of the First International Ben Sira Conference 28-31 July 1996, Soesterberg, Netherlands, BZAW 255, Berlin u.a. 1997, 95-111

Begg, Christopher T., Ben Sirach's Non-Mention of Ezra, BN 42 (1988) 14-18

Bergant, Dianne, Israel's Wisdom Literature. A Liberation-Critical Reading, A Liberation-Critical Reading of the Old Testament, Minneapolis 1997 [166-191: Sirach]

Blomqvist, Jerker, Textual and Interpretational Problems in Sirach, Er. 83 (1985) 33-43

Boccaccini, Gabriele, Origine del male, libertà dell'uomo e retribuzione nella sapienza di Ben Sira, Henoch 8 (1986) 1-37
- Middle Judaism. Jewish Thought, 300 B.C.E to 200 C.E., Minneapolis 1991 [77-125 Ben Sira, Qohelet, and Apocalyptic]

Böhmisch, Franz, »Haec omnia liber vitae«: Zur Theologie der erweiterten Textformen des Sirachbuches, SNTU.A 22 (1997) 160-180
- Die Textformen des Sirachbuches und ihre Zielgruppen, PzB 6 (1997) 87-122

Bohlen, Reinhold, Zu einer neuen Übersetzung des Buches Jesus Sirach, TThZ 92 (1983) 149-153
- Die Ehrung der Eltern bei Ben Sira. Studien zur Motivation und Interpretation eines familienethischen Grundwertes in frühhellenistischer Zeit, TThSt 51, Trier 1991

Bonora, Antonio, Il binomio sapienza-Torah nell'ermeneutica e nella genesi dei testi sapienziali (Gb 28; Pro 8; Sir 1.24; Sap 9), in: Sapienza e Torah. Atti della XXIX Settimana Biblica, Bologna 1987, 31-48

Botha, Phil J., Through the Figure of a Woman Many Have Perished: Ben Sira's View of Women, OTEs 9 (1996) 20-34
- The Ideology of Shame in the Wisdom of Ben Sira: Ecclesiasticus 41:14-42:8, OTEs 9 (1996) 353-371

Brasil Pereira, Ney, A mulher no Sirácide, Estudos Bíblicos 20 (1988) 9-25

Bronznick, Norman M., An Unrecognized Denotation of the Verb *hsr* in Ben-Sira and Rabbinic Hebrew, HAR 9 (1985) 91-105

Burton, Keith W., Sirach and the Judaic Doctrine of Creation, Diss. Glasgow 1987

Busto Saiz, José R., Sabiduría y torá en Jesús ben Sira, EstB 52 (1994) 229-239

Caird, George B., Ben Sira and the Dating of the Septuagint, in: StEv 7. Papers Presented to the 5. International Congress on Biblical Studies Held at Oxford, 1973, TU 126, Berlin 1982, 95-100

Calduch-Benages, Nuria, La sabiduría y la prueba en Sir 4,11-19, EstB 49 (1991) 25-48

– Introducció i notes al llibre del Siràcida, in: Bíblia Catalana. Traducció Interconfessional, Viladecavalls 1993, 1550-1641

– Ben Sira 2 y el Nuevo Testamento, EstB 53 (1995) 305-316

– Elementos de inculturación helenista en el libro de Ben Sira: Los viajes, EstB 54 (1996) 289-298

– Trial Motif in the Book of Ben Sira with Special Reference to Sir 2,1-6, in: Beentjes, Pancratius C. (ed.), The Book of Ben Sira in Modern Research. Proceedings of the First International Ben Sira Conference 28-31 July 1996, Soesterberg, Netherlands, BZAW 255, Berlin u.a. 1997, 135-151

– Ben Sira y el Canon de las Escrituras, Gr. 78 (1997) 359-370

– Traducir — Interpretar: la versión siríaca de Sirácida 1, EstB 55 (1997) 313-340

– En el crisol de la prueba. Estudio exegético de Sir 2,1-18, Asociación Bíblica Española 32, Estella 1997

Camp, Claudia V., Understanding a Patriarchy: Women in Second Century Jerusalem Through the Eyes of Ben Sira, in: Levine, Amy-Jill (ed.), »Women Like This«: New Perspectives on Jewish Women in the Greco-Roman World, SBL Early Judaism and Its Literature 1, Atlanta 1991, 1-39

– The Female Sage in Ancient Israel and in the Biblical Wisdom Literature, in: Gammie, John G. u.a. (ed.), The Sage in Israel and the Ancient Near East, Winona Lake 1990, 185-203

– Honor and Shame in Ben Sira: Anthropological and Theological Reflections, in: Beentjes, Pancratius C. (ed.), The Book of Ben Sira in Modern Research. Proceedings of the First International Ben Sira Conference 28-31 July 1996, Soesterberg, Netherlands, BZAW 255, Berlin u.a. 1997, 171-187

– Honor, Shame, and the Hermeneutics of Ben Sira's MS C, in: Barré, Michael L. (ed.), Wisdom, You Are My Sister. Studies in Honor of

Roland E. Murphy, O.Carm., on the Occasion of his Eightieth Birthday, CBQ.MS 29, Washington 1997, 157-171

Caquot, André, Le Siracide a-t-il parlé d'une »espèce« humaine?, RHPhR 62 (1982) 225-230

Carmignac, Jean, L'infinitif absolu chez ben Sira et à Qumran, RdQ 12/46 (1986) 251-260

Ceresko, Anthony R., The Liberative Strategy of Ben Sira: The Sage as Prophet, BiBh 22 (1996) 210-231

- The Liberative Strategy of Ben Sira: The Sage as Prophet, TJT 13 (1997) 169-185

Che-Yong, Marcus F., Quaestiones theologicae selectae libri Sira. Ex comparatione textus graeci et hebraici ortae, Diss. Romae 1963

Cimosa, Mario, I giovani in ascolto II (il libro del Siracide), in: Gioia, Mario (ed.), I giovani nella Bibbia, Roma 1988, 111-126

- Siracide, Sapienza e nuova evangelizzazione, PdV 37/4 (1992) 34-40

Collins, John J., Jewish Wisdom in the Hellenistic Age, OTL, Philadelphia 1997

Conti, Martino, Origine divina della Sapienza e i suoi rapporti col mondo, coll'uomo e col popolo dell'alleanza (Sir 24,3-22), in: Battaglia, Vincenzo (ed.), L'uomo e il mondo alla luce di Cristo. Atti del 2. simposio tenuto a Rieti, 19-21 aprile 1985, STF NS 5, Vicenza 1986, 9-42

Corley, Jeremy, Ben Sira's Teaching on Friendship, Diss. Catholic Univ. of America 1996, Ann Arbor 1997

- Caution, Fidelity, and the Fear of God. Ben Sira's Teaching on Friendship in Sir 6:5-17, EstB 54 (1996) 313-326

- Rediscovering Sirach, ScrB 27 (1997) 2-7

Crenshaw, James L., Wisdom and the Sage: On Knowing and Not Knowing, in: Proceedings of the Eleventh World Congress of Jewish Studies, A. The Bible and Its World, Jerusalem 1994, 137-144

- The Book of Sirach, in: The New Interpreter's Bible 5, Nashville 1997, 601-867

- The Primacy of Listening in Ben Sira's Pedagogy, in: Barré, Michael L. (ed.), Wisdom, You Are My Sister. Studies in Honor of Roland E. Murphy, O.Carm., on the Occasion of his Eightieth Birthday, CBQ.MS 29, Washington 1997, 172-187

Daube, David, Example and Precept: From Sirach to R. Ishmael, in: Hawthorne, Gerald F. u.a. (ed.), Tradition and Interpretation in the New Testament, FS Edward E. Ellis, Grand Rapids 1987, 16-21

Delcor, Mathias, Ecclesiasticus or Sirach, in: CHJud 2, Cambridge u.a. 1989, 415-422

DeSilva, David A., The Wisdom of Ben Sira: Honor, Shame, and the Maintenance of the Values of a Minority Culture, CBQ 58 (1996) 433-455

Deutsch, Celia, The Sirach 51 Acrostic: Confession and Exhortation, ZAW 94 (1982) 400-409

Dewsnap, Molly, The Twins and the Scholar. How Two Victorian Sisters and a Rabbi Discovered the Hebrew Text of Ben Sira, BAR 22 (1996) 54-62.70

Diebner, Bernd J., »Mein Grossvater Jesus«, DBAT 16 (1982) 1-37

Di Lella, Alexander A., The Wisdom of Ben Sira. An Israelite Sage Confronts a Changing World, BiTod 101 (1979) 1954-1961

- Sirach 10:19-11:6: Textual Criticism, Poetic Analysis, and Exegesis, in: Meyers, Carol L. u.a. (ed.), The Word of the Lord Shall Go Forth. Essays in Honor of David Noel Freedman in Celebration of His Sixtieth Birthday, American Schools of Oriental Research: Special Volume Series 1, Winona Lake 1982, 157-164

- The Poetry of Ben Sira, ErIs 16 (1982) 26*-33*

- Sirach 51:1-12: Poetic Structure and Analysis of Ben Sira's Psalm, CBQ 48 (1986) 395-407

- The Newly Discovered Sixth Manuscript of Ben Sira from the Cairo Geniza, Bib. 69 (1988) 226-238

- Sirach, in: Brown, Raymond E. u.a. (ed.), The New Jerome Biblical Commentary, Englewood Cliffs 1989, 496-509

- The Search for Wisdom in Ben Sira, in: Knight, Jack C. u.a. (ed.), The Psalms and Other Studies on the Old Testament, FS Joseph I. Hunt, Nashotah 1990, 185-196

- Wisdom of Ben-Sira, AncB Dictionary 6 (1992) 931-945

- The Meaning of Wisdom in Ben Sira, in: Perdue, Leo G. u.a. (ed.), In Search of Wisdom. Essays in Memory of John G. Gammie, Louisville 1993, 133-148

- Women in the Wisdom of Ben Sira and the Book of Judith: A Study in Contrasts and Reversals, in: Emerton, John A. (ed.), Congress Volume Paris 1992, VT.S 61, Leiden u.a. 1995, 39-52

- Use and Abuse of the Tongue: Ben Sira 5,9-6,1, in: Diesel, Anja A. u.a. (Hg.), »Jedes Ding hat seine Zeit ...«. Studien zur israelitischen und altorientalischen Weisheit, FS Diethelm Michel, BZAW 241, Berlin u.a. 1996, 33-48

- The Wisdom of Ben Sira: Resources and Recent Research, CR:BS 4 (1996) 161-181

- Fear of the Lord as Wisdom: Ben Sira 1,11-30, in: Beentjes, Pancratius C. (ed.), The Book of Ben Sira in Modern Research. Proceedings of the First International Ben Sira Conference 28-31 July 1996, Soesterberg, Netherlands, BZAW 255, Berlin u.a. 1997, 113-133
- Fear of the Lord and Belief and Hope in the Lord Amid Trials: Sirach 2:1-18, in: Barré, Michael L. (ed.), Wisdom, You Are My Sister. Studies in Honor of Roland E. Murphy, O.Carm., on the Occasion of his Eightieth Birthday, CBQ.MS 29, Washington 1997, 188-204
- Wisdom in Ben Sira, BiTod 35 (1997) 136-140

Doppelfeld, Basilius, »Wenn du dem Herrn dienen willst«. Eine Betrachtung zu Sir. 2,1-18, EuA 53 (1977) 381-383

Doré, Joseph, Qohélet — Le Siracide ou l'Ecclésiaste et l'Ecclésiastique, CEv 91, Paris 1995

Duhaime, Jean L., El elogio de los Padres de Ben Sira y el Cántico de Moisés (Sir 44-50 y Dt 32), EstB 35 (1976) 223-228

Egger-Wenzel, Renate, Der Gebrauch von תמם bei Ijob und Ben Sira. Ein Vergleich zweier Weisheitsbücher, in: Reiterer, Friedrich V. (Hg.), Freundschaft bei Ben Sira. Beiträge des Symposions zu Ben Sira, Salzburg 1995, BZAW 244, Berlin u.a. 1996, 203-238

Egger-Wenzel, Renate und Krammer, Ingrid (Hg.), Der Einzelne und seine Gemeinschaft bei Ben Sira, BZAW 270, Berlin u.a. 1998

Ehrmann, Michael, Klagephänomene in zwischentestamentlicher Literatur, BEAT 41, Frankfurt/M. u.a. 1997 [175-240: Jesus Sirach]

Engberg-Pedersen, Troels, Erfaring og åbenbaring i Siraks Nog, in: Ders. u.a. (ed.), Tradition og Nybrud. Jødedommen i hellenistik tid, Forum for bibelsk eksegese 2, København 1990, 93-122

Eron, Lewis J., »That Women Have Mastery Over Both King and Beggar« (TJud. 15.5) — The Relationship of the Fear of Sexuality to the Status of Women in Apocrypha and Pseudepigrapha: 1 Esdras (3 Ezra) 3-4, Ben Sira and the Testament of Judah, JSPE 9 (1991) 43-66

Fassberg, Steven E., On the Syntax of Dependent Clauses in Ben Sira, in: Muraoka, Takamitsu u.a. (ed.), The Hebrew of the Dead Sea Scrolls and Ben Sira. Proceedings of a Symposium Held at Leiden University, 11-14 December 1995, StTDJ 26, Leiden u.a. 1997, 56-71

Faure, Patrick, Comme un fleuve qui irrigue. Ben Sira 24,30-34, I. Critique textuelle, RB 102 (1995) 5-27

- La Sagesse et le Sage. Ben Sira 24,30-34, II. Exégèse, RB 102 (1995) 348-370

Fernández Marcos, Natalio, Interpretaciones helenísticas del pasado de Israel, CFC 8 (1975) 157-186

Fleischer, Ezra, Additional Fragments of the »Rhymed Ben Sira«, in: Cogan, Mordechai u.a. (ed.), Tehillah le-Moshe. Biblical and Judaic Studies in Honor of Moshe Greenberg, Winona Lake 1997, 205*-217*

Foulkes, Pamela A., »To Expound Discipline or Judgement«: The Portrait of the Scribe in Ben Sira, Pacifica 7 (1994) 75-84

Fournier-Bidoz, Alain, L'arbre et la demeure: Siracide XXIV 10-17, VT 34 (1984) 1-10

Fox, Douglas E., Ben Sira on OT Canon Again: The Date of Daniel, WThJ 49 (1987) 335-350

Fraenkel, Pierre, Le debat entre Martin Chemnitz et Robert Bellarmin sur les livres deuterocanoniques et la place du Siracide, in: Kaestli, Jean-Daniel u.a. (ed.), Le canon de l'Ancien Testament. Sa formation et son histoire, MoBi, Genève 1984, 284-303

Frankemölle, Hubert, Zum Thema des Jakobusbriefes im Kontext der Rezeption von Sir 2,1-18 und 15,11-20, BN 48 (1989) 21-49

Fritzsche, Otto F., Die Weisheit Jesus Sirach's, Kurzgefaßtes exegetisches Handbuch zu den Apokryphen des Alten Testaments 5, Leipzig 1859

Frost, Stanley B., Who Were the Heroes? An Exercise in Bi-Testamentary Exegesis, with Christological Implications, in: Hurst, Lincoln D. u.a. (ed.), The Glory of Christ in the New Testament. Studies in Christology in Memory of George Bradford Caird, Oxford 1987, 165-172

Gammie, John G., The Sage in Sirach, in: Ders. u.a. (ed.), The Sage in Israel and the Ancient Near East, Winona Lake 1990, 355-372

Gastaldi, Casimiro, Sapienza antica e nuova. Appunti per una lettura del Siracide, Il seme e il frutto 12, Padova 1989

Gese, Hartmut, Die Weisheit, der Menschensohn und die Ursprünge der Christologie als konsequente Entfaltung der biblischen Theologie, SEÅ 44 (1979) 77-114

Gilbert, Maurice, L'éloge de la Sagesse (Siracide 24), RTL 5 (1974) 326-348

- Ben Sira et la femme, RTL 7 (1976) 426-442

- La sequela della Sapienza. Lettura di Sir 6,23-31, PSV 2 (1980) 53-70

- Spirito, sapienza e legge secondo Ben Sira e il libro della Sapienza, PSV 4 (1981) 65-73
- La Sapienza si offre come nutrimento (Sir 24,19-22), PSV 7 (1983) 51-60
- Wisdom Literature, in: Stone, Michael E. (ed.), Jewish Writings of the Second Temple Period, CRINT II/2, Assen — Philadelphia 1984, 283-324 [290-301: Wisdom of Ben Sira]
- Lecture mariale et ecclésiale de Siracide 24,10(15), Mar. 47 (1985) 536-542
- L'Ecclésiastique: Quel texte? Quelle autorité?, RB 94 (1987) 233-250
- Jérome et l'œuvre de Ben Sira, Muséon 100 (1987) 109-120
- Grégoire de Nazianze et le Siracide, in: Mémorial Dom Jean Gribomont (1920-1986), SEAug 27, Roma 1988, 307-314
- Introduction au Livre de Ben Sira ou Siracide ou Ecclésiastique, Roma 1988
- L'enseignement des Sages. (Le Siracide. La Sagesse de Salomon), in: Auneau, Joseph (ed.), Les Psaumes et les autres écrits, PBSB.AT 5, Paris 1990, 295-351
- The Book of Ben Sira: Implications for Jewish and Christian Traditions, in: Talmon, Shemaryahu (ed.), Jewish Civilization in the Hellenistic-Roman Period, JSPE.S 10, Sheffield 1991, 81-91
- L'action de grâce de Ben Sira (Si 51,1-12), in: Kuntzmann, Raymond (éd.), Ce Dieu qui vient. Études sur l'Ancien et le Nouveau Testament offertes au Professeur Bernard Renaud à l'occasion de son soixante-cinquième anniversaire, LeDiv 159, Paris 1995, 231-242
- Jesus Sirach, RAC 17 (1996) 878-906
- Siracide, DBS 12 (1996) 1389-1437
- Wisdom of the Poor: Ben Sira 10,19-11,6, in: Beentjes, Pancratius C. (ed.), The Book of Ben Sira in Modern Research. Proceedings of the First International Ben Sira Conference 28-31 July 1996, Soesterberg, Netherlands, BZAW 255, Berlin u.a. 1997, 153-169
Gnan, Michael, Nachklänge des Buches Jesus Sirach. Von synagogalen Gesängen bis zur Gegenwart. Beiträge zur Rezeptionsgeschichte, insbesondere zu Sir 51,12a-o; 50,24-26 (Lutherbibel); 44,16.20 (Vulgata), Passau 1996
Goan, Seán, Creation in Ben Sira, Milltown Studies 36 (1995) 75-85
Greenfield, Jonas C., Ben Sira 42.9-10 and Its Talmudic Paraphrase, in: Davies, Philip R. u.a. (ed.), A Tribute to Geza Vermes. Essays on Jewish and Christian Literature, JSOT.S 100, Sheffield 1990, 167-173

Hagler, Alois, Der kreative Gott in Ben Sira. Ein Beitrag zur sir-azidischen Schöpfungstheologie, Dipl.-Arb. Salzburg 1991

Hahn, Ferdinand, Einige notwendige Bemerkungen zu zwei Text-editionen, VF 36 (1991) 64-69

Hanhart, Robert, Der status confessionis Israels in hellenistischer Zeit, ZThK 92 (1995) 315-328

Hanson, Paul D., Das berufene Volk. Entstehen und Wachsen der Gemeinde in der Bibel, Neukirchen-Vluyn 1993 [333-339: Jesus Sirach (Ecclesiasticus)]

Harrington, Daniel J., The Wisdom of the Scribe According to Ben Sira, in: Collins, John J. u.a. (ed.), Ideal Figures in Ancient Judaism. Profiles and Paradigms, SBL SCSt 12, Chico, CA 1980, 181-188

– Sage Advice About Friendship, BiTod 32 (1994) 79-83

– Sirach Research since 1965: Progress and Questions, in: Reeves, John C. u.a. (ed.), Pursuing the Text, FS Ben Z. Wacholder, JSOT.S 184, Sheffield 1994, 164-176

– Two Early Jewish Approaches to Wisdom. Sirach and Qumran Sapiential Work A, SBL.SPS 35 (1996) 123-132

– Wisdom Texts from Qumran, The Literature of the Dead Sea Scrolls, London u.a. 1996

– Two Early Jewish Approaches to Wisdom: Sirach and Qumran Sapiential Work A, JSPE 16 (1997) 25-38 [Neubearb. von SBL.SPS (1996)]

Harvey, John D., Toward a Degree of Order in Ben Sira's Book, ZAW 105 (1993) 52-62

Hayward, C.T. Robert, Sacrifice and World Order: Some Observations on Ben Sira's Attitude on the Temple Service, in: Sykes, Stephen W. (ed.), Sacrifice and Redemption, Cambridge 1991, 22-34

– The New Jerusalem in the Wisdom of Jesus Ben Sira, SJOT 6 (1992) 123-138

– The Jewish Temple. A Non-Biblical Sourcebook, London u.a. 1996 [38-72: The Wisdom of Jesus Ben Sira in Hebrew; 73-84: The Wisdom of Jesus Ben Sira in Greek]

– Behind the Dead Sea Scrolls: The Sons of Zadok, the Priests and Their Priestly Ideology, TJT 13 (1997) 7-21

Hildesheim, Ralph, Bis daß ein Prophet aufstand wie Feuer. Untersu-chungen zum Prophetenverständnis des Ben Sira in Sir 48,1-49,16, TThSt 58, Trier 1996

Himmelfarb, Martha, The Temple and the Garden of Eden in Ezekiel, the Book of the Watchers, and the Wisdom of Ben Sira, in: Scott,

Jamie (ed.), Sacred Places and Profane Spaces. Essays in the Geo-
graphics of Judaism, Christianity and Islam, CSRel 30, New York
1991, 63-78

Horbury, William, Jewish Inscriptions and Jewish Literature in Egypt,
with Special Reference to Ecclesiasticus, in: Henten, Jan W. van u.a.
(ed.), Studies in Early Jewish Epigraphy, AGJU 21, Leiden 1994, 9-43

Hurvitz, Avi, The Linguistic Status of Ben Sira as a Link between
Biblical and Mishnaic Hebrew: Lexicographical Aspects, in: Muraoka, Takamitsu u.a. (ed.), The Hebrew of the Dead Sea Scrolls and
Ben Sira. Proceedings of a Symposium Held at Leiden University,
11-14 December 1995, StTDJ 26, Leiden u.a. 1997, 72-86

Irwin, William H., Fear of God, the Analogy of Friendship and Ben
Sira's Theodicy, Bib. 76 (1995) 551-559

Jacob, Edmond, Wisdom and Religion in Sirach, in: Gammie, John G.
u.a. (ed.), Israelite Wisdom. Theological and Literary Essays in
Honor of Samuel Terrien, New York 1978, 247-260

– Sagesse et religion chez Ben Sira, in: Sagesse et religion. Colloque de
Strasbourg (octobre 1976), Bibliothèque des Centres d'Études Supé-
rieures Spécialisés, Paris 1979, 83-98

Jaki, Stanley L., The Purpose of Healing, The Linacre Quarterly 60
(1993) 5-15

Johannes von Mossul, Bar Sira, hg. Werner Strothmann, GOF.S 19,
Wiesbaden 1979

Jolley, Marc A., The Function of Torah in Sirach, Ann Arbor 1993

Jongeling, Bastiaan, En mijn leermeester zal ik dank brengen (Sir 51,17),
in: Gratiam agimus. Opstellen over danken en loven, aangeboden
aan W.F. Dankbaar, SILW 2, Groningen 1975, 58-65

– Un passage difficile dans le Siracide de Masada (col. IV, 22a = Sir.
42,11e), in: Delsman, Wilhelm C. u.a. (Hg.), Von Kanaan bis Kerala,
FS Johannes P.M. van der Ploeg, AOAT 211, Kevelaer 1982, 303-310

Jüngling, Hans-Winfried, Der Bauplan des Buches Jesus Sirach, in:
Hainz, Josef u.a. (Hg.), »Den Armen eine frohe Botschaft«, FS
Franz Kamphaus, Frankfurt/M. 1997, 89-105

Kaddari, Menahem Z., The Syntax of כי in the Language of Ben Sira, in:
Muraoka, Takamitsu u.a. (ed.), The Hebrew of the Dead Sea Scrolls
and Ben Sira. Proceedings of a Symposium Held at Leiden University,
11-14 December 1995, StTDJ 26, Leiden u.a. 1997, 87-91

Kaiser, Otto, Die Begründung der Sittlichkeit im Buche Jesus Sirach, in: Ders., Der Mensch unter dem Schicksal. Studien zur Geschichte, Theologie und Gegenwartsbedeutung der Weisheit, BZAW 161, Berlin 1985, 110-121

- Gottesgewißheit und Weltbewußtsein in der frühhellenistischen jüdischen Weisheit, in: Ders., Der Mensch unter dem Schicksal. Studien zur Geschichte, Theologie und Gegenwartsbedeutung der Weisheit, BZAW 161, Berlin 1985, 122-134
- Judentum und Hellenismus. Ein Beitrag zur Frage nach dem hellenistischen Einfluß auf Kohelet und Jesus Sirach, in: Ders., Der Mensch unter dem Schicksal. Studien zur Geschichte, Theologie und Gegenwartsbedeutung der Weisheit, BZAW 161, Berlin 1985, 135-153
- Anknüpfung und Widerspruch. Die Antwort der jüdischen Weisheit auf die Herausforderung durch den Hellenismus, in: Mehlhausen, Joachim (Hg.), Pluralismus und Identität, VWGTh 8, Gütersloh 1995, 54-69
- Was ein Freund nicht tun darf. Eine Auslegung von Sir 27,16-21, in: Reiterer, Friedrich V. (Hg.), Freundschaft bei Ben Sira. Beiträge des Symposions zu Ben Sira, Salzburg 1995, BZAW 244, Berlin u.a. 1996, 107-122
- Der Tod als Schicksal und Aufgabe bei Ben Sira, in: Ahn, Gregor u.a (Hg.), Engel und Dämonen. Theologische, anthropologische und religionsgeschichtliche Aspekte des Guten und Bösen, FARG 29, Münster 1997, 75-89
Kearns, Conleth, The Expanded Text of Ecclesiasticus. Its Teaching on the Future Life as a Clue to Its Origin, Diss. Rome 1951
Kieweler, Hans V., Abraham und der Preis der Väter bei Ben Sira, Amt und Gemeinde 37 (1986) 70-72
- Ben Sira zwischen Judentum und Hellenismus. Eine Auseinandersetzung mit Th. Middendorp, BEAT 30, Frankfurt/M. 1992
- Freundschaft und böse Nachrede. Exegetische Anmerkungen zu Sir 19,6-19, in: Reiterer, Friedrich V. (Hg.), Freundschaft bei Ben Sira. Beiträge des Symposions zu Ben Sira, Salzburg 1995, BZAW 244, Berlin u.a. 1996, 61-85
Kister, Menahem, [On Ben-Sirā'], Leš. 47 (1982/83) 125-146 [hebr.]
- [A Contribution to the Interpretation of Ben Sira], Tarb. 59 (1989/90) 303-378 [hebr.]
- [Additions to the Article on Sirach], Leš. 53 (1988/89) 38-53 [hebr.]
Kleer, Martin, »Der liebliche Sänger der Psalmen Israels«. Untersuchungen zu David als Dichter und Beter der Psalmen, BBB 108, Boden-

heim 1996 [129-202: David als Dichter und Beter der Psalmen bei Ben Sira]

Koch, Ernst, Die »Himlische Philosophia des heiligen Geistes«. Zur Bedeutung alttestamentlicher Spruchweisheit im Luthertum des 16. und 17. Jahrhunderts, ThLZ 115 (1990) 705-720

Köbert, Raimund, Ode Salomons 20,6 und Sir 33,31, Bib. 58 (1977) 529-530

Köster, Uwe, Studien zu den katholischen deutschen Bibelübersetzungen im 16., 17. und 18. Jahrhundert, RGST 134, Münster 1995 [84-86: Die Jesus-Sirach-Ausgaben]

Kondracki, Andrzej, La צדקה che espia i peccati. Studio esegetico di Sir 3,1-4,10, Excerpta ex diss. PIB, Roma 1996

Koole, Jan L., Die Bibel des Ben-Sira, in: כה 1940-1965, OTS 14, Leiden 1965, 374-396

Kraft, Thomas, Justicia y Liturgia: La Maravillosa Síntesis de Sirácida, RTLi 30 (1996) 307-318

Krammer, Ingrid, Scham im Zusammenhang mit Freundschaft, in: Reiterer, Friedrich V. (Hg.), Freundschaft bei Ben Sira. Beiträge des Symposions zu Ben Sira, Salzburg 1995, BZAW 244, Berlin u.a. 1996, 171-201

– Die Auswirkungen des Verhaltens zum Mitmenschen auf die Beziehung zu Gott im Buch Ben Sira, Diss. Salzburg 1997

Krinetzki, Günther, Die Freundschaftsperikope Sir 6,5-17 in traditionsgeschichtlicher Sicht, BZ 23 (1979) 212-233

– Die Sprüche über das Reden und Schweigen in Sir 20 in traditionskritischer Sicht, in: Beer, Rainer (Hg.), »Diener in Eurer Mitte«, FS Antonius Hofmann, SUPa.KT 5, Passau 1984, 64-81

Kugel, James L., On Hidden Hatred and Open Reproach: Early Exegesis of Leviticus 19:17, HThR 80 (1987) 43-61

Kurz, William S., Intertextual Use of Sirach 48.1-16 in Plotting Luke-Acts, in: Evans, Craig A. u.a. (ed.), The Gospels and the Scriptures of Israel, JSNT.S 104, Studies in Scripture in Early Judaism and Christianity 3, Sheffield 1994, 308-324

Lachs, Samuel T., The Alphabet of Ben Sira: A Study in Folk-Literature, Annual of Jewish Studies/Gratz College 2 (1973) 9-28

Lang, Bernhard, Vom Propheten zum Schriftgelehrten. Charismatische Autorität im Frühjudentum, in: Stietencron, Heinrich von (Hg.), Theologen und Theologien in verschiedenen Kulturkreisen, Düsseldorf 1986, 89-114

Lebram, Jürgen C.H., Jerusalem, Wohnsitz der Weisheit, in: Vermaseren, Maarten J. (ed.), Studies in Hellenistic Religions, EPRO 78, Leiden 1979, 103-128

Lee, Thomas R., Studies in the Form of Sirach 44-50, SBL.DS 75, Atlanta 1986

Lehmann, Manfred R., [The Dead Sea Scrolls and Ben Sira], Tarb. 39 (1969/70) 232-247 [hebr.]

- 11 Q Ps^a and Ben Sira, RdQ 11 (1982-84) 239-251

- Jewish Wisdom Formulae: Ben Sira, the Dead Sea Scrolls, and Pirke Avot, in: Proceedings of the Eleventh World Congress of Jewish Studies, A. The Bible and Its World, Jerusalem 1994, 159-162

Lévêque, Jean, Le portrait d'Élie dans l'éloge des Pères (Si 48,1-11), in: Kuntzmann, Raymond (éd.), Ce Dieu qui vient. Études sur l'Ancien et le Nouveau Testament offertes au Professeur Bernard Renaud à l'occasion de son soixante-cinquième anniversaire, LeDiv 159, Paris 1995, 215-229

Levison, Jack, Is Eve to Blame? A Contextual Analysis of Sirach 25:24, CBQ 47 (1985) 617-623

Levison, John R., Portraits of Adam in Early Judaism. From Sirach to 2 Baruch, JSPE.S 1, Sheffield 1988

Lim, Timothy H., »Nevertheless These Were Men of Piety« (Ben Sira xliv 10), VT 38 (1988) 338-341

Lindsay, Dennis R., Josephus and Faith. Πίστις and Πιστεύειν as Faith Terminology in the Writings of Flavius Josephus and in the New Testament, AGJU 19, Leiden 1993 [39-51: Πίστις and Πιστεύειν in Jesus ben Sirach]

Löhr, Martin, Bildung aus dem Glauben. Beiträge zum Verständnis der Lehrreden des Buches Jesus Sirach, Diss. Bonn 1975

Luciani, Ferdinando, La giustizia di Enoch in Sir. 44,16b secondo la versione greca, BeO 23 (1981) 185-192

- La funzione profetica di Enoch (Sir 44,16b secondo la versione greca), RivBib 30 (1982) 215-224

Lührmann, Dieter, Aber auch dem Arzt gib Raum (Sir 38,1-15), WuD 15 (1979) 55-78

Mack, Burton L., Wisdom and the Hebrew Epic. Ben Sira's Hymn in Praise of the Fathers, Chicago 1985

- Wisdom Makes a Difference. Alternatives to »Messianic« Configurations, in: Neusner, Jacob u.a. (ed.), Judaisms and Their Messiahs at the Turn of the Christian Era, Cambridge 1987, 15-48

- Sirach (Ecclesiasticus), in: Anderson, Bernhard W. (ed.), The Books of the Bible, 2. The Apocrypha and the New Testament, New York 1989, 65-86

MacKenzie, Roderick A.F., Ben Sira as Historian, in: Dunne, Thomas A. u.a. (ed.), Trinification of the World, FS Frederick E. Crowe, Toronto 1978, 312-327

- Sirach, OTMes 19, Wilmington 1983

Manfredi, Silvana, La Sapienza madre in Sir 24,18 (cod. 248), in: Militello, Cettina (ed.), Donna e ministero. Un dibattito ecumenico, TePast, Roma 1991, 444-461

Marböck, Johannes, Gottes Weisheit unter uns. Zur Theologie des Buches Sirach, hg. Irmtraud Fischer, HBS 6, Freiburg/Br. u.a. 1995

- Jesus Sirach (Buch), NBL 2 (1995) 338-341

- Das Buch Jesus Sirach, in: Zenger, Erich u.a., Einleitung in das Alte Testament, KStTh 1,1, Stuttgart u.a. ²1996, 285-292

- Gefährdung und Bewährung. Kontexte zur Freundschaftsperikope Sir 22,19-26, in: Reiterer, Friedrich V. (Hg.), Freundschaft bei Ben Sira. Beiträge des Symposions zu Ben Sira, Salzburg 1995, BZAW 244, Berlin u.a. 1996, 87-106

- Kohelet und Sirach. Eine vielschichtige Beziehung, in: Schwienhorst-Schönberger, Ludger (Hg.), Das Buch Kohelet. Studien zur Struktur, Geschichte, Rezeption und Theologie, BZAW 254, Berlin u.a. 1997, 275-301

- Structure and Redaction History of the Book of Ben Sira. Review and Prospects, in: Beentjes, Pancratius C. (ed.), The Book of Ben Sira in Modern Research. Proceedings of the First International Ben Sira Conference 28-31 July 1996, Soesterberg, Netherlands, BZAW 255, Berlin u.a. 1997, 61-79

- Sirach/Sirachbuch, TRE [im Druck]

Marco, Emmanuele da S., Lo Pseudo-Aristea e il Siracida (Ecclo 50) sulla cittadella e il tempio di Gerusalemme, in: La distruzione di Gerusalemme del 70. Atti del V Convegno Biblico Francescano Roma, 22-27 settembre 1969, CAss 8, Assisi 1971, 193-207

Margalit, Baruch, Two Hebrew Cruces, ZAH 3 (1990) 95-97

Martin, James D., Ben Sira's Hymn to the Fathers. A Messianic Perspective, in: Woude, Adam S. van der (ed.), Crises and Perspectives. Studies in Ancient Near Eastern Polytheism, Biblical Theology, Palestinian Archaeology and Intertestamental Literature, OTS 24, Leiden 1986, 107-123

- Ben Sira — a Child of His Time, in: Ders. u.a. (ed.), A Word in

Season, FS William McKane, JSOT.S 42, Sheffield 1986, 141-161

Martín Juárez, Miguel Á., Sabiduría y ley en Jesús Ben Sira, RelCult 25 (1979) 567-574

- La historia de Israel vista por Ben Sira (Sir 44,16-49,16), Diss. Roma 1983

Martone, Corrado, Il testo ebraico dell'Ecclesiastico: originale o retroversione, Renovatio (Genova) 25 (1990) 595-620

- Ben Sira Manuscripts from Qumran and Masada, in: Beentjes, Pancratius C. (ed.), The Book of Ben Sira in Modern Research. Proceedings of the First International Ben Sira Conference 28-31 July 1996, Soesterberg, Netherlands, BZAW 255, Berlin u.a. 1997, 81-94

Mayer, Günter, Zur jüdisch-hellenistischen Literatur, ThR 44 (1979) 197-226; 45 (1980) 226-244

- Neue Standardwerke zur jüdisch-hellenistischen Literatur, ThR 48 (1983) 305-319

McKinlay, Judith E., Gendering Wisdom the Host. Biblical Invitations to Eat and Drink, JSOT.S 216, GCT 4, Sheffield 1996 [133-159: The Wisdom of Ben Sira; 160-178: Women in Ben Sira]

Mendels, Doron, ›Creative History‹ in the Hellenistic Near East in the Third and Second Centuries BCE: the Jewish Case, JSPE 2 (1988) 13-20

Michaud, Robert, Ben Sira et le judaisme. La littérature de sagesse, histoire et théologie 3, LiBi 82, Paris 1988

Milani, Marcello, Pietà, moderazione e vitalità nel rituale di lutto per il morto: Sir 38,16-23, StPat 42 (1995) 197-213

Minissale, Antonino, Siracide (Ecclesiastico), Roma 1980

- Siracide. Le radici nella tradizione, LoB.AT 17, Brescia 1988

- La versione greca del Siracide. Confronto con il testo ebraico alla luce dell'attività midrascica e del metodo targumico, AnBib 133, Roma 1995

- Il libro del Siracide: da epigono a protagonista, Laós 2 (1995) 3-19

- A Descriptive Feature of the Greek Sirach: The Effect Instead of the Cause, in: Taylor, Bernard A. (ed.), IX Congress of the International Organization for Septuagint and Cognate Studies, Cambridge, 1995, SBL SCSt 45, Atlanta 1997, 421-429

Morla Asensio, Víctor, Dos notas filológicas: Jr 29,22 y Eclo 8,10b, EstB 46 (1988) 249-251

- Eclesiástico, El mensaje del Antiguo Testamento 20, Salamanca 1992

- Sabiduría, culto y piedad en Ben Sira, ScrVict 40 (1993) 125-142

Müller, Augustin R., Eine neue Textausgabe von Jesus Sirach, BN 89 (1997) 19-21

Muraoka, Takamitsu, Sir. 51,13-30: An Erotic Hymn to Wisdom?, JSJ 10 (1979) 166-178

– u.a. (ed.), The Hebrew of the Dead Sea Scrolls and Ben Sira. Proceedings of a Symposium held at Leiden University, 11-14 December 1995, StTDJ 26, Leiden u.a. 1997

Narvaez de Castaño, Pedro L., Antropología en el Libro de la Sabiduría y en el Eclesiástico, Diss. Pamplona 1985

Nelis, Jan T., Sir 38,15, in: Delsman, Wilhelm C. u.a. (Hg.), Von Kanaan bis Kerala, FS Johannes P.M. van der Ploeg, AOAT 211, Kevelaer 1982, 173-184

Nelson, Milward D., The Syriac Version of the Wisdom of Ben Sira Compared to the Greek and Hebrew Materials, SBL.DS 107, Atlanta 1988

Niccacci, Alviero, Siracide 6,19 e Giovanni 4,36-38, BeO 23 (1981) 149-153

Nicola, Angelo de, Quasi cypressus in monte Sion (Eccl. 24,17b), BeO 17 (1975) 269-277

Niederwimmer, Kurt, LXX, Jes. Sirach 29,13-26a, in: Loebenstein, Helene (Hg.), Papyrus Erzherzog Rainer. Festschrift zum 100-jährigen Bestehen der Papyrussammlung der Österreichischen Nationalbibliothek, Wien 1983, 271, pl. 48

Nobile, Marco, Il motivo della crescita delle acque in Ez 47,1-12 e in Sir 24,30-31 e suoi sviluppi successivi, in: Sapienza e Torah. Atti della XXIX Settimana Biblica, Bologna 1987, 223-235

Noorda, Sijbolt J., Illness and Sin, Forgiving and Healing. The Connection of Medical Treatment and Religious Beliefs in Ben Sira 38,1-15, in: Vermaseren, Maarten J. (ed.), Studies in Hellenistic Religions, EPRO 78, Leiden 1979, 215-224

Oegema, Gerbern S., Der Gesalbte und sein Volk. Untersuchungen zum Konzeptualisierungsprozeß der messianischen Erwartungen von den Makkabäern bis Bar Koziba, SIJD 2, Göttingen 1994 [50-56: Jesus Sirach]

O'Fearghail, Fearghus, Sir 50,5-21: Yom Kippur or The Daily Whole-Offering?, Bib. 59 (1978) 301-316

Okoye, John I., Speech in Ben Sira with Special Reference to 5,9-6,1, EHS.T 535, Frankfurt/M. u.a. 1995

Olyan, Saul M., Ben Sira's Relationship to the Priesthood, HThR 80 (1987) 261-286

Orlinsky, Harry M., Some Terms in the Prologue to Ben Sira and the Hebrew Canon, JBL 110 (1991) 483-490

Owens, Robert J., The Early Syriac Text of Ben Sira in the Demonstration of Aphrahat, JSSt 34 (1989) 39-75

Paul, André, Bulletin de littérature intertestamentaire. Du Judaisme ancien au Christianisme primitif, III-V, RSR 68 (1980) 519-552

Penar, Tadeusz, Northwest Semitic Philology and the Hebrew Fragments of Ben Sira, BibOr 28, Roma 1975

– Three Philological Notes on the Hebrew Fragments of Ben Sira, Bib. 57 (1976) 112-113

Perdue, Leo G., »I Covered the Earth Like a Mist«. Cosmos and History in Ben Sira, in: Ders., Wisdom & Creation. The Theology of Wisdom Literature, Nashville 1994, 243-290

Pereira, N B., Sirácida ou Eclesiástico, a Sabedoria de Jesus, filho de Sirac: Cosmovisâo de um sábio judeu no final do AT e sua relevância hoje. Comentário bíblico, Petrópolis 1992

Peri, Israel, Steinhaufen im Wadi (zu Sirach 21,8), ZAW 102 (1990) 420-421

Peterca, Vladimir, Das Porträt Salomos bei Ben Sirach (47,12-22). Ein Beitrag zu der Midraschexegese, in: Augustin, Matthias u.a. (Hg.), »Wünschet Jerusalem Frieden«. Collected Communications to the XIIth Congress of the International Organization for the Study of the Old Testament, Jerusalem 1986, BEAT 13, Frankfurt/M. u.a. 1988, 457-463

Petraglio, Renzo, Figli e padri; lettori, copisti e traduttori cristiani di Ben Sirac, in: Letture cristiane dei libri sapienziali. XX Incontro di Studiosi della Antichità Cristiana, 9-11 maggio 1991, SEAug 37, Roma 1992, 489-504

– Il libro che contamina le mani: Ben Sirac rilegge il libro e la storia d'Israele, Palermo 1993

– Le *Siracide* et l'Ancien Testament: Relecture et tendances, Apocrypha 8 (1997) 287-301

Peursen, Wido T. van, Periphrastic Tenses in Ben Sira, in: Muraoka, Takamitsu u.a. (ed.), The Hebrew of the Dead Sea Scrolls and Ben Sira. Proceedings of a Symposium Held at Leiden University, 11-14 December 1995, StTDJ 26, Leiden u.a. 1997, 158-173

Phillips, D., Musical Instruments in the Peshitta to Chronicles and

Contacts with the Peshitta to Ben Sira, Le Muséon 108 (1995) 49-67

Philonenko, Marc, Sur une interpolation essénisante dans le Siracide (16,15-16), OrSuec 33 (1986) 317-321

Pié i Ninot, Salvador, Paraula de Déu i Saviesa: Sv 18,14-16, RCatT 14 (1989) 29-39

Pilch, John J., »Beat His Ribs While He Is Young« (Sir 30,12): A Window on the Mediterranean World, BTB 23 (1993) 101-113

Pomykala, Kenneth E., The Davidic Dynasty Tradition in Early Judaism. Its History and Significance for Messianism, SBL Early Judaism and Its Literature 7, Atlanta 1995 [131-152: The Wisdom of Jesus Ben Sira]

Poulssen, Niek, Het wijsheidsideaal van Jezus Sirach: een impressie, OGL 54 (1977) 105-108

Prato, Gian L., Il problema della teodicea in Ben Sira. Composizione dei contrari e richiamo alle origine, AnBib 65, Rome 1975

- Classi lavorative e »otium« sapienziale. Il significato teologico di una dicotomia sociale secondo Ben Sira (38,24-39,11), in: DeGennaro, Giuseppe (ed.), Lavoro e riposo nella Bibbia, Roma 1987, 149-175

- La lumière interprète de la sagesse dans la tradition textuelle de Ben Sira, in: Gilbert, Maurice (ed.), La sagesse de l'Ancien Testament, BEThL 51, Leuven ²1990, 317-346 (423: Note additionnelle)

Prockter, Lewis J., »His Yesterday and Yours Today« (Sir 38:22): Reflections on Ben Sira's View of Death, JSem 2 (1990) 44-56

- Torah as a Fence against Apocalyptic Speculation: Ben Sira 3:17-24, in: Proceedings of the Tenth World Congress of Jewish Studies, A. The Bible and Its World, Jerusalem 1990, 245-252

- Alms and the Man: The Merits of Charity, JNWSL 17 (1991) 69-80

Puech, Émile, Ben Sira 48:11 et la résurrection, in: Attridge, Harold W. u.a. (ed.), Of Scribes and Scrolls. Studies on the Hebrew Bible, Intertestamental Judaism, and Christian Origins, FS John Strugnell, CTSRR 5, Lanham u.a. 1990, 81-90

- 4Q525 et la péricope des Béatitudes en Ben Sira et Matthieu, RB 98 (1991) 80-106

Qimron, Elisha, [New readings (to four marginal notes) in Ben-Sira], Tarb. 58 (1988/89) 117 [hebr.]

Raurell, Frederic, Ecli 45,1-5: La »doxa de Moisès«, RCatT 17 (1992) 1-42

Reif, Stefan C., The Discovery of the Cambridge Genizah Fragments of Ben Sira: Scholars and Texts, in: Beentjes, Pancratius C. (ed.), The Book of Ben Sira in Modern Research. Proceedings of the First International Ben Sira Conference 28-31 July 1996, Soesterberg, Netherlands, BZAW 255, Berlin u.a. 1997, 1-22

Reiterer, Friedrich V., »Urtext« und Übersetzungen. Sprachstudie über Sir 44,16-45,26 als Beitrag zur Siraforschung, ATSAT 12, St. Ottilien 1980

– Deutung und Wertung des Todes durch Ben Sira, in: Zmijewski, Josef (Hg.), Die alttestamentliche Botschaft als Wegweisung, FS Heinz Reinelt, Stuttgart 1990, 203-236

– Die Stellung Ben Siras zur »Arbeit«. Notizen zu einem kaum berücksichtigten Thema sirazidischer Lehre, in: Ders. (Hg.), Ein Gott — eine Offenbarung, FS Notker Füglister, Würzburg 1991, 257-289

– Markierte und nicht markierte direkte Objekte bei Ben Sira. Präliminaria zur Untersuchung der Hebraizität Siras anhand der Verben mit את-Verwendung, in: Groß, Walter u.a. (Hg.), Text, Methode und Grammatik, FS Wolfgang Richter, St. Ottilien 1991, 359-378

– Das Verhältnis Ijobs und Ben Siras, in: Beuken, Willem A.M (ed.), The Book of Job, BEThL 114, Leuven 1994, 405-429

– (Hg.), Freundschaft bei Ben Sira. Beiträge des Symposions zu Ben Sira, Salzburg 1995, BZAW 244, Berlin u.a. 1996

– Gelungene Freundschaft als tragende Säule einer Gesellschaft. Exegetische Untersuchung von Sir 25,1-11, in: Ders. (Hg.), Freundschaft bei Ben Sira. Beiträge des Symposions zu Ben Sira, Salzburg 1995, BZAW 244, Berlin u.a. 1996, 133-169

– Review of Recent Research on the Book of Ben Sira (1980-1996), in: Beentjes, Pancratius C. (ed.), The Book of Ben Sira in Modern Research. Proceedings of the First International Ben Sira Conference 28-31 July 1996, Soesterberg, Netherlands, BZAW 255, Berlin u.a. 1997, 23-60

Rinaldi, Giovanni, Ἔκτισεν ... κοινῇ nell'Ecclesiastico (18,1), BeO 25 (1983) 115-116

Rivkin, Ellis, Ben Sira — The Bridge between Aaronide and Pharisaic Revolutions, ErIs 12 (1975) 95*-103*

Rizzi, Giovanni, La versione greca del Siracide, RivBib 45 (1997) 347-351

Rofé, Alexander, The Onset of Sects in Postexilic Judaism: Neglected Evidence from the Septuagint, Trito-Isaiah, Ben Sira, and Malachi, in: Neusner, Jacob u.a. (ed.), The Social World of Formative

Christianity and Judaism. Essays in Tribute to Howard Clark Kee, Philadelphia 1988, 39-49

Rogers, Jessie F., Wisdom and Creation in Sirach 24, JNWSL 22 (1996) 141-156

Roth, Wolfgang, [The Relation between Fear of the Lord and Wisdom (Two Editions of the Book of Ben Sira)], BetM 25 (1980) 150-162 [hebr.]

– On the Gnomic-Discursive Wisdom of Jesus Ben Sirach, Semeia 17 (1980) 59-79

– »The Lord's Glory Fills Creation«: A Study of Sirach's Praise of God's Works (42:15-50:24), Explor 6 (1981) 85-95

– Sirach: The First Graded Curriculum, TBT 29 (1991) 298-302

Rüger, Hans P., Le Siracide: un livre à la frontière du canon, in: Kaestli, Jean-Daniel u.a. (ed.), Le canon de l'Ancien Testament. Sa formation et son histoire, MoBi, Genève 1984, 47-69

Ryan, M.D., The Acts of Religious Identification in Ben Sirach and Paul, DGW 54 (1983) 4-16

Samaan, Kamil W., Sept traductions arabes de BenSira, EHS.T 492, Frankfurt/M. 1994

Sandelin, Karl-Gustav, Wisdom as Nourisher. A Study of an Old Testament Theme, Its Development within Early Judaism and Its Impact on Early Christianity, AAAbo.H 64.3, Åbo 1986 [27-53: Wisdom as Nourisher in the Book of Sirach]

Sanders, James A., The Sirach 51 Acrostic, in: Hommages a André Dupont-Sommer, Paris 1971, 429-438

Sanders, Jack T., A Hellenistic Egyptian Parallel to Ben Sira, JBL 97 (1978) 257-258

– Ben Sira's Ethics of Caution, HUCA 50 (1979) 73-106

– On Ben Sira 24 and Wisdom's Mother Isis, in: Proceedings of the Eighth World Congress of Jewish Studies, A. The Period of the Bible, Jerusalem 1982, 73-78

– Ben Sira and Demotic Wisdom, SBL.MS 28, Chico 1983

Saracino, Francesco, La sapienza e la vita: Sir. 4,11-19, RivBib 29 (1981) 257-272

– Resurrezione in Ben Sira?, Henoch 4 (1982) 185-203

Sauer, Georg, Jesus Sirach (Ben Sira), JSHRZ III/5, Gütersloh 1981

– Das Lob der Väter (Ben Sira 44-50) und die Wolke von Zeugen (Hebr 11), in: Pratscher, Wilhelm u.a. (Hg.), Die Kirche als historische und eschatologische Größe, FS Kurt Niederwimmer, Frankfurt/M. u.a. 1994, 125-137

– Freundschaft nach Ben Sira 37,1-6, in: Reiterer, Friedrich V. (Hg.), Freundschaft bei Ben Sira. Beiträge des Symposions zu Ben Sira, Salzburg 1995, BZAW 244, Berlin u.a. 1996, 123-131

Sawyer, John F.A., Was Jeshua Ben Sira a Priest?, in: Proceedings of the Eighth World Congress of Jewish Studies, A. The Period of the Bible, Jerusalem 1982, 65-71

Scheiber, Alexander, A Leaf of the Fourth Manuscript of the Ben Sira from the Geniza, Magyar Könyvszemle 98 (1982) 179-185

Schnabel, Eckhard J., Law and Wisdom from Ben Sira to Paul, WUNT II/16, Tübingen 1985

Schrader, Lutz, Leiden und Gerechtigkeit. Studien zu Theologie und Textgeschichte des Sirachbuches, BET 27, Frankfurt/M. 1994

– Unzuverlässige Freundschaft und verläßliche Feindschaft. Überlegungen zu Sir 12,8-12, in: Reiterer, Friedrich V. (Hg.), Freundschaft bei Ben Sira. Beiträge des Symposions zu Ben Sira, Salzburg 1995, BZAW 244, Berlin u.a. 1996, 19-59

Schroer, Silvia, Die Zweiggöttin in Palästina/Israel. Von der Mittelbronze II B-Zeit bis zu Jesus Sirach, in: Küchler, Max u.a. (ed.), Jerusalem. Texte — Bilder — Steine, FS Hildi u. Othmar Keel-Leu, NTOA 6, Freiburg/Schweiz u.a. 1987, 201-225

– Der eine Herr und die Männerherrschaft im Buch Jesus Sirach. Frauenbild und Weisheitsbild in einer misogynen Schrift, in: Dies., Die Weisheit hat ihr Haus gebaut. Studien zur Gestalt der Sophia in den biblischen Schriften, Mainz 1996, 96-109

Schwienhorst-Schönberger, Ludger, Kohelet: Stand und Perspektiven der Forschung, in: Ders. (Hg.), Das Buch Kohelet. Studien zur Struktur, Geschichte, Rezeption und Theologie, BZAW 254, Berlin u.a. 1997, 5-38

Sheppard, Gerald T., Wisdom and Torah: The Interpretation of Deuteronomy Underlying Sirach 24:23, in: Tuttle, Gary A. (ed.), Biblical and Near Eastern Studies. Essays in Honor of William Sanford LaSor, Grand Rapids 1978, 166-176

Shiner, Whitney T., Follow Me! Disciples in Markan Rhetoric, SBL.DS 145, Atlanta 1995 [141-167: The Wisdom of Ben Sira]

Skehan, Patrick W., Structures in Poems on Wisdom: Proverbs 8 and Sirach 24, CBQ 41 (1979) 365-379

—, Di Lella, Alexander A., The Wisdom of Ben Sira, AncB 39, New York 1987

Snaith, John G., Ecclesiasticus: a Tract for the Times, in: Day, John u.a. (ed.), Wisdom in Ancient Israel. Essays in Honour of J.A. Emerton, Cambridge 1995, 170-181

Soden, Wolfram von, Einige Beobachtungen zur ungleichen Häufigkeit wichtiger Begriffe in den Büchern Sprüche und Jesus Sirach, in: Dietrich, Manfried u.a. (Hg.), Mesopotamica — Ugaritica — Biblica, FS Kurt Bergerhof, AOAT 232, Neukirchen-Vluyn 1993, 419-425

Spicq, Ceslas, L'Ecclésiastique, SB(PC) 6, Paris 1951, 529-841

Stadelmann, Helge, Ben Sira als Schriftgelehrter: Eine Untersuchung zum Berufsbild des vor-makkabäischen Sōfēr unter Berücksichtigung seines Verhältnisses zu Priester-, Propheten- und Weisheitslehrertum, WUNT II/6, Tübingen 1980

Stendebach, Franz J., Weisheitliche Mahnung zu mitmenschlichem Verhalten. Eine Auslegung zu Sir 4,1-10, in: Bail, Ulrike u.a. (Hg.), Gott an den Rändern. Sozialgeschichtliche Perspektiven auf die Bibel, FS Willy Schottroff, Gütersloh 1996, 83-90

Stone, Michael E., The Dead Sea Scrolls and the Pseudepigrapha, DSD 3 (1996) 270-295 [275: Ben Sira]

Stramare, Tarcisio, Il libro dell'Ecclesiastico nella Neo-Vulgata, RivBib 27 (1979) 219-226

Strothmann, Werner, Jesus-Sirach-Zitate bei Afrahat, Ephraem und im Liber Graduum, in: Fischer, Robert H. (Hg.), A Tribute to Arthur Vööbus. Studies in Early Christian Literature and Its Environment, Primarily in the Syrian East, Chicago 1977, 153-158

Strotmann, Angelika, »Mein Vater bist du!« (Sir 51,10). Zur Bedeutung der Vaterschaft Gottes in kanonischen und nichtkanonischen frühjüdischen Schriften, FTS 39, Frankfurt/M. 1991

Strotmann, Angelika, Das Buch Jesus Sirach. Über die schwierige Beziehung zwischen göttlicher Weisheit und konkreten Frauen in einer androzentrischen Schrift, in: Schottroff, Luise u. Wacker, Marie-Theres, Kompendium Feministische Bibelauslegung, Gütersloh 1998, 428-440

Thiele, Walter, Zum Titel des Sirachbuches in der lateinischen Überlieferung, in: Gryson, Roger u.a. (ed.), Recherches sur l'histoire de la Bible Latine, FS Hermann J. Frede, CRTL 19, Louvain 1987, 43-49

– Sirach (Ecclesiasticus), VL.RALB 11,2, Freiburg 1989ff.

– Die lateinischen Sirachtexte als Zeugnis der griechischen Sirachüberlieferung, in: Ådna, Jostein u.a. (Hg.), Evangelium — Schriftauslegung — Kirche, FS Peter Stuhlmacher, Göttingen u.a. 1997, 394-402

Tomes, Roger, A Father's Anxieties (Sirach 42:9-11), in: Brooke, George J. (ed.), Women in the Biblical Tradition, SWR 31, Lewiston u.a. 1992, 71-91

Trenchard, Warren C., Ben Sira's View of Women. A Literary Analysis, BJSt 38, Chico 1982

Trublet, Jacques, Constitution et clôture du canon hébraïque, in: Theobald, Christoph (ed.), Le canon des écritures. Études historiques, exégétiques et systématiques, LeDiv 140, Paris 1990, 77-187 [154-182: Un livre à la frontière du canon. Le livre de Ben Sira]

Van Broekhoven, Harold, Wisdom and World. The Functions of Wisdom Imagery in Sirach, Pseudo-Solomon and Colossians, Diss. Boston Univ. 1988, Ann Arbor 1997
- A New Social Model for Discerning Wisdom: The Case of Sirach and Pseudo-Solomon, in: Flesher, Paul V.M. (ed.), Society and Literature in Analysis, NPAJ 5, Lanham 1990, 3-46

Van Leeuwen, Raymond C., Sirach, ISBE 4 (³1988) 529-533

VanderKam, James C., Simon the Just: Simon I or Simon II?, in: Wright, David P. u.a. (ed.), Pomegranates and Golden Bells. Studies in Biblical, Jewish, and Near Eastern Ritual, Law, and Literature in Honor of Jacob Milgrom, Winona Lake 1995, 303-318

Vannini, Marco (ed.), Meister Eckhart. Commento all'Ecclesiastico, Biblioteca medievale 4, Firenze 1990

Vattioni, Francesco, Il sacrificio dei fanciulli in Sir 34(31),24?, in: Ders. (ed.), Atti della Settimana Sangue e Antropologia Biblica nella Patristica (Roma, 23-28 novembre 1981), Centro Studi Sanguis Christi 2,1, Roma 1982, 157-160

Waard, Jan de, The Translator and Textual Criticism (with Particular Reference to Eccl 2,25), Bib. 60 (1979) 509-529

Weber, Kathleen, Wisdom False and True (Sir 19,20-30), Bib. 77 (1996) 330-348

Weinfeld, Moshe, [Traces of *Kedushat yozer* and *Pesukey de-zimra* in the Qumran Literature and in Ben-Sira], Tarb. 45 (1975/76) 15-26 [hebr.]

Wightman, Greg J., Ben Sira 50:2 and the Hellenistic Temple Enclosure in Jerusalem, in: Bourke, Stephen u.a. (ed.), Trade, Contact, and the Movement of Peoples in the Eastern Mediterranean. Studies in Honour of J. Basil Hennessy, Mediterranean Archaeology Supplement 3, Sydney 1995, 275-283

Wietkamp, Wilhelm, »Schätze den Arzt — denn auch ihn hat Gott erschaffen!«, ArztChr 35 (1989) 235-238

Williams, David S., The Date of Ecclesiasticus, VT 44 (1994) 563-566

Winston, David, Theodicy in Ben Sira and Stoic Philosophy, in: Link-Salinger, Ruth (ed.), Of Scholars, Savants, and Their Texts. Studies in Philosophy and Religious Thought, FS Arthur Hyman, New York u.a. 1989, 239-249

Winter, Michael M., Ben Sira in Syriac, Diss. Fribourg 1975
- A Concordance to the Peshitta Version of Ben Sira, Peshitta Institute Monographs 2, Leiden 1976
- The Origins of Ben Sira in Syriac, VT 27 (1977) 237-253.496-507
- Ben Sira in Syriac: an Ebionite Translation?, in: Livingstone, E.A. (ed.), StPatr 16. Papers Presented to the Seventh International Conference on Patristic Studies Held in Oxford 1975, 2, TU 129, Berlin 1985, 121-123

Wischmeyer, Oda, Die Kultur des Buches Jesus Sirach, BZNW 77, Berlin u.a. 1995

Wright, Benjamin G., Ben Sira 43:11b — »To What Does the Greek Correspond?«, Textus 13 (1986) 111-116
- New Perspectives on Biblical Vocabulary and Translation Technique. Sirach in Relation to Its Presumed Hebrew »Vorlage«, Philadelphia 1988
- No Small Difference. Sirach's Relationship to Its Hebrew Parent Text, SBL SCSt 26, Atlanta 1989
- Approaches to the Greek Vocabulary and Translation Technique in the Wisdom of Jesu Ben Sira, Diss. Philadelphia 1990
- Putting the Puzzle Together: Some Suggestions Concerning the Social Location of the Wisdom of Ben Sira, SBL.SPS 35 (1996) 133-149
- Some Methodological Considerations on the Rabbis['] Knowledge of the Proverbs of Ben Sira, ftp://ftp.lehigh.edu/pub/listserv/ioudaios-l/Articles/bwsira 1-12
- »Fear the Lord and Honor the Priest«. Ben Sira as Defender of the Jerusalem Priesthood, in: Beentjes, Pancratius C. (ed.), The Book of Ben Sira in Modern Research. Proceedings of the First International Ben Sira Conference 28-31 July 1996, Soosterberg, Netherlands, BZAW 255, Berlin u.a. 1997, 189-222

Wuckelt, Agnes, »Hast du Söhne, so halte sie in Zucht ... Hast du Töchter, so behüte sie ...« (Sir 7,23f). Erziehung aus der Bibel, KatBl 114 (1989) 711-717

Yosîf, Ali, [The Stories of Ben Sira in the Middle Ages], Jerusalem 1985 [hebr.]

Zakovitch, Yair, »Was It Not at His Hand the Sun Stopped?« (Ben Sira 46:6): A Chapter in Literary Archaeology, in: Cogan, Mordechai u.a. (ed.), Tehillah le-Moshe. Biblical and Judaic Studies in Honor of Moshe Greenberg, Winona Lake 1997, 107*-114*

Zappella, Marco, Criteri antologici e questioni testuali del manoscritto ebraico C di Siracide, RivBib 38 (1990) 273-300

– L'immagine di Israele in Sir 33(36),1-19 secondo il ms. ebraico B e la tradizione manoscritta greca. Analisi letteraria e lessicale, RivBib 42 (1994) 409-446

Zatelli, Ida, *Yir'at JHWH* nella Bibbia, in Ben Sira e nei rotoli di Qumran: considerazioni sintattico-semantiche, RivBib 36 (1988) 229-237

NACHWORT ZUR NEUAUFLAGE

Es ist ein Wagnis, vielleicht sogar Vermessenheit, eine im Jahr 1971 publizierte Studie der wissenschaftlichen Öffentlichkeit nochmals unverändert vorzulegen. So hat auch die Freude über die ehrende Einladung durch den Herausgeber der BZAW, Professor Dr. Dres. h.c. Otto Kaiser, bald der Skepsis Platz gemacht. Denn beim Versuch der Ergänzung bzw. Adaptierung einzelner Kapitel sah ich, daß trotz des bleibenden Grundansatzes der Arbeit das Ganze nochmals zu konzipieren wäre, unter Berücksichtigung der seither erschienenen Literatur. Daß die Studie nun dennoch wieder in ihrer Originalfassung vorgelegt wird, verdanke ich der vornehm-diskreten, aber durch vier Jahre hindurch konstanten kollegialen Ermutigung des Herausgebers, der selber ein hervorragender Kenner der Probleme des Sirachbuches ist, wie neben einer Reihe von Einzelbeiträgen vor allem seine Gesamtdarstellung der Einleitungsfragen unter Beweis stellt.[1]

Die von mir 1975 in einem Literaturbericht[2] seit 1966 festgestellte Renaissance der Sirachforschung hält bis zur Stunde an. Dies verdankt sich zum einen den neu beachteten Fragen der jüngeren Weisheit überhaupt mit ihren Reflexionen über die drängenden Fragen von Gottes Gerechtigkeit, aber auch mit ihrem Ringen um das Proprium und die Identität Israels unter den Bedingungen wechselnder Mächte und Kulturen in Palästina und in der Diaspora.[3]

Das Werk des Jerusalemer Weisen Jesus Ben Sira vom Vorabend der Makkabäerzeit ist einer der umfassendsten, vielschichtigsten Versuche und auch Zeugnis der Schwierigkeit, das rechte Maß zwischen Treue zur Tradition und Öffnung für eine neue Lebenswelt zu finden.

Hier soll der gegenwärtige Stand der Arbeit am Sirachbuch nicht wiederholt werden, der in ausführlichen Forschungsberichten von Mau-

---

[1] O. Kaiser, Grundriß der Einleitung in die kanonischen und deuterokanonischen Schriften des Alten Testaments, Bd. 3: Die poetischen und weisheitlichen Werke, Gütersloh 1994, 97-105.

[2] J. Marböck, Sirachliteratur seit 1966. Ein Überblick, ThRv 71 (1975) 177-184.

[3] Vgl. J. Marböck, Die jüngere Weisheit im Alten Testament. Zu einigen Ansätzen in der neueren Forschungsgeschichte, in: ders., Gottes Weisheit unter uns. Zur Theologie des Buches Sirach. Hg. von Irmtraud Fischer (HBS 6), Freiburg 1995, 3-22.

rice Gilbert[4] und Friedrich V. Reiterer[5] zugänglich ist.[6] Wie diese
Literaturberichte zeigen, die im folgenden durch einige Bemerkungen
sowie durch einen ausführlichen Literaturnachtrag ergänzt werden, be-
treffen die Beiträge alle Bereiche des Sirachbuches.

Dies beginnt mit den Problemen um den schwierigen *Text*, für den
Pancratius C. Beentjes aus Anlaß der Entdeckung der ersten hebräischen Sirachmanuskripte vor hundert Jahren (1896) nun eine Neu-
edition aller derzeit bekannten hebräischen Handschriften vorgelegt hat.[7]

Dankenswerterweise beginnen sich neuerdings Arbeiten zum Text
über Probleme der Übersetzungstechnik hinaus intensiver mit dem theologischen »Ort« einzelner Texte bzw. Übersetzungen zu beschäftigen,
wie z.B. N. Calduch-Benages für den syrischen[8] und F. Böhmisch sowohl für den lateinischen Sirach sowie grundsätzlich für die verschiedenen Versionen[9]. Zur *Struktur* und zum Werden des Buches seien vor
allem die Beobachtungen von H. W. Jüngling genannt,[10] die mir für
meinen Vorschlag[11] noch nicht zur Verfügung standen.

Das Janusantlitz des Siraziden im Hinblick auf seine Position als
Vertreter der *Tradition* angesichts der Kultur des *Hellenismus* wird die
Forschung wohl weiterhin beschäftigen. Aspekte aus diesem Fragen-
komplex sind u.a. das Verhältnis zur Stoa, das einer gründlicheren
Neubearbeitung bedürfte; das Urteil eines Kenners auch der griechi-
schen Antike wie O. Kaiser scheint mir diesbezüglich derzeit überaus

---

[4] M. Gilbert, Siracide, in: DBS 12 (1996) 1389-1437; ders., Jesus Sirach, in: RAC
17 (1996) 878-906.

[5] F. V. Reiterer, Review of Recent Research of the Book of Ben Sira (1980-1996),
in: P. C. Beentjes (ed.), The Book of Ben Sira in Modern Research. Proceedings of the
First International Ben Sira Conference 28-31 July 1996 Soesterberg, Netherlands (BZAW
255) Berlin — New York 1997, 23-60.

[6] Vgl. ferner: A. A. Di Lella, The Wisdom of Ben Sira. Resources and Recent
Research, in: Currents in Research: Biblical Studies 4 (1996) 161-181; D. J. Harrington,
Sirach Research since 1965. Progress and Questions, in: J. C. Reeves u.a. (ed.), Pursuing
the Text. FS B. Z. Wacholder (JSOT.S 184), 164-176; N. Calduch-Benages, Il libro di
Ben Sira: Saggio di bibliografia recente (1984-1994), EL 111 (1997) 419-433.

[7] P. C. Beentjes, A Text Edition of all Extant Hebrew Manuscripts and a Synopsis
of all Parallel Hebrew Ben Sira Texts, (VT.S 68), Leiden 1997; erste kritische Bemerkungen dazu bei A. R. Müller, Eine neue Textausgabe von Jesus Sirach, BN 89 (1997)
19-21.

[8] N. Calduch-Benages, Traducir — Interpretar: la version siriaca de Siracida 1, EstB
55 (1997) 313-340.

[9] F. Böhmisch, »Haec omnia liber vitae«. Zur Theologie der erweiterten Textformen
des Sirachbuches, SNTU.A 22 (1997) 160-180; ders., Die Textformen des Sirachbuches
und ihre Zielgruppen, Protokolle zur Bibel 6 (1997) 87-122.

[10] H.-W. Jüngling, Der Bauplan des Buches Jesus Sirach, in: J. Hainz u.a. (Hg.), »Den
Armen eine frohe Botschaft«. FS Franz Kamphaus, Frankfurt a. M. 1997, 89-105.

ausgewogen.[12] Das schwierige Verhältnis »Kohelet und Sirach« wäre hier ebenfalls zu nennen; bei allen Problemen eines eindeutigen Nachweises einer literarischen Beziehung scheint mir die Lektüre einzelner Aussagen Ben Siras als Antwort auf bzw. als Auseinandersetzung mit Kohelet durchaus plausibel.[13] Schließlich sind in diesem Kontext eine ständig wachsende Zahl von Studien über Ben Siras Stellung zur *Frau* in den literarischen Zusammenhängen seines Buches und in seiner soziokulturellen Umwelt zu nennen,[14] die ein differenzierteres Urteil nahelegen, als es zum Teil üblich ist.

Zum *»Väterlob«* sei neben der nicht abgeschlossenen Diskussion um das genus litterarium von Sir 44-49.50 sowie einer Fülle von Einzelbeiträgen die Monographie von R. Hildesheim[15] genannt, nach der Sirach über die Gegenwart hinaus eine neue Zuwendung Gottes erwartet. Auch der Versuch von B. G. Wright[16] ist hier zu erwähnen, die

---

[11] J. Marböck, Structure and Redaction History in the Book of Ben Sira. Review and Prospects, in: P. C. Beentjes (ed.), The Book of Ben Sira in Modern Research, 61-79.

[12] O. Kaiser, Anknüpfung und Widerspruch. Die Antwort der jüdischen Weisheit auf die Herausforderung durch den Hellenismus, in: J. Mehlhausen (Hg.), Pluralismus und Identität (VWGTh 8), Gütersloh 1995, 54-69 (zu Sirach: 56-62). — Eine monographische Untersuchung durch U. Wicke-Reuter ist angekündigt. Vgl. ferner: O. Kaiser, Der Tod als Schicksal und Aufgabe bei Ben Sira, in: G. Ahn und M. Dietrich, Engel und Dämonen. Theologische, Anthropologische und Religionsgeschichtliche Aspekte des Guten und Bösen (FARG 29), Münster 1997, 87 A. 35; ders., Die Rezeption der stoischen Providenz bei Ben Sira, JNWSL 24 (1998) 41-54.

[13] Vgl. J. Marböck, Kohelet und Sirach. Eine vielschichtige Beziehung, in: L. Schwienhorst-Schönberger (Hg.), Das Buch Kohelet. Studien zur Struktur, Geschichte, Rezeption und Theologie (BZAW 254), Berlin 1997, 275-301 sowie den noch nicht veröffentlichten Beitrag von M. Gilbert auf den Journées Bibliques in Leuven 1997.

[14] Ergänzend zu den bei Reiterer, Review, besprochenen Studien sei noch auf folgende durchaus nuancierende Beiträge hingewiesen: R. Tomes, A Father's Anxieties (Sirach 42: 9-11), in: G. J. Brooke (ed.), Women in the Biblical Tradition (SWR 31), Lewiston/ Queenston 1992, 71-91; P. J. Botha, The ideology of shame in the Wisdom of Ben Sira: Ecclesiasticus 41:14-42:8, OTEs 9 (1996) 353-371; ders., Through the Figure of a Woman Many have Perished. Ben Sira's View of Women, OTEs 9 (1996) 20-34; J. L. Crenshaw, The Book of Sirach, in: NIB Vol. V, Nashville 1997, 629f. — Eine eher negativ qualifizierende Position (auch bezüglich der Gestalt der Weisheit) vertritt S. Schroer, Der eine Herr und die Männerherrschaft im Buch Jesus Sirach, in: dies., Die Weisheit hat ihr Haus gebaut. Studien zur Gestalt der Sophia in den biblischen Schriften, Mainz 1996, 96-109. — Die beste Darstellung bietet derzeit A. Strotmann, Das Buch Jesus Sirach, in: L. Schottroff u. M.-Th. Wacker (Hg.), Kompendium Feministische Bibelauslegung, Gütersloh 1998, 428-440.

[15] R. Hildesheim, Bis daß ein Prophet aufstand wie Feuer. Untersuchungen zum Prophetenverständnis des Ben Sira in Sir 48,1-49,16 (TThSt 58), Trier 1996.

[16] B. G. Wright, »Fear the Lord and Honor the Priest.« Ben Sira as Defender of the Jerusalem Priesthood, in: P. C. Beentjes (ed.), The Book of Ben Sira in Modern Research, 189-222.

positive Haltung des Siraziden zum Hohenpriester in Jerusalem im Kontext von Auseinandersetzungen mit anderen priesterlichen Kreisen (äth Hen 6-36.72-82; aram Lev) näher zu bestimmen. M. Kleer hat in seiner Studie zu David auch dem Davidbild bei Sirach ein beachtenswertes Kapitel gewidmet.[17]

Über die Präzisierung meiner eigenen Positionen innerhalb der Sirachforschung und die Weiterarbeit an einzelnen Fragen und Themen des Buches habe ich seither sowohl in Gesamtdarstellungen[18] als auch in einer Aufsatzsammlung[19] Rechenschaft gegeben. Angemerkt sei nur noch, daß die Nähe von Sir 24 zu den Isisaretalogien, die ich in der hier nochmals vorgelegten Studie von 1971 (BBB 37) vertrete, durch das von M. Zappella vorgelegte Material an Plausibilität gewonnen hat.[20]

Wer sich je mit dem facettenreichen Buch aus einer gewichtigen Stunde der Religions- und Geistesgeschichte Israels vom Vorabend der Makkabäerzeit beschäftigt hat, wird verstehen, daß ich nach dreißig Jahren über den Nachdruck nur das Wort des Weisen stellen kann, das er als Ergebnis seines Blicks auf die Werke des Schöpfers formuliert:

Wenn ein Mensch am Ende anlangt, dann fängt er (erst) an;
und wenn er aufhört,
dann wird er ratlos sein (Sir 18,7).

---

[17] M. Kleer, »Der liebliche Sänger der Psalmen Israels«. Untersuchungen zu David als Dichter und Beter der Psalmen (BBB 108), Bodenheim 1996, 129-202.

[18] J. Marböck, Jesus Sirach (Buch), in: NBL II, 338-341; ders., Das Buch Jesus Sirach, in: E. Zenger u.a., Einleitung in das Alte Testament (KStTh 1,1), Stuttgart ²1996, 285-292. Der Artikel Sirach/Sirachbuch für die TRE ist im Druck.

[19] J. Marböck, Gottes Weisheit unter uns. Zur Theologie des Buches Sirach, hg. von Irmtraud Fischer (HBS 6), Freiburg 1995 (vergriffen).

[20] M. Zappella, L'immagine di Israele in Sir 33(36),1-19 secondo il ms. ebraico B e la tradizione manoscritta greca. Analisi letterarie e lessicale, RivBib 42 (1994) 409-445.

Paul Tillich • Main Works / Hauptwerke

Volume 3/Band 3: Writings in Social Philosophy and Ethics / Sozialphilosophische und ethische Schriften

Herausgeber: Erdmann Sturm

1998. 23 x 15,5 cm. VI, 712 Seiten.
Leinen. DM 298,–/öS 2175,–/sFr 265,–/approx. US$ 186.00
• ISBN 3-11-011537-9

Textkritische Edition der wichtigsten sozialphilosophischen und ethischen Schriften Paul Tillichs. Kollationierung der Erstveröffentlichung durch Paul Tillich. Eine Einleitung führt in das Sachgebiet des Bandes ein. Ediert werden u.a. „Der Sozialismus als Kirchenfrage", „Masse und Geist", „Das Problem der Macht", „Die sozialistische Entscheidung", „Love, Power and Justice", „Morality and Beyond".

Der Herausgeber ist Professor für Evangelische Theologie und ihre Didaktik (Systematische Theologie und Religionspädagogik) an der Evangelisch-Theologischen Fakultät der Universität Münster.

Mit Band 3 ist die Edition der sechsbändigen Hauptwerke abgeschlossen.

Bisher erschienen:

Band 1: **Philosophical Writings / Philosophische Schriften**
Herausgeber: Gunther Wenz
1989. XIV, 424 Seiten. DM 149,–/öS 1088,–/sFr 133,–/approx. US$ 93.00
• ISBN 3-11-011533-6

Band 2: **Writings in the Philosophy of Culture / Kulturphilosophische Schriften**
Herausgeber: Michael Palmer
1990. XIV, 380 Seiten. DM 146,–/öS 1066,–/sFr 130,–/approx. US$ 91.00
• ISBN 3-11-011535-2

Band 4: **Writings in the Philosophy of Religion / Religionsphilosophische Schriften**
Herausgeber: John Clayton
1987. IV, 422 Seiten. DM 131,–/öS 956,–/sFr 117,–/approx. US$ 82.00
• ISBN 3-11-011342-2

Band 5: **Writings on Religion / Religiöse Schriften**
Herausgeber: Robert P. Scharlemann
1988. XVI, 325 Seiten. DM 109,–/öS 796,–/sFr 97,–/approx. US$ 68.00
• ISBN 3-11-011541-7

Band 6: **Theological Writings / Theologische Schriften**
Herausgeber: Gert Hummel
1992. XIV, 446 Seiten. DM 187,–/öS 1365,–/sFr 166,–/approx. US$ 117.00
• ISBN 3-11-011539-5

Preisänderungen vorbehalten

WALTER DE GRUYTER GMBH & CO
Genthiner Straße 13 · D–10785 Berlin
Tel. +49 (0)30 2 60 05–0
Fax +49 (0)30 2 60 05–251
Internet: www.deGruyter.de

de Gruyter
Berlin · New York